「十二五」國家重點圖書出版規劃項目

關學文庫·關學文獻整理系列

總主編 劉學智 方光華

楊爵集

[明]楊爵 著
陳戰峰 點校整理

西北大學出版社

楊爵像

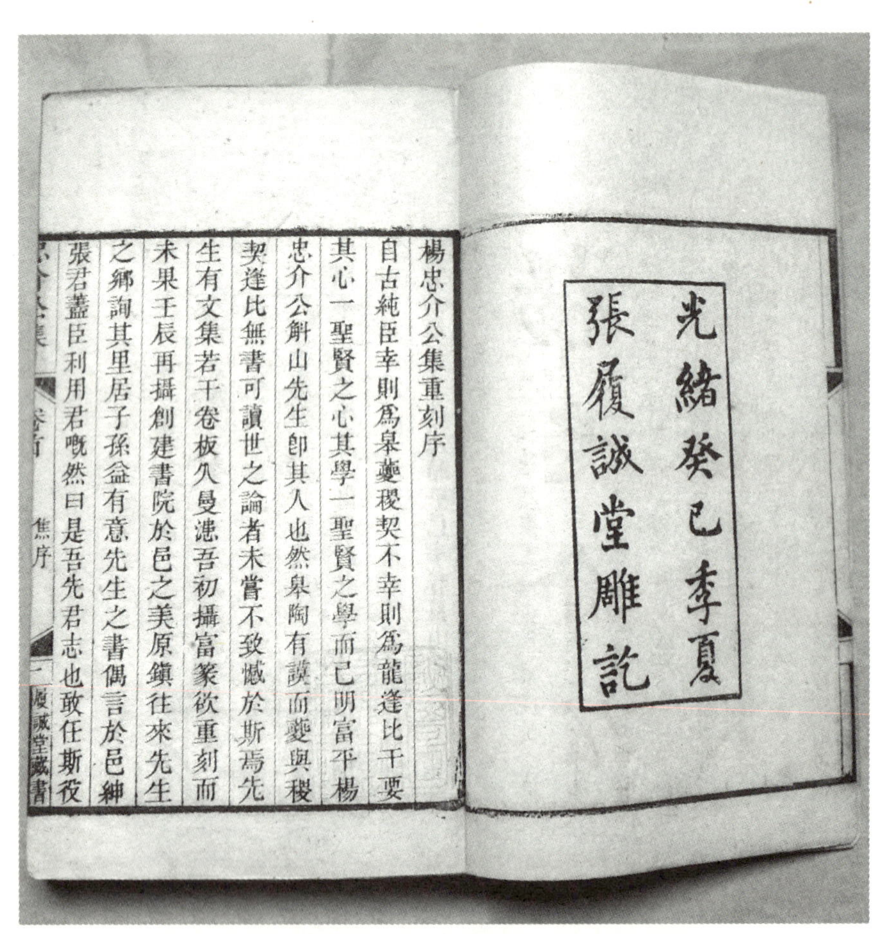
光緒癸巳季夏
張履誠堂雕訖

楊忠介公集重刻序
自古純臣幸則爲皋夔稷契不幸則爲龍逢比干要其心一聖賢之心其學一聖賢之學而已明富平楊忠介公斛山先生卽其人也然皋陶有謨而夔與稷契逢比無書可讀世之論者未嘗不致憾於斯焉先生有文集若干卷板久曼漶吾初攝富篆欲重刻而未果壬辰再攝創建書院於邑之美原鎭往來先生之鄕詢其里居子孫益有意先生之書偶言於邑紳張君藎臣利用君嘅然曰是吾先君志也敢任斯役

焦序 一 履誠堂藏書

《楊忠介公集》書影（清光緒張氏履誠堂版本）

總序

張載（一〇二〇—一〇七七），字子厚，宋鳳翔府郿縣（今陝西眉縣）人，祖籍大梁，宋仁宗嘉祐二年（一〇五七）進士。張載出身於官宦之家。祖父張復在宋真宗時官至給事中、集賢院學士，死後贈司空。父親張迪在宋仁宗時官至殿中丞、知涪州事，贈尚書都官郎中。張迪死後，張載與全家遂僑居於鳳翔府郿縣横渠鎮之南。因他曾在此聚徒講學，世稱「横渠先生」。他的學術思想在學術史上被稱爲「横渠之學」，他所代表的學派被後人稱爲「關學」。張載與程顥、程頤同爲北宋理學的創始人。可以説，關學是由張載創立并於宋元明清以至民國初年，一直在關中地區傳衍的地域性理學學派，亦稱「關中理學」。

關學基本文獻整理與相關研究不僅是中國思想學術史的重要課題，也是體現中國思想文化傳承與創新的重要舉措。關學文庫關學文獻整理系列以繼承、弘揚和創新中華文化爲宗旨，以文獻整理的系統性、全面性爲特點，是我國第一部對上起於北宋、下迄於清末民初，綿延八百餘年的關中理學的基本文獻資料進行整理的大型叢書。這項重點文化工程的完成，對於完整呈現關學的歷史面貌、發展脈絡和鮮明特色，彰顯關學精神，推動傳統文化創造性轉化、創新性發展無疑具有重要意義。因爲文庫關學文獻整理系列的各部分均有整理者具體的前言介紹和點校説明，我這裏僅就關學、關學與程朱理學的關係、關學的思想特質、關學文庫關學文獻整理系列的整體構成與學術價值等談幾點意見，以供讀者參考。

一、作爲理學重要構成部分的關學

衆所周知，宋明理學是中國儒學發展的新形態與新階段，一般被稱爲新儒學。但在新儒學中，構成較爲複雜。比較典型的則是程朱理學與陸王心學。南宋學者吕本中較早提到「關學」這一概念。南宋朱熹、吕祖謙編選的近思録較早地梳理了北宋理學發展的統緒，關學是作爲理學的重要一支來作介紹的。朱熹在伊洛淵源録中，將張載的「關學」與周敦頤的「濂學」、二程（程顥、程頤）的「洛學」并列加以考察。明初宋濂、王禕等人纂修元史，將宋代理學概括爲「濂洛關閩」四大派別，其中雖有地域文化的特色，但它們的思想内涵及其影響并不限於某個地域，而成爲中國思想文化史上重要的一頁，即宋代理學。

根據洛學代表人物程顥、程頤以及閩學代表人物朱熹對張載關學思想的理解、評價和吸收，張載創始的關學本質上當是理學，而且是影響全國的思想文化學派。過去，我們在編寫中國思想通史第四卷、宋明理學史上册的時候，在關學學術旨歸和歷史作用上曾作過探討，但是也不能不顧及古代學術史考鏡源流的基本看法。

需要注意的是，張載後學，如藍田吕氏等，在張載去世後多歸二程門下，如果拘泥門户之見，似乎張載關學發展有所中斷，但學術思想的傳承往往較學者的理解和判斷複雜得多。關學，如同其他學術形態一樣，也是一個源遠流長、不斷推陳出新的形態。關學沒有中斷過，它不斷與程朱理學、陸王心學融合。明清時期以至民初，關學的學術基本是朱子學、陽明學的傳入及與張載關學的融會過程。因此，由宋至清末民初的關學，實際是中國理學的重要組成部分，它是一個動態的且具有包容性和創新性的概念，它開啓了清初王船山學術的先河。

關學文庫關學文獻整理系列所遴選的作品，結合學術史已有研究成果，如宋元學案、明儒學案、關學編及關學續編、關學宗傳等，均是關中理學的典型代表，上起北宋張載，下至晚清的劉光蕡、民國初期的牛兆濂，能够反映關中理學的發展源流及其學術内容的豐富性、深刻性。與歷史上的關中叢書相比，這套文庫文獻整理更加豐富醇純，是對前賢整理文獻思想與實踐的進一步繼承與發展，其學術意義不言而喻。

二、張載關學與程朱理學的關係

佛教傳入中土後，有所謂「三教合一」說，主張儒、道、釋融合滲透，或稱三教「會通」。唐朝初期可以看到三教并舉的文化現象。當歷史演進到北宋時期，由於書院建立，學術思想有了更多自由交流的場所，從而促進了學人的獨立思考，使他們對儒家經學箋注主義提出了懷疑，呼喚新思想的出現，於是理學應時而生。理學主體是儒學，兼采佛、道思想，研究如何將它們融合爲一個整體，這是一個重要的課題。從理學產生時起，不同時代有不同的理學學派。譬如，在「三教融合」過程中，如何理解「氣」與「理」（「理」的問題是迴避不開的，華嚴宗的「理事説」早在唐代就有很大影響）的關係？理學如何捍衛儒學早期關於人性善惡的基本觀點，又不致只在「善」與「惡」的對立中打圈子？如何理解宇宙？宇宙與社會及個人有何關係？君子、士大夫怎麼做才能維護自身的價值和尊嚴，又能堅持修齊治平的準則？這些都是中國思想史中宇宙觀與人生觀的大問題。對這些問題的研究和認識，不可能一開始就有一個統一的看法，需要在思想文化演進的歷史進程中逐步加以解決。宋代理學的產生及不同學派的存在，就是上述思想文化發展歷史的寫照，因而理學在實質上是中國思想文化的傳承創新，具有重要的歷史意義。

張載關學、二程洛學、南宋時朱熹閩學各有自己的特色。作爲理學的創建者之一，張載胸懷「爲天地立心，爲生民立命，爲往聖繼絶學，爲萬世開太平」的學術抱負，在對儒學學説進行傳承發展中做出了重要的理論貢獻。北宋時期，學者們重視對易的研究。易富於哲理性，張載通過對易的解説，闡述對宇宙和人生的見解，積極發揮禮記、論語、孟子等書中的義理，并融合佛、道，將儒家的思想提升到一個新的高度。

張載與洛學的代表人物程顥、程頤等人曾有過密切的學術交往，彼此或多或少在學術思想上相互產生過一定的影響。宋仁宗嘉祐元年（一〇五六），張載來到京師汴京，講授易學，曾與程顥一起終日切磋學術，探討學問（參見二程集河南程氏遺書卷二上）。張載是二程之父程珦的表弟，爲二程表叔，二程對張載的人品和學術非常敬重。通過與二程的切磋與交流，張載對自成一家之言的學術思想充滿自信：「吾道自足，何事旁求！」（呂大臨横渠先生行狀）

因爲張載與程顥、程頤之間爲親屬關係，在學術上有密切的交往，關學後傳不拘門户，如呂氏三兄弟呂大忠、呂大鈞、呂大臨，蘇昞、范育、薛昌朝以及种師道、游師雄、潘拯、李復、田腴、邵彦明、張舜民等，在張載去世後一些人投到二程門下，繼續研究學術，也因此關學的學術地位在學術史上常常有意無意地受到貶低甚至質疑（包括程門弟子的貶低和質疑）。事實上，在理學發展史上，張載以其關學卓然成家，具有鮮明的特點和理論建樹，這是不能否定的。反過來，張載的一些觀點和思想也影響了二程的思想體系，對後來的程朱學説及閩學的形成也有重要的啓迪意義，這也是客觀的事實。

張載依據易建立自己的思想體系，但是，在基本點上和易的原有内容并不完全相同。他提出「太虚即氣」的觀點，認爲没有超越「氣」之上的「太極」或「理」世界，换言之，「氣」不是被人創造出的産物。又由此推論出天下萬物由「氣」聚而成；物毁氣散，復歸於虚空（或「太虚」）。在氣聚、氣散即物成物毁的運行過程中，纔顯示出事物的條理性。張載説：「太虚不能無氣，氣不能不聚而爲萬物，萬物不能不散而爲太虚，循是出入，是皆不得已而然也。」（正蒙卷一）他用這個觀點去看萬物的成毁。這些觀點極大地影響了清初大思想家王船山。

張載在西銘中説：「乾稱父，坤稱母。予兹藐焉，乃混然中處。故天地之塞，吾其體；天地之帥，吾其性。民，吾同胞；物，吾與也。」天地是萬物和人的父母，人是天地間藐小的一物。天、地、人三者共處於宇宙之中。由於三者都是氣聚之物，天地之性就是人之性，所以人類是我的同胞，萬物是我的朋友，歸根到底，萬物與人類的本性是一致的。進而認爲，人們「尊高年，所以長其長；慈孤弱，所以幼其幼。聖，其合德；賢，其秀也。凡天下疲癃殘疾、惸獨鰥寡，皆吾兄弟之顛連而無告者也」。這裏所表述的是一種高尚的人道主義精神境界。

二程思想與張載有别，他們通過對張載氣本論的取捨和改造，又吸收佛教的有關思想，建構了「萬理歸於一理」的理論體系。在人性論方面，二程在張載人性論的基礎上進一步深化了孟子的性善論。二程贊同張載將人性分爲「天地之性」和「氣質之性」。但二程認爲「天地之性」是天理在人性中的體現，未受任何損害和扭曲，因而是至善無瑕的；「氣質之性」是氣化而生的，也叫「才」，它由氣稟決定，稟清氣則爲善，稟濁氣則爲惡，正因爲氣質之性不可避免地受到了「氣」的侵蝕而出現「氣之偏」，因而具有惡的因素。在二程看來，善與惡的對立，實際上是「天理」與「人欲」的對立。

朱熹將張載氣本論進行改造，把有關「氣」的學説納入他的天理論體系中。朱熹接受「氣」生萬物的思想，但與張載的氣本論不同，朱熹不再將「理」看成是「氣」的屬性，而是「氣」的本原。天理與萬事萬物是一種怎樣的關係？朱熹關於「理一分殊」的理論回答了這一問題。他認爲：「太極只是個極好至善的道理。人人有一太極，物物有一太極。」又說：「太極非是別爲一物，即陰陽而在陰陽，即五行而在五行，即萬物而在萬物，只是一個理而已。」（朱子語類卷九四）「理一分殊」理論包括一理攝萬理與萬理歸一理兩個方面，這與張載思想有別。

總之，宋明理學反映出儒、道、釋三者融合所達到的理論高度。這一思想的融合完成於兩宋時期。張載開創的關學爲此做出了重要的學術貢獻。正如清初思想家王船山所說：「張子之學，上承孔孟之志，下救來茲之失，如皎日麗天，無幽不燭，聖人復起，未有能易焉者也。」（張子正蒙注序論）船山之學繼承發揚了張載學說，又有新的創造。

三、關學的特色

關學既有深邃的理論，又重視經世致用。這可以概括爲以下幾個方面：

首先，學風篤實，注重踐履。黃宗羲指出：「關學世有淵源，皆以躬行禮教爲本。」（明儒學案師說）躬行禮教、學風樸質是關學的顯著特徵。受張載的影響，其弟子藍田「三呂」也「務爲實踐之學，取古禮，繹其義，陳其數，而力行之」（宋元學案呂范諸儒學案），特別是呂大臨。明代呂柟其行亦「一準之以禮」（關學編）。清代的關學學者王心敬、李元春、賀瑞麟等人，依然守禮不輟。

其次，崇尚氣節，敦善厚行。關學學者大都注意砥礪操行，敦厚士風，具有不阿權貴、不苟於世的特點。張載曾兩次被薦入京，但當發現自己的政治理想難以實現時，毅然辭官，回歸鄉里，教授弟子。明代楊爵、呂柟、馮從吾等均敢於仗義執言，即使觸犯龍顏，被判入獄，依舊不改初衷，體現了大義凜然的獨立人格和卓異的精神風貌。清代關學大儒李顒，在皇權面前錚錚鐵骨，操志高潔。這些關學學者「窮則獨善其身，達則兼善天下」，體現出「富貴不能淫，貧賤不能移，威武不能屈」的「大丈夫」氣節。

最後，求真求實，開放會通。關學學者大多不主一家，具有比較寬廣的學術胸懷。張載善於吸收新的自然科學成果，不斷充實豐富自己的儒學理論。他注意對物理、氣象、生物等自然現象做客觀的觀察和合理的解釋，具有科學精神。後世關學學者韓邦奇、王徵等都重視自然科學。三原學派的代表人物王恕以治易入仕，晚年精研儒家經典，強調用心求學，用心考證，求疏通之解，形成了有獨立主見的治國理政觀念。關學學者堅持傳統，但并不拘泥於傳統，能够因時而化，不斷地融合會通學術思想，具有鮮明的開放性和包容性特徵。由張載到「三呂」、呂柟、馮從吾、李顒等，這種融會貫通的學術精神得到不斷承傳和弘揚。

四、關學文庫關學文獻整理系列的整體構成與學術價值

關學文獻遺存豐厚，但是長期以來沒有得到應有的保護和整理，除少量著作如正蒙、涇野先生五經說、少墟集、元儒考略等在清代收入四庫全書之外，大量的著作仍以綫裝書或手抄本的形式散存於陝西、北京、上海等地的圖書館或民間，其中有的已成孤本（如韓邦奇的禹貢詳略、李因篤的受祺堂文集家藏抄本），有的已殘缺不全（如南大吉集收入的瑞泉集殘本，現重慶圖書館存有原書，國家圖書館僅存膠片；收入的南大吉詩文，搜自西北大學圖書館藏周雅續）。即使晚近的劉光蕡、牛兆濂等人的著述，其流傳亦稀世罕見。二十世紀七十年代以來，中華書局出版了張載集，并將藍田呂氏遺著輯校、關學編、正蒙合校集釋、涇野子內篇、二曲集等收入理學叢書陸續出版，這些僅是關學文獻的很少一部分。全方位系統梳理關學學術文獻仍係空白。

關學典籍的收集與整理，是關學學術研究的重要基礎。這次關學文庫文獻的整理與編纂者在全國范圍的圖書館和民間廣泛搜集資料，一是搶救性發掘整理了一批關學文獻，二是對一些文獻以新發現的版本進行比對校勘、輯佚補充，從而使關學文庫關學文獻整理系列成爲目前最能反映關學學術史面貌，對關學研究具有基礎性作用的文獻集成。關學文獻整理系列圖書共涉及關學重要學人二十九人，編訂文獻二十六部，計一千八百六十餘萬字。這些文獻分別是：張子全書、

藍田呂氏集、李復集、元代關學三家集、王恕集、薛敬之張舜典集、馬理集、呂柟集涇野經學文集、呂柟集涇野子內篇、呂柟集涇野先生文集、韓邦奇集、南大吉集、楊爵集、馮從吾集、王徵集、王建常集、王弘撰集、李顒集、李柏集、李因篤集、王心敬集、李元春集、賀瑞麟集、劉光蕡集、牛兆濂集以及關學史文獻輯校等。其中的韓邦奇集、南大吉集、李柏集、李因篤集、牛兆濂集屬于搶救性整理；　李復、王恕、薛敬之、呂柟、馬理、楊爵、王建常、王弘撰、王心敬、李元春、賀瑞麟等學人文獻屬于首次系統整理出版；　張子全書、藍田呂氏集、李顒集、劉光蕡集、關學史文獻輯校是在進一步輯佚完善的基礎上整理出版的。總之，關學文獻整理的系統性和全面性得到了體現。

關學文庫文獻整理力圖突出全面性、系統性和深度整理的特點。就全面性和系統性而言，就是保證關學史上重要學人的文獻資料不被遺漏，這裏所選的二十九位學人，都是關學史上較爲重要的和代表了關學發展某一環節的學人。其中如張載、藍田「三呂」、馬理、呂柟、楊爵、馮從吾、王弘撰、李顒、李柏等人的著作集，是迄今文獻收集最爲齊全的。同時對於有關關學史的文獻也進行了全面系統的搜集和整理，如關學史文獻輯校，不僅重新點校整理了馮從吾的關學編，收録和點校整理了王心敬、李元春、賀瑞麟以及由劉光蕡、柏景偉重加整理校勘的關學續編，還首次點校整理了清末民初張驥的關學宗傳，并從諸多史書中輯録了一些零散的關學史資料，使之成爲目前能全面反映關學史面貌的文獻輯校本。關學文庫關學文獻整理系列，以豐富的關學史文獻，證明了「關學之源流初終，條貫秩然」，關學有其自身發展演變的歷史。就深度整理來說，關學文獻整理系列遵循古籍整理的傳統做法，采用繁體字、竪排版，標點、校勘，并對專用名詞做下劃綫處理。其目的不僅在於使整理與編纂者在文獻整理中提高自身的學術素養，同時也爲以後文獻研究者提供方便，推動關學研究深入開展，這也是關學文庫關學文獻整理系列圖書出版的重要目的。

關學文庫係「十二五」國家重點圖書出版規劃項目、國家出版基金項目、陝西出版資金資助項目，得到了中共陝西省委、陝西省人民政府、國家新聞出版廣電總局以及陝西省新聞出版廣電局的大力支持。文庫的組織、編輯、審定和出版工作在編輯出版委員會領導下進行，日常工作由陝西省人民政府參事室（陝西省文史研究館）和西北大學出版社負責。本文庫歷時五年編纂完成，凝結着全體參與者的智慧和心血。總主編劉學智、方光華教授，項目總負責徐曄、馬來同志統籌全書，精心組織，陝西師範大學、西北大學、西北政法大學、中國人民大學、華東師範大學、鄭州大學等十餘所院校的數十位專家學者協力攻關，精益求精，體現出深沉厚重的歷史使命感和復興民族文化的責任感；他們孜孜矻矻，持之以恒，任勞任怨，樂於奉獻，以古人爲己之學相互勉勵，在整理研究古代文獻的同時，不斷錘煉學識，砥礪德行，努力追求樸實的學風和嚴謹的學術品格。出版社組織專業編輯、外審專家通力合作，希望盡最大可能提高本文庫的學術品質。作爲文庫編輯出版委員會主任，我謹向大家卓有成效的工作表示衷心的感謝。由於時間緊迫、經驗不足等原因，文獻整理中存在的疏漏差錯難以完全避免。希望讀者朋友們在閱讀使用時加以批評指正，以便日後進一步修訂，努力使文庫文獻整理更加完善。

張豈之

二〇一五年一月八日

于西北大學中國思想文化研究所

前言

楊爵（一四九三—一五四九），字伯修（一作伯珍），號斛山，謚忠介，陝西富平人，明代關中著名儒者，以操守氣節著稱，被尊作「關西夫子」。

嘉靖二十年（一五四一）春，斛山以監察御史上封事。大畧「謂雪雨不可爲祥瑞而頌之，謂權奸不可爲忠信而邇之，謂土木之工不可不止，謂朝講之禮不可不修，謂邪說之妨政害治者不可不斥，謂讜言之益國與民者不可不聽」（楊忠介集卷三周主事傳），極論五事，械繫下獄，備極拷掠，桎梏杻鎖，晝夜困苦。嘉靖二十四年（一五四五）放釋，至家甫十日，旋即復逮。三年後，始歸故里。前後八年，講學撰著不輟，備嘗牢獄辛厄，但赤心耿耿，持守始終如一。

斛山代表性著作有周易辨録、楊忠介集等。生平事跡、學術思想詳見明史本傳、關學編、明儒學案等。

一、斛山與明代關中學術

四庫全書總目在評價楊斛山時，稱斛山爲明代關中道學開創者，云：「爵則以躬行實踐爲先，關西道學之傳，爵實開之跡。」（欽定四庫全書總目卷一百七十二集部二十五別集類二十五楊忠介集）這顯示了斛山學術重「躬行實踐」的基本品格，它也是自張載（一〇二〇—一〇七七，字子厚，世稱横渠先生，陝西郿縣人）以來關學的重要特色之一，當然，在明代已經有了新的變化。斛山思想學術的豐富性與這種學術背景密切相關。

明代關中儒學，無疑是以朱子學與陽明學的傳播與融會爲主調的，並且遙承横渠學說，重視躬行實踐，出現了一批重視氣節和操守的學者。從這個意義上說，將斛山視爲關西道學的開創者是不無道理的。這也是黄宗羲在明儒學案卷九三原學案中極重視斛山（清黄宗羲撰明儒學案卷九三原學案忠介楊斛山先生爵）的原因。斛山曾師從韓邦奇（一四七九—

一五五六，字汝節，號苑洛，陝西朝邑人），苑洛「論道體乃獨取張横渠。少負氣節，既乃不欲爲奇節異行，而識度汪然，涵養宏深，持守堅定，躬行心得，中正明達」（關學編卷四苑洛韓先生），斛山氣節操守與苑洛近似，亦同氣相求耳。

值得注意的是，明代嘉靖時期陽明學説對關中儒學的影響。當時比較著名的儒學學者多與陽明或陽明後學有密切交往，如南大吉（字元善，號瑞泉，陝西渭南人）即師從陽明，爲陽明高足，參與編選傳習録，於嘉靖三年（一五二四）撰寫傳習録序，強調「勿以録求録也，而以我求録也，則吾心之本體自見，而凡斯録之言，皆其心之所固有，而無復可疑者矣」。〔一〕瑞泉本「豪曠不拘小節」，〔二〕爲學「以致良知爲宗旨，以慎獨改過爲致知工夫，飭躬勵行，惇倫敘理」，被陽明譽爲「關中自横渠後，今實自南元善始」。〔三〕陽明在送南元善入覲序中更反復申述南大吉「持之彌堅，行之彌決」〔四〕的治學與處世特點。瑞泉歸陝弘揚「致良知之學」，建湭西書院，「前訪周公跡，後竊横渠芳」，〔五〕也是以陽明學作爲基礎兼攝横渠學説。

馬理（一四七四—一五五六，字伯循，號谿田，陝西三原人）與聶豹（一四八七—一五六三，字文蔚，號雙江，江西吉安人）有詩歌唱和，〔六〕呂柟（一四七九—一五四二，字仲木，號涇野，陝西高陵人）也有鮮明的心學傾向。

鄒守益（一四九一—一五六二，字謙之，號東廓子，江西安福人）贈谿田馬子西歸，〔七〕即與呂柟等人唱和賦歸，送別馬

〔一〕王陽明全集卷四十一序説序跋，上海：上海古籍出版社，一九九二年十二月版，第一五八二頁。後同。
〔二〕關學編卷四瑞泉南先生，北京：中華書局，一九八七年九月版，第五一頁。後同。
〔三〕關學編卷四瑞泉南先生，第五二頁。
〔四〕王陽明全集卷二十二外集四，第八八二頁。
〔五〕關學編卷四瑞泉南先生，第五二頁。
〔六〕聶豹集，南京：鳳凰出版社，二〇〇七年三月版，第五〇八至五〇九頁。
〔七〕鄒守益集，南京：鳳凰出版社，二〇〇七年三月版，第一八九至一九〇頁。後同。

理，「與涇野呂子、約齋劉子、西皋方子，屬和而盈卷焉」。〔一〕該文重申橫渠「知禮成性、變化氣質之道，學必如聖人而後已」〔二〕的思想，並對馬理寄予厚望，希望其繼承弘揚橫渠遺教，「續而章之，將不在吾谿田乎？谿田志確而學篤，介然有尚友千載之興，固吾所望以藥吾闕者也」。〔三〕酬馬谿田春初對雪（二首）便有「一塵無處著，萬象自清新」〔四〕的理趣。

東廓在簡呂涇野宗伯〔五〕中闡述自己的學術心得，認爲「聖門之教，祇在修己以敬。敬也者，良知之精明而不雜以私欲也」，〔六〕據該簡也可反映當時關中學者也常南下交流，東園同涇野諸君賦（三首）、〔七〕贈涇野宗伯北上「耿中天兮月色，尚千里兮輝輝」、〔八〕歲除飲呂涇野客舍「欲識乾坤真意味，小瓶分插一枝梅」、〔九〕酬呂涇野「掃雪焚香案几幽，夢回書卷靜相求」〔一〇〕也能反映這種情況。呂柟曾在別東廓子鄒氏序中比較集中簡約地論述自己與東廓的交往與學術分歧，這種分歧主要聚集在關於知行的關係上。呂柟在該文中說：「予與東廓鄒氏之在南都也，三年矣。每以居室之遠，會不能數，然會必講學，講必各執所見，十二三不合焉。」呂氏主張「行必由知而入，知至必能行耳」，與東廓「知即是行。人能致良知焉，則非

〔一〕鄒守益集，第一八九頁。
〔二〕鄒守益集，第一八九頁。
〔三〕鄒守益集，第一九〇頁。
〔四〕鄒守益集，第一一八〇頁。
〔五〕鄒守益集，第五一五頁。
〔六〕鄒守益集，第五一五頁。
〔七〕鄒守益集，第一一四五頁。
〔八〕鄒守益集，第一二三五頁。
〔九〕鄒守益集，第一二八三頁。
〔一〇〕鄒守益集，第一三二八頁。

義襲而取也」〔一〕不同，顯示了二人在知行關係問題上的差異，而呂柟的警覺正是陽明所重視的，也爲陽明後學束書不觀、遊談無根，以知代行的弊端所印證。涇野南都講學的盛況，在別東廓子鄒氏序敍述頗謙抑，但歐陽德涇野呂先生考績序則明確地記述了當時的情景，「比至南都，四方就學者日益衆。僚友朋儔相與考德而問業，上公鉅卿時就而咨謀焉」。〔二〕

歐陽德（一四九六—一五五四，字崇一，號南野，江西泰和人）與呂柟也有交往。南野在寄呂涇野中說：「君志定而天下之治成，念之悚然。微執事，復誰望也？」〔三〕南野在涇野呂先生考績序〔四〕中對涇野學行讚譽不絶。在詩歌贈涇野呂先生赴召大司成（二首），即有「忠直平生符兩字，江湖廊廟總悠然」〔五〕的稱讚。南野與韓邦奇（苑洛）後人也有來往，曾撰送韓苑洛庶子謫南太僕寺丞。〔六〕

通過關中學人與陽明及其後學的交往，可管窺明代嘉靖年間關學的具體面貌。

斛山與陽明的高足錢德洪（一四九六—一五七五，本名寬，字洪甫，號緒山，浙江餘姚人）交往甚密，並且在送錢氏出獄時請益，緒山教以靜中涵養，緒山的復楊斛山書（楊忠介集附録卷三）比較集中地闡述了陽明學的基本思想，特別是關於「無善無惡心之體」與良知說的關係等問題。斛山也曾經夜夢陽明探訪。他與陽明弟子劉魁（號晴川）、周怡（號訥溪）更是患難與共的生死之交，交誼非尋常可論。與羅洪先、聶豹、鄒守益等也有往還。其中晴川學術亦有可觀之處，據歐陽德送劉晴川北上序「陽明先生倡學虔台之歲，某從晴川子日受業焉……去今餘二十年，山頹梁壞，朋侶離索，晴川子既卓然

〔一〕鄒守益集，第一四〇七頁。

〔二〕歐陽德集，南京：鳳凰出版社，二〇〇七年三月版，第四五一頁。後同。

〔三〕歐陽德集，第六三頁。

〔四〕歐陽德集，第四五〇至四五一頁。

〔五〕歐陽德集，第八〇七頁。

〔六〕歐陽德集，第七七九頁。

有立矣」〔一〕可見一斑。具體則如南野祭劉晴川所載「忠信篤敬之學，孝友仁讓之行，正直謇諤之節，循良愷悌之政，默而成之，不言而信」，並稱「憶昔與兄師門共學，接席連床，動逾數月，語焉而不厭其聒，默焉而不疑其秘。相觀相砥之益，惟予與兄自知之，而朋儕或未盡知也」，〔二〕側面也透露出歐陽德對劉魁評價的可信性。羅洪先（一五〇四—一五六四，字達夫，號念菴，江西吉水人）訪劉晴川公雲津次白沙韻有「試問獄中事，何如嶺表心？道南聞已久，君是指南針」的詩句，也可略窺晴川「一生無妄語」〔三〕的人格。

訥溪也是陽明學陣營的人物，羅洪先曾有答周訥溪，對周氏「閒中安樂境界，有如唐虞、洙泗，非有福德者，不得居此，何羨於天宫」的體悟多有肯定，認爲它比較好地表達了「澄湛渾全，發於喜怒哀樂，一以貫之，坦然無復起止」的修養境界。文末也透露出訥溪對困厄處境的不同認識，「時事未忍更述，相語有知，『寧爲太平犬，莫作亂離人』，不親罹此境，斷不能作此語，亦不能聞此語而酸鼻刺心」，〔四〕與楊忠介集中的若干記述可以相互印證。訥溪的溫和寬容、堅忍不拔也可略窺。

斛山、晴川、訥溪三人獄中的生活，楊忠介集中有直接與間接的表述，比較簡明可靠。羅洪先在劉晴川公六十序中也有一番寫照：「嘉靖二十年，工部虞衡、員外晴川劉君煥吾上封事，下詔獄。是時，上親覽章奏，明察幽隱，謂君之言和而有體，又不越他人職事，故不深罪，第欲稍留之以觀其誠。遂與富平楊伯修、姑孰周順之留獄中者六年。上復遣伺三人動語食息何似，有所異否？聞其食乏衣穿，色不沮，言不懟，而講論終歲不輟，則又時時給食食之。既久，而三人之誠愈著。一旦不待有司之請，釋歸故鄉，天下之人莫不感聖天子之仁，慶三人之遭。」〔五〕這段文字雖然風格溫和儒雅，但百般衛護，字

〔一〕歐陽德集，第二三三頁。
〔二〕歐陽德集，第七六二頁。
〔三〕羅洪先集，南京：鳳凰出版社，二〇〇七年三月版，第一一八三頁。後同。
〔四〕羅洪先集，第三四五頁。
〔五〕羅洪先集，第六〇八頁。

詞突兀中也能顯示無奈與委婉。所以，瞭解三人在獄中前後八年遭遇的非人折磨，當以斛山耿介的文字爲準。

在當時整體的學術思潮影響下，因爲種種具體的機緣，斛山也具有濃郁的心學傾向，這成爲其融會橫渠、程朱思想的學術基礎。

二、斛山的學術思想及著作

如果要具體觀照斛山的思想學術品格，還需要結合他的詩文和經解來進行。在周易辨録中，斛山雖受彖辭、大小象辭的影響較大，但他能夠將四書特别是其中大學、中庸抽繹出來注解周易的卦爻辭，並結合君臣關係闡述政治倫理與道德規範，雖基本是以四書解周易，但他注意到周易卦爻辭與象的特點，所以多有個人心得和發明，在今天依然可以給人以啟發。整體看，正如大學問在陽明學中占有重要的地位一樣，斛山重視大學、中庸、孟子，自有其深刻的思想根源。

通過研究周易經傳，總結歷史發展規律，探討君主與天下的關聯，是斛山易學中頗有新意的内容，且有深遠的歷史影響。斛山提出：「天之立君，以一人治天下而勞之，非以天下奉一人而逸之也。君人者，頃刻謹畏之不存，則怠忽之所自起；毫髮幾微之不察，則禍患之所自生。」（周易辨録卷一比）「天之立君所以爲民，欲以一人理天下而勞之，非以天下奉一人而逸之矣。」（周易辨録卷四革）「天下，勢而已。勢輕勢重，當於其幾而圖之。」（周易辨録卷四既濟）固當發黄宗羲明夷待訪録原君、顧炎武天下郡國利病書、王夫之宋論之先聲矣。

關注天道與人道的關係，特别突出人道的意義與價值，也是斛山易學思想的重要方面。「天地人之道，中而已，易之全體大用可識矣。」（周易辨録卷二離）「所以主之者，必有其人，豈可盡歸於天運哉？」（周易辨録卷二泰）「人謀之與天運未嘗不相爲流通者也。」（周易辨録卷二蠱）「『天文』，天之道也；『人文』，人之道也。人道本於天道，而天道所以爲人道也。」（周易辨録卷二賁）「『中孚以利貞』，道始合於天矣。人道必本於天道，天道之外無所謂人道也。『率性之謂道』，而性則命於天，天人合一之理也。」（周易辨録卷四中孚）重視人事，而反對篤信天命，亦是難能可貴的思想。「蓋天之所佑

者，德也；人之所歸者，亦德也。」（周易辨録卷四既濟）

在德行修養上，重視「明心」「力行」，強調「自養」與「所養」的內外統一，是斛山易學思想的特色。「『天在山中』，有大畜之象。『多識前言往行，以畜其德』，君子所以大畜也。前言往行之理，即吾心之理也。多識之，所以畜吾心之德也。多識而不畜德，則所識者資口耳之陋而無實用矣，故非多識不足以畜德，而多識者又不可以不畜德也。先明諸心，知所往，然後力行以求至焉。格物、致知、誠意、正心、修身，以爲齊家、治國、平天下之本，聖學功用之全，即此一言盡之矣。」（周易辨録卷二大畜），以四書中的大學解周易。又如：「『觀頤』，觀其所養。所養必以王道，則所養爲得正矣。『自求口實』，觀其自養。自養必以天德，則自養爲得正矣。如分人以財，教人以善，爲天下得人，皆所養之道，自小德之謹，至大德不踰閑，皆爲自養也。以大學之序言之，『自養』爲格物、致知、誠意、正心、修身，而『所養』則齊家、治國、平天下之謂也。內聖外王之學，『觀頤，自求口實』盡之矣。」（周易辨録卷二頤）「家固國與天下之本，而身又爲家之本也。」（周易辨録卷三家人）「君子損益，非有意也，循天理而已矣。『懲忿窒欲』，謂之損可也，謂之益亦可也。聖人特以克己而言，則理之復者非益乎？消一分人欲，則長一分天理。」（周易辨録卷三損）「惡知有己，惡知有人，『時止則止，時行則行，動靜不失其時』，即『艮其背』之義，其道純乎義理而光明矣。」（周易辨録卷四艮）「寇者，切害之名，指人之私欲而言。私欲者，心德之害也，故以爲寇。」（周易辨録卷四漸）「或人所當親，或道所當學。信其所當親，則終身資之以爲宗；信其所當學，則終身用之而不窮。反是，則非自安之道也。所謂自安，非但安身，亦安其心而已矣。」（周易辨録卷四中孚）雖沿襲了人欲（特别突出私欲）與天理之辨，但主張「安心」，心學氣息也很濃郁。

斛山融合張載、程朱、陽明學術的地方很多。在楊忠介集中，斛山的學術思想面貌呈現的比較明顯，特别是他的心學因素，在詩文中也不時有所流露。「人心原是書之本，會尋眞趣便能虚。心書與道相忘處，身居天下之廣居。」（楊忠介集卷九題雲津書屋）「隱顯從心無上下，險夷信步有西東。」（楊忠介集卷十次緒山韻五首）「不教閒慮在胸中，便與長天一樣空。信步踏來皆樂地，開襟滿抱是薰風。庭前柏色拂雲緑，墻角葵心向日紅。更有一般好景象，應時黄鳥囀幽叢。」（楊忠介集卷十初夏二首次韻）「月朗風清皆自得，鳶飛魚躍在其間。」（楊忠介集卷十遺懷二首用杜工部韻）均具有鮮明的心學氣象。斛山與錢德洪詩歌唱和中表達得尤爲顯豁，如：「從來克己最爲難，克去超過人鬼關。」「正見胸中好景象，天光雲影半空間。」（楊忠介集卷十一七言律詩二次緒山韻三首）「留心剪枝葉，枝葉更穠鮮。努力勤於末，共耕方寸田。」「心能樂取善，善自我心全。」「荊榛不自剪，令我此心迷。洞識虛明體，超然即在茲。」（楊忠介集卷八五言古風四丁寧贈錢員外緒山）

當然，斛山的個人節操、耿介氣概，字裏行間，不勝枚舉。如他在書信中多次重申自己的人生觀，「吾人處世，安樂則心存於安樂，患難則心存於患難，有何不自得而戚戚於心耶？於今日之幽囚而安順之，亦吾百年中所作之一事也」（楊忠介集卷四與紀中夫書）。即使在去世前自己書寫的墓誌銘中也以「做天下第一等人」「幹天下第一等事」（楊忠介集卷七）自我期許和勉勵家人。在與周怡、劉魁討論一人因狂病迷謬立御座上而擬重獄的案例，斛山條分縷析，義正詞嚴，毫不含糊，云：「此皆論利害，未説到義理處。若論義理則當爲即爲，當止即止，豈計得罪？」（楊忠介集卷六語録）振聾發聵，猶然在耳。清大學士張廷玉等奉敕修明史，云：「自楊最、楊爵得罪後，無敢言時政者四十五年。」（明史卷二百二十六列傳第一百十四海瑞）更見其難能可貴，斛山氣節彪炳史冊，令志士扼腕。

除思想價值外，楊忠介集也具有歷史、政治、文學的多重價值，其中文學作品孤麐傳（楊忠介集卷三傳）、香灰解（楊忠介集卷七雜著）、夢遊山賦（楊忠介集卷八賦）等構思新穎，筆調柔婉深沉，物我合一，具有極高的思想性和藝術性。斛山律詩絕句，雖然四庫全書總目委婉地指出：「所作詩文，大都直抒胸臆，雖似傷平易，然有本之言不由雕繪，其可傳者正不在詞采間矣。」（欽定四庫全書總目卷一百七十二集部二十五別集類二十五）但也頗有膾炙人口，語調流利，有生活趣味的篇目，特别是五絕、七絕作品。

楊爵流傳下來的著作主要包括周易辨録、楊忠介集等。另據明史本傳及藝文志等，斛山當還有中庸解等，今本楊忠介集卷六語録、關中四先生語要等中則有存留。千頃堂書目記載楊爵著作共四部（含與他人合撰一部），分别是「楊爵周易辨録四卷」「楊爵中庸解一卷」「楊爵槲山逸稿五卷」（原注：明史藝文志「槲」作「斛」。）「楊爵、孫繼魯破碗集」（原注：「獄中倡和，以毁磁書之壁，故名破碗」（原補注：盧校無「破碗」二字，别本「碗」下有「繼魯字道甫，錢塘人，嘉靖癸丑進士，謚清愍」。）[一]

周易辨録四卷，明史藝文志、四庫全書總目、經義考等著録。斛山上疏極論符瑞，被捕入獄，前後八年。此書是他與周怡、劉魁等在獄中講論所作，書名取繫辭「困，德之辨」。是書以六十四卦爲序，每卦側重詮釋卦辭，受彖辭、象辭影響甚深，内容多説明人事，頗爲詳切。卷前有自序一篇。周易辨録版本主要有明隆慶二年刻本（日本京都大學、日本御茶之水藏）、明刻本（中國科學院）、清抄本（清李文藻批校並跋，四庫全書底本）（山東）、四庫全書本（乾隆寫）、清抄本（南京、山東）、民國間盧江劉氏遠碧樓抄本（上海）、[二]清乾隆四十四年文淵閣四庫全書本、清乾隆四十九年文津閣四庫全書本等。

楊忠介集，明史藝文志、四庫全書總目等著録，其選文與編校經歷了一個不斷增益的過程。收集斛山的奏議、書信、詩文、歌賦及時賢與後儒有關文字，内容也甚爲豐富。該書版本較多。題名斛山楊先生遺稿四卷，明隆慶六年安嘉善刻本（北京大學、中國科學院）、明萬曆六年陳世寶、曾如春刻本；斛山楊先生遺稿五卷，明萬曆十六年聶世潤刻後印本（中國社會科學院文學所、歷史所，南開大學）。[三]題名楊忠介公集十三卷，附録一卷，有明萬曆十六年（一五八八）刊本（陝西省圖書館藏）、清順治八年（一六五一）刻本含萬曆十六年（一五八八）吴達可、周應期等人序和順治八年楊昱跋（陝西師範大學圖書館藏）、清光緒十九年（一八九三）張氏履誠堂刊本（陝西師範大學圖書館藏；陝西省圖書館、西北大學圖書館藏

[一] 〔清〕黄虞稷撰，瞿鳳起、潘景鄭整理千頃堂書目（附索引），上海：上海古籍出版社，二〇〇一年七月版，第五頁，第四二頁，第五七二頁，第七七二頁。

[二] 中國古籍總目經部，第一〇〇頁。

[三] 崔建英輯訂，賈衛民、李曉亞參訂明别集版本志，北京：中華書局，二〇〇六年七月版，第五七四至五七八頁。

集十三卷附録五卷，卷末一卷）、清光緒刊本（陝西師範大學圖書館藏）等；[二]題名楊忠介公集十三卷，附録五卷，清順治八年楊紹武刻補修本（歷史所）。[三]題名楊忠介集十三卷，附録五卷，清乾隆四十六年文淵閣四庫全書本、清乾隆四十九年文津閣四庫全書本等。

當然，筆者見識孤陋，學殖淺薄，點校中訛舛不當，亦有不免，敬請方家教正。

陳戰峰
癸巳年春於長安澡雪齋

[二] 李志凡撰陝西館藏關學文獻考察，載關學、南冥學與東亞文明，北京：社會科學文獻出版社，二〇〇七年十月版，第一二三頁。
[三] 崔建英輯訂，賈衛民、李曉亞參訂明别集版本志，北京：中華書局，二〇〇六年七月版，第五七四至五七八頁。

點校說明

關學文庫之楊爵集主要由周易辨録、楊忠介集構成。

周易辨録本自單行，據斛山家書反映，在獄中已經完成，内容與形式相對穩定。本次點校整理楊爵集之周易辨録以文淵閣四庫全書本爲工作底本（簡稱文淵閣本），以文津閣四庫全書本爲校本（簡稱文津閣本）。

楊忠介集，參校版本較多。據目前所見規模較宏偉、比較定型的十三卷（附録五卷本）來看，明萬曆十六年刊本是比較早的，也是古籍善本，但流傳下來的本子，刻印不清，文字漫漶，使用不便；該本附録卷三所列衆多人物與斛山的書信，實際在正文中並無收録，個中原因不詳；但在整體上，清乾隆四十六年文淵閣四庫全書本（簡稱文淵閣本）、清光緒十九年（一八九三）張氏履誠堂刊本（簡稱張氏本）出於明本甚至萬曆本無疑。文淵閣本整體上規模完備，適宜作爲工作底本。張氏本雖在個別篇章編排順序上略有調整，附録也有少量删節，但曾用明本覆校過，保留著不少明本的信息，這在萬曆本與張氏本的對勘中可强烈感受到。清乾隆四十九年文津閣四庫全書本（簡稱文津閣本）雖也出自明本，但有不少異文和補録的内容，與文淵閣本和張氏本有明顯的離合關係，可作爲補充。

另外，清李元春匯選關中兩朝詩文集（四十六卷）（含關中兩朝文鈔、關中兩朝賦鈔、關中兩朝文鈔補、關中兩朝詩鈔、關中兩朝詩鈔補、關中兩朝詩鈔又補等），道光十六年，守樸堂刊本。關中兩朝文鈔卷八選録楊爵五事疏（即隆治道疏）、獄中諫書、讀易、香灰解、與司官書、與田道充主簿書、答張本禮書、謝吳知府書、與原方畦員外書、與紀中夫書、周易辨録序、處困記、周主事傳、浦御史傳、葉烈婦傳、蘇宣傳（附楊楝）、韓紫陽墓誌銘、明故韓安人屈氏墓誌銘。其中除獄中諫書次序略有倒置，浦御史傳文字稍有節略等，其他文字均具有較高的校勘學價值，可用來作爲參校。這些文章末尾常見李元春（時齋）、王維戌、李來南等按語，也頗含學術意義。

因此，楊爵集之楊忠介集，以文淵閣四庫全書本爲校勘底本，以清光緒十九年（一八九三）張氏履誠堂刊本爲校本，以善本明萬曆十六年刊本、文津閣四庫全書本、關中四先生語要、關中兩朝文鈔、關中兩朝賦鈔、關中兩朝詩鈔、關學宗傳等爲參校本。

目録

周易辨録

周易辨録卷一 …… 四

周易辨録卷二 …… 二七

楊忠介集

楊忠介集卷三

楊忠介集卷四

楊忠介集卷五

楊忠介集卷七

楊忠介集卷八

五言排律

五言絶句

楊忠介集卷九……二四七

七言古風

楊忠介集卷十……二五六

七言律詩一

楊忠介集卷十一……二七五

楊忠介集卷十二

七言絶句一

楊忠介集卷十三

七言絶句二

楊忠介集附録卷四……三六八

祭文

墓表

楊忠介集附録卷五……三八〇

贈詩

附録

題辭

傳記書目提要

附録四……四六五

周易辨録

周易辨録自序〔一〕

予久蒙幽繫，自以負罪深重，憂患驚惕之念，即夙夜而恒存也。困病中，〔二〕日讀周易以自排遣，愚昧管窺，或有所得，則隨筆之以備遺忘。歲月既久，六十四卦之説畧具矣，因名曰周易辨録。繫辭曰：「困，德之辨也。」吾以驗吾心之所安，力之所勝何如耳。若以爲實有所見而求瀆於古人焉，則吾死罪之餘，萬萬所不敢也。楊爵書。〔三〕

〔一〕「辨」，原文爲「辯」，文津閣本、文集諸本序具作「辨」，兹統一爲「辨」。後同。

〔二〕「困病中」，文津閣本「困」作「因」。

〔三〕文津閣本，「楊爵書」前有「嘉靖二十四年乙巳八月日」數字。

周易辨録卷一

乾 ䷀ 乾下乾上[一]

乾：元、亨、利、貞。

乾卦擬天，純陽不已之義也。「元、亨、利、貞」，乾之德也。分而言之有四，合而言之，一元而已。氣始動爲元；流行爲亨；以變則變，以化則化，爲利；機藏於靜，其動而爲元亨利者，皆具於此，爲貞。乾之四德，一「誠」可以盡之矣。

易有聖人之道四焉：以言者尚其辭，以動者尚其變，以製器者尚其象，以卜筮者尚其占。然必尚辭、尚變、尚象而後可以語尚占也，故筮者易中之一義，必配之以道而後可用也。繫辭曰：「吉凶者，得失之象也。」自坤而至未濟，雖情僞萬變，莫不以合此天道而爲得爲吉，戾此天道而爲失爲凶也。悔、吝、无咎，亦即其得失淺深而言之也。

「大哉乾元」，爲萬物所資以始，匪特資之以始也，非乾元則不能有終矣。故亨也者亨此元也，利也者利此元也，貞也者貞此元也。一理流行而用各不同，隨其所至之善而名之耳。在人則爲仁義禮智，而仁則无所不包，發而爲惻隱羞惡辭讓是非，而惻隱則无所不貫。「雲行雨施，品物流形」，天命之不已，而所以爲亨也。「上天之載，无聲无臭」，雲雨品物，顯於聲臭，形而下之器也，必有形而上之道焉。「大明終始」，會乾道之一本也；「六位時成」，識乾道之萬殊也，生而知之也；「時乘六龍以御天」，非行六龍，由六龍行安而行之也。聖人窮理盡性以至於命，乾卦性命之理，畫前之易，聖人先得之矣。

[一] 原底本僅有卦象及上下結構，無卦名。現依周易通行本上補卦名，後皆仿此。

「乾道變化」，由動極而向於靜之始，利之義也；萬物各得其性命之正而「保合太和」，爲靜之極，貞之義也。聖人之德「首出庶物」，以神道設教於上，猶「乾道變化」也；「萬國咸寧」，猶萬物「各正性命」而「保合太和」也。元、亨者，顯諸仁也；利、貞者，藏諸用也。聖人過化存神，上下與天地同流者也，故配合而迭言之。

兩乾相繼，「天行健」之象也。君子法「天行健」之象而以「自強不息」焉。以義理勝私邪，而能要之以有終也，所謂仁以爲己任，死而後已，非天下之至強，其孰能與於此？即孔子嘆所未見之剛者也。爲私邪所制而間隔其義理之心，則懦夫而已矣。自強不息，君子入聖之功也。勉勉循循，持之以敬畏，假之以歲月，勿忘助之不已，則與至誠无息之聖同歸矣。此欲從末由之際功夫也。

初九：以乾剛得正，處最下。草澤中，居仁由義之俊傑爲龍之潛藏而未見之象也。在國曰市井之臣，在野曰草莽之臣，皆謂庶人。德未上孚，人未見知，而欲求用，則失身而無以正，天下君子不爲也，故「勿用」。舜之側微，伊尹耕莘，說築傅巖，孔子待價，孟子不見諸侯，皆此道也。乾之時固不可以言否，而在君子一時一事未能遂所願，則亦否之義也。象曰：「『潛龍勿用』，陽在下也。」「陽」言「龍」，而「下」言「勿用」之義也。

九二：乾剛得中，善莫善於此德也。位初九之上，則離於潛隱而名實顯著，聞其風而興起者，宜亦多矣。始脫深藏之跡，未履明顯之位，爲龍見在田而光澤耀世之象也。以此德而處此地，君未嘗不欲其輔己以有爲也，民未嘗不望其興道以致治也。天之生此民也，使先知覺後知，使先覺覺後覺。九二，天民之先覺者也。以斯道而覺斯民，乃其責任也，故利見九五之大人，相與有爲而成正大光明之業，則性分之理盡而事天之道得矣。

九三：乾剛得正之君子也，知義理之所在而慷慨以爲之者也。以其過剛不中，強毅果敢之氣有餘而從容委曲之風不足，能以義爲質而於禮行遜出之道或未盡也，然質本乾剛，識未嘗不明也，力未嘗不強也。知其性質之偏而勇於克勵者，又其所能也，故終日乾乾而夕猶惕若，幾於「自強不息」矣。下不在田，則或疑於田矣；上不在天，則或疑於天矣。好剛自是一念之差，而不自克則或流於剛惡，不自知所處之地所稟之資，皆危厲之階也，而致曲之功，罔敢自怠，故得「无咎」。惟其爲九三也，故不能无過；惟其不安於九三也，故能補過。象言「反復道」，无終食之間違仁，造次必於是，顛沛必於是也。文言曰「行事」，則无事而不乾乾也；曰「與時偕行」，則无時而不乾乾也。用力之實則忠信以進德，修辭立誠以居業也。不能先知之，則未有能行之者也，故曰：「知至至之，可與幾也。〔一〕知終終之，可與存義也。」知義理之至而求以至之，則察之極其精，故可與幾，所謂始條理者智之事也；知義理之終而求以終之，則措之无不當，故可與存義，所謂終條理者聖之事也。即大學格物致知誠意正心，中庸明善誠身，堯、舜、禹「惟精惟一，允執厥中」也。千古聖賢之學問，聖人於此爻發之盡矣。龍之在淵，時未可出則蟄以潛身，時可以出則躍而向天。

九四：以乾剛之德離下乾之上，處上乾之下，是龍不遠乎淵而出于淵矣，未至於天而向乎天矣。攝九五之事而未履其位，可以躍而不遽躍，故爲或躍處躍之道，四已曲盡之矣。其以剛處柔而善用其剛矣。象言「進无咎」，以其能或而於進之之道爲无咎也。文言曰「自試也」，試猶考驗也，驗之於天而天與之，驗之於人而人歸之，非聖人先有姑試之心，以天人交與驗己，於天位終不容以固辭也。「進无咎」，言其道之盡善也；「自試」，言其心之无私也。「乾道乃革」，言離下而上，改革之際，變而通之之時也，義理所在順適而一之，辭一芥而不知其爲小爲輕，受天位而不知其爲大爲重，无「意」、「必」、「固」、「我」之心也。惟其「下不在田，中不在人」，故進而上亦可也；惟其「上不在天」，故退而下亦可也。所以上下无常者，非干天位而有覬覦之邪心也；所以進退无恒者，非欲離羣類而出乎其上也。蓋君子進德修業，預察於義理之至精，而所處契於時中之道也。改革之際，間不容髮，精微之極，非聖人不能盡也。舜避堯之子，禹避舜之子，皆「或」之義也；舜禹之進，斯「无咎」矣，否則居其宮而逼其子，爲突如、來如、焚如、死如而无所容矣，咎孰大焉？不欲遽進而終不能以不進，事天之外无容心也。「或」之一言，所以立君臣之大防，而爲萬世之慮深遠矣。

九五：以乾剛中正之德居上卦之中，是聖人位乎天位，因時立制以化成天下。知龍飛于天，騰雲雨以澤潤下土之象

〔一〕雪齋案：「可與幾」，「與」下原有「言」字。

也。其曰「利見大人」，則闢四門、明四目、達四聰，君道之作用，勢莫急於此矣。聖人垂訓之意遠矣哉！堯以不得舜爲己憂，舜以不得禹、皐陶爲己憂，皆是心也。九二在下，修身而見於世之大人也，雖德施已普，所過必化，而未爲時用。九五見之而弘治化，乃其利也。人主以論相爲職，必虛己忘勢而君子始樂爲所用也；否則謂人莫己若，而不足以有爲矣。

上九：德則乾之極也，位則上之極也，以此德而處此地，則過於上而不能下。龍之亢飛于上而不知蟄以潛身之象也。昧於消息盈虛之理，進退存亡之道，時已極而不知變，則「與時偕極」矣。盈滿既久，窮災不免，顛覆之凶其將至矣，故有悔，悔自吉而向凶也。伊尹曰：「臣罔以寵，利居成功。」周公曰：「茲予其明農哉！」知進退存亡而處之以道矣。

用九：六陽皆變而爲陰也。「首」者，先之義也。陽剛不爲物先，則羣龍无首之象也，如是而可吉也。坤之義，地道也，臣道也，妻道也；用九之義，天道也，君道也，夫道也。特事有可以用柔者，而乃爲善用其剛也。聖人以天下之才德爲才德，以天下之聰明爲聰明，其才德聰明始高出於億兆人之上矣。以堯舜之至聖，而用人施政必諮於四嶽九官，而捨己從人以爲德。天道下際而光明必如是，始合於天則，而天下治矣。否則，自有肺腸，自獨俾臧，自蔽其耳目而妄行以治亂矣。

元爲「善之長」，亨爲「嘉之會」，利爲「義之和」，貞爲「事之幹」，天命之謂性也；「體仁足以長人，嘉會足以合禮，利物足以和義，貞固足以幹事」，率性之謂道也。命與性一也，降自天爲命，具於人爲性；性與道一也，統於心爲性，見於行爲道，體用一原，顯微无間也。乾之元，於時爲春，於人爲仁，而爲衆善之長，仁義禮智皆善也，而仁統乎義禮智，「長」之義也；亨，於時爲夏，於人爲禮，而爲衆美之會，一事一節之合道可以言嘉而不可以言嘉之會，禮則品節文章燦然秩然，衆理聚會而无不備，說卦以離爲南方之卦，萬物皆相見，亦此義也；利，於時爲秋，於人爲裁成斷制，所行合宜而從容中節也；貞，於時爲冬，至理歸藏，隨在各足，於人爲智，知正道而固守之也。知正道而固守之，智之實，豫之義也；事豫則立，故爲事之幹也。體仁與天地萬物爲一體，君德備矣，故足以長人；嘉其所會，好之既篤，行之必至，故足以合禮，嘉猶書言「惟予一人，汝嘉之」義也。物各有則，因物付物，使之各得其所，利物也。利物，則處得時，措之宜，而於義无所乖矣，程子言「處物爲義」者是也。不貞固，則不能信以成之，而不誠无物矣，安能立事？故貞固足以幹事。元、亨、利、貞，乾之四德也，非君子體仁義禮智之深者不足以行此四德。君子其可以配天乎？故曰：「乾，元、亨、利、貞。」

乾元統天，言元包乎亨、利、貞也。乾元者，始而亨，言乾元與亨、利、貞流行而爲一矣。亨之後爲利，利之後爲貞，四德一理也。始而亨，亦性情也，必於利、貞言性情。主靜者，四德之義，天地萬物之理皆如此。復卦以一陽始生見天地之心，則動而用也。此以利、貞爲性情，則靜而體也。其實心與性情貫，體用動靜而无不在也。一理始動，洋洋乎發育萬物，是乾始能以美利利天下矣。然但言利而不言其何所利，言何所利則有限而狹小矣。不言所利，見其无所不利矣。乾始之功大矣哉！

大哉，乾乎！剛健中正，純粹精也。剛健之德，其體不偏不倚，其用无過不及，則極於中正矣。中正則純然粹然而无不精矣，非中正之外復有所謂純粹精也。七字之義，「中正」二字可以盡之，「剛健中正純粹精」猶言大德之敦化也。六爻發揮猶言小德之川流也。蓋時見而見，時潛而潛，此理也；可上而上，可下而下，亦此理也。无時无處而非「剛健中正純粹精」之作用也。其六爻之發揮，曲盡而无餘藴矣。聖人時中之道，與乾道脗合，而无二者也。其繼天出治，无非以六陽旁通之理而時出之，所謂「時乘六龍以御天」也，「雲行雨施」而天下平，則治化格天而萬國咸寧也。

坤 ䷁ 坤下坤上

坤：元、亨。利牝馬之貞。君子有攸往，先迷，後得主，利。西南得朋，東北喪朋。安貞吉。

坤者，順而有常之意。操順而有常之德，以應天下之故，安往而不元亨？牝馬之貞，即順而有常之德也，故以爲利。君子之有所往也，以先則迷，能後則得，而主乎利焉。西南則得朋，東北則喪朋，必至於安貞而與道爲一，斯可矣。此皆牝馬貞之意，而所以致元亨也，故吉。元亨者，言其通變宜時而應用之不窮也。吉則德盛業廣而事成矣。

坤之爲用，贊相乎乾而不自作，地道也，妻道也，臣道也。先則踰理失分，凌犯於上，而爲天理所不容，迷孰大焉？臣无有作福作威，玉食者而後則得。孟子告滕文公爲國之道，兼舉三代井田學校之制，期以新其國而爲王者師；答畢戰則告之以分田制禄之法而已。主利者，臣職之一事，地道長養萬物之義也。主於利而應用當其可，則亦利中之義也。西南，坤方，居易俟命，順坤道也。東北，艮方，行險徼倖，反坤道也。得道者多助，故得朋。失道者寡助，故喪朋。「先迷，後得主，利」，以其職分所當爲者而戒勉之也。「西南得朋，東北喪朋」，以其性分所固有者而致丁寧之意也。修其職而未能以義理用事者或有之，故戒之勉之極其詳，皆詞之不可已者也。勉强而未至於安焉者，非誠也。〔安貞〕，則順適乎義理之中正而止於至善矣。此一節深一節之義也。至是則盡性命之理，極精微之蘊，坤道蓋自我而出之矣。乾道則堯、舜、禹、湯、文、武盡君道者之作用也，坤道則稷、契、臯、夔、伊、傅、周、召盡臣職者之事也。引而伸之，觸類而長之，則凡統屬之分，才質之宜，卷舒運用，先後緩急之異，施无非此道，而天下之能事畢矣。故曰：神而明之，存乎其人；默而成之，不言而信，存乎德行。

乾元，萬物資始；坤元，萬物資生，此孔子之易也。乾元，天氣之始；坤元，地氣之始。五行得天之氣而各自以爲氣，非有二也，如鼓之以雷霆，潤之以風雨，皆乾之事而坤不與焉，故大可以包乎至，而至則大中之一事，以詣其極也。乾元，易知之始；坤元，簡能之始。施於天者爲乾元，而承之於地爲坤元，天地之氣配合而无間也。至哉！坤元爲萬物所資以生，非自生也，以乾元之知大始，順承之而與之生也。「萬物資生，乃順承天」，是坤厚載物而德合於无疆矣。以厚載物則含弘矣；德合无疆則光大矣。含弘言其體，光大言其用，此品物所以咸亨也。

牝馬爲地之類，則柔順之義也；行地无疆，則貞之義也。柔順而必利於貞，乃君子所行也；柔順而不能貞，則失之不及，流於柔惡而无所不至矣，豈君子之道哉？先之迷以凌分而失道也，以先爲失道，則後爲順而得常道矣。西南得朋，則與君子之類同行，而可相與以有爲矣，持此道以有終，則國與民賴之，而上下皆有福慶矣。東北則反其常道，顛亂迷謬，爲君子所不與，而身不能以自保矣，此未能有終所致也。言此者，見遵道有終，則有慶矣。安貞則與貞爲一，而非勉强，純乎義理而合於坤道之貞矣，故曰「應地无疆」。地勢有高卑，則重坤之象也。重坤，則至厚之義也。君子體重坤之義，而以厚德載物焉。宇宙間事，皆吾分内物也。「民吾同胞，物爲吾與」，非仁者不能有此心也。伊尹恥君不及堯舜，匹夫匹婦不獲其所，若己推而納之溝中，眞能以厚德載物矣。凡君子度量絶人、犯而不校之類，亦此義也。反身而求以至之者，惟精察其稟賦之偏蔽，而勇克去之，則高明廣大可馴致而與天地同體矣。

初六：於履霜之始而即知有堅冰之將至。霜與冰同一陰氣之凝也。小人一念萌於利，而志不在天理之公，即不善之道也。患得患失，馴習不已，而至於極，則弑奪之禍所由生。知微之君子，當於霜未至而慎之焉。孳孳爲善者，舜之徒也；孳孳爲利者，蹠之徒也。早於辯而用捨之，豈特免於堅冰之禍，而且无霜之可虞矣。

六二：柔順中正，有和而不流之德。存之於心而无私，曲則直也；措之於行而當於理，則方也。直其爲方之體，而方其所以行乎直者也。直方而至於大，特未化之，而下聖人一等矣。以此德而應用焉，則宜時。通變之機，前定於心，而弛張盈縮之妙綽乎其有餘，不待習於作用而所施自能順利矣。此即牝馬之貞後，得西南安貞之義也。六二之於坤卦，可謂克肖之子矣。其曰「地道光」者，即「安貞之吉，應地无疆」，充實光輝之義也。

六三：爻陰而位則陽，陰中有陽，爲含章之象。蓋「衣錦尚絅，闇然日章」之義也。不言「陰不中正」者，坤有順德，内含章美而将之，以順多於「陰不中正」之義矣。據三之才，不患其終於不發也，患其發之輕易而或流於躁妄也，故聖人戒之而使其發之中於機會焉。發之而中於機會，則發之以時而斯爲貞矣。留侯之於高帝，招四皓以羽翼太子，因沙中之謀教之，以平其宿憾而封功臣，得此義矣。才可作事而自以爲功，亦德未純者，而其失易至於此也，故復以「從王事」而「无成有終」致戒焉。坤爲土，三居下之，上有土，諸侯之象也。古者諸侯釋位以間王政，不常有也，故曰：或爲王股肱心膂，而從其事則鞠躬盡力，代王以終其事，而於成功則不敢自有，而必歸於君上焉。蓋代天理物者人君之責，人臣之道主於贊襄輔弼而已。幾微有差則大惡基焉，非有光大之智不能識也。周公曰：「孺子來相宅，其大惇典，殷獻民，亂爲四方，新辟作周。恭先予旦以多子越御事。篤前人成烈，答其師，作周孚先。」召公曰：「予小臣敢以王之讎民，百君子越友民，保受王威命明德。王末有成命，王亦顯，我非敢勤，惟恭奉幣，用供王能祈天永命。」凡周、召所履，皆「无成有終」之義也。

六四：　乘六三，陰之不得中者也，應初六陰之不得正者也。比六五，雖以中德居尊位，然陰性易迷，柔或不能持久，況亦不得其正，流而爲反覆顛倒不難矣。所比所乘所應皆若是，而四獨以居陰得正與其間，難乎其爲處矣。若四者，「衡門之下，可以棲遲」，默以求容而冀免於刑戮，斯可焉；　以重陰而務晦藏，聖人因其才質之宜而教以處身之義也。苟輕自漏泄，務爲譏評，撩虺蛇之首，踐虎狼之尾，殺身不足惜，而於世道益難矣，此有道君子所深戒也。若欲轉移斯世，使陽德漸亨而向於治，四雖居正而質陰柔，亦非有撥亂反正之才也，故「无譽」。

六五：　以柔順之德而位上卦之中，是以中德而居尊位也。以中德而居尊位，則能以身心所得者而化成天下矣，爲黃裳之象。黃也者，不偏不倚之體，天德也；　裳也者，无過不及之用，王道也。天德王道，所謂合内外之道也。成功文章，燦然秩然而本於心德之敷措，黃裳之義也。裳爲身之章，取發外之義。不曰衣而曰裳者，上衣下裳，爲乾坤之象，聖人取義之精如此。所謂其詞文，其言曲而中者，此亦一義也。凡列爵分土，井田學校，所以裁成天地之道，輔相天地之宜，維持之以紀綱，涵濡之以禮樂，事業之大彌六合而无間者，皆自一念之微所發越，而亦非有所增益於性分之外也。至是，則君道盡而代天理物之任无歉矣，故「元吉」。

上六：　陰盛之極，與陽相搏擊。坤爲地，居卦之終，則「龍戰于野」之象也。上六言龍，非眞龍也，特以力强而敵乎龍，故稱龍焉。初六言堅冰至，亦於上六驗之矣。當小人類霜之始，其勢固甚微也，使國有人焉，制而去之不難矣；　及馴習積累而至於盛，則假政柄以制君子之去留，終於君子盡去，小人獨存，而成天地閉塞之世。至是，則亦(末)〔未〕[一]如之何矣。人之云亡，邦國殄瘁，未有國无君子而國不亡者也，未有國亡而小人能保其富貴者也。故君子小人同一傷也，而君子則傷於當戰之時，小人則傷於既戰之後。既戰之後，國本已撥，小人夷滅之禍即不旋踵而至矣。其血玄黃，聖人不獨示君子以知幾遠害之道，而所以喻小人者亦明且切矣。初六象言「馴致其道」，上六則曰「其道窮也」，上六已窮之道即初六

[一] 文淵閣本、文津閣本「未」俱作「末」，據文義改。

馴致之道也。蓋至是，則善類已空，國勢顛覆，小人者雖欲容身保位而謀慮已窮，无所施矣。觀兩象之詞，見聖人扶陽抑陰，爲天地生民之慮深遠矣。

用六者，六爻之陰皆變而爲陽也。陰柔之性，見之不能明，守之不能固，變而爲陽，則愚可至於明，柔可至於强，而能長久於義理之正矣，故「利永貞」。變之之道无他焉，博學、審問、慎思、明辨、篤行，人一能之己百之，人十能之己千之，斯可矣。剝盡爲坤，純陰之卦，於時爲消，於事爲慝，天理絶盡之世也。然卦之德爲順，可以順乎理；卦之象爲地，可以配乎天。順理希天，可以成大有爲之業矣。故聖人畧其消慝之跡，盡神化鼓舞之道，出其意料思慮之外而裁成之。其有進善之才者則誘掖之，欲其善之進而極於成焉；有去惡之心者則防戒之，欲其惡之去而至於盡焉，不敢以清明之事業而絶望於昏濁之世也。蓋聖人視天下无不可爲之時，亦无不可變之人，此有教无類之義，與人爲善之心也，所謂「化而裁之謂之變，推而行之謂之通，舉而措之天下之民謂之事業」也。於其用六而復言「利永貞」，見卦與諸爻皆不足於義理之純粹，變而爲陽，始可以進於有爲焉，則又正本之論也。春秋戰國之君不足以擬，湯武之聖德，孔孟固已知之矣，所以惓惓接引而與相周旋者，欲其一變至道而以大終也；不然，則庸劣蔽錮之深，豈可望以三代之治化？而孔孟者顧席不暇暖而皇皇終身，欲何爲哉？此皆用六永貞之義也。

屯䷂　震下坎上

屯：元亨，利貞。勿用有攸往。利建侯。

屯者，不能伸舒之意。坤之初交於乾之初，得震，剛柔之始。交也，「剛柔始交」，方欲有爲，乃遇險而難生焉，則不能伸舒矣。震動在下，坎險在上，是能「動乎險中」矣。動乎險中，則操縱之機猶在我，而不爲人所盡制焉，故得「元亨」。在險則宜守正，正者，萬世不易之常道，處險處夷皆不可須臾離者。在險而有不正焉，則所以速其禍而險愈甚矣，故尤所當戒。

雷雨之動，滿盈則晦冥，震撼之勢方殷，而驅除平定之道誠難措手，故「勿用有攸往」。當此天運草昧之初，混亂漫散，未有統一，英雄豪傑欲起而救之，必利於建侯焉。建侯則名分已定，而恩威激勸者有其人矣，濟屯之道莫先於此。自古有爲之君，當屯難之世，披荆棘，歷險阻，至於不遑寢食而始克有濟焉。勿用有攸往，則不可輕以有爲，而建侯則又不可安於无爲焉，先後緩急，固有其幾而不可失也。經綸，治絲之事，君子拯屯，順時勢、相機宜而爲之也。

初九：當屯之初，時方難爲。上應六四，則險陷之爻而勢又不可以輕動，故有盤桓難進之象。當屯初而遇險陷，固不可不居貞，而初九陽剛得正，又有能居貞之象。君子行一不義，殺一不辜而得天下，不爲；行一不義，殺一不辜而得免於死，亦不爲。何所往而可離於正乎？以此得正。方亨之陽德而處卦之最下，則能以貴下賤，得民心而可以濟屯矣，故利建侯。

六二：上應九五，乃其正應之君也；下乘初九，乃强暴之寇也。當屯之時，事方難爲，五在險中，力又不足以援二，故二動不能伸舒，邅回不進，而「乘馬班如」焉。班如但列爲班，行定處而不能進之象。初九非爲二之害也，求與爲婚媾耳。二柔順中，正女子守貞之象也。守貞則不字於初矣，至於十年之久，則數窮理極而字於五。字許嫁，爲臣服之義也。竇融終捨隗囂而歸於光武，其時其事皆類此。

六三：陰柔不中不正，无濟屯之才德者也，上无應與而切近於險陷，其時其勢又難爲也，於是而不動可也。三居動體之極，而性又爲輕動者也。以如此之才德當如此之時勢，而欲輕動以濟屯焉，則爲逐鹿无虞人以導之而陷入林中之象。君子見幾，捨之勿逐可也。若往而逐之，屢舉而屢无成，徒取羞吝而已。殷浩北伐有類此爻。

六四：居陰得正，上承九五，當濟屯之責任者也。陰柔才弱，不能獨濟，爲「乘馬班如」之象。下應初九，陽剛得正，有過人之才德者也。求親，斯人與之同往則吉，而无不利矣。得人者昌，失人者亡，四知求初相與有爲，可謂明也已矣。坎爲水，有膏澤之象。

九五：　坎體而陷於險中爲屯，其膏澤而不得下於民者也。五之所爲，於道或未盡焉。若能惇典庸禮，命德討罪，允合乎天命人心之正，則一德所及，遠近協服，小人安能陷之而使屯其膏乎？故象言其「施未光」，蓋深不足於五也。當是時，若小貞之則可得吉，若大貞之則凶立至矣，小貞則小有所爲而不失其正也，大貞則必去小人之陷己而欲大有所爲也。魯昭公自取出亡，則凶之驗也。

上六：　處屯之終，險之極。屯終則時可濟，險極有出險之理。若以剛陽之才處之、濟之，如反掌耳。上六陰柔，明不足以有見，才不足以有爲，愈見其屯而險也，故有「乘馬班如，泣血漣如」之象，至是而已，不能濟必有濟之者矣。若上六者，將爲人所有焉，故曰「何可長也」。

蒙 ䷃ 坎下艮上

蒙：　亨。匪我求童蒙，童蒙求我。初筮告，再三瀆，瀆則不告。利貞。

蒙與明相反，蒙昧而不明也。山下有險，則迷於所向矣。險而止，則懷險心而怠於問學矣，皆所以爲蒙也。蒙之可亨，理義之心開而可以至於明矣。此由九二之道可以發人之蒙，而所以發之者又得其時之中也。九二以剛中之德與六五之童蒙正相應，非二求五，乃五求二。學者教者之志自相應也，求之者其心虛以誠，則應之者亦樂以成其美矣。凡筮蓍求神，其初筮則无有不誠者，若再三則輕瀆而失其誠矣。五之求二有初筮之誠，二則告之，再三則爲瀆，瀆則二不告矣。求之者其心專，應之者當其可，二之發蒙可謂得時中之道矣，此蒙之所以亨也。二可謂誨人不倦之聖賢，五亦有希賢希聖之志者矣。教之而不以正，則所知所行差之毫釐，謬以千里，非聖賢以人事天之學問也。堯舜之精一，孔門之擇善，固執格致誠正；程朱之居敬窮理，知行並進，皆聖賢大中至正之道也。

當童蒙之時而養之以正，則可以至於聖人矣，故爲作聖之功。「山下出泉」，未有所歸，亦蒙之象也。泉之出，必放乎四海，君子之果行似之； 必盈科而後進，君子之育德似之。

初六： 以陰居下，稟賦之昏弱，人品之卑下，則蒙之甚而不可不發也。 又當發蒙之初，法不可以不正，故利用刑人。用刑人書，所謂扑作教刑也。 又當暫止其刑而涵育優柔，使以漸而入於善焉，爲「用説桎梏」。 桎梏，固刑之類也。 用刑之嚴而過於束縛，亦桎梏之象也。 用説之則，立法固爲甚嚴，而用法則又濟之以寬，使學之者既有嚴憚恐懼之心，而又有樂於進修之志，可謂善發蒙矣。 若一於嚴則情所難堪，聒之以明之所難知，驅之以力之所難行，爲教之失其道，而无益於蒙者矣，故「往吝」。

九二： 當發蒙之任，剛而得中，爲包容衆蒙之象。 包容之，則往者不追，來者不拒，以是心至，斯受之而已，隨才成就而不過求，皆在其中矣。 以陽應陰來，爲「納婦吉」； 以下任上事，爲「子克家」。 爻具此象，關於世教之大，故聖人歷言之。 凡卦爻取象，善可爲訓者，則詳言之而畧其所次焉。

六三： 以陰不中正而應上九不正之陽剛，是女之見金夫而不有其身之象也。 上九以不正居上，是无德善而徒以財自右者也[一]，爲金夫之象，女之從之，則廉恥之道喪而同人類於禽獸矣。 天下之至蒙莫甚於此，而可以爲戒者也，何利之有？

六四： 以陰居陰，重陰而又不中，則爲蒙之甚矣。 下不應於二，上不應於上，遠於陽剛而无以發其蒙，爲困於蒙矣。自是其愚蒙，而不親近君子以開啓之，可吝之甚也。 聖人以「困蒙之吝」爲「獨遠實」，謂非其資稟之下而由其遠賢以自棄也，以見人性皆善，聖人可學，雖昏愚之至而善反之，至於知之成功而爲一焉，則與生知安行者同歸矣，其垂訓之意遠矣哉！

六五： 虚中以應九二之陽剛，是純眞之本質未散而委心聽順受教於君子也。 書所謂「能自得師」者也，希賢、希聖、希天皆其所優爲者也，故「吉」。

[一] 「自右者也」，文津閣本「右」作「雄」。

上九：以陽剛居上，治蒙過剛，爲擊搏於蒙之象。進人不顧其安，使人不顧其誠，其施之悖，求之拂，反爲害矣。教者不利如此，爲寇，但禦學者之寇可也。凡外誘之私蔽其明而亂其真，皆寇也。爲去其私而使全其善，禦寇之義也。學之教之固多術，而皆所以禦寇也。上九非能禦寇者，聖人以其失在於爲寇，故以此義訓之。以此剛而禦寇，則教者學者皆得其道而順矣。

需䷄　乾下坎上

需：有孚。光亨。貞吉。利涉大川。

需，須也，待之義也。坎險在前，乾以剛健臨之，剛健則事有定見，處有定力，不遽進以陷於險，待之義也。其運用之機在我，可不至於困窮矣。陷於險中則爲困窮。需之所貴在於有孚，以誠心而需，則其心光明而道可亨通，心或不誠，安得光明？何能致亨？人之所需固有其心有孚而不得爲貞者，有孚而貞，則誠心爲禮而无非禮之禮，誠心爲義而无非義之義，合於大中至正之道矣。如孔子之待價，孟子之待招，則貞之至也。其他沮、溺、荷蓧之類，高尚之過而至於絶人逃世焉，心固有孚而貞則未也。

卦之九五以中正之德而居天位，則德與位稱，道可大行，爲「有孚。光亨。貞吉」之象也。需之爲用，出處之節，應機之宜，其道廣大精微，非時中之君子未能與於斯焉。需之以貞則有所不爲矣；「利涉大川」可以大有爲也。孟子言：「枉己者未有能正人者也，況辱己以正天下乎？」又曰：「天下溺，援之以道，子欲手援天下乎？」此亦貞吉涉川之義也。窮理守義之學至，則可以用需矣。雲上於天亦需之象也，待其自雨耳。事固有當需者，君子自養以待之而已。如諸葛孔明隱於南陽，非先主三顧之誠則有自養以待時而已。此酒食宴樂之義也。他事亦有當需者，當需而不需焉，則爲（過動）〔怠緩」；不當需而需焉，則爲（怠緩）〔過動〕〔二〕。需之道，未易言也。

初九：「需於郊」則遠於險難矣，「利用恒」則終不變其所守矣。郭林宗、申屠蟠可以當之。孔子之歷聘諸國，仕止久速，應以神化之道，人莫之能測，莫之能制，則需郊用恒之大者也。「无咎」，不足言矣。

九二：「需於沙」，沙近水，所有之物需於沙，去坎險不遠矣。人臣以身任國家之利害，其跡危厲者似之，豈能免於言語譏謗之傷乎？二以剛中之道處之以寬裕之誠，則可以免於患害而終吉矣。唐德宗欲易太子，李泌身當其事，雖有危言之及，卒能定天下之大計而得免於害。此爻似之。

九三：迫近坎水，則「需於泥」之象，已及於危難矣。其時其地則切比於災，而三之過剛不中，又所以速其災也。至惡者亦可反而爲至善矣，況三之剛正者乎？若能敬慎，則善之善者矣，何寇之可憂乎？三能敬修其德，是以過人之資而潛心於聖賢之學也。但可不敗，而不能如二之終吉，何也？時甚難而爲力不易者也。

六四：已入於險而身處殺傷之地矣，爲「需於血」之象。坎之陰爻有穴之象，以柔居柔而得其正，順而聽之，終能免害者也，是能「出自穴」矣。四可謂幾死而復得生者也，處危難之道以過於剛而速禍，君子不爲也；以過於柔而免禍，君子不爲也。君子守吾之正而已，守其正而免於害，固其所也。不幸而至於殺身焉，君子不恤也。

九五：以陽剛中正而居尊位，是有君德而盡君道者也。君德厚而君道盡，至是則有自養以待天下之治安而已。「酒食」，自養之象也。五之所當自養者，非以逸豫而已也，廣求賢俊，布諸左右，論思啓沃，涵育氣質，薰陶德性而已矣。如五之中正，若无待於自養矣。禹之告舜曰：「无若丹朱傲，惟慢遊是好。」舜之命其臣，亦曰：「汝亦昌言。」又曰：「臣作朕股肱耳目。」此皆不自聖，而汲汲於自養者也。若一念怠惰，則聖反爲狂，四海困窮，天祿永終矣。可不戒哉？

上六：以陰柔居險極，无出險之才，已陷而「入於穴」矣。「不速之客」，不召之客也。「三人」，下三陽也，乾。三陽本

〔二〕案上下文義，「過動」、「怠緩」次序顛倒，據改。

在上之物，以見險而需，今需極相時而上進矣。上六若能敬之，則藉君子之拯而可以出險矣，故「終吉」。居卦之上，无職位者也，與九三居下之上爲應，似爲失矣，然志在出險而非僥倖以求進也，故无大失。言未大失，則已有失矣。君子之處險陷，寧身被困辱而不徇人以非禮之恭。上六敬之而免禍，聖人亦未深許之也。

訟 ䷅ 坎下乾上

訟：有孚，窒惕，中吉，終凶。利見大人。不利涉大川。

訟，爭辯也，以惡逆相及者也。堯言其子之惡曰嚚訟，則訟爲惡逆可知矣。卦以坎遇乾，上以剛暴制其下，下以險機伺其上，又已險而彼健，皆以惡逆相加者也。又內險而外健，是習爲惡逆者也。訟之事或已是，而直心不能以自白，於是惕然省懼而處之，以得中則吉。所謂處之以得中者，或天理民彝所不可已者，則辯明其心跡而已；其他所可已者，則置之而勿校焉。君子以仁禮存心而至於三自反焉，橫逆之加，以禽獸視之而已，又何訟焉？

卦之九二剛來而得中，「有孚，窒惕，中」之象也。若不處之以得中之道，則必終極其訟而得凶矣，此反其所爲而戒之也。上九過剛，亦有終極其訟之象。九五剛健中正以居尊位，有大人之象。訟之「利見大人」，或啓其息訟之心，或處其所訟之事，如以難得者兄弟、易求者田土之數言感訟者之流涕相讓，則大人眞可以利見矣。訟之事不可以涉險難而爲之，要在可止而止矣。上剛下險，險而健，非有涉川之用與涉川之才也。天與水違行，亦有訟之象。作事謀始，存仁讓之心而愼守之，犯而不較，則訟可絶矣。

初六：以陰居下，其才其勢皆不能爲訟者，但明辯其心，斯已矣，故爲「不永所事，小有言」而「終吉」也。訟之事，有容德乃大；其次則能忍，亦不失爲厚也。初六，能忍者也。

九二：當訟之時，與九五訟者也，二知五之勢不可敵，乃歸而逋竄，不復與訟，而自潛於三百户之小邑，始得免於災眚焉。「邑人三百户」，自處卑小之象也。二有欲訟之心者，以剛而又爲險之主也，能自卑而免於害，以得中也。乾之中交於坤之中爲坎，坤爲邑。九二居二陰之中，潛於小邑之象也。二可謂畏天之威以自保者也，否則自下訟上而患自掇，亡無日矣。訟者，皆攘奪於人以爲己有者也。

六三：陰柔，非能訟者，但「食舊德」，安其素分而无外求則可矣。然訟之時，以强凌弱、以衆暴寡者也。三雖不能爲訟，而處强衆凌暴之時，雖自能守正而跡亦危矣。居下之上，有時事之責者也，謹敕而免於爲惡耳。爲善而成功，則非所能也，故「從王事」則「無成」。

九四：陽剛，本欲訟者，然以陽居陰爲能濟以柔，處上之下爲能順上命，上之命下，何嘗欲其相訟而至於爲惡乎？四有欲訟之心，幾於犯王命矣。「不克訟」則渝變其心，安處正道而得吉矣。

九五：當訟之時，以陽剛中正之德而居尊位，有中天下而立、定四海之民之責與道焉者也，匪徒能聽訟而已。蓋必以道化民，使近天子之光而至於無訟者也，故「元吉」。不然，則區區於折獄之間而治其末，亦何足尚哉？故象曰「『訟元吉』，以中正也」，謂感之以至德而民寡過矣。

上九：以剛居訟極而處最上，是健訟終吉而能伸者也，故有「錫之鞶帶」之象。鞶帶，命服之飾，上錫下者也。以無實之訟，至惑上所聽而遂其所欲焉，即上之所與也，未有得非其道而可常有者也，故「終朝三褫之」。終朝之間而至於三褫，則辱已甚矣，不如无所得之爲愈也。凡用勢力機巧而倖有所得者，亦此類也。縱无三褫，則廉恥之道喪矣。

師 ䷆ 坎下坤上

師：貞丈人吉，无咎。

師爲兵衆，本義釋之備矣。兵者，聖人不得已而用之。有應敵之兵，有問罪之兵，用之以道皆爲正，否則强暴寇盗而已。将在得人，老成長者臨事而懼，好謀而成，有平定安戢之功，而無屠城掠地之失。胤侯之征羲和，「殲厥渠魁，脇從罔治，舊染污俗，咸與維新」，丈人所爲蓋如此。漢之趙充國，宋之曹彬，皆其人也。師出以正，又得老成之人，用之則吉而無咎。

彖以「師」「貞」合而釋之，故曰：「師，衆也；貞，正也。」能以衆正，可以王矣，此湯武之師也。齊桓公責楚「包茅不貢，王祭不供」，未爲不正，假之而已。九二有剛中之德，上有六五之應，是剛中而應也。居坎之中，上下五陰，順之爲行險。而順也将以剛中，則威克厥愛有應焉，則欽承天子威命也。戰，危事，行險也，東面而征西夷怨，南面而征北狄怨，曰：「奚爲後我？」則人心之順也。「毒天下」，毒其所當毒者，除殘去暴是也。「地中有水」，亦衆之象也。「容民」，保民也。所保之民即所畜之兵也，无事則爲服牛乘馬之順民，有事則皆披堅執鋭之勇士矣。

初六：未取於陰陽應與，而取其在師之初之義也。出師之初，在謹其律，如嚴部伍，禁侵掠，皆是也。以律行師之法，當然而未必其吉也。「否臧」則凶即至矣。如孔明伐魏，戎陣整齊，號令嚴明，合於以律之義；馬謖街亭之敗，違亮節制，則以否臧而凶矣。

九二：有剛中之德，上爲五所應。所謂王者遣将，跪而推轂，曰：「閫以内寡人制之，閫以外将軍制之。」任之專，而委之重，故九二得以盡其才德而成功焉。後世進止遲速，率由中制之，雖有賢将，安能有爲？九二在師而得中道，用師之貞，出師以律，皆是也，故吉而无咎。師有吉而有咎者，有无咎而未能得吉者。吉且无咎，善之善矣。将能成功，則王有報賞之典，錫命至三，寵賚之者至矣，所以録其懷柔萬邦之功而嘉之也。

六三：不中不正，居險之極，非有爲将之才德而欲僥倖以成功者也，故「師或輿尸」而凶。将不知兵，以其君與敵也；君不擇将，以其國與敵也。凶孰甚焉？

六四：以陰居陰，柔而得正，是能整兵慎戰而不輕進者也，雖无克敵之功，得以全師而歸，故「无咎」。春秋伐楚而書次者，以次爲善師，六四「无咎」之義也。

六五：柔順而得中，柔順則自不爲兵端，得中則侵暴之兵加於己亦必起而應之，是「田有禽」而利於搏執之也。言語辭、禽鹿豕之類，所以害田者也。又以其陰柔或不能專任君子而使小人參之，則是使之輿尸而歸，雖應敵之正兵而亦不免於凶矣。「長子」，謂九二，凡才德爲君子之類者皆是也。「弟子」，凡次於九二而爲小人之類者皆是也。

上六：用師之終，天下大難皆已定矣，則論功行賞之時也。功之大者，開之以有國而爲諸侯；功之次者，承之以有家而爲大夫。坤爲邑，有國與家之象焉。軍旅之際，有謀有勇，皆能成功，而未必皆君子也。若賞以國邑，是使肆其毒以虐民也，故戒其勿用。大君以爵賞正人功之大小，而復用小人，則禍基於此而邦必亂矣。

比 ䷇ 坤下坎上

比：吉。原筮，元永貞，无咎。不寧方來，後夫凶。

比，自有得吉之理。比，輔也。輔則「下順從」之義也。安有下順從以輔之而不獲於吉乎？當此比輔之時，必推原考筮已有元永貞之德，然後可以當其比輔而无咎；否則，或以力驅之而已，安得免於咎乎？元者，善之長，君德也。君德至於永貞，則純乎天矣。不寧者，不遑寧處，有憂勤惕厲之心者也。天之立君，以一人治天下而勞之，非以天下奉一人而逸之也。君人者，頃刻謹畏之不存，則怠忽之所自起；毫髮幾微之不察，則禍患之所自生。有此不寧之心，則下之比輔方感而來矣。

九五以剛中之德居尊位而上下應之，是有君德，存敬畏之心而得民之歸赴之象也。夫者，丈夫之稱。左傳曰：「是謂我非夫也。」後，如「先事後得」之「後」，怠緩之也。於君子而怠緩之，則賢者退處，小人類進，而人將離叛而不輔矣，則道窮而凶矣。「地上有水」，比之象也。建立萬國之諸侯，而定巡述之禮以親之，先王所以盡比之道也。

初六：居下順體，是能比上者也。比上而有信實之德，則終始无間而免於咎矣。若有孚至於盈缶，則不但无咎而已，且有他吉也。「有孚盈缶」，則信之至也。草澤之間，有懷至信之德者，安能久在下乎？此「他吉」也。

六二：上比九五也，柔順中正，則「比之自内」，得正而吉矣。内取由中之義，事君以道，而出於中心之誠也。所謂責難於君謂之恭，陳善閉邪謂之敬，非堯舜之道不敢陳於王前者，皆是也。如此，則僅可以免過而不自失也。臣道之難盡也如此。

六三：陰柔不中正，處已非其道也。君子小人，類聚群分，而所比皆非其人矣。

六四：位在九五之下，比之時，皆以下比上也。四柔而得正，以是而比五，則能以柔濟其剛，都俞吁咈，皆以道而不離於正也，則有引君當道、志於仁之忠矣，故「吉」。

九五：陽剛中正以居尊位，用大中至正之道而顯以比天下者也。如孟子所言王道，皆爲顯比。「建萬國，親諸侯」，以其一端也。先王托股肱耳目於臣下，以次承宣而達諸天下，則爲顯比。霸者用其私智，小小補塞，則晻昧而非顯比也。王者田獵，用三驅之綱，去其一面，不盡取之，取其不用命而入者。舜之班師振旅，誕敷文德而有苗來格是也。「失前禽」，邑人不誡，邑人之心亦上之心也，知其以德化民而不以威驅之也。皆「吉」之道也。

上六：居卦之上，爲首之象。當比之時，下无應與，爲比之无首之象。比已終矣，而獨无所比，則死亡无日矣，故「凶」。

小畜 ☴☰ 乾下巽上

小畜：亨。密雲不雨，自我西郊。

小，陰也。畜，止之也。六四以陰居陰，爲柔得位。柔不得位則不能畜陽，柔既得位則有以致上下之應而爲其所畜矣。小人而无才無位者，亦安能制君子哉？以巽畜乾，亦爲小畜。又以陰畜陽，亦不能大有所畜。小人畜君子，畜其不能用世耳，於其道則无如之何。所畜者，區區之微末耳。

小畜之時，陽猶可亨。卦之内健外巽，二五以剛得中而志猶得行，君子之作用亦未盡爲小人者所畜也，故「亨」。小人未能盡制君子之作用，則所畜尚未遂也，故有「密雲不雨，自我西郊」之象。雲爲雨氣，陰物也，陽氣上升而雲密畜之，則相持爲雨而下，畜之未極則氣猶騰往而不雨矣。天地間，東南爲陽，西北爲陰，凡陽唱則陽畜陰，陰和而成雨；陰唱則陰畜陽，陽不和而不雨。密雲之不雨，亦「自我西郊」之義也。无小畜則无所謂「密雲」，无所謂「西郊」；有小畜則有「密雲」、「西郊」之象。不能遂其所畜，則有不雨之象。「不雨」，與「亨」之義相反。君子小人勢不能以俱盛也，若以爲善言之，凡臣不能止君之欲，子不能止父之過，皆此義也。畜有「止之」之義，有「聚之」之義，止則聚矣。「風行天上」，則氣即散，往而不能聚，有小畜之象。君子以懿美其文德而已，美在其中爲畜之大；威儀文詞之間而致其美，則所畜者小矣。小人畜君子，必制之，使不得遂其所爲。畜之未極，則君子猶得以安其位而行其志。君子者，始焉若将失其所矣，而終得以復其所，此小畜之初、二皆以「復」爲言也。

初九：乾剛得正，雖與四爲正應，去之尚遠，不爲所畜，猶得進而上行，則復之自道矣。守正不變，而卒得復，則「復自道」矣。若非禮求進，則復不以道，而爲以邪媚干澤矣。自道而復，則無咎，而可以行所學以益世，其義自當獲「吉」也。

九二：漸近於陰，若将爲其所畜矣。以所處得中而不自失，又與初同體，皆陽剛之君子也，相資相援進而有爲，則「牽復」之象而「吉」也。蓋初九結綬，則九二彈冠，其出與處同一道也。

九三：迫近於四，以過剛不中，處之失當，爲四所畜而不能自行，爲「輿說輻」之象。輻者，輿之所以行者也，說之則不能行矣。夫謂三，妻謂四，四畜三，使不得上進；三不受其畜，而與之爭，情不相得，則「夫妻反目」之象也。大丈夫處人而不爲人所處，非四之能畜三也，乃三不能處乎四也，故象言「『夫妻反目』，不能正室」，所以責君子不能自盡其處小人之道也。處之之道何如？謹於自治而不陷於失，使小人无得以議之，至誠以與之，恭遜以接之，彼小人者大則革心，小則革面矣。何能畜於君子乎？

六四：爲畜之主，以畜道爲尚者也。柔得其正，位近九五，是能以誠心而畜五者也，所謂以柔濟剛，以可濟否者。四之心也直道難容，若四者懷恐懼之心，而幾不免於傷害也。

九五：剛得中而又巽體於四之畜，已見其爲忠直，而不見其爲乖忤，知求之以道，不以非道而罪之焉，故四得免於傷害憂懼，爲「血去惕出」之象而「无咎」也。象謂「上合志」，言其與九五相合也，事君數，斯辱矣。六四之尚畜道，比之「以道事君，不可則止」者則有間矣，故僅可无咎而未獲吉。九五居尊，爵賞刑誅皆其所有，人以實心效力而爲己用，如以手把物，攣固而不可解已之勢；力足以驅人而使爲用，如以富而以其鄰，則其鄰孰不樂趨以爲用乎？九五之君臣同心，如身之使臂，如臂之使指，投之所向，无不如意者也。然不言吉凶者，未知其同心同德而施之於畜道者何所用也？若用之於畜小人、畜己之私欲而不自肆，則同心爲善，而元吉可致；反是，則流於惡而凶至矣。小畜之時，多小人畜君子，而四之畜五，則又用之於爲善也。九五勢其所有，法其自用，而下无應與用其力，以爲惡未可知也。陽剛中正而又巽體，才亦足以爲善矣，故聖人但言其力足以有爲，而畧其善惡與吉凶，直不欲以小人待九五，其垂戒之意深矣。

上九：以巽體居小畜之極，巽順於以陰畜陽，積之以漸，至於其極，則畜道成而陰陽和矣，爲「既雨既處」之象。以陰畜陽，小人自以爲德而尚之，以至於積滿矣。至是，則諸陽與之相抗者，或苟說富貴，或僅期免禍，而聽其命矣。以陰畜陽，小人制君子，婦人乘其夫，皆此義也。婦若貞固，守此則危道也。月陰象幾望而抗陽將至，自食而反傷矣，安有小人畜君子而天下不亂者乎？亂，則小人豈能保其富貴哉？此皆切戒小人之詞也。君子至是亦不可行，行則凶矣，此又喻君子以自處之道也。易爲君子謀，不爲小人謀，可見矣。

履䷉ 兑下乾上

履：〔履〕[一]**虎尾，不咥人。亨。**

以兑遇乾，和説以躡剛強之後。和説有恭遜之義，剛強有果確之義，恭遜果確則嚴而泰，禮也。禮爲人所當履，故卦名履。以和説履剛強，則處己處人之道盡而不爲所傷，有「履虎尾，不咥人」之象，而可以致「亨」。和説爲處剛強之道，非倖福免禍而爲流蕩者也。

九五以「剛中正，履帝位而不疚」，其德光明，人之所履當如此也。人之所履宜隨其分而修其所當爲，故上天下澤，則上下之分定而爲履也。君子觀此象，則「辯上下，定民志」。民志未定，由上下之分未辯也；上下之分既辯，則民安其所，而不妄求，其志定矣。

初九：陽剛得正，居履之初，是以素所修者而爲履之始。格致誠正之學，措而爲治平之用，未爲物誘而變其所守者也。執此道以往，則「无咎」矣。人之修己所願者，在行所學以治人也。初九素履之往，可謂不失所志而獨行願也。

九二：陽剛得中，上无應與，有道君子未爲世用而不求人知者也，爲「履道坦坦」之象。坦坦，平易也。兑有和説之德，平易之義也。幽隱守高之人能如此，則正而吉矣。

眇不能視而強欲視，跛不能履而強欲履，才不足以有爲而強欲爲也。[二]

〔一〕「履」，據履卦卦辭補。

〔二〕雪齋案：此句本爲釋六三爻辭「眇能視，跛能履」，雖表面似畧有不侔，而實正合「才柔而志剛」，故疑爲順序顛倒，當係於下句「才柔而志剛」之後。

六三：陰不中正，而處乎陽，故有此象，是才柔而志剛也。以此履剛強之乾必見傷害，爲「履虎尾，咥人」之象而「凶」也。又以志剛而居下之上，有「武人爲于大君」之象。武人无德，肆其剛暴，以強力而爲大君，安能久乎？以兌遇乾，則乾爲虎而兌有「履虎尾」之象。

九四：剛而能柔者也，是常存戒懼之心者也。以此德而履五之下，則剛不至於取禍，柔不至於取辱，輔德納誨之志行于五而得終吉也。以堯舜之聰明聖智，君道之盡宜若易爲矣，然求賢任官，必勤諮於下而不自專。

九五：以乾剛居尊，下以兌說應之，有順從而无矯拂，則任意裁決而无留難，爲果決其履之象。天位惟艱，一念不謹，或貽生民无窮之害而天禄永終矣。守此「夬履」以爲正，則危之甚也。

上九：以陽剛乾體而居履之終，是所謂「終日乾乾，夕惕若」，履善道而能有終者也。蓋乾剛則以仁爲己任，有終則死而後已。曾子易簀而殁，是也。視其如此之履而考其所宜獲之祥，則周旋皆得「元吉」矣。「其旋元吉」，言无適而非元吉也。斯人也，進則有益於君德，退則有益於風俗，盛德大業，人未易及，故〔象〕〔二〕曰：「元吉在上，大有慶也。」

〔二〕「象」，據周易辨録全文體例補。

周易辨録卷二

泰 ䷊ 乾下坤上

泰：小往大來，吉亨。

泰，通也。通由於和，和則通，不和則否閉而不通矣。坤爲小往而居外，乾爲大來而居内，天道下濟，地道上升之義也。天地之道如此則爲泰，而在人事則爲吉亨，三才同一道也。天地交而萬物生息，通也。上下交而相與以有爲，其志同也。以氣言則「内陽而外陰」，以德言則「内健而外順」，以人言則「内君子而外小人」。君子得志其道長，小人不能肆惡而道消也。皆所以爲泰而吉亨也。

「財成天地之道」，〔一〕如歷象日月星辰之類是也。「輔相天地之宜」，謂順時以有爲，因物以制用也。先王之道因革損益，與時偕行，皆所以左右民也。左右民，所以嚴事天之誠也。

初九：陽剛得正之君子也，自宜見用，豈獨一身哉？凡志同道合而有斯世斯民之心相與並起矣，故爲「拔茅茹以彙」之象，而行則吉。拔初九者，必君相也，明揚之道得而賢者有帝臣之願矣。拔之之道何如？求之以禮，任之以誠而已。否則，恭敬而无實者，君子不可虛拘。

九二：有剛中之德，上應六五，當泰之責任者也。所謂「財成天地之道，輔相天地之宜，以左右民」者，九二以身當其

〔一〕「財成天地之道」，文津閣本「財」作「裁」，義似長。

事而燮理之矣。有包舉宇宙之量，有坐定夷險之才，有不廢困窮之仁，有不私親昵之公，是能以「中行」爲尚者也。若九二眞可謂代天之相矣，臯、夔、稷、契、伊、傅、周、召之能事也，諸葛孔明、韓、范之徒亦其流亞者也。媢嫉求備，則與「包荒」相反；天下有事，束手无策，則與「用馮河」相反。「用馮河」，非勇決之義，如周公言「在今予小子旦若游大川，懼不克濟」，欲與召公共濟之，謂有撥亂反正之才也。不言「涉大川」而言「馮河」，馮如「馮几」之「馮」，取其坐鎮安危之義也。抱明德而類微者，則忽之，與「不遐遺」相反；以天位天祿私親故者，與「朋亡」相反。

九三：泰已極矣，至此則將否之時也。泰之時爲平，无有平而不陂者，今將陂矣。陰往在外，无有往而不復者，今將復矣。可懼哉，可懼哉！處九三之地而以世道爲己責者，當有蹈虎尾、涉春冰之心可也，惟當艱難其心以守正道，常思一念不謹禍即起矣，一事有失世即亂矣。如以千鈞之重投之眇然之躬之上，而爲之負荷之，一有顛蹶，則載胥以亡而不可救矣，始可謂艱難守正而得无咎矣。如孔明相漢，躬親細務，豈得已哉？如此則勿憂，所期之孚不我有，而君臣上下常得以享其福矣。孚，所期之信也。所期欲常泰而不否也，泰之復否，率以人謀之不臧，而亦天運然也。有聖人則可以救之，聖人以天自處，視天下无不可有爲之時，亦无不可有爲之事，故於否則即反爲泰，泰可以常不否。然孔、孟有德而无位，則亦天之運也。

六四：泰已過中而否至矣。四與類皆陰柔小人，治平之時皆處之於外者也，至是則相率而復於內，如鳥之飛，翩翩而至，言其羣合而且迅疾也。小人羣合以害君子，而君子亦將盡矣。不必用富之力以其鄰，而鄰无不從，不待相戒而自相信。然所以主之者，必有其人，豈可盡歸於天運哉？

六五者：正所謂主乎泰者也。以陰居上，以順德而下應九二之陽，爲「帝乙歸妹」之象。「以祉元吉」者，以此道致福祉而得元吉也。五所以者何道也？虛己以任賢才，以保治安，憸邪不得以間其心，晏安不能以溺其志。五以陰柔處過中之泰，多所沈溺而未必能，此聖人以其有造命之權，而爲之則甚易也，欲治則治，爲亂則亂者。五也開之以撥亂反治之機，而望其大有作爲而獲元吉，其憂世之心至矣哉！以中德而行其所願也。君之所願者，用賢以保治安也。危亂，非其本心之所願也，爲小人所誤而至此耳。如徽宗北行，泣於道曰：「王黼誤我至此！」

上六： 泰已否，治已亂矣，爲「城復于隍」之象。天下方以親小人、遠賢臣以致亂而怨上矣，又欲毒民命以用師，則所以自速其亡而已，故「勿用師」。惟當下哀痛之詔，反躬自責，陳在己致亂之由在於反道敗德，喻天下圖存之願必欲遷善改過，自其邑之近而達之於遠，告之詳而及之徧，或可以收人心以延天命焉。然此既否之後，不得已而圖免於亡之所爲也，不能謹之於始而守此以爲正，則可羞之甚也。

否 ䷋ 坤下乾上

否：〔否〕[一]之匪人，不利君子貞，大往小來。

否之時，匪人道也。天理之在人心者未嘗亡，則人道无時而可泯也。但在廟堂則治，在田野則亂。否之時，在田野而不在於廟堂矣。人道，善道也。天命有善而无惡，人道合於天命者也。君子之正道，即人道也；匪人道，則不利君子之正道也。乾爲大而往居於外，坤爲小而來居於内，則是「天地不交」，萬物之生意閉塞而不通也；「上下不交」，天下亂而无邦也。以卦言則「内陰而外陽」、「内柔而外剛」。在人則爲「内小人而外君子」，小人得志肆惡以號令天下，其道長，君子則有隱居求志而已，此豈人道哉？

君子雖退處林野，小人猶欲害之，故當儉德以辟其難。儉德者，隱晦其跡以潛處也。如東漢黨錮，皆一時之君子也，范滂輩不能潛晦其跡而速禍之慘，可傷哉！

初六： 小人在下者，聯類並起，亦「拔茅連茹」之象。然否之初，則小人者未至於殘傷君子，未至於大壞朝政，猶可以

[一]「否」，據否卦卦辭補。

改過遷善，一變而爲君子焉，故聖人以「貞吉」戒勉之，其爲世道之慮深矣。

六二：當否之時，正所謂用事之小人也。包承大人，非其本心也，以公論所在，士望所屬，而殘害之已亦難乎？其爲處矣，如李林甫於張九齡，雖恨，猶曲意事之，可以保富貴而不及於禍，則小人之吉也。包承者，小人處君子之術也。君子豈可爲小人所處哉？當於否之時求吾之亨道焉，以身殉道，大人之亨也，豈可漫不知否而亂於小人之羣哉？

六三：不中不正，居下之上，當否之時，居高位而享厚禄者也。世之否者，任其否漫，不知所以處之，吾之富貴，吾自保之而已。胡廣、馮道之徒是也，豈不可羞之甚哉！象言其「位不當」也，以何功何能而得此位乎？位者，居下之上也。

九四：否已過中，氣運漸至於亨通，人事漸可以措手，天命之否者至此有轉而爲泰之幾矣。四近九五，有轉否爲泰之責任者也，然以陽居陰，處不得正，而或不免於過咎焉，則非盡人事以答天休者也。若能克己爲義，使所行无咎，則一時疇類，君子賴其德位皆得行所學，以益世而獲福矣。不言「吉」者，時未可以得吉，而四之才尚有不滿人意者焉。

九五：陽剛中正，以居尊位，德與位稱，道與時合，世之否者可一變而爲休美矣。是大人明德新民之道，治隆於上而俗美於下矣，故「大人吉」。然又當戒懼於心，自以爲其亡矣其亡矣，再言「其亡」者，言无時无事而不戒懼也。凡所施爲，必詳審安固，有久大之圖，如「繫于苞桑」之固可也。「其亡其亡」者，有居安思危之心也。「繫于苞桑」者，言所處之密也。

上九：以陽剛居否之終，能傾時之否者也。物之貯於器中者，多則漸去之而未可傾，少則傾倒而盡去之。否至於終，則否无幾矣。上九以陽剛之才一傾之，以收成功焉，故「先否後喜」。象言：「否終則傾，何可長也？」否未終則圖以漸去之，終則直可傾之，取義精矣。

同人 ䷌ 離下乾上

同人：〔同人〕[一]于野，亨。利涉大川。利君子貞。

同人，與人相同之義。六二以「柔得位得中而應乎乾」，以柔應剛，固有相同之義。得位則應之以職分所當爲，得中則應之以事理所當然。應之以職分所當爲，義理所當然，上之人或不能即從，或從之而中止，亦不足以言同也。二之所應者，乃九五之乾也。乾者，至健而无息之義。惟其至健也，則於二之應乎己者，即能行之而不失其幾；惟其无息也，則行之有常，要之以永久而不中止。二之與五可謂同之以心，同之以理，不但形跡之相同而已也。不曰「應乎上」、「應乎剛」，而曰「應乎乾」者，上未必皆剛，而剛不足以盡乾之義也。聖人之筆如化工，非但寫其形像而精神盡見矣。于野則與人同者，曠遠而无私也，不狃於崇卑，不限於遠近，而廓然與同，則同人之心度極於廣大无外矣，此于野之氣象也。如是，則天下皆其同心者也，古今皆其同心者也，豈不足以致亨而涉大川乎？

卦之以離遇乾，爲以健而行其所知者也。以健而行其所知，則所以與人同者剛毅果決，不牽於私係，不溺於近小，而必至於廣大无外之域矣，是致亨。涉川則由于野，而于野之胷次非以乾行者不能也，于野則相同者固廣大无私矣，然于精微之義或有未盡，則所同者亦非君子之正道也。君子之正道合於大同之理也，時異勢殊，或有可同於昔而未可同於今者，可同於彼而未可同於此者，非精義入神者不能明此理，非剛健克己者不能行此道。卦之文明則能精義入神而明此理矣，以健則能剛健克己而行此道矣。如此則能以中正而應，非中正則不應而不與之同，是所同者皆廣大精微之至理而爲君子之正道也。未至於文明者，則格物致知，求明諸心而知所往，則雖愚必明矣；未至於剛健者，則勉强克己而力以求其至，則雖

〔一〕「同人」，據同人卦卦辭補。

柔必强矣。天下之事不同而所同者心也，天下之心不同而所同者理也。君子之心所先得者，天下同然之理，自能通天下之志矣。徵諸庶民、考諸三王而不謬，建諸天地而不悖，質諸鬼神而无疑，百世以俟聖人而不惑，此通天下之志而合大同之道也。

天在上，而火炎上，亦有同人之義。「類族」則遠近親疎各得其所，君子小人各安其分；「辨物」則精粗美惡各得其用，皆以類而與同矣。

初九：以剛在下，上無應與，又當同人之初，則所交未私而所志未變，爲「出門同人」之象，而得无咎。初雖陽剛得正，卦體本陰，處離之下，涉於小疵之躁而未會於文明之善，特以同人之初，未有私主，涉世之久，用物之多，不知身心至此又何如也，免於咎而已，故不言「吉」。

六二：雖得中正，然有應於上，則係於私小，而非大同之道也，故各卦所論者大同之道。六二以中正而與人同，則得其道矣。爻則以相應相與而有公私廣狹之異，故六二在一卦則爲善，而在本爻則爲惡也。九三欲同於六二，懼九五之見攻而欲與之敵，故有「伏戎于莽，升其高陵」以窺伺之。至於三歲之久不能興，勢不相敵故也。九三者，心欲爲惡而力不遂也。九四欲攻六二，與之同爲九三所間，二守正不與，三墉之象也，故四有乘墉之象，乘墉則可以攻而有之矣。然四以陽居陰，能以柔濟剛而不克攻也。若四者力足以爲惡，心能自反而歸於義者也，故吉。晉人納捷菑，于邾弗克納。趙宣子曰：「非吾力不能納，義實不爾克也。」合於此爻之義矣。九五與六二以剛中柔中而相應焉，則理直矣，爲三四所間而不得同，故「先號咷」；五之力足以勝三四，故終得同而「後笑」也。五之得同於二，以大師克之而後遇也，立賢无方，君道當然。初與三皆剛而得正，九四則剛而能柔，上九居事之外，而不求與世同，此九五居尊位而所當延攬者也。捨皆不與同之，而汲汲以求二，則亦狹矣。

上九：以陽剛居同人之終而无應，衆皆有同，已則无求於世而不與人同。孤介自守，荒僻寂寞，爲「同人于郊」之象。既无所同，則亦无所係累，故得「无悔」。親師取友，則德崇業廣；離群索居，則孤陋寡聞。上九所爲，非可尚之道也，故象言其「志未得」。

大有 ䷍ 乾下離上

大有：元亨。

大有，所有之大也。六五以柔得尊位，大中而上下應之，以天下之大德居天下之大位，則人皆尊親之矣，故爲大有。乾之德剛健，離之德文明，以乾遇離，爲「其德剛健而文明」，剛健則爲善有終，文明則照物无遺。六五應乾之九二，爲「應乎天而時行」，典曰「天叙」，禮曰「天秩」，德曰「天命」，罪曰「天討」。君人者，應天以時行而已，何容心哉？聖王德與天合，故能因時立制，以盡其事天之誠，是以「元亨」。

「火在天上」，則所照者遠矣。所照見者皆其所有矣，故爲大有之象。「遏惡」，討有罪也；「揚善」，命有德也。討罪命德，天之道也，故爲「順天休命」。此即所謂「應乎天而時行」，爲治所有之象之道也。

初九：當大有之時，以陽居下，上无應與。在事之初，則事未悖謬，未交於害者也；若任事之久，則耽其寵樂而患得患失之心生，事有悖謬而害至矣。初九未至於此，亦未見其有咎，故但曰「匪咎」者，不敢遽以「无咎」許之也。富貴寵利，人視之以爲喜，己則思其有憂者；在人視之以爲安，己則思其有危者在，是能艱以處之也。如此，則於事之可否，身之去就，皆不敢苟，而得「无咎」矣。書曰「居寵思危，罔不惟畏艱」，則「无咎」之義也。

九二：當大有之時，陽剛得中，上應六五，才德足以任天下之重者也。五之所欲爲者，委之於二。二足以承之而有爲，爲「大車以載」之象。以其才德輔佐六五，綱紀衆事，則家相之責盡矣，故「无咎」。不言「吉」者，任事在二，而成功則歸於五，此君臣之分也。

九三：剛而得正，當大有之時，居下之上，位高德正，有方伯連帥之責者也。爲龍爲光，蕃屏王室，天子之禮樂刑政，四達而不悖矣。「用亨于天子」，用其才德以亨通天子之威，命明德於天下也。小人无此德者，則不能當此「亨于天子」之任也。无此德而當此任，則挾上命以號令天下，肆其暴虐而反爲民害矣。如曹操、劉裕之徒，征伐四出，拜表輒行，卒簒漢、晉，爲害多矣。爻有過剛不中之嫌，故特以小人戒之。

九四：位近六五，當公輔之責，贊六五以保大有之成業者也。以陽居陰，剛而能柔，爲嚴恭寅畏、不極其盛之象。如召公言「我非敢勤，惟恭奉幣，用供王能祈天永命」者是也。身勞力瘁，則委效於君上；功蓋天下，則守之以謙虛，爲恪盡臣道而得「无咎」矣。

六五：以文明虛中之德而居尊位，文明則照物无遺，虛中則專於委任。推誠心於股肱心膂之寄，是其孚心交於下而得臣工以贊助，可以保大有之業矣。然承平之世，率以文教爲尚而武備易於廢弛，況六五柔中而无剛德，威武尤其所不足也，故必「威如」而後吉。所謂「威如」者，安不忘危，振揚武烈，使威德加於天下，則可以永保前人之成業。如周公、召公告成王「克詰戎兵，張皇六師，覲文武之耿光而无壞其寡命」者是也。人主當大有之世，撫盈成之運，於事多忽易，而无思患預備之心，啟之以「威如」，爲六五對病之藥也。

上九：以陽剛離體，居大有之上，是剛有終而明能極者也。剛有終，則能自振拔而不溺於晏安；明能極，則用賢使能而不至於混淆善〔二〕。保大有之業者，莫過於剛明之德，故「自天祐之，吉，无不利」。繫辭所言又一義也。大有「上九，自天祐之，吉，無不利」，象曰：「大有上九，自天祐也。」繫辭曰：「天之所助者，順也；人之所助者，信也。履信，思乎順，又以尚賢也，是以『自天祐之，吉，無不利』。」人臣以道事君而成大有之業，爲成其事上之信也。鼎，象曰：「『覆公餗』，信何如也。」凡臣職未盡而至於誤國誤民，則失信矣。四時之運，功成者去。於兼善天下之後，奉身而退，不以寵利居成功而致顛覆之禍，則知進退存亡而處之以道，爲順矣。上九以剛明之才當大有之時，是能左右六五以成大業者，爲履信矣。位

〔二〕文淵閣本、文津閣本同。雪齋案：疑「善」下闕一「惡」字。

六五之上，爲所尊禮而非任事之地，爲思順矣。

初九「无交害」，九二「大車以載」，九三「亨於天子」，九四「匪其彭」，則「濟濟多士，惇大成裕輔」。六五以成治化而已處无爲之地，是能推賢讓能，使國家復用一番人才，爲尚賢矣。其卷舒運用，始終一於道而不苟焉者也。此其所以天人交助，獲吉而無不利也。象言「大有上九，自天祐」者，「大有」言其時也，「上九」言其所抱之才與所處之地也。以此人此德當此時而處此地，獲天之祐爲所宜也。大有初九「无交害匪咎，艱則无咎」，象曰：「大有初九，无交害也。」德不足而行未成，未可以涉世也。初九以陽剛得正之才而處卦下，是負其幼之所學而欲效用於大有之世矣。內重而見外之輕也，得深而知誘之小也，始進而志足以帥氣也，迷於欲則入於害矣。而履能以道，則未與害交而不致咎矣。聖人慮其希世取寵之念萌，而天理之幾易至於泯滅焉，故復以「艱則无咎」致其戒。能知人心操捨之無常，而富貴利達易以惑人，使之迷謬顛危至於殁齒不自悟，自能察於所履而有難進易退之節矣，夫何咎？象謂「大有初九，无交害」者，蓋言大有之時，易於害交，而處初則心未變，爲九則志能堅，其才其時皆易免咎。

謙䷎ 艮下坤上

謙：亨。君子有終。

謙者，有若無，實若虛之意也。无爲無，虛爲虛，此有恒也。已有而處之若无，已實而處之若虛，此謙也。山之高者處於地之卑之下，外示卑而自掩其高，則謙之象也。止於理而不敢或過，順於道而從容謹勑，則謙之義也。未有尚謙德而不亨通者矣。謙者，君子之美德也。有若无，終不能掩其有；實若虛，終不能匿其實，「有終」之謂也。天道下濟，則天道謙矣；下濟而成生物之功，則光明也。地道卑而處下，則地道謙矣；承天以有爲而時行，則上升也。光明上升，則亨通之義也。

天道則虧其盈而益其謙，寒暑往來，日月盈昃是也。地道則變其盈而流其謙，高者日頹，而下者日平是也。鬼神禍盈而福謙，「作善降之百祥，作不善降之百殃」是也。人道惡盈而好謙，去不仁而歸於仁是也。居尊位而能謙，則盛德至善愈爲光顯。居卑位而能謙，其德之高而人亦不可踰也。此謙德之君子所以有終也。

「地中有山」，則高者卑而卑者高矣。「裒多益寡」，所以稱物之多者宜裒，寡者宜益，以平吾之所施也。所施裒之益之而得其當，則爲平矣。此取「地中有山」之象。

初六：以柔處最下，謙而又謙之君子也。有是美德，則人孰不相與以心乎？得人心之與而用以涉險，則无難矣，故「用涉大川吉」。「牧」者，置身之處所也。以卑爲置身之處所，則動静語默无不在是矣。

六二：柔順中正。柔順則有能謙之質，又能使所謙得乎中正，合於至當不易之理矣，故能以謙德鳴世，得正而吉也。非其中心有得於至理者，能若是乎？

九三：居下之上，剛而得正，上下賴之，其功大矣。處止之極而又得正，則止於理義道德而不過焉，爲有功勞而能謙也。書曰：「汝惟不矜，天下莫與汝爭能；汝惟不伐，天下莫與汝爭功。」功能之實自不可掩，則「有終」而「吉」也。

六四：位近於五，君臣皆有順德，贊相輔弼，其道大行，无不利矣。然上承六五柔中之君也，下乘九三則有功之大臣也。四居柔而得正，順體而能下，其心若不敢以自安者，爲「撝謙」之象。撝者，施布之意，猶言曲盡其謙德也。

六五：有柔中之德而居尊位，在上能謙，則爲衆心所與。謙則尚義而不殖貨利，上下二陰順而從之，爲不富而能以其鄰之象。艮止在下，有止而不服之象。又，六五謙德之君不尚威武，亦或有恃其桀傲而不來庭者，則「利用侵伐」。如漢文寬厚，吳王不朝，賜以几杖，使當時有以處之，則七國之叛可預消矣。居尊能謙，則人心所與。征伐尚利爲之，而況於他事有不利乎？

上六：居柔之極，爲順之至，能以謙德有聞於人者也。以謙有聞，則所與者衆矣，亦有恃力而不可以德化者。上六之「志未得」也，率其所與之衆而往正之，則爲利也。五，君也，「利用侵伐」，則无遠近之間，上六則可以征其邑國而已。坤有國邑之象，則上六爲民社者也，征邑國不得已而用師也，非其邑國而征之，則肆其侮奪而流於惡矣。自四以下皆所以輔五也。五則征伐自天子出，故「利用侵伐」。上雖屬五而處其上，亦有土之君也。征其邑國，則告于天子，請于方伯，在其中矣。謙，雖賢者之事，比于剛中之作用則有間焉。人之懷德，雖有之而畏威則未也，故五上皆以征伐爲言。

豫 ䷏ 坤下震上

豫：利建侯行師。

豫，和樂也。以一卦之體言，九四以剛德爲上下所應而志得行，則人心和樂，以應九四矣。以二卦之德言，以坤遇震爲順而動，上能順理而動，則人心和樂以應之矣，故卦名豫。事莫大於建侯與行師，非得人心之和不可以有爲。建侯，即人心和樂以應之人，而利建以爲侯也；行師，則率其和樂以應之衆，而往正人之罪也。如豫之順以動，則天地如之，天地亦順而應之矣，況於建侯行師不可以有爲乎？

天地惟其順理而動也，故日月之行有常度而不過，四時之運有常候而不忒。聖人惟其順理而動也，則刑罰不用而民自說服。豫之順理而動，天地此道，聖人亦此道，天下古今不可易之道也，其時義可謂大矣。

雷出地而奮其聲，則氣和矣，故爲豫之象。先王取其和之義而作樂以崇德，樂之用則斟酌飽滿，動蕩血脈，流通精神，養其中和之德而救其氣質之偏者也。孔子言「成於樂」，書所謂典樂教胄子者，亦崇德之義也。殷，盛也。薦上帝配祖考，則用樂之盛也。

初六：與九四爲應。九四居六五之下，而上下應之，得時，主事者也。初六陰柔，小人資其勢焰以作威福，志得意滿，不勝其豫而自鳴，凶之道也。

六二：當豫之時，衆皆溺於豫而已。獨以中正自守其節，介如石之堅而不可易，所謂「富貴不能淫，貧賤不能移，威武不能屈」者，六二有之。事幾之隱而難知者，必安静之君子能察之，而躁動者不能識也。二之節，介如石，則自能精義入神，不俟終日而見。凡事之幾微，得正而且吉也。

六三：不中不正，位近九四，仰視其富貴，以豫樂而取悔者也。三之悔，由其悔之遲，所以有悔也。陰柔之質，无見事之明，无決斷之才，沈溺於豫而不知速悔，所以至於有悔而不可追也。自古權臣之敗，凡奔走門下而不能早自引決者，安能自免？

九四：「由豫」者，天下人心之豫，由於四也。有能爲之才，遇可爲之時，而得以自盡其所爲焉。「大有得」也，大臣至此必有至誠惻怛之心，以憂國憂民，則朋類君子合而聚之，樂爲所用，則在己以人事君之道或可以少盡矣。四以陽居陰而誠或未至，故聖人以「勿疑」啟之。諸葛孔明開誠心，佈公道，集衆賢，廣忠益，有類此爻。

六五：當豫之時，以陰居尊，沈溺於豫，乘九四之剛，衆心歸於四。五所處者，危地也，故爲「貞疾」之象。貞疾，腹心之疾也，以其得中，故雖有貞疾而恒不死。周赧、漢獻似之。

上六：以陰柔處豫之極，是昏冥於豫，迷於沈溺而不知省悟，則禍基成矣。若能恍然而悟，翻然而改，以道義自樹而不安於「冥豫」之失，則「无咎」矣。上六處動之極，有能改過遷善之質，故聖人期之，以「有渝」、「无咎」而與其進焉。

隨䷐ 震下兑上

隨：元亨。利貞。无咎。

隨，相隨之義。初九以剛來下柔，陽唱而陰必和；以震遇兑爲「動而說」，說斯隨之，皆相從之義也。剛來下柔，又所以成其爲動而說也。凡諸卦言剛柔之變，程傳謂自乾坤而來，易本義則變自他卦，此易中之法象，於義皆當。自乾坤來者，其說覺長，彼此相從，固可以致元亨。然利於正，則所從可以无咎；所從不正則爲苟合，雖可以致亨而過多矣。以相從致大亨，貞而无咎，則天下隨之矣。貞者，堯、舜、禹、湯、文、武、周公相傳之正道，萬古不易之定理也，天下之人心不同而同於此理，故貞，則天下隨之，如所謂「一日克己復禮，天下歸仁」者，亦此義也。隨之義，貞也，可謂大矣，時當作之。

「澤中有雷」，雷動而澤隨也。「嚮晦入宴息」，取雷藏澤中，動而静，隨時休息之義也。

初九：「官有渝」，官主守。渝，變也。未隨則爲士，已隨則爲官，膺一事、守一職之義也。士則隱居求志，官則行義達道，視士之所尚則變矣，然所隨之人不可不擇，必信義足以係天下之望者而後隨之。如孔明不隨曹、孫之輩而隨先主，則所隨得其正而可以獲吉矣。隨既得其人，而所以相交者必以公，出門交公之義也。從違可否，必順天下之公理，忘一己之私情，則能以道義相與而可以大有爲矣，故「有功」。所隨必擇其人，所交必慎其道，此隨之第一步也，不可以不謹。隨之時，易於苟隨。

六二：近於初九之小子，爲其所係而與之，隨則失九五所當隨之丈夫矣。即近而忘遠，棄正而與邪也。書曰「遠耆德，比頑童」，正此義也。邪正不能以兩隨，未有隨邪術而又能隨正道，説小人而又能説君子者也，故象曰：「『係小子』，弗兼與也。」其義深矣。

六三：位近九四之丈夫，爲其所係而隨之，則失於初九同體之小子。四居九五之下，當時之任者也。己既從之，則隨其所求而无不獲矣，然必「利居貞」。隨之必以正，求之必有道，内不失己，外不失人，則爲正。不然，則權門之鷹犬也。

九四：位近九五而權已重，下應動，體則動而隨乎己也。位高權重而民隨之，故求无不獲。然勢迫於君而得人心，則嫌疑易生，貞固守，此凶之道也。人臣處此，惟存其「有孚在道」之明可也。有孚在道，所以爲明者，惻惻然以盡補衮之誠，夔夔然以嚴事上之禮，勤勞盡瘁。四直任之，而成功則歸於五，使人知恩威出於君而無與於己，則爲明之至而可无咎矣。否則，耽寵樂而忘禍機，昏昧之徒也。

九五：「孚於嘉」，嘉，善也。謂六二之中正者也。九五、六二，皆以中正爲應，則相隨者能以道矣。五以剛中正信二之柔中正，所謂大亨利貞而天下隨之者也，故「吉」。

上六：居隨之極，已能隨人之心。人則隨己之動，固結而不可解，爲拘係之，又從而維之。周王惟其得人心之隨，至固結而不可解，則亨通于西山而王業之成肇於此矣。

隨上六「拘係之，乃從維之，王用亨於西山」，象曰：「『拘係之』，上窮也。」上六居隨之終，悅之極，人心悅己而已終隨人。文王以之，羑里之囚拘係從維，幾至不免而終守天地之義，終不改其臣節，周之德可謂至德也。人心歸之，天命與之，三分天下有其二，是文王以隨之至德而亨于西山也。象言「上窮」，文王遭時不臧而至拘係，則亦窮矣。遭此窮阨而終不改節，非文王至德不能也。

蠱 ䷑ 巽下艮上

蠱：元亨。利涉大川，先甲三日，後甲三日。

蠱，壞亂之義。事之壞亂者，不可不求以治之，故又爲有事之義。爲卦艮剛在上，巽柔在下，剛柔各止其所而不相交也。又爲下卑，巽則專於詭，隨上苟止，則不能自强，交之不以道也。上下不交，與交不以道，皆足以致壞亂矣。蠱之時，則亂已極矣；亂極復治，循環之理，故「元亨」，而天下有治之機矣。治一世之蠱者，不可蹈襲舊弊，當有非常之更張，宏遠之作用，而涉險難以爲之，故「利涉大川」，爲往而有事於治蠱也。自古創業之君，開國之臣，所以撥亂世而反之正者，必險阻艱難之備嘗，規模施爲之先定，皆涉川之義也。甲，取始之義也。先甲者原之於始也，後甲者要之於終也。凡事之爲，思慮審而至於三，則謹之至也。「先甲三日，後甲三日」，謂：凡治蠱之道必原始要終，熟思審處而致其慎也。書曰：「慎厥終，惟其始，終以不困；不惟厥終，終以困窮。」此之謂也。天運至於蠱之時，則向於治矣。人之治蠱，要之以有終者由慎之於始，則維持世運之道盡而合於天之行也。人謀之與天運未嘗不相爲流通者也。

「山下有風」，則風回旋而物亂矣，故爲蠱之象。未有風俗不壞而世亂者也；世之亂者由於風俗之壞也。振起其民而使皆趨於教典，所以善風俗也。育德，則自育其德，又所以端風化之本也，未有己不正而能正人者也。蠱者前人之失，故諸父之治蠱者，皆以「父母」爲言。

初六： 非有治蠱之才，但在事之初，蠱未深，而爲力易，故有賢子，則能幹父所壞之事而考得「无咎」。父之過即子之過，子之功即父之功，見父子一體之義也，事之成敗存亡所係。初六當蠱之時，勢已危矣，所損未多，賴有賢子而急治之，故「終吉」。象言「意承考也」，「承」如書所謂「丕承哉」之「承」，蓋善繼考之志，善述考之事也。考以失而致蠱，豈无悔悟之心與補愆之志哉？初六幹父之蠱，乃承其考之志而非以自爲也。聖人以子之賢善歸於父，爲訓之義大矣！

九二： 以陽剛得中，上應六五之陰柔，而治其壞，爲「幹母之蠱」。母既昏暗致蠱，子以剛陽之才幹之，宜委曲以成其幾而不失於正。若伸己之是，正彼之非，如此而貞，則陰暗之主必反見疑而蠱益深矣。狄仁傑之於武氏是也，始終以姑姪母子配食於廟以啟其心，而濟其事。或曰：「仁傑若用貞，當何如？」曰：「婦人不可居天位也，嗣聖不可改爲光宅也。唐之天下不可革爲周也。」先儒胡氏言當執武氏於唐宗廟前誅之，則貞之大者也。

九三： 過剛不中，而幹前人之蠱。或有過於作用而失其幾宜者，故「小有悔」。然剛正之才，終可以有爲而補其愆，故「无大咎」。

六四： 以柔居柔，爲過於柔，以此幹蠱，則逡巡畏縮不自振拔，蹈其因襲之弊，以重既往之失而已矣，故往則「見吝」。象言：「往未得也。」言以寬裕治蠱，則蠱不可得而治也。

六五： 以柔中居尊，下應九二剛中之賢。二能承之以德，「承」即「意承考」之「承」。五之志在得賢治蠱，二能以剛中之德承其志而輔之以有爲，則成功歸於五，而有幹蠱之善譽矣。

上九： 視一時人才之所爲，皆其所不屑也，故「不事王侯」而「高尚其事」。所謂天子不得臣，諸侯不得友也，隱居以求其志，樂堯舜之道而囂囂自得者，乃其高尚之事也。其清風高節，足以廉頑而立懦矣。故象曰：「『不事王侯』，志可則也。」胷次悠然，超乎萬物之上，而不義之富貴則視之如浮雲者，此其志也。豈不可以爲法乎？

臨䷒ 兌下坤上

臨：元亨。利貞。至于八月有凶。

臨，剛臨柔也，「剛浸而長」以消柔也。凡臨民者必有以正乎民，臨事者必有以處乎事。君子臨小人，使小人革心向善，否則去之，此臨之以道也。正邪不容並立，君子之道日長，則小人之道日消。臨有「元亨」之理，然臨之不以正，則涉於作惡而爲血氣之私，非君子至公无我之道也。卦之以兌遇坤，爲和悅而順於理，此天德也。九二剛中而有六五之應，此王道也。以此臨小人而處之，則大亨而得其正矣。天道四時行，百物生，栽培傾覆，无有不亨通而得正者，故大亨，以正爲天之道也。

臨，十二月之卦，君子之道方盛之時也。至於八月，爲遯卦，二陰方長，則小人盛而君子有凶矣。聖人言此，非特以示循環之理也，正欲君臣上下於方盛之時即知不久而有凶將至矣，庶幾安不忘危，存不忘亡，憂勤惕厲之心无時而可少懈，則可以保其无凶矣。故象言：「『至於八月有凶』，消不久也。」則情見乎辭，而凛乎其可畏，垂戒之意深遠矣。

「澤上有地」，地臨於澤，上臨下之象也。君子臨民之道，教養兩端而已。澤之出於地者无窮，君子教民之心而思欲盡之於无窮焉；地之載乎物者无疆，君子容保民之心亦无疆。盡一世之民皆欲教之、養之，使无一夫不得其所者，君子之心也。

初九：陽剛得正，有其才矣。當臨之時，有其時矣。才與時合，視卦之羣陰皆其所當臨之小人也。而初則「咸臨之」。「咸」之義至爲精約，詳遠而略近，昵親而忽疏，皆非咸也。无遠近親疏，皆以公平之道臨之。書所謂「无偏黨反側，而惟以蕩蕩平平正直爲心」，孔子謂「周而不比」，程子謂「廓然而大公，物來而順應」者，皆「咸臨」之義也。初九之臨下，不以遠近親疏二三其心，而志在於行正，正即王道也，故「吉」。

九二：以剛中之德而臨羣陰，善莫善於剛中，故盡「咸臨」之道，與初九同。二應於五，奉君命以臨之者也。其勢尤便，而處之尤易，故「吉」而「无不利」，所以「咸臨，吉，而无不利」者，以群陰之未順君命也。君也者，奉天以安民者也。臣也者，受君之命而奉以行之者也。小人所爲，惟有戕賊善類，民之害而已，於人君之命有未順也。九二上應六五，正名其未順命之罪，而咸臨之，故「吉，而无不利」也。

六三：居下之上，有臨民之責者也。陰不中正。又兑爲口舌，説見於外，爲内无所有，徒以巧言令色臨民者也。臨之而失其道，如此，則何所利哉？臨之時，二陽盛長以消諸陰，三處二之上則勢已迫而消已及矣，亦自知憂之者也。既憂之，則改過遷善，變爲君子，而无甘臨之失矣，何咎之有？

六四：柔而得正，下應初九，剛而得正，剛柔相應，而又各以正，則相臨者非以面貌而以誠心，懇惻切至而樂於相與也。君臣朋友之交合，吐忠赤而忘忌疑，皆此義也。如公孫述磬折以恭馬援，而援斥之光武，岸幘簡易而樂爲用，得「至臨」之義也，故「无咎」。

六五：知九二爲可用之賢，委任之而行其道，是能以智臨下，而得大君之所宜也。五以誠任二，二以道事五，上下交而德業成矣，故「吉」。

上六：居臨之終，以厚道臨民，則可持之以有終，未有以薄道虐民而可以有終者也。上處坤之極，坤爲地，則至順極厚者也，故上爲以厚道臨民，吉而无咎。未有厚以臨民而其志不欲得賢才以自輔者也。初九之剛正，九二之剛中，皆賢人之有益於民者也。四與初應，五與二應，而皆能行其道。上雖居不相應之地，而志未嘗不欲資之以有爲也，故象曰「志在内也」。位不相應，不可言行，故但以「志」爲言。聖人以上六之道惟欲厚民，故度其志在於得賢。

觀 ䷓ 坤下巽上

觀：盥而不薦，有孚顒若。

「大觀在上」，以德化下，則觀之義也。以坤遇巽，爲「順而巽」。九五以中正居上，而四陰仰之。「順而巽，中正以觀天下」，則君師之道盡，而德與位稱，爲「大觀在上」。觀天下之道，誠敬而已矣。大祭方承，「盥而不薦」，禮文未舉之際，誠敬於斯爲尤至也，以是誠敬之德觀天下，則不言而信，不怒而威。「『有孚顒若』，下觀而化」，所謂篤恭而天下平也。天之道陰陽而已，陰陽不測則神道也。天惟神道以爲觀，故四時不忒。聖人過化存神，上下與天地同流，民日遷善而不知爲之者，則以神道設教而天下服矣。

「風行地上」，鼓動萬物，觀之象也。先王觀風行地上之象而省方設教，以觀天下四方。土俗不同，人情亦異，而先王施教恒因之，故省方觀民以設教，則四方風動而教无不行矣。

初六：以陰處最下，去五遠甚，於其陽剛中正觀下之道无所見，則童子之所觀。愚暗之小人也，可使由之，不可使知，乃其常道。若君子志道而所見如此，可羞吝也。

六二：雖與五爲應，然陰暗不能遠見，於中正之道彷彿其疑似之跡而无所得，爲「闚觀」之象。女子者「无非无儀，惟酒食是議」，有閨門之修，无境外之志，能如此，斯爲正矣，而豈丈夫之道哉？

六三：與上九爲應，故「觀我生，進退」。我生，上九也。古人於學士多以「生」稱之，如文帝於賈誼，光武於鄧禹皆目之曰「生」。上九以陽剛居卦之上，无時事之責任，自三而稱之曰「我生」。我者，親之之辭。上九進以禮，退以義者也。三居下之上，有民社之責者也。若觀上九以爲進退，則天下有道，以道殉身；天下无道，以身殉道，而无以道殉人之失矣。惜乎！六三不足以語此。楊素之於文中子，類此爻之義。

六四：居陰得正，位近九五。

九五：以陽剛中正之德，敷而爲禮樂教化，光輝發越而四達者也。書所謂「王道平平，王道蕩蕩，王道正直」者是也。四覿其光而有所得，爲「觀國之光」也。四之與五，可謂見而知之者矣。以其觀而得之之道爲王賓禮，任使之，乃爲利也。四於五，以上下之分言之則爲臣，以道德爲其所欽崇則曰「賓」。古人於臣下多以「賓」稱之，詩曰「我有嘉賓」是也。象言「尚賓」，尚，高尚之義，戒人臣不以承順奔走爲恭敬，而當以禮義廉恥自樹立也。九五切比上九，上九以陽剛之德而居无責任之地，是塵視金玉，銖視軒冕，而爲尊德樂義之君子也。九五觀其德而自成君子之德，斯「无咎」矣。

上九之德，足以膏澤斯民者也。五能觀之以自善其身，施于有政，達於天下，而民俗善，可謂與人爲善之君子矣。君仁莫不仁，君義莫不義，未有君德隆盛而羣黎百姓不徧爲爾德者也。象言「觀我生」而直言「觀民者」，見上下之一體而上行下必傚也。五與三既以上九爲「我生」，則上九但當言其生，文義可謂至明白矣。剛陽之才，足以益世而无用世之責。巽性務入，聖人慮其退處既久，而或至失身以求用，則所損多矣，故戒其反觀於己，必道合君子，斯「无咎」也。君子者用之則行，捨之則藏，安於義命而无慕外之心也。以六四之陰柔得以「觀國之光」，以六三之陰不中正而居下之上則獨善其身，如上九者志必不能平矣。嚴於克己而達諸大觀，不怨天，不尤人，則志斯平矣，此「觀其生」之義也。聖人期上九造就之意遠矣哉！象言：「『觀其生』，志未平。」謂爻辭戒以「觀其生」者爲其「志未平」也。平者有定而居之安也，戒懼與志不平正相反。能戒懼，則心存不放，而志常平；不能戒懼，則放逸傾倒，喪其志而不平矣。如遯世无悶，不見是而无悶，樂則行之，憂則違之，確乎其不可拔，志平之意也。孔子曰：「道之將行也歟？命也！道之將廢也歟？命也！公伯寮其如命何？」孟子曰：「行或使之，止或尼之。行止，非人之所爲。吾之不遇魯侯，天也！臧氏之子焉能使予不遇哉？」則志无不平矣。凡言志者多君子之類，小人不足言志也。上九之志，達可行於天下而後行之者也。聖人恐其動於外物而不能有終，故戒之。

觀者，建極於上，而足以表正乎下也。卦之九五，以大德而居尊位，爲「大觀在上」。所謂「大觀」者，動皆順理且潛隱，而形跡之渾化以大中至正之道而觀天下者也。觀天下，猶書所謂「表正萬邦，皇建其有極也」，故卦名觀。盥，將祭而潔手也；薦，奉酒食以祭神也。「盥而不薦」，有穆穆之容而不假聲色，猶所謂篤恭修己以敬，自治威儀而儼若淵默者也。如此，則人孰不誠心敬仰而歸其極乎？故曰：「『有孚顒若』，下觀而化也。」天之神道，「上天之載，无聲无臭」也，而四時之不忒。聖人以神道設教，則所過者化，所存者神，上下與天地同流矣，故天下服，言天與聖人皆有觀之道也。「風行地上」，風被於物，物隨風靡，有觀之象。先王觀風行地上之象，則歲時巡狩，省其方嶽，觀民俗之異宜而因以設教焉，亦猶風之及物而物從乎風也。卦之「觀」讀去聲，表率之義。爻之「觀」讀平聲，觀瞻之義。九五爲「大觀在上」，所謂神道設教者也；自四以下皆觀其道。

初六居下，去五最遠，又陰柔不能遠見，爲童稚之觀，小人之道也。(椎)〔雖〕〔一〕愚細民終身由之而不知聖人之大道，乃其常也，何咎之有？若君子則可羞吝矣。君子不待文王而興起者也，可以「童觀」乎？

六二上應九五，爲觀九五之道者也。陰柔居内而觀乎外，爲「闚觀」之象。自内觀之而一於從，所謂必敬必戒，无違夫子者，妾婦之道也。女子守此以爲正，則利矣。丈夫者當有吞吐宇宙之胷懷，有達權通變之作用，傚妾婦之「闚觀」而區區以從爲道者，可醜之甚也！

六三居下之上，柔得正而順之極，進退能順天下之正道者也，故能「觀我生，進退」。「我生」猶言「此生」，此生者，此身也。觀我此身作用之通塞，合則進，不合則退。三可謂審於出處之道者矣，故象言其「未失道也」。

六四所觀之國光，謂九五也。九五「大觀在上，順而巽，中正以觀天下」，以其道德爲一國之光也。四近於五，觀之以成其德而可以輔世長民者也，故「利用賓于王」。

九五居尊位，而臣民所賴以作則者也，宜自觀其所行者何如耳，必其陽剛中正，足以表正天下而有君子之德，則无咎；

〔一〕「(椎)〔雖〕愚細民」，文津閣本「椎」作「雖」，據改。

否則，播惡於下，而違於奉天子民之道多矣。人君德足以範世，則羣黎百姓徧爲爾德，而俗善矣。堯舜帥天下以仁，而民從之；桀紂帥天下以暴，而民從之。民德之善否係於君道之得失，故九五「觀我生」者，當觀於民焉。「觀我生」，自觀之也；「觀其生」，人觀之也。

上九以剛陽居一卦之上，是道德足以師世範俗而无位者也，其清風高節，人未嘗不仰之以爲儀刑也，必其有君子之德，眞可以係天下之望者，而後无咎焉。若過中失正而欺世盜名者，何足道哉？行道濟時，聖賢之心也。道不行而徒爲國人之矜式，豈聖賢之志哉？如孔子浮海之嘆，孟子之不豫色，其志固不能平矣。聖人發此，正欲爲君者尊用賢才，不可棄之不用，而使人觀其生也。

噬嗑 ䷔ 震下離上

噬嗑：亨。利用獄。

「頤中有物曰噬嗑」，爲卦上下兩陽而中虛，頤口之象。九四一陽間於其中，必齧頤中有物，但可以言間而已。卦名「噬嗑」者，物在頤中，則不可以不噬，噬則必至於嗑。噬之以道則嗑，嗑則間去而亨通矣；噬不以道，或能强嗑之，亨則未也。大抵外藩爲中國害，小人爲君子害，異端爲正道害，凡人心之動於欲而爲天理之本則累者，〔二〕皆間也，皆頤中之物也，去之則亨通矣。噬嗑之義，於宇宙間事盡之矣。訟獄之事，亦治化之間也，聽之得其當，至於无訟可聽而禮樂興，亦噬嗑而亨之義也。

卦之「剛柔分，動而明，雷電合而章。柔得中而上行」，皆聽獄之才德也，故「利用獄」。有雷則有電，亦合之義也。明

〔二〕「天理之本則累者」，雪齋案：此「則」同「之」，如詩·齊風·雞鳴云：「匪雞則鳴，蒼蠅之聲。」

罰勑法，威明不可偏發也，固取雷電之義，然罰无不明則法无不正，民俗善而治化隆，亦噬嗑而亨之義也。

初、上无位，爲受刑之象；中四爻爲用刑之象。初在卦始，罪薄過小，有所懲戒而得改焉，則小人之福也，故「无咎」。上居卦之終，有怙終之義，則惡極罪大而不可掩，故「凶」。初之陽剛得正，亦有善反之才；上則肆其剛惡，而至於極矣。若以陰陽上下之義言之，初以陽居正而在下，爲懷刑之良民，陽剛居卦之上者，則超然於法網之外而免於刑戮矣。不取此者，易之取義不一，小懲者可以大戒，惡極者必至殺身，於垂世立教之義爲大耳。

六二：柔順中正，有治獄之才德，故治人而人无不服，如「噬膚」之易；所治者乃健訟之剛惡，則不免於「滅鼻」焉。滅鼻之象，因噬膚以及之耳。二，賢者也，但可「无咎」。若以聖人處之，則无情者不得盡其辭，不怒而民威於鈇鉞，其過化存神、潛消默奪之用，豈特「无咎」而已哉？

六三：居下之上，有用刑之責者也。陰不中正而且動，體則動於輕躁，才德不足以治人，而人不服。「腊肉」乃難於噬者，「遇毒」則苦其難而不敢輕噬矣，故始「小吝」而終「无咎」者以動，體則易於更改。居陽應陽，卒能振拔而不以惡自終焉耳。

九四之所噬者，初九也，故爲「噬乾胏」之難。四明體，且以陽居陰而不過於剛，爲「得金矢」之象，得剛直之義也，不爲威屈，不爲利誘也。聖人慮其以徼爲智而過於察，以陽居陰則又疑於不正焉，故戒以艱難守正則吉也。不能以明覺爲自然，而涉於不正，則德未光矣。

六五：居尊位而有中德，下有九四爲剛陽之大臣，輔之以噬天下之間者也，爲「噬乾肉得黄金」之象。黄則己德合中，金則九四，輔之以剛陽之義也。君道以剛中爲貴，五雖得中而體本柔，且以陰居陽，疑於不正，以滋天下之間而危甚矣，故戒以守正而時存危厲之心。惟恐一念不謹，或以貽四海之憂；一日不謹，或以致千百年之患，如此，則「无咎」矣。然以中德離主，知正可守而防微杜漸之惟謹，亦其才德，可以勉而至，故曰：「『貞厲无咎』，得當也。」

賁䷕ 離下艮上

賁：亨。小利有攸往。

坤之中爻交乾之中爻爲離，成内卦之飾。乾之上爻交坤之上爻爲艮，成外卦之飾。他卦固皆物相雜而爲文，然内卦飾於内而文明，外卦飾於外而光輝，於賁之義尤切，故名賁。致飾者亦可以得亨。亨，其所飾之事也，非實德昭著不可大有所爲，「小利有攸往」而已。

「柔來文剛，故亨」，以剛爲主而濟之以柔，則善用其剛矣。「分，剛上而文柔」，則以柔爲主，雖濟之以剛，終於退歉而已，此據卦之才德而言也。「剛柔交錯」，天之垂象，自然之文也，觀之以察時變，凡曆象授時，裁成輔相，皆其事也。「文明以止，人文也」，六十四卦，三百八十四爻，此一言可以盡之，此如詩之「思无邪」，禮之「毋不敬」，書之「允執厥中」之類也。「天文」，天之道也；「人文」，人之道也。人道本於天道，而天道所以爲人道也。天叙有典，勑我五典五敦哉！天秩有禮，自我五禮五庸哉！天命有德，五服五彰哉！天討有罪，五刑五用哉！皆觀人文以化成天下之作用也。

「山下有火」，物被而生輝，亦賁也，然不及遠。「折獄」之事，非明德遠照者不能，故但可以「明庶政」而已。

初九：以陽剛得正而居下體，當賁之時，爲「賁其趾」之象。賁其趾，則能捨非道之車而安於徒步矣。伊尹耕於有莘之野而樂堯舜之道，非其義也，非其道也，禄之以天下弗顧也，繫馬千駟弗視也，此爻可以當之。

六二：「賁其須」，須，待也，待上之人能用其道而後興起以有爲也。二有中正之道，當賁之時，上无應與，能以文明中正之道賁其身而不求人知焉。初九有長往不反之志，二有相時而動之德，用之則行，捨之則藏，二有之矣。

九三：陽剛得正，居下之上。上比六四，居陰得正，各以陰陽之正相與爲賁也。

〔六〕〔二〕四居上之下，爲六五所柄用。三與之賁，无求不得，无欲不遂，得其賁而至於「濡如」者也。當賁之時，君子以質直尚義爲賁，賁之誠也；小人以色厲内荏爲賁，賁之僞也。四雖居正而質陰柔，或不能終以道事君，而至於徇俗遷就焉。三之守或不足，而不爲所變者鮮矣。聖人示以求守正道，則「吉」而「終莫之陵」，其爲戒之意深矣！

六四與初九爲正應。初九爲草野之賢才，六四爲當位之大臣，明揚俊民，布列庶位，以人事君而盡大臣之職分，則四之責也。初九守正於下，疑四與九三相賁而不屑於自求，負道德之高而不爲世用。四於此時禄位榮寵有餘，而大臣之功業則不足，故「皤如」而不得其賁焉。四之與初，若「白馬翰如」，求之之急，不以爲寇讎，而以爲婚媾之親，則人終不得以尤之矣。媢疾以惡之，而使不能容，則視之如寇讎矣。人之有技，若己有之；人之彦聖，其心好之。此婚媾之心也。聖人於六四戒以寇讐而勉以婚媾，其垂戒之意遠矣哉！

六五：居尊而位在上九之下，能以禮下上九者也。丘高阜，艮之象，上九所止之處也。古者束帛加璧以聘賢者，五以禮下上九，爲「賁于丘園，束帛戔戔」之象。戔戔，整齊之意。初九、九三、上九皆剛陽之賢才，當賁之時，未有與五爲應者。上九猶白賁，則五雖以禮下之而未能與之共天位、治天職也，此由五以陰居尊而質柔弱，又艮之德爲止，有苟止之心，安於小康而无大有爲之志，故賢者未爲所用，而在五爲可吝矣。然以求賢之心如此，則君子不患不至矣。杕杜之詩，聖人所以録之也。燕昭禮郭隗而樂毅應聘，晉睿宗躬詣顧榮、賀循而温嶠、卞壼輩皆樂爲之用，卒能强小燕而保江東，則「終吉」之義也。

上九：以陽剛居賁之極，脱然於致飾之外，以眞德實行檢其身，而不假於外求，能盡賁道者也，故爲「白賁」。於立身之道可无愧矣，故「无咎」。象言其「上得志」，亦思見有恒之意也。賁之六五「賁于丘園，束帛戔戔，吝，終吉」，象曰：「『六五』之『吉』，有喜也。」六五以柔中之德當賁之時而居尊位，比於剛中則有間矣。賁之時，虛文多於實德也，故卦言「小

〔二〕「六」，據該爻屬性和行文體例所加。

利有攸往」。上九以剛陽之才居卦之上，而不在事任。艮爲山，爲上，是賢者止於丘園之象也。六五切比其下而尊事之，有以束帛先禮而往見之義，爲「賁於丘園，束帛戔戔」之象。束帛，禮賢之物；戔戔，整齊之意，爲賁之象也。五能如此，斯亦可矣。然初九以剛得正，處卦之下，捨車而徒，所捨之車即五之車也。九三以明體剛正而不與己應，雖知尊禮上九而使其白賁，不以禄位爵秩飾其躬而爲己所用，其亦五特致飾於禮文之末而誠意有未至歟？不與賢人君子共天位、治天職而君人之道猶未足，則「吝」之道也。然尊賢好士之心雖不足，而於下賢之禮不敢廢，其去簡賢棄禮、訑訑自足而不足以有爲者則遠矣。賢者或僅取其長，就之以行其志而成小康之事業，故「終吉」。云「終吉」，言始雖未吉而終當吉，則辭固有斟酌矣。五，中才之主，可以上可以下者也。光武之於嚴陵，忘勢叙交，至與同寢，然師保之位子陵不與而僅得「白賁」。鄧禹、馮異諸賢與相周旋，而卒成東京之治化，則「終吉」、「有喜」之義也。

剥 ䷖ 坤下艮上

剥：不利有攸往。

剥，剥而去之也。衆陰剥一陽而去之，小人欲空人之國而亡之也。事至於此，君子儉德避難，猶恐禍出不測而身不能以自保，有攸往則殺身无益，而國之危亡不可救矣，何利之有？以坤遇艮，順時而止，則觀其象而知所以處之矣。君子尚「消息盈虚」，則處剥之德合於天道矣，故謂之「天行」。

「山附於地」，有頹剥之象，然於下則厚矣。上能厚下則所居安矣，保國之道，厚下而已矣。厚下之道无他焉，所欲與之聚之，所惡勿施爾也。卦體有牀之象，牀者身之所安，剥其牀則身不能以自安矣。小人剥君子，使不能安其身，爲剥牀之義。足處最下，人之所以行也。

初六：自下而剥之，爲「剥牀以足」之象。剥其足，則一步不可自行矣。爲君子者，一步不可自行，則一朝不能自安矣。貞者，扶持宇宙奠安國家之正道。蔑之，則上敗君德，下賊民生，引用凶險，排擯中正，凡國之所恃以爲國者，舉毫末而掃除之，則「蔑貞」之義也。至是則國亡，而小人亦安能獨保其富貴哉？如朱晦菴、蔡西山、眞德秀、魏了翁諸賢禁錮擯斥，不少輕貸，宋之國勢不可爲，而韓侂胄、賈似道之徒終不免於殺身焉。聖人以「凶」爲小人之自禍，其垂訓之義至爲明著而萬世所當深戒也。辨牀上下之際，取此象者亦有分辨限隔之義焉。雖當群陰剥陽之時，而有分辨限隔之不同焉。

自二以下皆剥君子以「蔑貞」，三則不與其黨，而反爲君子之助焉。象言其「未有與」，則「辨」之義，而凶亦爲小人之自禍也。六二「未有與」，則六三爲「剥之，无咎」矣，三處羣陰之中，上不與「剥牀以膚」之六四，下不與「蔑貞」之初、二，獨與上九之陽剛爲應，去邪黨而從君子，卓然以獨善自立，而於處身之道爲「无咎」矣，三可謂善擇所與矣。而不言吉者，剥之時，羣狡洶洶，國勢消索，而難於措手之際也。上九爲支將傾大厦之一木，而三則羣梟中之孤鳳也，免於殺身之禍，亦幸矣，而何吉之敢望乎？

六四：　近於上九。上九爲蹤跡孤危之君子，而六四則得時得志之小人也。剥牀而及於人之肌膚，則爲切近之災，而國勢至此，亦決不可爲矣。裴延齡、李林甫基李唐无窮之禍，而張九齡、陸贄輩知有退處貶竄而已。呶呶然痛哭叫號，如陽城者，欲何爲哉？

以五陰自相順次言之，爲「貫魚」之象；　以衆陰在下、一陽在上言之，爲宫人承事夫主之象。五本率衆陰以剥一陽，而切近之災，比之六四則尤甚焉者也。聖人憂之深而慮之遠，於是略其稔惡之罪而開其遷善之幾，即其本心之所甚欲者告之，謂：　小人剥君子，求以利己；　而已不知君子盡去，則國不可保，而小人之禍亦不旋踵而至矣，則何利之有？若能飭心改行，以憂國憂民爲志，而與君子同趨向則爲君子所與，如以宫人而受寵於夫主焉，如此則亂而復治，危而復安，國可長保，而凡效一旦之微勞者，皆得與國咸休，而「无不利」矣。

聖人於群邪破其肆欲之深蔽，而歆以天理自然之利，其扶世立教之心至深切矣，故曰：　聖人之情見乎辭。剥之將盡，一陽獨存於上，且能復生，爲「碩果不食」之象。至是，則君子之危如一髮之引千鈞焉。此一碩果，天命之去留，人心之離合，世道之升降消長，又一機會也。亂極思治，衆心願載於君子，欲倚之以活生靈，而拯將傾之國勢，則上九君子有「得輿」之象焉。群小人必欲剥極於上，而盡去之。一陽居上，覆庇於下，有「廬」之象。剥而去之爲自剥其廬焉，剥其廬則无所覆庇而身亦不能自存矣，至是則小人之賊君子，不惟禍及人之國，亦自賊其身而已。象言「民所載」而「終不可用」，亦「三年欲爲東周」之意也。

復 ䷗ 震下坤上

復：亨。出入无疾。朋來无咎。反復其道，七日來復。利有攸往。

復，陽復生於下也。本其固有，非自外至，特爲陰所掩消，而至此復見耳，故謂之「復」。天道之盈虚消息，人物之生化盛衰，凡人心肆惡之極而後天理復萌，皆此義也。天德爲主而義理用事，自有可亨之理。震之德爲動，坤之德爲順，以震遇坤，爲「動而以順行」也。動而以順行，則動以天矣。動以天，則丕應徯志，民之説之，猶解倒懸，而出入自无疾之者矣。道義感招，凡懷明德、新民之學而欲樹尺寸以益世者，孰不氣求聲應而相與以有爲乎？朋類之來，爲從所當從而非私比，何咎之有？自姤卦一陰始生，消而蝕之，至此更七爻而復見，爲「反復其道，七日來復」，而聖人欣幸之情溢於辭外矣。陽德方亨而向於治，亦天運之循環耳。凡壞亂之極，君子无所用其道而至於不能自免者，乃元氣衰薄而未克有定耳，非天欲使之亂也。以純王之心善純王之政，以新天下之耳目，一天下之心志，此其時也，故「利有攸往」。湯之纘舊服，武之政由舊，合此義矣。商周而下皆以弊易弊，苟且徇俗，而不能復二帝、三王之善政，昧於「利有攸往」之義也。生長收藏，无非天地之心，化工之妙，无間可停息，大而一氣之運，小而一物之微，莫不皆然，特於藏諸用之終、顯諸仁之始爲易見耳。惻隱、羞惡、辭讓、是非皆人之心，特於見孺子入井而怵惕者爲易見耳。天人一理，更不分别。

「雷在地中」，亦有復之象。「先王以至日閉關，商旅不行，后不省方」，以静爲主也。動而以静爲主，則動以天，而動无不當矣，亦人心之復之義也。

初九：一陽復生，在卦之初，爲「不遠復」之義。失之遠而始復之，則成其心之悔矣；未遠而復，可以不至於悔焉耳。庶无罪悔，文王所以同乎天；有過不貳，顔子所以幾於聖，故「元吉」。斯義也，以之修身，則自此而可全乎天德；以之立政，則自此而可純於王道。人品不同，略有四等：聖人无復者，上也；不遠而復者，次也；失之遠而後復之，又其次也；流於惡而不復者，民斯爲下矣。人之稟賦不同，剛德勝者多君子之類，柔德勝者或流於憸邪而不自知矣。

六二：有柔順中正之德，於復道固爲休美矣。然言「吉」而不及於「元」，比於初九，則有間矣。「休復」之吉，亦近於初九，薰其德而善焉者也；否則，二之立身未可知也。孔子答子貢曰：「居是邦也，事其大夫之賢者，友其士之仁者。」亦此爻「休復」之義也。

六三：陰不中正。當復之時，上比六四，則「中行獨復者」也；下近六二，則「休復」「下仁」者也；三居其間，獨无激勸思善之心乎？蓋知或及之而仁不能守之，數有所失而數有所復，質本動，體動而爲善，則復之時居多焉。去其不中正，而卒歸於中正，則「頻復」也。此幾於「從欲」「惟危」而與愚不肖同歸矣，故厲過而能改，終立於无過之地焉，故「无咎」。无咎者，善補過也。

六四：位未得中而言中，行得正可以求中矣。下應初九，以剛正而濟己之柔，正當復之時，志復於道，可无偏倚之失。四於「中行」爲「獨復」矣。言「獨復」者，異於六三之「頻復」也。氣運初轉，陽德尚微，撥亂世而反之正，非有陽剛之才不能也。四坤體純陰，守身從道則有之，而功業益世則未可必，故不言「吉」。上比六五，不言「同復」而言「獨復」，五君位，四臣職，不敢以類相比擬，嚴君臣之分也。

六五：以柔中居尊，當復之時，无陽剛之應相與，以大有所爲，故反之於中而「自考」焉。量其才德而不敢過於施爲，敦厚於復而可以无悔矣。漢文帝謙讓於禮樂，光武以柔道理天下，身求寡過，俗期小康，志成兩漢之事業而已。比於三代聖王以天德達王道，富而教之，躋一世於仁義禮樂之盛，而與天下同復於道者，則大相遠矣。

上六：「迷復」，所謂安其危而利其災，樂其所以亡也。蓋陰暗无察理之智，柔懦无體道之仁，天德滅息而至於盡矣。當復之極，則復道已矣。蔽固之深，而自省自新之念不復萌動矣，故「凶，有災眚」，逮其身而无自全之理矣。以斯人而行師，則「終有大敗」。「以其國君凶」，所謂君不擇將，以其國與敵也。坤爲衆，有師之象。此爻居上，有統衆之象。國之大事在戎，而尤不可以不慎焉。賈似道江上一敗，宋人航海而至於亡，聖人之戒明有驗矣。「至於十年不克征」，則貽國无窮之禍，終不可救矣。

无妄 ䷘ 震下乾上

无妄：元亨。利貞。其匪正有眚，不利有攸往。

眞實之德，合於天道而無間斷，无妄之謂也。乾之初交於坤之初得震，爲「剛自外來而爲主於内」，則眞實之德在我矣。以震遇乾，爲「動而健」，能不爲私邪所間而要之以有終焉，所謂仁以爲己任，死而後已者也。九五剛中，而下有六二之應，以柔中正應剛中正，爲應所當應而非私比。「剛自外來而爲主於内」，則體无不具「動而健」；「剛中而應」，則用无不當。兼體用，合内外，而極於盛，則无妄之義也。有此實德，舉而措之，則何往而不大亨乎？然必利於正焉。正者，天命人心之則，時中至善之道，无妄之本體也。其或依稀於義理之彷彿，似是而實非者爲「匪正」，於无妄之德相遠矣，故「有眚」而「不利有攸往」。人道必本於天道，而天道所以爲人道也。大亨，以正天之道也；匪正，則反乎天道。天不佑之，故不可以有行也。

「天下雷行」，天理時見，所謂鼓之以雷霆，潤之以風雨，日月運行，一寒一暑，四時行，百物生，皆无妄之道也。先王法此，大其建明，對時育物，代天理物之責盡而參天地贊化育，亦无妄之義也。

初九：陽剛得正，於无妄之德體用具矣。以是而往，則合天而動者也，故「吉」。上則可以得君，下則可以得民，内則順乎親，外則信乎友，此象言「得志」之謂也。

六二：柔順中正，順適乎无妄之道者也。於耕之時而即求穫，於災之時而即求畬，則有私意期望之心矣。不於耕之時而求穫，「不耕穫」也；不於災之時而求畬，「不災畬」也。爲所當爲而无計利之心，先難後獲，先事後得，「正其義不謀其利，明其道不計其功」，此仁者之作用也，故「利有攸往」。象言「未富」，則至明白矣。

六三：當无妄之時，失无妄之德而有意外之災，爲「无妄之災」。此如「或繫之牛」爲行人所得，而邑人反被災害矣。三居下之上，有民社之責，爲邑之象。六二有順德，居三之下，而上應九五，則牛繫於邑，爲行人所得之象。二以三不中正而應於五，賢人君子捨己之近而遠附於人，在三爲失道者寡助。寡助之至，親戚畔之，此其災也。象言「行人得牛，邑人災」者，言行人既得牛，則邑人不能无災；行人自有得牛之理，邑人自有失牛之理。此歸咎邑人失牛之由，而災爲三所自取矣。

九四：陽剛居，不得正，可與爲善，而亦易於爲惡者也。當无妄之時，心之所存，身之所行，毫釐有差，則流於妄而不自知矣。上比九五，以乾剛之資而勉勵於中正之道，固其所能焉；下比六三，以陽不中正而苟同於陰不中正，亦爲甚易也。聖人蓋慮之，故勉之以心之所存、身之所行可一於貞正之理而不易焉。如此，則「无咎」矣。貞正之理，我自有之，非由外鑠，反而求之，即此而在。象言「固有之」，亦「道不遠人」、「我欲仁斯仁至」之意也。

九五：乾剛中正，以居尊位，德與位稱，道與時合，无妄之至也。此而有疾，爲「无妄之疾」焉。九四以剛不中正，六三以柔不中正，一則列上之下，一則居下之上，肆其偏惡而妨政害治，皆九五之疾也。唐虞之驩兜、共工、三苗即其事也。但知人安民之道，兼舉而至於盡，則何憂何痊而自消化矣。〔一〕禹班師振旅，舜誕敷文德而有苗格，「勿藥有喜」之驗也。

上九：以陽不得位而居剛之極，下應六三，以陰不中正而居動之極，當无妄之時，以剛而至於動之極，以動而至於剛

〔一〕「則何憂何痊而自消化矣」，文津閣本「痊」作「遷」。

之極，皆窮之道而災其所自招也。君子度德而進，量時而動，則機括在我，而進退施爲有餘裕矣。

大畜 ䷙ 乾下艮上

大畜：利貞。不家食，吉。利涉大川。

「剛健篤實」，輝光則有諸己矣，故爲大畜。乾體剛健，艮體篤實，剛健則能力善而不屈於物欲，篤實則不輕外而要之以有終。實德内藴，光輝外著，美大聖神可馴致矣，故爲大畜。上九以剛居上，其德爲止，止其所而不爲勢位所動移，自處之道，上而不下，有壁立萬仞之氣象，非有聖賢大正之德不能也；六五居其下，是能以禮下君子者也，非君德大正，亦安能知有賢德而尚之乎？如孟子所言，則上九爲「不召之臣」，六五爲「大有爲之君而就之」者也。書曰王訪于箕子，非箕子之賢不能致武王之訪，而武王非大正之元后，亦安能降禮於亡國之臣乎？漢光武、嚴子陵亦庶幾此道矣。健爲天下之大害，止之以德而不以力。成湯十一征而无敵于天下，文武一怒而安天下之民，皆「大正」之德也。大畜者必利於正，不正則邪謀小道，而非大畜矣。明德新民，具體用之學，當以天下事爲己任而不家食，則「吉」。六五下於上九，亦有「養賢」之象，有大畜者必利於大有爲，一才一德則各有所就而已，以涉大川非所利也。六五下應九二之乾，爲「應乎天」，其德爲止，應天而安，所止則以義理用事，而有保天下之氣象，自足以了一世之事務而成萬世之規模矣。

「天在山中」，有大畜之象。「多識前言往行，以畜其德」，君子所以大畜也。前言往行之理，即吾心之理也。多識之，所以畜吾心之德也。多識而不畜德，則所識者資口耳之陋而无實用矣，故非多識不足以畜德，而多識者又不可以不畜德也。先明諸心，知所往，然後力行以求至焉。格物、致知、誠意、正心、修身，以爲齊家、治國、平天下之本。聖學功用之全，即此一言盡之矣。

初九：乾體得正，鋭於上進。六四在上，以陰得位，爲竊位之匹夫，妨賢病國者也。初之乾剛鋭進，謂功業可立就者，則「有厲」矣。於是而能已焉，則伸縮運用，機在我而動不窮，斯爲「利」矣。不言「不利往」而言「利已」者，不利往則終不可往矣；利已者以已爲利，而未遽已也。蓋乾剛非在下之物，大畜无終畜之理，尺蠖之屈以求伸也，龍蛇之蟄以存身也。初九之「利已」，所以爲不已之地也。

九二：乾剛得中，才德足以任天下之重者也。上應六五，當大畜之時，陰陽以非類而相畜。五陰柔，苟止不能任賢圖治，以成遠大之事業。二有剛中之道，不行於世，爲「輿說輹」之象。輿，任重致遠之物，說其輹則不能行矣。二欲以天下事爲己任，而五不能用，則過在五矣，於二之中德何尤焉？二當何如以處之？以身殉道，捲而懷之，有義有命，斯可矣。

九三：以乾剛居健之極，健極則鋭於進矣。上九以陽剛居畜之極，畜極則无所畜矣。又畜之時，以異類則相畜，而以同類則相從焉，故上九率之於前，九三隨之於後，志同道合，相與有爲，爲「良馬逐」之象焉。如九三者不患其不能爲也，患其恃才力之健，過於有爲，而謂天下无難爲之事。如此，則非義理用事，而爲害反不細矣，故戒其利於艱難守正而「日閑輿衛」焉。艱難守正，則常存不敢輕易之心；日閑輿衛，則熟其足以有爲之才。慎之於始，要之於終，相幾而動，行其所无事焉，則「利有攸往」矣。記曰：「推而放諸東海而準，推而放諸西海而準，推而放諸南海而準，推而放諸北海而準。」此爻「利有攸往」之義也。內卦爲外卦所畜，主內卦乾體之剛健而言，爲以不喜而畜其善也；主外卦艮體之篤實而言，爲以善而畜不善也。義係賓主，詞固各有攸歸矣。一則勉人爲善，一則戒人爲惡，易之不可以爲典要者，如此。

六四：所畜者初九也。初處最下，未動於惡，四以柔正即止之，爲「童牛之牿」之象也。天下之事，圖之於微，則爲力易；待其著，則難矣。古人所以制治於未亂，保邦於未危也，止於未惡則无惡可止矣，故「元吉」。在人則心過未萌而戒懼之，亦此義也。「豕之牙」，剛而爲害者，豶之以敗其勢，則牙雖剛而不爲害矣。九二之惡已著矣。

六五：以柔中居尊，治之得其要而有以潛消其惡焉，則「豶豕之牙」之象也。孟子曰：「君子反經而已，經正則庶民興，庶民興斯无邪慝矣。」先王止天下之惡，導之而生養遂，教之而倫理明，膏澤浸漬，民日遷善而不知爲之者，皆此義也。消一分惡，則長一分善，惡盡消，則善之本體全矣，故「吉」。而象言「有慶」，見君道之所施者廣矣。

上九： 以陽德艮體，當大畜之極，爲大有所畜而盛德止於至善者也。位一卦之上，而下无所畜，則道可大行而无所阻礙矣。天衢，天之路也。「何天之衢」，訝其得志有爲之詞，而「亨」可知。伊、傅、周、召之際遇，可以當之矣。

頤 ䷚ 震下艮上

頤： 貞吉。觀頤，自求口實。

卦體上下二陽，内含四陰，爲外實内虛，震動艮止，爲下動上止，皆頤之象，養之義也。養道得正，則體无不具，用无不行，故「吉」。「觀頤」，觀其所養。所養必以王道，則所養爲得正矣。「自求口實」，觀其自養。自養必以天德，則自養爲得正矣。如分人以財，教人以善，爲天下得人，皆所養之道，自小德之謹，至大德不踰閑，皆爲自養也。以大學之序言之，「自養」爲格物、致知、誠意、正心、修身，而「所養」則齊家、治國、平天下之謂也。内聖外王之學，「觀頤，自求口實」盡之矣。「天地養萬物」，養道也。聖人在天子之位，尊賢使能；俊傑在位，膏澤下及於民，亦養道也。盡養之道者，天地聖人也。天地无心而成化，聖人有心而无爲，養之時，其道大矣哉！

「山下有雷」，動而各止其所，養之義也。君子慎言語則不妄發，節飲食則不貪欲，亦存心養性之一端也。

初九： 陽剛得正，修善之君子也。上應六四，四以陰得位，居上之下，以禄位權柄籠羅天下之士者也。初乃喪其陽剛之德，而與之爲應，是「捨爾之靈龜，觀我而朶頤」矣。我，據四而言。靈龜，不食之物，喻初九剛正之德足以自養之義也。朶頤，口動欲食之意。捨其可貴之天爵而求人爵焉，則以富貴爲心而无所不至矣，故「凶」。如華歆初志隱居不仕，固一世之高士也，後爲曹操所用，賊殺母後，安爲逆黨而不自知，「人心惟危」之可畏有如此。象言「亦不足貴」，所以深爲初九惜也。當頤之時，陰必資陽以自養，此天地君民之義也。

六二： 求養於初九，則以上而求養於下，爲「顛頤」。顛頤則拂經常之理而不可爲矣。往求於上九之丘，以非其應而不相與，則往得「凶」矣。初、上皆不與應，則二之行爲失其類矣。失其類則離群索居，而進德修業无所賴矣。爲二者當何如哉？求養於人則不足，求養於己則有餘。性，吾所本善；道，吾所固有。以柔順中正之德而自勉焉，則爲陽所與而合於養道矣。養之道，陽剛中正而必本於静焉。

六三：陰不中正而居動，體動以暗昧而不中正，於養道大相背矣，爲「拂頤」。吉凶者，得失之應也。三之失甚矣，凶爲所自取而宜有焉，爲「貞凶，十年勿用」，終不可用也。「无攸利」，无所往而利矣。三可謂自暴自棄者矣。

六四：居陰得正，處上之下，則大臣之位也。下應初九，陽剛得正，則草野之賢才也。爲大臣者，尊賢禮士，取其才德輔己有爲，以上善君德，下善民俗，則以人事君之道盡而得吉矣。四陰性，聖人慮其无剛立之德，或爲富貴所淫而怠於求士焉，故勉之以「虎視眈眈，其欲逐逐」，則「无咎」。虎下視，四應初之義也；眈眈，專而不爲憸邪所間奪；逐逐，則要之以有終而未敢怠夫。然則天下之才皆其才，天下之德皆其德，可謂恪慎厥職矣。僅能補過而无咎焉，臣道之難盡有如此。書曰：「自一話一言，我則末；惟成德之彦，以乂我受民。」亦「虎視眈眈，其欲逐逐」之義也。

六五：以陰居尊，无剛明之德，不能任賢圖治，使德下於民，天德不足，王道未行，於經常之道有拂焉者也。貞者，萬世不易之常道，即五所拂之經也。若能反其所爲，惇典庸禮，命德討罪，本於天命，合於人心，於萬世不易之常道而安處之，則爲「居貞」而得「吉」矣。象言「順以從上」者，五本不正而欲歸於正，非有尊德樂道、取善自輔之心不能也。

上九：以剛居五上，則師保之職，正道所由出而五之所當從焉者也。太甲、成王之進德，皆伊、周啟沃訓道之功也。爻辭勉五以「居貞吉」，象則推及其居貞之所由而申勉之也。君不及，臣不可輔之以大有爲。宋高宗欲建中興之業，李綱以英哲全德日勉勵，終不能復大讐而反疆土，以身殉國；區區效忠如岳武穆者，卒不免於禍焉，則不可涉大川之驗也。上九養六五之君德以及於人，盡養之道者，六五也；輔五以盡之者，上九也。位高責重，而五又非英明者，疑間猜忌之易生，此其時也，必常存危厲之心，盡責難陳善之道，使威福予奪出自五而己不專焉，則爲善處寵利而獲吉矣。居師保之位，負陽剛之才，得時行道，必自任以重而大其建明，斯可矣。論道經邦，燮理陰陽，皆其分內事也。周公相成王，制禮作樂；諸葛武侯事後主，必欲興復漢室，還于舊都。不如是，不足以盡人臣之職而答委任之重也。據五之才德而言，則不可涉大川，見天下之本在於一人，而臣之事君有量而後入之義焉。即上九受五委任而言，則利涉大川，見臣道不可不盡，而吾君不能則謂之賊矣。象言「大有慶」者，上九固有天民之才德，而身之所履又足以使萬物各得其所矣。

大過 ䷛ 巽下兌上

大過：棟橈，利有攸往。亨。

大陽也，四陽居中而過於多。大者，過也。四陽自下而盛長者，爲大壯；居中而過多者，爲大過。大壯不可无，大過不可有也。卦名大過，體有「棟撓」之象。棟屈撓，則室不能安且久矣，以「本末弱」也。君不足以得民，民无所庇而不知有其君，則危之道也。魯之有三家，齊之有田氏，豈久安長治之理哉？此大過之「棟橈」也。陽雖過多，二五皆以剛而得中，君臣同德，相與有爲，猶可以拯極弊而歸於治安焉，則「利有攸往」而得「亨」矣。孔子爲魯司寇，攝行相事，隳三都以強公室而魯國治，得輔剛中之君而假之以歲月，則東周之事業猶反手耳。大過之時，極弊而難於措手之際也，非有撥亂世而反之於治之才德，不能釐舉而正之焉。君以剛中之德而出治於上，臣以剛中之德而輔治於下，君臣同心，如元首股肱之相資，皆以天德之盛形而爲王道之大，何弊之不可救，何治之不可成？則濟大過之時之才德可謂大矣哉！

澤水之盛而至於滅木焉，則其勢可謂大過矣。君子之蹈履，知有理而已。理苟可行，雖舉世皆欲止之而吾行焉；理苟可止，雖舉世皆欲行之而吾止焉。死生禍福，紛迭於前而吾无有焉。「遯世无悶」，則所見所得者皆性分之全體，窮居不足損而樂有餘，此皆浩然獨存而爲天下第一流人物矣，故爲大過人之行。

初六：以柔居下，當大過之時，過於敬慎者也。爲藉物不錯諸地，而用白茅焉，「戒慎乎其所不睹，恐懼乎其所不聞」，「臨事而懼，好謀而成」，皆「藉用白茅」之義也。諸葛孔明，巍然三代之佐，其自省惟曰謹慎周密而已。書所謂「慎終于始」者，初六有焉。慎斯術也以往，其无所失矣，故「无咎」。

九二：與初六大過之時，非其相應而相比焉，爲過於相與也。二爲始過之陽，未甚過也，濟以初六之柔，則過而不過矣。過而不過，不失爲剛中之德，而猶足以有爲也。枯楊生（梯）〔稊〕，〔一〕則榮枝榦；老夫得女妻，能成生育之功，皆才德足以有爲之義也。偏才不可大用，而剛中足以任重。大過之時，內輕不能馭外之重，身弱不能運尾之强，弊之不易救者也。二之才足以正之，而使歸於均分焉，故「无不利」。

九三：居下之上，有時事之責任者也。剛不中正，才不足以救大過之弊而反爲害焉。所謂德薄而位尊，力小而任重，不能勝其責任，猶棟之屈撓而不能勝其任屋之重也。天下之事，當與天下之賢才共之，而非一人之手所能成。有與人爲善之心，則天下之善皆其善也。三以惡德而任君國子民之責，則人不與輔，危亂之禍成而凶至矣。樂正子聞識智慮皆不足而能好善，則優於天下也。若三者訑訑之聲音顏色，拒人於千里之外。士止於千里之外，則讒諂面諛之人至而國危矣。書曰：「邦之杌隉，由一人。」其九三之謂也。

九四：位九五之下，當輔弼之任者也。以陽居陰，剛而能柔，則過而不過者也。才足以拯偏重之患，而成一世之治，則棟之隆然上起而不撓乎下者也。上成君德，下善民俗，正直剛柔之用，无施而不當焉。四可謂善於其職矣，故「吉」。剛而濟之以柔，斯可矣。下應初六，亦陰柔也，居柔而應亦柔，則過於柔而不足以有爲矣。四巽體，无剛立之德，聖人慮其爲憸邪所間而流於惡，故言「有它」則「吝」，而不可以不戒。言「吝」，自吉而向凶也。

九五：以陽過極之時，則枯楊也。近於上六之陰，而過以相與焉，則「枯楊生華」也。枯楊生華，則徒能華而不能實矣。據上六過極之陰，而得九五，則「老婦得其士夫」也。以老相與而不能成生育之功，腐朽迂流，才德不足當難爲之時，不能樹尺寸以益世之義也。以正相與於過之時，而有无過者存，故「无咎」。功業不足，而苟免於身禍焉，故「无譽」。

〔一〕「枯楊生（梯）〔稊〕」，文津閣本「梯」作「稊」，據改。

上六：當大過之極時，事之不易爲也。以陰得正而履窮極之地，才不足而節有餘也，能以一身犯天下之患而不自恤，爲過於涉水，不量淺深而至於滅没其頂焉，則「殺身成仁」「捨生取義」之君子也。雖「凶」，而於義爲「无咎」矣。叔孫婼以意如食言而至於死，荀息、豫讓、張巡、許遠輩皆足以當之。不有君子，其能國乎？節義爲世道之益大矣，故象言其「不可咎也」。

坎☵ 坎下坎上

習坎：有孚維心，亨。行有尚。

習，重也；坎，險也，内外皆坎爲習坎。習坎，重險也。處重險之道，有孚盡之矣。有孚則自能无所愧怍，无所憂懼，而心亨矣。以有孚心亨，行而處險，可尚之道也。孔子告子張曰：「言忠信，行篤敬，雖蠻貊之邦，行矣。」周公遭流言之變，上則成王猜疑，下則人心摇動，公惟自盡其忠誠而已，故曰：「我之弗辟，我无以告我先王。」詩曰：「公孫碩膚，赤舄几几。」則有孚心亨之氣象可想見矣。卒之風雷兆變，而王感悟，則「行有尚」之驗也。卦惟一陽居中，陽實陰虚，則有孚也。其象爲水，取内明外暗之義。水之流，但平而不盈焉，在君子則居易俟命，順理而動，不踰閑也；水之行，險不失其平而不盈之信，在君子則臨大節而不可奪，國无道，至死不變也。彖者言乎象者也，「水流而不盈，行險而不失其信」，則坎之象，而爲有孚之義也，故即以有孚爲處重險之道，然而處平康，處富貴，皆此道而不可須臾離也。處險而有孚心亨，則盡吾處之之義也。以義處險，則有出險之理，故可尚而往有功。免於險則正也，不能免則有命存焉，君子以義安命。天之險不可升也，地之險則山川丘陵也。王公設險，如疆域之限隔，城郭之保障，皆固國之道也。至於尊卑分限，嚴之以等威，彰之以物采，凡可以杜絶陵僭而使歸於安順者，亦體險之道。而險之爲用，可謂大矣！

水之性險，「洊至」則重險也，故爲習坎。「常德行」，修己也；「習教事」，治人也。習者，三令五申之意，皆漸涵浸漬而後可成，此取「水洊至」之義也。

初六：處重險之下，爲習坎，則所遭之時也，於重險之中又入於深陷之穴，而陷益甚，則以陰柔不正、失處險之道而自取窮迫也。若初者，其所遭所處无自全之理，而凶必至矣。象言「失道凶」者，聖人咎初六於難處之時，而不能盡善處之道也。苟盡其道而死焉，則雖凶而无咎矣。

九二：立險陷之中而未能出，則「坎有險」也。以剛居柔而得其中，盡處難之道而猶有自全之理，爲有所求而尚可以小得焉。不以過剛不中而速禍，即「求小得」也。若大得則免於險矣。非二之才不能出乎險也。險陷方深，而上无正應，則時之難也。

六三：處二坎之間，來則有下卦之坎之往也，往則有上卦之坎，爲「來之坎坎」。坎，在下而以足履之，則爲險坎；在上而以首著之，則爲枕窞。陷中之穴，展轉凶危而陷益深，當時勢極難而陰不中正，又无善處之才德故也。三居下之上，有時事之責任者也。聖人慮其用斯人以濟險，則險益甚矣，故戒以「勿用」。用之，終不能以濟險而有功矣。无功，則凶害可知矣。

六四：柔而得正，切近九五，君臣同處險難之象也。百圍之木，膏液内涸，然後風始得而拔之。以人君之尊而在險中，必膏澤素絶於民，人心離叛，奸雄乘間而禍亂所由生，始不免於難矣。四與五剛柔相際，受其股肱心膂之託者也，必「樽酒簋」以盡輔相之道，斯可矣。樽酒簋，飲食之具，坎水之象，膏澤之義也。貳，輔相之道也。責難陳善，使君之膏澤日下於民，于以收人心，答天戒，而求免於險難焉，則「樽酒簋貳」之義也。險之時易生猜忌，四欲盡「樽酒簋貳」之道，必竭在己之忠誠以感動之，則「用缶」也；因君心之所明而開道之，則「納約自牖」也。能如是，則臣道庶幾其可，而君得免於險難矣。主憂臣辱，主辱臣死，五之險難，四之責也。出險，則終无咎矣。云「終无咎」，則始有咎之詞也。以道事君，不可則止，人臣處身之義也。四能盡臣道以事五，五不可陷於險難矣。陷於險難，四必不與同陷矣，此其咎也，卒有以濟之，故云「終无咎」。无咎者，善補過也。

九五：　以剛中正之德而居尊位，於險將濟之時而未出險，則「坎不盈」也。有此濟險之才，而適當易濟之時，則成功可以立待，爲「祗既平」矣。既平則坎盈而无險矣，无險則於致險之過爲善補而无咎矣。不言「吉」者，五雖中德充實而未至於光輝，故象言其「中未大也」。有中德而至於大，則大賢以上之作用，不爲人所陷，而无險之可出矣。氣化之盛衰，本於人事之得失，道體无窮，而終日乾乾之心不可已也。

上六：　以陰柔處險之終，履險之上，爲極險也。極險而以君子濟之，則易於成功；極險而以小人壞之，則易於覆敗。上六无陽剛之德，有行險之心，以若人而求以濟險，則險益甚矣，爲「係用徽纆，寘于叢棘」之象。徽纆、叢棘，皆處險之上而困縛不能展轉之義。至於三歲之久而不能免，則凶甚矣。

離 ䷝ 離下離上

離：　利貞。亨。畜牝牛吉。

離，麗也，依附之義也。一陰麗於二陽之間，陰不能自立，必依附於陽焉，故爲離。如日月之麗乎天，百穀草木麗乎土，皆依附之義也。所麗貴於得正，如體常道，親有德，皆麗於正也。離爲日，爲火，取外光之義。二五得中正，則「重明以麗乎正」也。君臣皆以天德行王道，則宇内徧爲其德矣，此即「柔麗乎中正」也。中正者，禮之用，以柔麗之，則有和平之意，樂在其中矣。能立，必本於禮，至於蕩滌邪穢，消融渣滓，和順於道德而爲功用之大成者，則屬之樂焉，故「利貞。亨」，而「畜牝牛」則「吉」。吉者，得之象也。畜牝牛則所以自得者深矣。孟子告齊王於其好勇、好貨、好色、好世俗之樂，不直拒之，必委曲開道，欲與聖哲同歸焉，則所好不足以爲病而爲王道矣，此皆「畜牝牛」之義，爲善用易之一端也。

「明兩作」，有相麗之義。大人繼明照四方，則作之於前，述之於後，皆以明德而相麗也。堯舜之重華，文武之重光，由離而行者也。泰和，所以在唐、虞、成、周宇宙間也。

初九：　陽剛居下，上无正應，未得所麗者也。離，性躁動，不能安土敦仁，步履交錯而不自寧，時不當動而欲動者也，故勉之以持敬而審處焉。能敬則以静制動，以義安命，相時研幾，可无錯然之失，乃所以「辟咎」也。

六二：　爲離之主，居離之中，知之盡，仁之至，不賴勇而裕如者，舒卷運用曲盡時宜，此孔孟之事也。離爲日。

九三：　前離垂盡，爲「日昃之離」，於人則大命將傾之際也。缶，常用之器也。當生而生，當死而死，常道也。見危授命，以常道處之，則「鼓缶而歌」之義也。不能如此，則以死生爲重，拂理亂義无所不至矣，故「凶」。三過剛不中，樂天知命，非其所能，故聖人勉以視死如歸之義焉。

九四：　以剛不中正，而繼前離之將盡，欲强逼而速得之，此楚商臣、隋煬帝負簒逆之罪，天道之不容，神人所共忿也。突然而來，惡已甚矣，故焚死而與衆共棄之，人人得而誅之也。

六五：　以柔中居尊，而无正應，麗王公之位，而爲天下所麗也。離明之主足以知君道之難盡，而无人之可憂，故出涕至於沱若，而憂戚至於嗟若焉，恐不能一朝保其負荷之重也。「危者，安其位者也。亡者，保其存者也。亂者，有其治者也。」五有憂懼之心，則賢人君子樂與爲用，而終至於无可憂懼焉，故「吉」。離有甲兵之象。

上九：　以剛德明體，處卦之上，於麗天下之道，威命明德兼舉而不偏廢，爲「王用出征」。正邦國之不正而「有嘉」也，剛德故能折其首，惡明極故能「獲匪其醜」，皆「有嘉」之義也。罪其所當罪，宥其所當宥，征伐所至，有如時雨，則所以寧天下而盡天吏之職，非以利己爲也，何咎之有？

上經，首乾、坤而終於坎、離。天地者，萬物之父母，陰陽不可相无也。一陽居二陰之間爲坎，所以著小人之罪也；一陰居二陽之間爲離，所以彰君子之德也。此扶陽抑陰之義也。又坎剛中而離柔中。中者，萬世不易之常道，而亦可以終乾、坤之義。一則天命之性，一則率性之道也。上經首乾、坤，則「立天之道，曰陰與陽。立地之道，曰柔與剛」也。下經，首咸、恒，則「立人之道，曰仁與義」也。首乾、坤者終於坎、離之别，首咸、恒者終於坎、離之交。天地人之道，中而已，易之全體大用可識矣。

周易辨録卷三

咸 ䷞ 艮下兑上

咸：亨。利貞。取女吉。

咸之義，則感也。兑柔在上，艮剛在下，與地天爲泰之義相類，是二氣感應以相與也。又，艮以篤實感，而兑以和説應。又，艮以少男下於兑之少女，皆有感應之義。而卦以「咸」名者，應由於感，而感可以統乎應也。感則應，有亨通之理，然必利於正，不正則感之者非以道矣。君臣朋友，以義相與，皆正也。推類而觀之，凡巨細之舉必廓然而大公，物來而順應，皆正也。取女之道，萬化之原所由始，於感之所係爲尤重，婚禮備而貞女行，感以正也。如是，則「吉」。「天地感而萬物化生」，天地之感之正也。「聖人感人心而天下和平」，聖人之感之正也。天地非有心於感也，至理之流行而已。聖人非有心於感也，順至理而已。故曰：「天地无心以成化，聖人有心而无爲。」盈天地間皆感也，感則有應，應又所以爲感，天地萬物之情之可見者，感以正也。如寒暑往來，動息榮悴之類，何莫非正乎？凡動止語默，皆感之義也。感之道二：正邪而已。出乎此，則入乎彼，是非得失，治亂安危，皆由於此。

水在山下，出而爲澤，則在其上，亦感應相與之義也。心虚則无物，廣大无外之體全矣。應酬萬變，此其本也。用之以受人，則尤爲切至，而非智者不能用也。咸以人身取象。咸之時，皆欲感人者也。

初六： 以陰居下，在感之時，爲「咸其拇」之象。感之者，可謂下而微矣。以其斗筲樸樕之質，本自无正大光明之作用矣。人品之卑下，舉動之瑣細，是咸卦中之賤丈夫也。以此感人，人將漠然无所有矣。初六爲「咸其拇」，拇之上爲腓。

六二：當其處，爲「咸其腓」矣。拇與腓，皆所以行，而易失之輕動者也。初尚微小，凶或可免。二之輕動，則顯而大矣，故感即有「凶」。二有中正之德，又艮體有能止之義，故又勉之以居則吉。居謂安所遇也，安其所遇，非不動也，乃動所當動而不妄動也。既有中正能止之德，曷又「咸其腓」而有失乎？咸之時，皆欲感人以求所欲也。富貴利達之迷人，或剛立者所不免，而況於陰柔者乎？堅其志趨，審擇所爲而必以正，乃守身之常道，而聖賢之感人，不外此矣。是所謂「居吉」者也。拇上爲腓，腓上爲股。

九三：當其處，爲「咸其股」之象。股隨足而動者，足動則股動，足止則股止，股之動止一由於足。咸其股，則不能自處其身，而所執者惟有隨人而已。人之相與，有當隨者，有當止者，以道則隨，非道則止。臣之於君，子之於父，朋友之交，皆宜如此，守之以有終，剛不至於失己失人矣。若九三者，事君則諂佞容悦，長君之惡；事父則阿意曲從，陷親於不義；交友則亦便佞苟合，虚文虚貌，而无相規相益之實心焉。以是而往，可吝之甚也。九三剛正艮體，何以有此失乎？以其不中而居止之極。不中則多過，止極則不止矣。況當咸之時，而又以感人爲心，故不善變而至此極焉。三本陽剛有才者也，用其才以爲善，則善无不至；用其才以爲惡，故惡亦无不至矣。可戒哉！貞者至極之善，人心本然之理，千聖感物之常道也。堯、舜、禹、湯、文、武之所以盡君道者，此也；皋、夔、稷、契、伊尹、萊朱、周、召之所以盡臣道者，此也；孔子之所以繼往聖開來學者，亦此也。非九四之所有也。

九四：以陽居陰，已失其貞而有悔矣。所尚者「憧憧往來」之敝習也。聖人以其當心之處，爲咸之主，故以人心所具之常理啟之，欲其反身而誠，以盡感物之道也。言能貞則吉，而悔可亡，若循其故習，憧憧往來而蔽於私，則但其朋類從爾矣，安能有感必通而得人心之應乎？六二之居，亦欲其勉乎此也。憧憧往來，間以私昵而昧以公理，乃黯昧邪小之心度，故象言其「未光大也」。脢，背肉，與心相背。心能裁處萬變，脢則不動之物。「咸其脢」，則感之以无能爲也。

五雖陽爻，然體本兑柔，尚和説而少剛立，不能以道自强者也。又无忠賢夾輔，以成德業，故安於庸懦而自謂治道至此可矣。如漢元帝、唐文宗之類，元凶閹宦竊其大柄，不能尊賢任能，奮然興起，而所尚者區區之節儉耳。王鳳秉政，爲國大蠹，則九四以陽居陰之不正者也。王章以剛直而死獄中，九三過剛不中者似之。谷永、貢禹之徒知有權臣而不知有天子，皆瑣尾之匹夫，而爲初與二之類也。引君當道，使志於仁而大有爲，誰其人哉？五至此而不悟，豪傑之士知有潛身遠害而已矣。既不能有爲而苟於幸安，則亦賴先哲以保其成業耳。不至於妄動招災而致悔矣。咸以人身取象。

上六：則「輔頰舌」之處也，又兑爲口舌，故取此義。以柔説而居咸之極，則感人以言而无其實，儀、秦之流是也。詩曰：「巧言如簧，顔之厚矣。」上六有焉。

恒 ䷟ 巽下震上

恒：亨。无咎。利貞。利有攸往。

恒，久也，有常則可久矣。震剛在上，巽柔在下，剛柔各得其所，雷迅則風烈，爲「雷風相與」。又，先天圖雷與風對，亦一義也。「巽而動」，動不以巽，非可久之道也。卦之六爻，剛柔相應，此四者皆理之常而可久者也，故卦名恒。人之所信所守，久而不變，則爲有恒，固可以致「亨」而「无咎」矣。然必利於貞乃爲久，於其道不正，則所恒者邪妄之小術而非道也。固有恒而不貞者，未有貞而不恒者也。如楊墨之徒自守其術，至於死而不變，豈不有恒？而謂貞則未也，豈久於其道者乎？天地之道，固恒久不已之道也。人之恒久而有未貞焉，則與天地之道不相似也。「『利有攸往』，終則有始」者，此事之有終，而彼事又有始也。事變无窮，而所以應之之道亦无窮，一恒久之理得而自足以周萬變之應，由其所恒者一於道也。所恒者一於道，則无不可爲之時，亦无不可爲之事，而「利有攸往」矣。日月得天，得其恒久不已之理也，故能「久照」；四時之變化，亦得其恒久不已之理也，故能「久成」。聖人，與天地恒久之理脗合而爲一者也，故「久於其道而天下化成」。天地恒久之理，消息盈虛有常而已，觀所謂恒之義，則天地萬物之情可見矣。天地萬物之情，恒之理足以盡之而无餘矣。萬物之形形色色，愈出愈新，亦得天地恒久之理也。所謂天下无性外之物，而性无不在者也。

「雷風」，有恒之象。君子「立不易方」，則恒在我矣。方者，其所當行之道也。隨其所遇，道无不在。君子立之而不以死生患難易其節，則體恒之義也。

初六：與九四爲正應。四震體陽性，上而不下，无意於初。初在下爲交，與之始未可深求，乃巽順而必欲入之深，以常理求之之象也。守此始求之深以爲可常而不知變，則凶而无所利矣。漢文既疏於賈生矣，誼以何爲痛哭流涕而言之，切犯於此爻之戒矣。長沙之行幾不能容矣，何所利哉？

九二：以陽居陰，不得其正，則有悔矣。當恒之時，處下卦之中，所恒者中道也。中者，无過不及之至理也。守此至理，久而不失，至於死而後已，則其悔可亡矣。凡進身不正而能使作用合於至道，造次顛沛而不少變，則可以蓋前愆焉，其「九二悔亡」之義也。

九三：當恒之時，過剛不中，是不能常守其德也。剛而不中，則流於剛惡，任意使氣，无所不至，於聖賢忠信義理之心實作用相去遠矣。无所往而不失，則无所往而不取羞，其身至此，不能容矣。德者，人心固有之善也，三豈獨无此善乎？但不能恒以守之耳。使能反而求之，以其剛正之根本而用之爲善，則何所不至哉？

九四：當恒之時，以陽居陰，爲非其位，固能久矣。然所久者，非其道也，是見其偏而未見其全，流於私小而遠於大中至正者也。以修己則不能畜内聖之德，以治人則不能成外王之化，安得禽乎？管仲，得君如彼，其專也；行乎國政如彼，其久也；功烈如彼，其卑也。管仲死，桓公薨，天下不復宗齊，由仲之所久者非其道也。

六五：以柔中之德而應九二之剛中，可謂「恒其德」而守其正矣。然此乃婦人之道也。婦人「无非无儀，維酒食是議」，有閨門之修，无境外之志，從一而終焉者也，故婦人如此則「吉」。夫子則因時順理，隨事處宜，如五之「恒其德，貞」，凶之道也。聖人以六五處丈夫之位而從婦人之道，故發此義。顔子、禹、稷憂樂不同，而同於道；曾子、子思遠害死難，而易地則皆然，非禮之禮，非義之義，固不屑矣。此惟可與權者能之，德未至而强欲爲，是小人之猖狂自恣，假聖賢之言以遂其私者也。

上六：以陰柔之質居恒之極，震之終，震終則過於動，恒極則反變而爲不恒矣，故爲「振恒」之象。以不常之心而過於動，是小人之率意而妄爲者也，何能免於凶乎？故象言其「大無功」，大无功則凶即至矣。若以君子處之，則恒之上爲恒之終，震之極爲過人之動，而善莫大焉。

恒九三所久者，非其德也。非其德，則肆意妄作，而无所不至矣，故象言其「无所容也」。九四所久者，「非其位」也。非其位，則牽制徇從而不能進於有爲矣，故象言「安得禽也」。九三在三畫巽卦爲非中，而居恒卦亦非中，故以所守之德言。九四在三畫震卦爲得正，而居恒卦則非正，故以所處之位言。要之，九三始終以非道自處者也，九四爲富貴所動而不能盡行其所學也。外堯、舜、禹、湯、文、武、周公、孔子之道而自以爲道，則九三之謂也；欲以道濟天下而有枉尺直尋之意，則九四之謂也。四近於五，位之所在，則治亂安危繫之天下，而義固自重於三矣。如魏相假許史以進，則位之所得非其正矣。宣帝少恩，相不能濟之以寬仁之道，而治止於雜霸，則「田无禽」也。孔孟非不欲行道以濟世也，然待價而沽，不見諸侯，以枉己者不可以正人也。恒六爻各有所恒，初六以浚爲恒，九二以中爲恒，九三以非德爲恒，九四以苟得其位爲恒，六五以不知變通爲恒，上六以侮智躁動爲恒。惟九二善，餘皆惡之類也。

遯䷠ 艮下乾上

遯：亨。小利貞。

「遯，亨」，身遯而道亨也。九五當位，下有六二之應，自淺見者觀之，謂時尚可以有爲；見幾之君子，則知其決不可以有爲，但當奉身而退於義，乃爲當耳，故於斯時而遯，謂之「與時行也」。與時行則能以身殉道，而未嘗不亨也。當是時，小事可以利貞，大事則不利於貞矣。蓋小人之勢浸長，而九五之當尊位者又與之爲應，則權柄已在其掌握，而君子不能伸其志矣，故小事利於貞，則小有救濟而已。若進君子，退小人，振經國之要務，端治化之本原，則難乎其措手，且將一敗塗地而國勢遂至於不可爲矣。小事利貞，大事不利於貞，君子豈能以小小之補塞者而苟容其身乎？此所以知有遯而遯之，可以得亨也。姤一陰生，則君子尚有處，小人之道而可以回造化；至於二陰生，則但有遯而已，蓋勢不得以不遯，義不可以不遯也。遯之時義可謂大矣，非卓然之君子不能與於此也。若孔子之去魯遲遲，去齊接淅而行，乃仁之至、義之盡也。宋子哀不立危亂之邦而春秋美之，亦庶幾乎「遯而亨也」。

「天下有山」，亦遯之象，謂去之遠也。君子之遠小人，未嘗形諸聲色以絶之，但引身而去，則判乎其不相及矣，何其嚴哉？

初六：處卦之下，爲遯而在後尾之象也。陰柔之才，不能察之於微而致之以決，至是而始遯，則小人動心矣，豈非危之道乎？遯既在後，而不可遯，則「勿用有攸往」。潛晦其德以免災害，俟其可遯之機而徐處之，亦或一道也，非終於不遯而已也。聖人言「勿用有攸往」，欲人之善處而免害也，毫釐有差則爲與世浮沈之小人矣。

六二：當遯之時，有中順之德，自謂於是時而必遯，則所處得中而合於順，時之應矣。二之所執者此理也，其執之之固而人不能以言間之，可謂「知及之，仁能守之」矣。「皎皎白駒，在彼空谷。生芻一束，其人如玉。」終不以爾公爾侯之言易其心，此爻似之。

九三：剛而不中，下比二陰，與相親昵。又，艮體爲止，勇退之節非其所長，當遯之時，有所係於心而不能即遯之象也。三之「有疾」，何疾也？或戀戀於富貴之榮寵而不欲去乎？惴惴於小人之氣燄而不敢去乎？有一於此，皆足爲害心之疾，危厲之道也。然是道也，惟用之以「畜臣妾」則「吉」。臣妾，微賤者，不必其賢而可畜矣。天下之治亂係庶官之賢否，豈於小人而可以昵近乎？九三以「畜臣妾」之道而用之以畜庶官焉，聖人所以斥賤之也。

九四：與初六居相應之位。四陽剛乾體，上而不下，絶初而不與之應，有「好遯」之象焉。人見其絶小人、遠利寵而決於必遯，以爲好遯，而不知四非好遯者也。有所沮撓，道不行而勢不得以不遯，是君子之能事也。小人之汲汲於求，而戀戀不能去，安能與于此？

九五：當遯之時，與六二居相應之位，二之應非尊仰其道德之可以益世也。特怵惕其責任，尚可以有爲而曲意以順承之耳。五心知其如此，以其勢之方盛未已而時不可以不遯。於斯時而去之，在己既不失進退之道，足以「正其志」，又渾厚其跡，而小人莫測其所以遯焉。是可謂處之甚善，遯之嘉美，正而吉矣。

上九：以剛陽居卦之上，在事之外，剛陽既有能遯之節；在事之外，又无小人相與以係累之，爲「肥遯」之象。肥者，寬裕自得之意，言超然遠遯而人莫之疑，邈乎其不可近矣。天子不得臣，諸侯不得友，免於是非之議、利害之交，无往而不利矣。

大壯 ䷡ 乾下震上

大壯：利貞。

大謂陽，君子之類也。「大壯」謂「大者壯也」。以一卦之體言，則四陽盛長而過中，爲大壯；以二卦之德言，則乾之德爲剛，震之德爲動，剛以動也，「剛以動」亦爲壯盛之勢也。以其壯而形諸作用，則利於正。正則爲君子，爲以義理用事者也；不正則爲小人，爲以血氣用事者也。正則爲王道；不正則爲霸術矣。文武一怒而安天下之民，大壯之正者也。齊桓、晉文威制諸夏，亦可謂壯矣，然假之而已，非正也。如言：「君子和而不流，强哉矯！中立而不倚，强哉矯！國有道不變塞焉，强哉矯！國无道至死不變，强哉矯！」皆大壯之正也。若暴虎馮河，死而无悔，失其正矣。大者，本所以爲正；正爲大者所有之道，非假於外求也。特以不察而自失其正者有之，天地之情正大而已，生長收藏，與時消息，皆正大之道也，此大壯之不可不利於正也。正則盡人道以合乎天道矣。聖人先天而天弗違，後天而奉天時，盡其正大之作用而已矣。一失其正，則與天地不相似而非率性之道也。

「雷在天上」，有大壯之象。「非禮弗履」，則眞能用其壯矣。顏子之非禮勿視聽言動是也。然必至明，能察其幾，然後能以至健而致其决也。知之不明，則非禮之禮，非義之義，安能自擇趾在下而進壯於動者也？

初九：陽剛，當大壯之時，固欲用其壯者也。然位次最下，以壯進動而欲大有所爲，則「壯于趾」之象也。以是而行，則凶，可信有矣。凡人臣之疏遠未信者，欲勇於去君側之惡，以天下事自任，則動取窮極，一蹶而仆，此「壯趾，徵凶」之義也。

九二：以陽居陰，本非正也，然所處得中，則上應六五，當大壯之時，而承之以有爲者，率不失乎天下之至理，是能以義理用事者也。如此，則以九居二者未爲不可，適見其爲得正而吉矣。凡居其位而能盡其所當爲之事，則其位爲所宜居而爲正矣；居其位而不能盡其所當爲之事，則其位爲非所宜居而爲不正矣。「九二貞吉」，聖人言簡而義精矣。

九三：過剛不中，當大壯之時，在小人則爲「用壯」焉，狼瞫馳秦師而死是也。在君子則爲「用罔」焉，君子固以義理用事者，然或有忘其深遠之慮，而忽於禍機之防者矣。張柬之謂武三思如几上肉而不足畏者是也。以是爲正道而守之，則亦危矣。如羝羊觸藩而羸困其角，則智竭力窮，人得而制之矣。五王以禍自及，而唐之宗社幾於危亡，則「用壯」、「用罔」所致也。

九四：當大壯之時，以陽居陰，爲不得其正，是用壯而不以道者也。聖人以其陽剛之才可以有爲，又時當大壯，則易於振奮，故勉其能貞則吉。而以陽居陰之悔，可以亡之。貞者天下之達道也，慎修而有得焉，則爲聖哲之作用矣，何吉之不可致？何悔之不能亡乎？至是則裁處百爲，隨感而應，視天下之事皆有可乘之幾，伸縮變通之妙用在我而不窮矣，「藩決不羸」之象也。其才德足以任天下之至重焉，「壯於大輿之輹」之象也。至是則爲體用全備之事業矣。聖人之教，九四亦不得中行而與狂狷之意也。卦之體似兑，有羊象焉，故九三、六五、上六皆取其義，羊則内剛外柔而喜觸者也。

六五：以柔居剛而得其中，所持者平易之道也。剛壯則或過於激烈，而有抵觸之失；平易則不能抵觸，爲「喪羊於易」矣。他卦以柔居五者，或爲過於柔，大壯之時，則爲得中矣。況自四以下，皆爲五所用，諸爻之剛即五之剛也。衆賢以剛德同奮而明作，有功人主，以柔中而制之，而惇大成裕，則何悔之有？如光武之時，寇恂、賈復皆以剛壯用事者也，世祖以柔道制之，或息其忿争，或戒其黷武，卒皆得其用而成中興之業，此「喪羊于易，无悔」之義也。

上六：處壯之終，動之極其過動，用壯之餘習則固在也，故觸藩而「不能退」。然壯之終則將失其壯，動已極則動或不能繼而有止矣，況其質本柔弱，故「不能遂」。其進也，由其用壯過動，而失之輕易也，亦何所利哉？若能反其所爲，艱以處之，則得吉。大抵天下之事，莫不成於難而敗於易：以爲難，則可以无難處之事；以爲易，則憂即至矣。「艱」之一言，乃聖人示人以存誠之基本，而轉災爲祥之機也。

九三剛而得正，君子之類也，應上六。上六居壯之極，則用壯以制君子之小人。當小人用壯以制君子，謀隱交合，而君子者其勢固不能以自全矣，故密其機，慎其動，猶懼不能免禍。九三過剛不中，則任氣自裁而視之蔑如也。是當小人用壯之時，而君子如九三者則「用罔」也。象曰：「小人用壯，君子〔用〕罔也。」〔二〕非有小人用壯，而猶不可用罔，況小人用壯，君子所當深慮也，而顧可以用罔乎？

晉 ䷢ 坤下離上

晉：康侯用錫馬蕃庶，晝日三接。

晉，進而上也。世道之升於隆平，道德之躋於高明，人臣之以事覲君，皆此義也。「日出地上」，有其時矣。「順而麗乎大明」，有其德矣。「柔進而上行」，有其事矣。康侯，安國之侯也。當此之時，德備功成而進謁於君，是以有「錫馬蕃庶，晝日三接」之寵賚也。有其時而无其德，有其德而无其事，皆不足以與此。詩曰：「君子來朝，何錫與之？雖无與之，輅車乘馬。又何與之？玄衮及黼。」其「錫馬蕃庶，晝日三接」之謂乎？周襄王賜晉文公大輅戎輅之服，出入三覲，有類此

〔二〕雪齋案：「罔」當有「用」。阮元校勘記曰：「古本罔上有用字。」斛山前釋文「用罔」連用亦可作證。「用」當增益。

義；而文公不足以當康侯也。

「明出地上」，明進而上，有晉之象。「自昭明德」，日非不明也，掩於地下則不明，出於地上則明矣；德非不明也，蔽以己私則不明，克去其私則明矣。「自昭明德」，克己復禮之學也。取「明出地上」之象，日有上達，則亦晉之義也。當晉之時，居下者孰不欲進而用世，以行其志乎？

初六之所應者，九四也。九四不中不正，居上之下，是蔽賢之小人也，安能汲引草茅之士，盡其以人事君之道乎？故初六進而爲其摧折，欲進而不能也，但當隱居求志，獨行其正以待善爲。人信時，可進而進之，則吉矣；如不爲人所信，而終不能進，亦當處以寬裕，則无咎。若急迫求進，則爲欲所動而咎多矣。蓋初處最下，既无官守，又无言責，可進可退，其機在我固綽綽然有餘裕矣。初之才德非能如此，聖人但以出處之常道教之，而欲其知所以自處也。

六二：當晉之時，上无應與，欲進而「愁如」也，非以區區榮遇之未遂而憂世之誠心不能已也。二雖中正，然陰柔之質，恐其於廢斥之際，不能堅志於正道而終不變，故言若能自處以正，終始不移，則吉而「受茲介福于王母」矣。王母，祖母，謂六五以陰居尊之象也。有離明得中之德，離明則知賢之不可不用，得中則任賢有常而不以小人間之。賢如六二，則自當見用於世而受大福矣。

六三：以陰居陽，不中不正，本有悔也，然居下之上，處順之極。居下之上，有時事之責任者也；處順之極，則能以順處天下之事者也。凡賢才在下而欲上進，如二與初之類者，己必與之同升而盡其以人事君之道。一念爲國之誠心，衆皆信之而樂爲之用，則三之志亦可以行於上矣。如此，則其初之所悔者，至是亦可以亡矣。

九四：以陽居陰，不中不正，處上之下，位近於六五。當晉之時，是患得患失之小人，履高位，竊大柄，以自私者也。必陰窺潛探，伺君心之所欲而蠱惑之，以保其榮寵，鼫鼠之象也，是所謂逢君之惡者也。以其竊據者爲己所當得而固守之，則危矣。小人誤人之國，以基深禍而至於亡已，亦安能獨保其富貴哉？

六五：以陰居陽，非其正，宜有悔矣。然有離明之德，以處尊位，而下皆順從，則悔可以亡矣。「失得勿恤」，則存王道之大要，而不屑於霸者功利之小術也，如蕭何勸高帝養民致賢，收用巴蜀，此計失得之私心也。文王則誠心養民，以盡君道而已，失得所不恤也，如是而往，則吉而无不利。聖人以六五明察而不足於君道，故欲其遠功利之小術，而尊帝王之大道也。

上九：「晉其角」，以剛處上，角之象也。以剛處上，己之私邑或有不服者，則當伐之。下卦爲坤，有邑之象。六三居下之上，與上爲應而間於九四，有不臣服之象。上九剛明非柔暗，又離爲甲兵，有征伐之象。必舉大衆，動征伐，而後臣順，則厲而吉。伐所當伐而非窮兵也，故「无咎」。兵，凶器，不得已而後用之者也。以此征伐爲正而不知修德以綏服之，則吝之道也。聖人抑揚予奪之微意，欲上之人以德爲化民之本，而兵不可以輕用也。

明夷 ䷣ 離下坤上

明夷：利艱貞。

明而見傷，展轉困迫，去死一間耳。處之之道，「利艱貞」，心存戒懼，若未嘗戒懼，視其窘辱，若固有之而心若樂受者也；時事得失，心如未嘗有知，語言動作，此心默默以操運用之準繩，而外若愚人焉。剛忿以重其困，殞獲而喪其心，則失之遠矣。離之象爲日，坤之象爲地，日之明爲地掩，明而見傷之象也。「内文明」則所以察乎處難之理者至矣，「外柔順」則所以由於處難之道者盡矣。微用其周身之智，委曲於安土之誠，文王所以蒙大難之道也，故曰「文王以之」。「『利艱貞』，晦其明」，而未顯見於外，心固未嘗晦也；心晦則志不得爲正矣。遭家大難而處之以此道者，箕子也，故曰「箕子以之」。然自衆人視之，則其明若晦而无所謂明矣。自知微之君子觀之，則已光輝發越而爲明之至矣。

君子莅衆，固有當用晦之時，亦有當用晦之事。用晦，若其心有未明者，然要其所以而論之，乃其至明也。人之邪正有未可以盡知者，事之是非有未可以盡辨者，非不能知，非不能辨也；知之、辨之爲非宜也，在智者默識之耳。如世祖平王郎，不省吏民交通之詞，此用晦也。如此，則反側子之心安，河北安而天下遂安矣。非光武之明見萬里，不能如此處之也。

初九：當明夷之初，傷之尚淺，爲「于飛，垂其翼」之象。垂其翼，尚可以飛，君子雖有所傷，尚可以行之，但不能盡遂其所志耳。始焉不能盡遂其志，終則至於反其所爲，又甚，則殺之矣。「君子于行，三日不食」，行之速而不暇食，所以避殺身之禍也。當是時，則富貴寵利爲喪生之鴆毒矣，君子所以潔身而急遠之也。愚昧淺見之匹夫，安知此義？反以去爲无故而議其所處之非矣。君子之所爲，衆人固不識也。明夷乃上六之陰，暗傷下五爻之君子也。初九去之甚遠，陽剛有勇退之德，故能超然遠去。

六二：與上六相去雖尚遠，比於初九則有間矣，故當明夷之時，傷其左股焉。股，所以行者也；傷其股，則不能行矣。股之用，右爲切，左爲緩，傷其左股則傷之未切，雖不能行而尚可去。二之救其所傷，又有壯馬，則得「吉」矣。二有柔順中正之德，爲離之主，見幾之明，應幾之圖，皆所優爲順處而有則者也。用此德以處之而免於傷，則以壯馬拯之而獲吉之義也。二之獲吉，有餘裕矣，有德故也。

九三：剛而得正，居下之上，有天吏之責者也。正與上六爲應，爲其所傷，則順天應人，伐而去之。「明夷于南狩，得其大首」之象，此湯武之事也。此事間不容髮，一日之間，天命未絶，則爲君臣；當日命絶，則爲獨夫，此「不可疾」之義也。有湯武之仁，遇桀紂之暴則可，不然是未免於篡弑之罪，此不可貞之義也。上六爲大首，則六四正當其腹之處，古者尚右，以右爲尊。

六四：柔而得正，以其柔而同體，則爲腹心；以其持正而行，則非所尊右而「入于左腹」矣。四雖獲明夷之心而視其所右者，則猶有間，故于「出門庭」終得去矣。此已陷暗中而僅得出之象，可謂百死中得一生矣。象取「門庭」者，以五在其上，當其至暗至切之傷，在其門庭之内而不能出矣。四猶有可出之道焉。

六五：爲「箕子之明夷」，箕子之傷可謂切矣，箕子之處可謂盡矣。貴戚之卿，義同休戚，去之則不可，救之則不能，處之之道，貞而已。於人事則咎之以己，於大運則歸之於天，自靖其志，獻于先王，此箕子之貞，不息之明，而後人之所當法也。

上六：傷絶君子，委用細邪，下失人心，上違天意，此不明其德而至於晦也。非无德也，自不能明耳。「初登于天」，所處者照臨四國之位也；「後入于地」，則有死亡而已矣。人君失道，求爲匹夫而不可得，安有肆惡已極而能保其身乎？上六之惡，雖已極矣，若能瞿然省悟，翻然遷改，則有自怨自艾之太甲，明德復全而爲萬世之瞻仰也。

家人 ䷤ 離下巽上

家人：利女貞。

卦名「家人」，取一家中人之義也。必「利女貞」，閨門，風化之原。女貞，則家可齊，家齊則國治而天下平，舉而措之耳。隱微之際，所係甚大。六二以柔得中，正「女正位乎内」也；九五以剛得中，正「男正位乎外」也。「男女正」，合於天地之道，故爲「天地之大義也」。自二五各有其德，又以德相應而言，則謂之男女；自二五各盡其道，又以道齊家而言，則謂之父母。以卦之六爻言，上九以陽居上，有父之象；初九以陽居下，爲子之象；九五居上之中，爲兄之象；九三居下之上，爲弟之象；五三又爲夫之象，二四又爲婦之象。四配五，冢婦也；二配三，衆婦也。父子兄弟夫婦，各盡其道則家道正矣。家道正而天下不定者，未之有也。

火，家之所用以炊爨者也，風化自此而出，亦有家人之象。「言有物」，則順理而言，又不徒言而必行之也；「行有恒」，則要之以有終而不變也。此修身之要也。家固國與天下之本，而身又爲家之本也。立家之初，習尚未定，心志未變，訓之以正則正，感之以邪則邪，如影響之出形聲，斷乎其不易矣。

初九：陽剛得正，當有家之始，是能閑之者也。閑之之道何如？内外之分，長幼之節，宗法之嚴，恩禮之周，曲盡其道，又能謹身教以率勵之，則家可齊而悔可亡矣。

六二：以柔順中正之德，上應九五，承之以有終而已，无自遂焉。婦人无遂事，有之則爲婦乘夫，捨閨門之修而與境外之事矣。在中而主饋食之事，所謂精五飯、幕酒漿、事舅姑、縫衣裳，皆婦人之職也，守此以爲正則吉，否則淫蠱之惡生而家之所以敗也。「婦无公事，休其蠶（職）〔織〕」，[一]與此正相反焉。詩人所以深刺之也。

九三：雖剛而得正，然過於剛者也。在家人中，爲嗃嗃然治家嚴厲之象。比於仁讓之化，不言而信、不怒而威者，則有間矣。過於嚴，則人情或有所不堪者焉，致悔而有厲矣。三之心則欲防其惡而同歸於善焉。威之者，乃所以愛之也。若「婦子嘻嘻」然至於失家之節，則由處之過於柔而人无所畏憚也，安能相與羣居而不亂乎？故「終吝」。爻无「嘻嘻」之象，聖人舉其與「嗃嗃」之相反者以戒之也，陰主以利養萬物而使遂其生者也。

六四：居陰得正，處上之下，其位與才皆可致富，故爲「富家」而「大吉」矣。四之能富其家，不過生之者衆，食之者寡，爲之者疾，用之者舒，四者而已。外此，无所謂致富之道也。小人剥民奉君，務聚斂以充府庫者，无以藉口。

九五：「王假有家」，假，至也。以是道而理其家，爲至其家也。五之道何道也？己以陽剛中正，刑其家而爲「男正位乎外」。六二以柔順中正助之，而爲「女正位乎内」。此皆五所有之道也。以是道而齊家者，得「天地之大義」也，勿憂而吉可得矣。言九五之道而有及於六二，何也？妻道无成，而代有終。六二之道，即九五之道也。二固不得而專之矣，故象言「交相愛」，則二在中矣。

上九：以剛陽之德居上而處終，居上則有尊於一家之象，處終則能要之以有終也。爲一家之尊，用剛陽之道以治其家，而要之以有終，則人見其「有孚威如」而不可犯也。「有孚威如」，猶言：「信哉，其威如也！」如，語辭，凡「與與如也」、「恂恂如也」，皆此，人視之以爲然也。上九非有意於作威也，知有反己自治而已。反己自治，則持身不苟，動作威儀自然有則，儼然人望而畏之矣。如此，則「終吉」。「終吉」，言吉可以有終也。吉之有終，由德之有終也。其正大服人之氣

[一]「休其蠶（職）〔織〕」，文津閣本「職」作「織」，據改。

象，宛乎可見矣。

睽 ䷥ 兑下離上

睽：小事吉。

睽，乖異也。火則動而上，澤則動而下，動輒相反，言无往而不相異也。「二女同居」而「其志不同行」，不同居而不同行，固其所也；同居矣，而志不同行，見其乖戾之甚也。卦之名「睽」，以此。睽之時，小事可以得吉，而大事不可爲，以時方甚難，而卦之才德又不足以濟。睽也，濟一時之睽，非有剛明之德者不足以任其事。「説而麗乎明」，比於其德剛健而文明者，則不同矣。「柔進」「上行」，「得中而應乎剛」，比於應乎天而時行者，則不同矣。以此才德，用之於内外安静之時，則无不可以有爲者。若内叛外抗，動相乖戾，非此才此德所能辦也。如周室東遷之後，内則王室乖離，外則諸侯背叛，當此之時，非有上聖之才不能爲也。晉睿宗委任王導，君臣同心，而僅足以保江左。謝安、桓沖、劉裕、檀道濟之輩終不能平一中原，則「小事吉」之義也。天地異位，睽也；然天道下濟，地道上升，以成化育之功，其事同也。男女異質，睽也；然男以女爲室，女以男爲家，而交相願焉，則其志通也。萬物之形象有萬，其不同也，然以類相聚，於不同之中而各有同焉，則其事類也。天地萬物之形皆有自然之睽，睽之相與，則皆有自然之道。聖王之治天下，使各正於自然之道而已，此則睽之時用也。盈天地間，滿眼皆睽之象，亦滿眼皆睽之時用也，在默而識之。

君子之相與，則「同而異」。「同而異」，不害其爲同，乃所以爲大同也。同而異則爲公，君子相與之道也；同而不異則爲私，小人相與之道也。

初九：居下无應，宜有悔者也。然當睽之時，志在有爲，或以才德相與而即爲所應者，亦有之，故初九之與九四雖皆陽剛而亦相應焉，則初之悔可以亡之，而爲「喪馬勿逐自得」之象。馬，人所乘以行者也，初之遇四，則可資之以行其道矣。

然必見惡人，則可以无咎。時之睽，率以惡人致之而使至於睽也。或權柄在其掌握者，亦有之，豪傑之士欲起而救之，不一見焉，則有山林獨善而已矣；往而見之，藉其力以有爲，而處以善處之道，則伸縮運用，轉移變化之機，操之在我而可以有濟矣。如孔子欲討陳恒，則往見三子。三子者，非所謂惡人者乎？使當時能用孔子之言，則聖人作用之微，權因是得以舉行，變春秋之衰晚，以復文、武、成、康之盛，治亦未可知也。然初九之道，德亦必有大過人者而可以見惡人，故聖人與其見之觀，九四目之爲「元夫」，則亦不世出之才也。非初九之類而欲見之，剛則必取禍，柔則必取辱矣。下此，則又爲鞠躬權門之匹夫而不足道者也。

九二：上應六五，五離性躁而過察，上而不下，易於猜忌者也。二剛中而說，體有「遇主于衖」之象。衖取委曲之義，言委曲以行其志而不失臣道之正也。程子所謂「至誠以感動之，盡力以扶持之。明理義以致其知，杜蔽惑以誠其意」者也，如此則无咎矣。大抵睽之時，温厚明辯者志或可伸，而剛直自遂者率皆見忤而速禍矣。孟子於齊王，即其好勇好貨之類而引之，使歸於王道，亦「遇主于衖」之義也。

六三：「見輿曳」，輿，三也，三陰爻，自坤而來，坤爲大輿，三亦可以取輿之象矣。曳，爲二所曳也，牛謂四，離「畜牝牛」，則四可以取牛象矣。三居二陽之間，處位不當，二陽皆以非道而相求焉。上九、六三之正應，當睽之時，猜狠方甚，三往應之，不惟拒絶而且有髡劓之傷，未有以正相求而終不相得者。睽之極，亦可合焉，故「无初有終」。

九四：當睽之時，下无應與，則「睽孤」矣。得初九之陽，與之同德相應而且相信焉，則爲「遇元夫，交孚」矣。其初以孤立，處不得正之陽，當睽時而居上之下，又有時事之責任者，不亦危乎？既而得人共濟，相與有爲，可以行其志矣，故「无咎」。

六五：以陰居陽，本有悔，然爲離之主，所處得中，則可以亡其悔矣。「厥宗」謂九二，六五賴其輔弼以成治，則二爲五所宗依者也。五有明中之德，能聽於二而行其道，故二之道得行於五而易合焉，爲「厥宗噬膚」之象。五能如此，則君道得而可以濟睽矣，以是而往，何咎之有？

上九：疑六三而不與之應，爲「睽孤」。六三處不得正，而居二陽之間，其跡固可疑矣。上以剛居明極睽極之時，明極則過察而多疑，睽極則猜甚而難合，故有「見豕負塗，載鬼一車」張弧欲射之象。然睽已極矣，時極則當變，事久則自明，故又有「後説之弧，匪寇，婚媾」之象，惟往遇雨則陰陽相合，應六三以成濟睽之功，則「吉」。上九以剛明之才，又當可濟之時，處之以道，則可以成功矣。

蹇 ䷦ 艮下坎上

蹇：利西南，不利東北。利見大人。貞吉。

循平易，不行險，見大人，尚貞正，不特處蹇。當然，治平之世亦宜如此。但卦有此象義，故聖人繫以此辭，彖贊其時用之大，此道理即時中也，即堯傳之舜，舜傳之禹，湯、文、武、周公、孔子也。聖人因卦象義以發胷中之理耳，卦之象義即胷中所具之理也。見險而止，謂之「仁」亦可也；謂之「義」與「禮」亦可也。然曰「知矣哉」，以知之明而守之固，於知爲切知。對愚而言，險在前而不見，與見之不能止，迷於欲而妄動，昏愚之流也。反身修德，處蹇之時，固當如此，而待時以濟蹇，亦必本於此。不能反身修德，安有西南不東北、見大人貞之作用乎？

「往蹇來譽」，初六可謂能諒其時與己之才矣。

六二：居其位而有應，足以行其志矣。不能濟蹇者，才弱也，故聖人許其忠節而惜其不能成功耳。若以聖人處此，則朞月而已可也。六二，謹厚君子也，撥亂世而反之正，非其事也。

九三：剛正之才，迫近於險而憂方甚大，所應所喜又陰柔之才，而遠出己下者也，安能有濟？故聖人但言其爲人所喜與，而未許其成功，諸葛孔明似之。

六四：居陰得正，才不足以濟蹇，連於九三之實，得處之之道也。阨於時勢之難，而未見有成功之機。子家子於魯昭公有類此爻，而子家无可連之人耳。

九五之蹇，非一身之蹇也。四海九州之塗炭，皆己之責也，故謂之「大蹇」。有位有德，故諸賢合力以應，而樂爲之用，惜皆中才，而不足以稱任，使己又在險中，故至此尚不能成功耳。

上六之才，不及九三、六二，而成功反過之者，以處將濟之時，知九五可以有爲而能從也。聖人於蹇之卦爻，至此始以「吉」與之，信乎處世之有難易，而知幾之君子可尚也。

解 ䷧ 坎下震上

解：利西南。无所往，其來復吉。有攸往，夙吉。

「利西南」與「來復吉」「夙吉」，亦是卦有此象義，而「西南」「來復」「夙」皆處解之道也。「西南」「來復」「夙」，皆中道也。看至此，則聖人繫易可一笑，只是此理，逐卦逐爻，因時與事而發之耳。中庸可以盡之。三往居四而入坤，體「利西南」之象也。二居其所而得中，「來復」之象也。卦无「有攸往，夙吉」之象，聖人以義言之，大抵解之後或有未解而尚當解之者，貴於夙耳，不夙則爲害不細也。既解，便當平易安靜，來復其所。漢高入關，約法三章；光武燒棄文書，令反側子得以自安；裴度入蔡州，言蔡人則吾人。皆平易來復之義也。若既解之後，无中生有，過求細小，久爲煩瑣，則難復生矣。

「天地解而雷雨作。雷雨作而百果草木皆甲（拆）〔坼〕」，[一]天地亦解之義也。天地閉塞，賢人隱，則反乎解矣。赦過宥罪，體解之義，法天地好生之德也。天地間，一治一亂，一善一惡，一得一失，皆解之義也。君子省之，使有治无

[一]「百果草木皆甲拆」，文津閣本「拆」作「坼」，據改。雪齋案：經典釋文：「坼，馬、陸作宅。」集釋本亦作「宅」。王引之：坼、宅皆借爲「乇」，「乇」，草木生葉也。

亂，有得无失，有善无惡，則善於用解者矣。

初六之應九四可也，陰陽相應，未得其正，故言善於補過，而未有美詞以與之也。

九二：上應六五，當解之任者也。難之未解，以小人害之也。有以去之，即得中直之道矣。二可謂无愧於委任者矣。

六三：「負且乘，致寇至」，寇之至也，三之致也。天乎？人也。亦何尤也？

九四：解去小人，則能反正而有君子之志向矣。朋不至，而相孚者未之有也。

六五之君子，惟有解則吉也。所當解者，信小人而用之也。聖人懼五爲羣小所惑，而任九二之不專，故特戒之於九二，則以去羣陰而許其得中直；於六五則欲去羣陰之惑亂，可謂丁寧切至矣。五柔暗之主，難於任君子而易於信小人，若陽剛，則无事於戒矣。

上六：處卦之終，備解之道也。當解之極，則解之易也，可謂藏其用而以時發之也。據上六之才德，未能如此，蓋其處終，則養之有素。當害之將解，而衆皆欲解之，故成功之易也。

損䷨ʼ 兑下艮上

損：有孚。元吉，无咎。可貞。利有攸往。曷之用二簋，可用享。

損而有孚，如茅茨、土堦、菲飲食、惡衣服、卑宮室，損之事也；忘勢禮賢，役己利物，亦損之義也。損所當損而皆出於誠心，則盛德至善，可大可久，施之天下國家，无所往而不當矣。二簋用享，以祭之一事當損者而言，亦凶年用下牲之義也。「損下益上，其道上行」，乃上自伐其本根，不自知其爲損而反以爲益矣。鹿臺之財，鉅橋之粟，乃所以速其亡也，損何大焉？猶曰「其道上行」，在下者不可謂非事上之道焉，此君民之義也。聖人一繫詞而警戒之切，名義之嚴，盡之矣。然悦而止，則自足自息，亦損之義也。卦之得名，以上下之體相遇而言詞則直，言損之義也。「二簋應有時，損剛益柔有時，損益盈虛，與時偕行」，有孚也。君子損益，非有意也，循天理而已矣。

「懲忿窒慾」，謂之損可也，謂之益亦可也。聖人特以克己而言，則理之復者非益乎？消一分人欲，則長一分天理。

初九所當益者，六四也。「巳（祀）事遄往」，盡己之誠以益之也。然有上下之分，陰陽之別，説止之體焉，故戒以「酌損之」，此處己處人之道也。

九二所不足者，貞也。又説體而易有過動之失，故「利貞」，而戒其「征凶」。固守其貞，即可以成人之善；若失己徇人，則相率而陷於惡矣。

六三之損所以爲益，免於雜亂而成其相應之專。在人事，固有如此者。

六四之疾多矣，初九乃已疾之藥石也。聖人於初九微示以不可則止之意，於六四則欲其虛心求善，痛自遷改，而與道同歸矣。君之所當賓者，善也。當損下益上之時，人固欲以善進矣。而五又虛中以應之，則進善无窮而其益无方矣。

上九「弗損，益之」，得居上益下之體也，非小補之益，而人之應之者衆矣，故象曰：「大得志也。」

益䷩　震下巽上

益：利有攸往。利涉大川。

益之道，「損上益下，民説无疆，自上下下，其道大光」，以此大光之道而得民説之无疆，何所往而不利，何險之不可濟乎？二五中正之道，固可以有慶矣。中正之道，大光之道也。「木道乃行」，程子作「益，道理或然也」。動而不以巽，躁於動者也，有損而已；動而巽，所以日進於无疆也。「天施地生，其益无方」，上之益下，亦猶是也。「凡益之道，與時偕行」，則益之所施當其可矣。先王益下，井田，學校，封建，肉刑，舉一世而甄陶之，功業之盛，上下與天地同流，豈小補之哉？

「見善則遷」，進善无窮；「有過則改」，可至於无過。此作聖之功也。

初九：　當益下之時，受上之益厚矣。不爲大作，不足以報之上之益，初亦欲其大作也，故曰「利用」。陽剛之才，亦足以「爲大作」而致「元吉」矣。

六二：　居中而有應，上之益下，必自益。賢以及之，共天位，治天職，食天禄。而及於二者，自不能已，而二亦弗克辭之也。爻位皆陰，或不能固守而少誠實也，故戒以「永貞吉」。守正而不爲富貴所淫，則吉也。曰「王用享于帝，吉」，盡誠心以事上而不有其身，則吉也。

六三：　不中不正，當益下之時，受上之益者，凶事也。上之益下：窮乏者，周給之；賢能者，任使之；不肖者，懲戒之。聖人无棄物，王者重絶人，豈可遽棄六三而不求其遷改乎？若三格，則承之庸之；否則，威之矣。三處動體之極，非止於惡而不進者也，故得「无咎」。又期以「有孚，中行」，望其所得者深矣。告公必用圭，公始信之。三之所以告公而得其信，在「有孚，中行」而已。

六四：　居上之下，所不足者亦「中行」也。行未得中，而能盡益下之道，未之有也，故戒以中行，則告公以益下之志，而公從之矣。卦爻之義，有因其所不能而戒之者，有據其所已能而與之者，有慮其所必至而防之者，有即其所可至而勉之者。國依於民者也，中行益下，得民之心而用以遷國，則民无不從。大王遷岐而民從之如歸市，即其事也。國未必皆遷，特即得民心而可以有爲言之耳。

九五：　以有孚惠下，則下以有孚而惠上以德矣，未有上好仁而下不好義者也。五之益下，有德有位有時矣。戴之爲元后，親之如父母，其生也榮，其死也哀，皆「有孚惠我德」之義也。初與二、三，受上之益者也；四、五，益下者也。

上九：　居卦之上，處益之極，而未有益下之任，乃自益者也。若以道義自益，則安貧樂道之逸民也。聖人用以戒貪，人故以爲求自豐殖之賤夫而斥之也。「立心勿恒」，喪其所守，其義「凶」也。

夬䷪ 乾下兑上

夬：揚于王庭，孚號有厲。告自邑，不利即戎，利有攸往。

「揚于王庭，孚號」，「告自邑」，「不即戎」，「有攸往」，皆夬之用也。「健而説，決而和」，夬之德也。「柔乘五剛」，治亂安危基於此矣，安得不「揚于王庭」乎？斯時也，君子不特以去就決之，如貴戚之臣與國同休戚者，雖死生以之，亦不爲過。「孚號有厲」，必盡吾決之誠與決之道也，成敗不必論，而其道可謂光明矣。不告自邑而徒即戎，小人得以藉口，而君子反爲所制，自速其窮而已矣。「剛長乃終」，時則可決，而幾不可以自失也。唐之五王昧於此義，相繼就死，而宗社之危幾不救，可爲鑒也。陳蕃、竇武則又下於此者。

「施禄及下」，當賞而賞，无所吝也，取其流通潤澤之義。「居德則忌」，取其淵深廣大之義。忌，敬之意也。敬，德之興；不敬，則德不可居矣。

初九：「壯于前趾，往不勝」，咎也。在下不當進者而進，又先之以疎遠未信之小臣，欲去君側之惡而又先焉。躁動之甚也，安能有濟？

九二：有能決之才，有能決之德，「終日乾乾，夕惕若」之心也。謹慎周密之至，而眞可以當決之任矣。意外之患，不足慮也。

九三：過剛不中，以決小人，是用壯而見於頄凶之義，而非君子決所當決之道也。「君子夬夬」，決其所當決而已，行其所无事而吾无加惡焉，「健而説，決而和」是也。三若得此道焉，則善用其決矣。雖合於上六之小人，如「獨行遇雨，若濡」，終則知其可愠而愠之，亦无咎矣，此因其所不足而戒之也。

「臀无膚」，不決則不安。「行次且」，往決則不進，持兩端以觀望，公私交戰之機也。何以至此？以九居四而處説體，失其陽剛之德，致悔之道也。若捧挽衆陽，合力以決，則可以亡其悔，而又不以爲然焉。處天下事，智、仁、勇三德，缺一不可。四之所以卒失也。

九五：切近上六，乃其所親昵者也。若但知小人之當去，忘私順道，決其所當決，不以私昵之故而失其果斷之德，則合於中行而无咎矣。下而衆陽處之，各盡其道，則上六「无號」，終有凶矣。若知其窮極變爲君子，而以國與民爲心，則聖人未嘗不與也。

姤 ䷫ 巽下乾上

姤：女壯，勿用取女。

以一小人敢於犯天下之公議，與衆君子敵，則壯之甚也。君子宜謹於防慮，而求所以遠之焉。一陰猶可制之，故言「勿用取女」。若至二陰生，則有遯而已矣。一陰生爲姤，一陽生爲復，主客之義也。三陰生，則成否，始於用娶也。四陰生，則爲觀，變其名義以抑揚之。剥之君子得輿，亦此義也。雖世運之常，亦有可回之理，而轉移之機在我矣。「天地相遇，品物咸章」，天地之常道，遇而已。「剛遇中正，天下大行」，聖人德與位遇，而化行於天下矣。盈天地間皆遇之義也，而聖人制以相遇之禮焉。如五品人倫之相與，一事一物之裁制，君子遇之以道，小人遇之以非道，富貴貧賤死生患難之在人，亦遇也，而亦有遇之之道焉。非其道則妄而已矣。遇之之道，所以已天下之亂也。

「施命誥四方」，取其風行天下之義也。

初六：「繫于金柅，貞吉。有所往見，凶。」聖人不以小人不可變而絶望於善焉，故啟反正之機在君子，不可以惡未著而易之，故警之以「羸豕孚蹢躅」。張東之以武三思爲几上肉，而卒爲其所害，昧於「羸豕蹢躅」之訓也。

二處初之上，初之惡尚微，二猶可以制之，而使不得以肆其毒。二剛而得中，善於處初者也。而初在其所處之下，故聖人深以制初之惡望之焉。

九三：　過剛不中，下无所遇，故「臀无膚」，上无所遇，故「其行次且」，孤立无助，故「厲」。遠於污邪，故「无大咎」。言「无大咎」，則小出入有之，由於過剛不中也。若以剛中而无所遇，則爲幽人之貞矣。

自九二視初六，則爲害治之邪而欲其遠之；自九四視初六，則爲所御之民而欲其近之。易，惟變所適，而不可爲典要如此。若取名卦之義，則四近五而居不得正，下應柔邪，罪莫大焉。不取此者，居上位而澤不下究，使民轉而望救於他人，亦足以爲世戒矣。

九五：　有德有位，治初六之柔邪若甚易也，而聖人特慎之而欲「含章」焉。蓋小人變詐百出，而易以惑衆，淺謀躁動爲所窺見，則乘間抵隙，眩人之耳目，亂人之心志，而使莫知適從矣。惟時其動，勿使有妄；密其機，勿使或露，則處得其道而治可以常保矣。

上九：　過剛而居卦之上，「角」之象也。知剛而不知柔，視中和之德遠矣，而莫與羣焉，「吝」之道也。然剛善也，終不爲欲所動，故「无咎」。

萃 ䷬ 坤下兑上

萃：　亨，王假有廟。利見大人，亨。利貞，用大牲吉。利有攸往。

此順而彼説，剛中而有應，皆聚之義也。若未順而得説，非剛中而致應，則聚不以道矣。「王假有廟」，王者聚道之大，而亦所以聚天下也。「利見大人，亨」，非有君長臨之，則不能相正以生矣，而何以致亨通？聚不以正，則苟合而，豈聚之道哉？聚之時用大牲，有所往，皆理之正，故爲「順天命」也。豐年用上牲，得其所聚，仁之愛之之道不可已也。天地萬物之情，聚而已。天施地生，乾坤交泰，聚之義也。五品人倫，恩義相篤，亦聚之義也。飛潛動植，類聚羣分，亦聚之義也。盈天地之間者，聚而已，但以道則得，非道則失。升降消長，治亂安危，胥此焉。基膺宰治之責者，默識而操之以道，可也。「除戎器，戒不虞」，乃處聚之一道，而致其常聚也。兵，非聖人之得已而爲，德化之輔，不可廢也。處萃之道，知、仁、勇三德缺一不可。

初六：知及之而仁不能守，故「有孚不終，乃亂乃萃」。初之本心，不自昧而萃，非其所在，初終不能以自安也，故又號呼，而爲衆所笑。惟「勿恤」流俗，往從正應，則「无咎」。大抵聚之時，易至於苟聚，或以遠近，或以難易，或制於强力而不能自振，君子審於逆順公私而已矣。馬援捨公孫而就光武，萃之正也；張瑛從宦官而攻陳竇，其失甚矣；臧洪不憚殺身而應張超，得「往无咎」之義矣。

六二：應九五而雜於二陰，必「引吉」乃得「无咎」。「引」謂心懸於五而有以感招之也，感招之道誠而已矣，故又曰「孚乃利用禴」。禴，祭之儉薄之義，盡其誠則雖儀物不足而可以通其志於五矣。人臣有孤忠，爲讒慝所間，而君或未諒者，惟積誠以感之而已矣。

三所乘者二，而二則萃於五矣。所比者四，而四則萃於初矣。己以不中不正，人莫與萃。求萃不得，則「嗟如」而已，亦何所利哉？惟往從上六，求與之萃，則「无咎」。上雖非陽，當萃之時，固有以類相聚者，所應之義可畧也。雖與上六兩陰相聚，亦无大益，差勝於无所與聚而已，故「小吝」。三惟不中正，故「嗟如」。若以剛陽之德處斯時，則爲獨立不懼，而五與二之外皆不屑與之相萃也。

九四：處位不當，必「大吉」始得「无咎」，非大吉不足以補過。人臣有進不以正，而位非所當得者，必攄忠誠以大建明，始可以掩前愆矣。

九五：以剛陽當萃之時，而居尊位，德可以稱其位，固「无咎」矣；或有未孚，則亦修其元之德而已。元爲四德之首，君德也。君子體仁，足以長人。元之德至於常永貞固，則君德備而萬邦作孚，悔可以亡矣。悔謂德未盛而人未孚也，謂其「志未光」也。蓋兌體柔説，而非純粹於剛陽中正者也。

上六：無應，處萃之終，衆之萃皆已定矣，而己无所萃。人之云「亡邦國，殄瘁」之時也，故始焉「齎諮」而終至於「涕洟」，不能一朝自安也。其求萃之心切矣，故「无咎」。杕杜之詩近之，故曰：「彼君子兮，逝肯適我？」求之可謂誠矣。君欲得臣以用其道，臣欲資君而行其義。朋友之以道德相須，皆此義也。

升☷☴　巽下坤上

升：元亨。用見大人，勿恤。南征吉。

「柔以時升」，升也。「地中生木」，亦升也。「巽而順」，亦升也。「巽而順」則德尊業廣，日進未已，亦升之義也。若自賢自用，過於高亢，日下而已，安能升？升之時，向治之時也。巽順於理以制事變，則所以應天下之故，而圖於幾微者，亦精且密矣。有剛中之臣而得柔中之君以應之，皆致元亨之道也。六五應九二，有見大人之象，如卦之才，以見大人相與大有爲，則何處不遂，何行不得？故「南征吉」。成湯三聘伊尹，十一征而无敵於天下，先主三顧孔明而成霸業，用此道也。

順修其德，而積小以成高大，士希賢，賢希聖，亦升之義也。

初六：居二陽之下。九二上應六五，剛而得中；九三居下之上，剛而得正，其心皆欲以人事君也。初六有巽德，而與同體，其志相合，故「允升，大吉」。

九二：輔六五以致升者也。九三剛而得正，六四柔而得正，一時之賢俊而履己之上。二雖剛中，然以陽居陰而得善，猶有可議焉。若疑忌之心生，則於開誠心、廣忠益之道有未盡，而五亦疎之矣，故盡其誠心，則雖儀物不足而可以達其志於五矣。

九三：以剛正之才居下之上，前臨於坤，无所疑礙，得升而行其志，可謂才與時合矣。

六四：坤體而有順德。「王用亨于岐山」，用其誠而已。用其誠以輔君，順人臣之道以爲其所事也。不言升者，六四近君，位已高矣。患於尸位而无以報稱，故勉之以誠。

六五：以陰居尊，所不足者貞也，故言能貞則吉，而如升階之易。五之所升，世底於極治也。惇典、庸禮、命德、討罪，本於天命人心之正而已，无與焉，貞之義也。能如此，則世臻隆平，而君道盡矣，故「大得志」。

上六：「冥升」，孜孜於爲惡而惟日不足也。聖人設言以誘其入善，言以此惟日不足之心而用之於貞，則爲君子矣。其啟人遷善之意至矣。以陰柔居升極，馴習爲苟賤，流爲污穢，患得患失，无所不至。於君德民生，則忘之久矣。才一也，用之以爲惡則惡无不至，用之以爲善則善亦無不至矣。上六得至於升之極，非无才者也，用其才於爲惡而已，故聖人勉以「不息之貞」。

升六四「王用亨于岐山，吉，无咎」，象曰：「『王用亨于岐山』，順事也。」王，大王也。六四居上卦之下，坤爲土，爲有土諸侯之象，正大王之謂也。坤之德爲順，上順天命，下順人心。邠人從遷于岐山，國勢亨通，而日升於强大，王業肇基，正大王之事業也，故「吉」而且「无咎」。事固有吉而不免於咎者，亦有无咎而未能吉者。王業肇基，國勢昌，「大吉」也；順天命人心而非有覬覦之私，則「无咎」也。孔子恐人疑「大王亨于岐山」有僥倖苟得之心，故發明其義曰：「順事也。」「順」之一字，足以破千古之惑，與隨上六相類。彼爲文王之事，三分天下有其二，以服事殷，隨道之極也。出羑里之囚，則誕受天命，亨于西山也。象言「上窮」者，窮極而後亨也。西山盡周西土而言，氣象故大於岐山矣。本義之誤自見。

困 ䷮ 坎下兑上

困：亨。貞大人吉，无咎。有言不信。

「困，亨。」「險以說，困而不喪其所守」，是身困而道則亨。處困之正理，君子之能事，固可以得「吉」而「无咎」。若隕獲於困阨，僥倖以求免，則失其所以處之之道，而咎多矣。含蓄晦默，静以待之，不可尚口，益取困窮。方在困中，一身一心不爲所信，而況於言乎？有言，適所以招尤取辱也。兑爲口舌，巧言求免，以冀苟脱，豈處困之道哉？故又以「尚口」爲戒。困之時，非實有所見，實有所得，不能處也。聖人安土敦仁而皆自得，賢者决於義命而可泰然，實有所見，實有所得，則言語動止死生，處之如一。盡言語之道則能盡動止之道，盡動止之道則能盡死生之道。言語、動止、死生，皆理之常。事有大小，道无二致，見其爲一，則能與天地萬物同流而无所謂困矣。

「致命遂志」，則不但處困能亨，處死亦亨矣。

初六：當困之時，上无所庇，下不能以自安，「臀困於株木」之象也。昧所以自處之道，「入于幽谷，三歲不覿」之象也。不能自安，人品之卑也；昧自處之道，識見之暗也。如初六者，未足與之處困也。

酒食，人之所欲。九二有剛中之德，可欲之善也。當困之時，反以此可欲之善而自困焉。大凡有德之君子，必以國與民爲心，而憂時慨世之心爲獨切，欲轉移之則又勢方殷盛，力所未能，而心不能以自已，適見其困而已矣。藴仁義之道，懷經濟之術，躋一世於平康者，捨斯人无與歸。上之人方委以拯困之責任，而「朱紱方來」矣，惟盡我之誠，一念忠貞，可以感神明而无間，察其機會而徐處之，乃爲利也。若遽欲征行，則時方甚難，而反凶矣。九五爲困之主，未能出困而有「劓刖」之傷；在九二則主憂臣辱、主辱臣死之時也，故雖「凶」而於義則「无咎」矣。當困之時，君子固爲小人所困，而亦思所以去小人矣。

六三：不中不正，處九四之下而不能動乎四，「困于石」也。履九二之上而不能自安，「據于蒺藜」也。上有難動之人，下无自安之地，則死亡无日矣，故「入于其宫，不見其妻，凶」。

初六，九四之正應。初六方困於下，九四處位不當，不能濟物，又爲九二所間，而濟之緩，在九四亦可吝矣。春秋之法，救而書，次則爲貶。畏於强梗而爲義不果，「來徐徐」，吝之道也。齊桓公一爲陽穀之會，楚人滅黄而不能救，處位不當，不能濟物之義也。九四説體，恤小事大，睦以與人之意多，雖履險之上而已出於險之外，故終有濟於初六。惜齊桓不能自强而无終也。

九五：上爲柔所掩，下爲剛所挾，是上下俱傷矣。「赤紱」，賞德之服也。以赤紱賞柔説之邪，而使履己之上，賞不中正之剛而使之迫近於己，賞之未當，故上下俱傷，「困於赤紱」也。善惡在人，未有久而不定者也，況五有中直之德，故久則得其道，而可以濟天下之困而志遂矣，「乃徐有説」之義。賞善去惡，以拯一世之困，誠而已，未有誠而不動者也，未有誠而弗能成功也，故「利用祭祀」，則可以獲福矣。人君之福在天下，免於困阨而躋於康泰也。五何以未盡道待勉乎？亦萃「有位」、「未光」之義也。

上六：「困于葛藟」，纏綿不能脱之義也。「于臲卼」，則動輒顛危而不可動也。處説之上，暗之甚，而又當困極之時也。妄説昏暗，困其所失，而固拯則有可濟之幾，曰「更端」之辭。故更端而告之曰：若於動而有悔之時，即能悔其既往之失而勉於善，則行合於道而得吉矣。悔自凶而向吉，故有獲吉之理。

周易辨録卷四

井䷯ 巽下坎上

井：改邑不改井，无喪无得。往來井井，汔至，亦未繘井，羸其瓶，凶。

君子立身，可貴可賤，可榮可辱，可生可殺，而不可使爲不義，進則澤被於生民，退則道傳於來世，「改邑不改井，无喪无得。往來井井」之義也。若中道而廢，則前功盡棄，凶矣。九卦言井德之地，「改邑不改井，无喪无得」之義也；井不動而及物，則「往來井井」之義也。又謂井以辨義，則井之能事也，於井卦見立身之義，蓋成己成物之道也。

「木上有水」，汲而上行，井之象也。勞來斯民，而「勸相」之「相」，左右之義，皆養民之道也。

初六：以陰居下，既无陽剛之泉，自无及物之功，非世故捨初，而在初无可用之才之德也。地風爲升，初六則「允升大吉」。水風爲井，初六則「舊井无禽」，何也？蓋升之時，主於上進之義，九二、九三皆得時行道之君子，初固可藉之以允升矣。井之義主於自立，而九二、九三之君子已不爲世用矣，而況初之久下於人者乎？又升之德巽而順，善之善者；井則巽而險，柔而害物之義也。諸賢生於其時，則難乎其效力矣。聖人卦辭取其大者，而不及於此。

九二：有剛中之德，上无應與，下比初六，爲「井谷射鮒」之象。谷初之象，鮒谷之所有也。泉下谷，則注於鮒而置之无用之地矣。「甕敝漏」，亦取此義。

九三：剛而得正，「井渫」之象，而不爲人所食者。所應者无位之陰爻，又處險之極，則陰險之意多，三未可以得志也。若三者孰不望其興道致治哉？故「爲我心惻」而「可用汲」。若明王在上，則三可得志而天下並受其福矣。九三，伊尹、太公之儔也，有商湯、周文則功被於一世矣。

六四：「井甃」之象，可以「无咎」而已。水生於陽者也，陰柔則无泉矣。居陰得正，則自修飾而爲謹厚之類耳。匡世之略，非其所有。

九五：陽剛中正以居尊位，澤被生民而志行矣，是「井洌寒泉」而爲人所食也，亦可謂善矣。而无美詞以發揚之，何也？或者以其爲險之主，君子未必樂爲用，而五有自賢自用之小乎？若五者好臣其所教，而不好臣其所受教者也。不然，則九三不「心惻」、九二不「射鮒」，衆賢和於朝，萬物和於野，德業之盛，上下與天地同流矣。豈區區一己之寒泉而爲人所食乎？

上六：陰柔，本非泉也。然居井之上，則井之口，泉在下矣。上又恒開不掩，爲「井收勿幕」之象。德澤及物而无間之義也，故「有孚元吉」。井道之成，視九五則遠過之。

革 ䷰ 離下兌上

革：巳日乃孚，元亨。利貞。悔亡。

樂因循而憚改革，苟目前而忘遠大，衆人之情也，故「巳日乃孚」。人心既孚，隨其推放，无所不準，一時之敷理可爲永久之宏規，而大亨通矣。人之變革，不无違道干譽、拂人從己之失，故利於正，則可以亡悔。聖王因時立政，順天命之正，合人心之公，而行其所无事也，夫豈容私於其間哉？有以時之弊而理其時者，有以法之弊而更其法者，皆革之大要也。內有文明之德，則在己所以察之者精；外有和説之氣，則在人所以從之者易，革之所以能貞致亨，而得人心之孚矣。「天地革而四時成」，天地，革之大德也。「湯武革命，順乎天而應乎人」，湯武，革之大用也。聖人序書則録湯武誓師之辭，繫易則贊其爲順天應人，拯一時之屯溺，古今之通義也。稱夷齊爲求仁而得仁，存君臣之義，立萬世之防，天地之常經也。

他事有因有革，惟治曆明時，則專於革而已。治曆所以明時，明時所以子民也。天之立君所以爲民，欲以一人理天下而勞之，非以天下奉一人而逸之矣。聖王裁成天地之道，輔相天地之宜，皆治曆、明時之大用，而所以左右斯民也。

初九：居革之初，上无正應，其時其勢，皆未可革，當以中順自守，而不可以有爲也。守常不革，則爲中順；否則非中非順矣。

六二：文明之主，有應於上，有能革之德，而又有當革之權，則可革矣。必「巳日乃革」，則（往）〔征〕吉〔一〕而无咎。「巳日乃革」，徐察詳審，而使動无不當，非時當革而姑緩之也。若事爲民害，或係國安危，當如救焚拯溺，不暇食以革之矣。姑緩之説，爲害不細。

九三：居離之極，過剛不中。離極則過察，剛極則過動，以是而革，則「征凶」，雖事爲當革而處之不善，亦危矣。必三令五申以明己之志，則可以有孚矣。九三，德之衰也，固不能无言，而使人自信也。盤庚遷都，心本爲民而民不從，至勤三篇誥命，始能有濟，「革言三就有孚」之謂也。大凡忠信不足而尚辭命，衰世之意也。

九四：近五贊五，以改革之命播諸下。又剛柔不偏，善處乎革之道也。事當革而未革則有悔，善處而革之，則悔可亡，人信其改命而得吉矣。陸贄爲唐德宗作奉天詔書，山東父老爲之感泣，「有孚改命」之謂也。

九五：以陽剛中正之德，當革之時而居尊位，下有六二文明中正之臣以應之，同寅協恭，建制立法，以革天下而至於禮樂興也。文章制度，炳乎一世，革道大成，不待占而有孚矣。

上六：處革之極，君子至於豹變而其文蔚然，小人革面而順以從君，皆己有以致之也。若以聖人處之，則必世而仁矣。上六，陰柔之才，固不能變小人之心，其力之所至、効之所應，止於如此而已。安其如此而已，等而上之功業以俟能者，則正而吉。若過於有爲，則不量其力，徒取煩擾而得凶矣。

〔一〕「則（往）〔征〕吉」，文津閣本「往」作「征」，據改。

鼎䷱ 巽下離上

鼎：元吉。亨。

卦之體，鼎之象也。「以木巽火，亨飪」，鼎之用也。「聖人亨以享上帝，而大亨以養聖賢」，事天之仁，養賢之禮，具於此。「巽而耳目聰明」，則察事理之幾而制之以道也。「柔進而上行，得中而應乎剛」，以離明得中之君而下應九二之賢，則上下之相與而都俞吁咈者，皆以道焉。所以致元亨也，正位表正之義也。履尊位而有以表正天下，則天命凝固而可以常主器矣。

初六：居鼎之下，鼎趾之象也。上應九四，則趾上而鼎顛矣。鼎之初，未有美實，所有者否惡之積耳。因其顛而出之，則爲利矣。在四以上顛之，則爲大惡；在初顛之，則爲成功。初知有顛，而不知有出否，出否得於意外之幸也。鼎之否，亦不待必顛而後可出，未顛亦可以出之。一有顛，則所損者多矣。聖人特據其象而示人以既顛之後所處之道也。事固有因敗以爲功，以不幸而反爲大幸。「殷憂啓聖」、「多難興邦」者類如此，「得妾以其子」亦然。「顛趾」、「得妾」，皆過也。因出否得子，則爲善補過矣。

九二：剛中之德，鼎有實之象也。下比初六，己之仇也。仇者，配耦之義。陰陽相比，配耦之象也。初有邪惡之疾，二能嚴其自守之常，初之疾不能反於二焉。韋忠不就裴頠，康侯之遠秦檜，得此義矣。

九三：以剛正之才，捨五不應，則道不行於當世，「鼎耳革，其行塞」之象也。五爲文明之主，柔而得中，非不能任賢禮士者。三不比應，則過剛不中而失其義矣。道之不行，誰之尤哉？以賈生之才，不能爲漢文所用，而有長沙之行，亦生自處之過也，豈以五之明終有棄於三之剛正哉？三之才終當爲五所用焉，「方雨虧悔」而「終吉」矣。使賈生不死而假之以年，則通達國體之實才，文帝不能捨之矣。

九四：近六五，五之於四，其爵賞之可謂厚矣，委任之可謂專矣，屬望而責成之可謂不淺矣。四不能進賢報國，乃下應初六，引用柔邪以爲善類之禍，以基天下之亂，則上負君德，下負蒼生，誤國誤民之罪，安可逭哉？故「其形渥，凶」。

六五：在鼎爲耳，而有中德，則「黄耳」之象也。下應九二，資此陽剛得中之賢，輔己以盡君道，則爲「黄耳金鉉」矣。五之於二，内之而不外；二之於五，得以己之剛而濟其柔，金鉉貫黄耳，舉移之義也。五於二，當終始委任，而不間以險邪，則爲貞而國與民之利也。五體柔，所不足者貞而已。聖人慮其任君子而有貳焉，故以「利貞」勉之。

上九：爲鼎鉉之象。居五之上，在鼎之終，師保之位，調和鼎鼐，輔養君德之任也。以陽居陰，剛而能柔，「玉鉉」之象。一容顔威儀之感召，而有潛消默奪之機，其功用多矣，故「大吉，无不利」。伊川程先生謂經筵須得范忠宣，其温厚之德，自有感動人主處。

震䷲　震下震上

震：亨。震來虩虩，笑言啞啞，震驚百里，不喪匕鬯。

震，有能動之意，有震驚恐懼之義。能動之亨，以轉移作用之機在我而不在人，則可以得亨矣。震驚恐懼之亨，乃處多凶多懼之地，雖赫然臨之，有死有生，在於頃刻，心不爲少變，志不爲少屈，刀鋸鼎鑊之在前，而平生之所守則自如，亦亨之義也。又内卦爲動，外卦亦爲動，則爲動所當動，而動以天，亦自有得亨之理焉。「危者，安其位者也。亡者，保其存者也。亂者，有其治者也」，此「震來虩虩，笑言啞啞」之義也。雷之震止於百里，震之象爲雷，故以「震驚百里」爲言。震驚百里，震之之勢亦盛矣。而「不喪匕鬯」，君子之心豈以震之遠近而爲所守之難易乎？震有足爲千萬里之驚者，有足爲千萬世之驚者，君子以義理爲主，而吉凶禍福未嘗介念，視其震驚若无與於己也。若戒謹恐懼以保成業者，則又一義焉。商書曰：「兹朕未知獲戾於上下，若將隕于深淵。」湯之所以能爲宗廟社稷之主也。凡諸侯大夫不敢縱逸而能保其國與家者，皆在其中。

「洊雷，震。君子以恐懼修省」，所以體震之義。然君子恐懼修省，不但可以謂其得之於震，謂其得之於六十四卦、三百八十四爻，皆无不可，特於震之義爲切。又「洊雷」，則恐懼修省之心，无時而可間也。

初九：爻詞與卦詞同者，蓋一陽動於二陰之下，卦之所以爲震者，取於初爻之義，而此爻獨得一卦全體之義焉，故其詞无異。聖人之心如天，而筆則如化工焉。天之道因物以付物也，聖人寫其卦爻所具之理而已，无與焉耳。

六二：乘初九之剛，初以剛逼二而動於下，在二則危之甚也。初肆其横逆而動者也，其勢非遂其所欲不自止。二度初之來已必喪其貨貝，「躋于九陵」之上而待之焉。九陵，高之義也。初以剛動，而二以柔制之；初以邪動，而二以正克之。待之之道高出乎初之上，「躋于九陵」之象也。貨悖而入者，亦悖而出。初以非道迫二，而使喪其貝，不能爲己有，而二終當得之，「勿逐，七日得」之象也。卦有六爻，至於七則終而復始，數窮理極之義也。「七日來復」，亦如此。

六三：當震之來，渙散自失，至於蘇蘇焉則奪其心、褫其魄矣。蓋以不中不正，怵於利害，而不能以義理爲主，故至於此。揚子雲之投閣，李梲之膝行，似之。若因震之來，而能行以去其不正，則可以无眚[一]矣。三未必能如此，聖人以疢疾憂患可以堅人之志、熟人之仁，故以此勉之，其啓人遷善之意至矣。

九四：以處不得正之陽，介於不正之二陰之間，己既不能以道義自樹立，而相與處者又不能激發成就而使之歸於正焉，故當震之來，遂不能振奮而至於滯溺焉。陽剛本有爲之才，由處不得正而流爲委靡之甚焉。聖人蓋傷之，而以爲「未光也」。若以正自克，則光明俊偉而可以自奮矣。

六五：以陰柔當震之時而居尊位，則往來皆厲，无適而非厲也。蓋其中无定主，爲震所怵，而不能有以處之也。如宋

[一]「可以无眚」，雪齋案：「眚」，文淵閣本、文津閣本下從「月」。説文段注「眚，引伸爲過誤」。小過上六爻辭云「是謂災眚」，可爲旁證。兹據改。

眞宗澶淵之事，非有寇準、高瓊，則王欽若輩遂定南遷之策，其危甚矣。高宗播蕩伏竄，國勢削弱，而終不能振，又其下者。然處之之道，惟在籌度思慮，不喪其所有之事，則心有定見，事有定處，而可免於往來之厲矣。五所有之事，中是也。中爲人君酬酢斯世之道也，得其道則何震之不可處，而安有危厲之可言乎？若高宗有卧薪嘗膽之志，選賢任能，以復不共戴天之讐，乃其所有之事而大不可喪也。

上六：以陰柔居震之極，故當震之來則「索索」，視則「矍矍」，耳目无所加，手足无所措，惶懼惆悵之甚也，以是而行，則凶可知矣。若於「震不于其躬于其隣」之時而圖之，則「无咎」矣。蓋事先有備，以逸待勞，以静制動，其機在我，而可以處乎震矣。陽動於下，迫近於五而未及於上，亦有「于其隣」「不于其躬」之象。庸人識見昏淺，不能慮遠而憂深，但救之於已然，不能防之於將然，反以智者之思患而預防者爲非，是故不免於婚媾之有言也。

艮 ䷳ 艮下艮上

艮：〔艮〕[一]**其背，不獲其身；行其庭，不見其人，无咎。**

艮，止也。背指所當止之處，而言有無私係之意，亦有無偏向之義，聖人之取象精矣。言人之日用應酬，无巨无細，必求其義理精當之處而止之，絶无私係偏向之意焉，即大學之「止於至善」也。「不獲其身」，不知有己也。庭除，乃有人之處。「行其庭，不見其人」，不知有人也。不知有己焉，不知有人焉，惟知有義理之至當而已，所以得「无咎」也。此即君子「義以爲質」「義以爲尚」「義之與比」之作用也。聖人盡之而神化不測，賢者勉於此而不敢怠，堯、舜、禹、湯、文、武、周公、孔、孟相傳之道也。如孔子之仕止久速，各當其可；孟子於齊王餽兼金不受，於宋、薛則受；禹、稷過門不入，顔子之在

〔一〕「艮」，據艮卦卦辭補。

陋巷，曾子之遠害，子思之死難，此皆「艮其背」之義也。又如「爲人君止於仁，爲人臣止於敬，爲人子止於孝，爲人父止於慈，與國人交止於信」，亦「艮其背」之義。惡知有己，惡知有人，「時止則止、時行則行，動静不失其時」，即「艮其背」之義，其道純乎義理而光明矣。

思而出位，則有私係偏向之意，而非行其所无事也。「艮其背」之義，精矣，遠矣，引而伸之，觸類而長之，天下之理盡於此矣。

初六：「艮其趾」，趾在下，爲初之象，用之以行者也。「艮其趾」，則不行矣。當艮之初，居下无應，宜於守静，則可「无咎」。以陰柔恐其不能固守，故戒其「利永貞」。若動於欲而不終止，則失之矣。

艮以人身取象，趾之上爲腓，則二之象亦用以行者。二中正，宜止而止，「艮其腓」也。三居二之上，陰必隨陽，九三乃二所隨者而過剛不中，二欲拯之而三不退，聽視其所隨之流於惡而不能救，故二之心有不快焉。以在己拯之之道，或有未盡者焉，非以尤人而不快也。凡子不能諫父之過，臣不能止君之欲，朋友之以道義規正而不以爲是，皆此義也。

九三：當限之處，限身上下之際，身因之以屈伸者也。止其限，則不得屈伸而上下判隔，如「列其夤」矣。九三過剛不中，失己失人，動无所成，非自安之道也。

六四：「艮其身」，居陰得正，宜止而止，得處艮之道矣，故「无咎」。四雖得正，而才陰柔，又當艮之時而能自止，可謂量己量時者矣。唐之鄭綮似之。凡不揣其分而拯時之阨，以自取顛覆者，不如六四遠矣。

六五：當輔之處。輔，出言者也。「艮其輔」，則言所當言。而「言有序」，亦可以文身矣，故「悔亡」。若以居尊，言則播綸綍以諭下，而得其當之義也。以言感人，淺事也，僅可以亡其悔，而成功則非所望焉，況言有未善而欲人從之者乎？艮之時，當止之時也。

上九：以陽剛居艮之終，乃終於止而確乎其不可拔，敦厚於止者也。若所守未終而欲動焉，則失之躁妄，非敦厚之道也。貞不絶俗，隱不違親，天子不得臣，諸侯不得友，郭林宗可以當之。

漸䷴ 艮下巽上

漸：女歸，吉。利貞。

漸，進而不遽之義。女歸如是，則吉也。婚禮備而貞女始行，歸以漸之義也。又利於貞，漸歸亦有貞之義焉。獨取於「女歸」者，閨門，萬化之原，廉恥之道，風俗所關，於義尤重。如漸之義而進，女歸則吉也。進而得位，則可以行所學而澤被於下，爲「往有功」也。必人君致敬盡禮而後進，爲進以禮，有漸之義。「進以正」也，進以正則可以正邦矣。若枉己失道，未有能正人者也，而況於正邦乎？擇主量時之義，亦在其中矣。以卦體之有位者言，則九五以剛自下進，居上卦之中，有得中道之象，爲「進得位，往有功」之大者也。「止而巽」，亦進有漸而得正之義也，故動可以不窮，若急迫用壯而進，則未爲得正，動取窮阨而不可以有爲矣。

「居賢德」與「善俗」，必以漸，始能有成，居者有而安之之義。欲德之有於己而與之相安，必優遊厭飫之久而後可得。善風俗，雖王者亦必世而後，仁德盛者固感之必應矣。然欲不識不知，歸其有極而禮樂興，此非積久，曷能有成？當漸之時，凡懷「明德」、「新民」之具者，進而益世，爲理所當然。

初六：在下固爲當進，居止之初，是能以禮義自節而不遽進，進爲有漸，「鴻漸于干」之象也。載贄以出，而其地與人皆未定，則進身之權度在我矣。小子之智，能見近小而不能見遠大，以其上无應與，故以爲危厲而有言焉。不知君子體用之學，豈可絶人逃世而終與鳥獸同羣哉？於君子則无咎矣，若與人以爲厲而有言焉，則其言爲可信。初六宜止，而不宜進矣。

六二：中正而有應，則德與位稱而不爲尸位，禄以功受而不爲素餐，爲「鴻漸于磐，飲食衎衎」之象。而吉如六二者，可謂遇其時矣。

九三：　過剛不中，居止之極。過剛則必躁進，止極則欲速進。不暇擇其所事，而進之不得其所矣，爲「鴻漸于陸」之象。鴻，水鳥，陸地非其所安也。羣類離己而孤立无助，「夫征不復」也；所爲失道而不能有成，「婦孕不育」也。凶莫甚焉，惟利於禦寇。寇者，切害之名，指人之私慾而言。私慾者，心德之害也，故以爲寇。以此極剛而用之於克己，則能拔去病根而且甚速，乃爲利也。聖人欲變三之剛惡而歸之於剛善焉，故以此啓之。

六四：　所乘者過剛不中之九三，爲進之不得其所而未安矣。「鴻漸于木」之象，木非鴻之可安也。然以柔得其正，而又巽體善處乎九三者也，於未得所安之地而有自安之道焉，爲「或得其桷」之象而得「无咎」，四可謂善處乎九三矣。

九五：　陽剛當漸之時而居尊位，爲「鴻漸于陵」之象。以柔中而應剛中，理之正也。九三之邪豈能終間？故「莫之勝」而五得吉矣。九五巽體而道未光，爲「婦三歲不孕」之象。六二己之正應而爲九三所間隔，則二无所用其才而功未建，故遲久而始得所願焉，幾於危矣。若以純粹之剛中正處之，則賢不肖可以立辨而進退之矣，豈待三歲之久哉？

上九：　以陽剛居漸之上，進之極高而出乎人位之上，爲「鴻漸于逵」之象。逵，雲路，言其極高而人不可就焉。斯人也，天子不得臣，諸侯不得友，嚴光、周黨之儔可以當之。其清風高節使聞之者起敬，誠足廉頑而立懦焉，助成人材之盛，風化之美，爲世道之益亦足多矣，有「其羽可用爲儀」之象而「吉」矣。視富貴如浮雲而志超乎萬物之外，孰得而亂其所守哉？

歸妹 ䷵ 兌下震上

歸妹：　征凶，无攸利。

歸妹，爲「天地之大義」者。天地交而萬物興，亦歸妹之義也。有夫婦然後有父子，生死始終之理具於此。无歸妹，安有始？无始，安有終？故歸妹爲「人之終始也」。「説以動」，則動不以道，徇人欲以滅天理，固有凶而无利矣。「位不當」，則「征凶」。天地翻覆，冠履倒置，賢不肖之榮寵擯斥相去遠甚，盈天地間皆非人道矣，至是而欲行，則凶立至矣。「柔乘剛」，則柔用事而剛爲所屈，君子无所利矣，未至如「位不當」之甚也。不有君子，其何能國？小人亦何所利哉？

雷動澤隨，非歸妹。其惟動是隨，而不以道，亦如歸妹之義也。人之所從所與不可不慎，或沉溺其所有，或怵惕於其可畏，變平生之所守而輕從之，則合之不以道而失其義矣。要其終，豈无敝乎？君子所以戒謹恐懼，而不苟於其始也。

初九：陽剛在下，女子賢正而處卑微，「娣」之象也。未有合二姓之好以爲宗廟社稷之主之責焉，而成助乎女君。跛之能履，其履幾何，亦深可惜矣。然道行於女君而有常焉，則女君之能進婦道，即初九之道也，故得「吉」。有開誠心、佈公道、集衆思、廣忠益之意。諸葛孔明，君子未必不樂爲所用，而廖立、李平之徒至於痛哭而奮死焉。

九二：陽剛得中，女子之賢善多矣。上有正應而反陰柔，此德此善將焉用之？眇之能視，其視幾何？衡門、考槃之賢者，高出千古之上，君子尚當企及焉。五雖應二，而道未可以大行。「幽人之貞」，必道行天下而後行之，固不屑於眇之能視也。張華之委身晉惠，雖江左粗安，所成幾何，而竟取殺身之禍，昧於「幽人貞」之戒也。

六三：「歸妹以須」，此輩宜東之高閣，待其既格，然後徐議其任耳。反歸爲娣，李文靖言丁謂：「顧其爲人，可使之在人上乎？」當是時，雖竄逐林莽，亦不爲過，而使其竟成君子之禍，文靖所處亦未盡善。

九四：陽剛在上，而下无應。賢女擇配而不輕從人，爲「愆期」「遲歸」之象，非不歸也，待時而已。若无其時，亦終不歸矣。子貢問有美玉於斯，韞匵而藏諸，求善價而沽諸，子曰：「沽之哉！沽之哉！我待價者也。」伊尹不遇商湯，太公不遇周文，則莘野之耕夫，磻溪之釣叟，終焉而已。

六五：以陰居尊，下應九二之陽，爲「帝乙歸妹，其君之袂不如其娣之袂良」之象。女德至此，盛之至也，爲「月幾望」之象。不曰「望」而曰「幾望」，望則已滿矣。六五虚己下應，非自滿者也。何彼穠矣「棠棣之華，曷不肅雝？王姬之車」，得此義矣。凡君人者，忘其崇高富貴之勢，尊德樂義，虚己下賢，期於成君德而盡君道者，亦此義也。

上六：居歸妹之終而无應者也。「女承筐无實」，女無實，應於士者也；「士刲羊无血」，士无實，求於女者也，亦何所利哉？有道君子老於林下，而時未可爲，則終焉而已。雖然，所不利者天下國家也，在君子則道未嘗不亨，於此心此身无不利矣。孟軻氏於平公似之，而所不利者魯之宗廟社稷也。孟子曰：「天未欲平治天下也。如欲平治，當今之世，捨我其誰？」處之固泰然矣，奚以不利言哉？

豐 ䷶ 離下震上

豐：亨，王假之。勿憂，宜日中。

察之極其精，處之極其當，則「惟動丕應徯志」，爲盛大之勢，亨之道也，家國與天下皆然。若以極大者言，則惟王者可以當之，如舜之「覃敷文德，至於四方風動」，禹之「祇台德先，不距朕行，至於東漸、西被、朔南」，暨此亨之極也，故曰「『王假之』，尚大也」。盛極則衰，氣運之常，聖人以天自處，則有回氣運之道焉，故勉之以「勿憂，宜日中」也。宜日中，宜守中道之義也。日中則照无不偏；未中與過中，照或有不及者焉。聖人以仁義禮樂化天下，舉一世而甄陶之，通其變使民不倦，神而化之使民宜之，則何盛極之衰之可憂哉？故曰「『宜日中』，宜照天下也」。日中則昃而夕矣，月盈則食而缺矣，天地盈虛，且與時消息，而有盛有衰矣，況於人，況於鬼神而可无盛衰乎？天地之盈虛消息，以其有常者而言也，如五百年元氣積厚生聖人而成治化，則盈而息也，自此則漸虛而消矣。鬼神則自其屈伸往來、變化不測者而言，如熱極則風生，亢極則雨生，滂極則陽生，凡一日之間，陰晴不常，變態不測，此皆鬼神之理也。只以連日雨觀之，熱氣盛則雨之候，雨驟則又不能久。人之一身之老少及家國天下之廢興存亡，則又易見者也。君子盡其在人者而已，本於天者則順受之。

「雷電皆至」，亦豐之象也。「折獄致刑」，取於雷電威照之義。非威則照无所用，而適足以長奸慝；非照則威爲暴虐，而或至於殺无辜。

初九：「遇其配主，雖旬无咎」，陽與陽本不相應，初九爲離之體，有明者也；九四爲震之主，能動者也。非九四則初九无所用其明焉，非初九則九四无以措其動焉。「配主」謂其才德與己相配而可相主矣。雖旬則无咎焉，相與往則足以成功矣，故「可尚」也。古人有謀斷相資者，類於此。

六二：得中得正，爲離之主，有明德之君子，可以益國與民者也。六五當豐之時，以陰柔居尊位，沉溺於富貴崇高，則昏暗之甚者也。六二有明德而五不能用，爲「豐其蔀」，厚其障蔽而明不得外見也。「日中」，明也；「見斗」，則夜而昏矣，己則明而遇人之昏之象也。五何以至此哉？晏安之溺人，或剛立者不能保其有終，而況柔懦者乎？以唐玄宗之才智討平韋、武之亂，委任姚崇、宋璟以致富庶，開元之際可謂豐矣；内耽女寵，外信小人，十九年養成天下之亂，竄身巴蜀，幾至亡國，此其明驗也。張九齡以直言往而遂得罪，其「疑疾」不亦甚乎？惟當積其至誠以感動之，則可以得吉。至誠而不動者，未之有也。誠之至，則可以發其志而有轉移之理焉。周公之於成王是也，故曰「我之弗辟，我无以告我先王」。公可謂極於忠誠矣，故風雷彰變而成王至於感泣焉。誠之至與不至則責之二，五之悟與不悟則委之天。

九三：「豐其沛，日中見沬」，亦以明德而遇昏暗之時之象也。沬，小星。見沬則暗之甚矣。右肱，便於作用者也。「『折其右肱』，終不可用也。」九三剛正離體，有明德而不爲世所用，爲「折其右肱」之象。君子用則行其道於天下，不用則奉身而隱於丘園，有何不可？若三者明足以察乎事之幾，剛足以致其退之速，故「无咎」。

九四：近六五者，六二應六五者，故取象同。「豐其蔀，日中見斗」，六五爲之也。「遇其夷主」，與初應也。夷，等夷也。初以四爲配主，四以初爲夷主，相下相資而期以行其志也。初在下，未敢以成功望於初，故但言「往有尚」。若四得初之明以施其動，有旋乾轉坤之功焉，故得「吉」。豐之時，多賢才焉。初九、九三皆剛而得正，九四以剛居柔而動不躁，六二以柔得中正而爲明之主，其志其才皆一時成章之士也。

六五：若能來而致之，布諸列位，使輔己盡君道以答天休焉，則爲善守成業之主，「有慶譽」而「吉」矣。五陰柔其才，未必能若是焉。聖人以世未嘗无君子，憫其柔暗而不能用，則无以保豐大之業，故設此以啓之。其垂教萬世之意深矣。或五居動體，亦有可轉移之理焉。

上六：　以陰柔居豐之極，是憸夫壬人志於富貴而自封殖其家者也，爲「豐其屋，蔀其家」之象。　斯人也，於事之是非，人之賢否，則懵乎其无見焉，爲「闚其户，闃其无人，三歲不覿」之象焉。　户非无人，以昏暗之甚而不能見也。　小人亡身殖貨，上而攘奪於君，下而刻剥於民。　周之皇父作都于向，擇三有事亶侯，多藏擇有車馬以居徂向，而周遂以亡，豈特小人一身一家之凶而已哉？

旅 ䷷ 艮下離上

旅：　小亨。　旅貞吉。

山上有火，旅之象也。　止而相離，亦旅之義也。　六五以柔得中於外，而順乎上下之二陽，善用柔道，而又得剛陽以依之，止而麗於明，於所止之處而用明德焉，此皆處旅之正道。　旅之所以「小亨」而得「吉」，由於此也。　此即「旅之時義」也。時義若此之大，以羈旅之際，故但可以致「小亨」。　周襄王出居于鄭，自謂「不穀」「不德」，而藉晉侯以復國，得處旅之道矣。昭公不聽子家之言，而客死於乾侯，失而又失也。　是道也，用之以處夷狄、患難，皆无不可。

「折獄致刑」，取「山上有火」，照能及遠之義。　「不留獄」，則去而不有之義也。　賁之火在山下，明不及遠，故但「明庶政」而「无敢折獄」；　則旅之火在山上者，自有「折獄致刑」之用焉。

初六：　當旅之時，以陰柔處下，旅之最下者也。　其志瑣瑣然計錙銖之利，失人心而自取窮極災也。　當旅之時，所賴以安身者次舍也，所賴以裕用者資財也，所賴以給役者童僕之貞也，三者皆旅之不可无者也。

六二：　柔順中正，善處乎旅者也。　其才其德皆可以致此，吉不待言而可知矣。　旅焚其次，則處身者无其所矣；　喪其童僕之貞，則給役者无其人矣。

九三：　過剛不中，居下之上，驕亢而不能下人，人莫與以相親，不能一朝存其身者也，危莫甚焉。　三近於離，故取焚次之象。

九四：「旅于處」，未得旅之次舍也。以其陽而居陰也，以陽居陰則剛而能柔。處上之下，則上而能下。剛而能柔，上而能下，則防身有其具，而災不及焉，是於「于處」之地而得所資以防身之斧也。然所乘者，過剛不中之九三，又與己異體而不相得焉。所應者「瑣瑣」、「取災」之初六，未可相與以有爲焉。若四者僅可藉之以免禍而已，故其心有不快也。子家子不能於意如之强戾，叔孫、昭子之才又不能爲己之助，知有亡而已矣，此爻似之。

六五：爲離之主，有文明之德，雉之象也。以柔處旅之時，而又居非其正，則事多委曲，求濟而未有直遂之意焉。有文明之德而少直遂之意，爲「射雉，一矢亡」之象也。德以文明爲大，五具此，則所善者多矣，故「終以譽命」，爲上所聞，五可謂得而有失、失而終得者也。

上九：處旅之上，離爲雉鳥之巢也，高而不下，失其所與而无以自安，爲「鳥焚其巢」之象。在旅人則方自以爲得也，而終至於无以容其身，「先笑」而「後號咷」也。易，輕易也。離性躁動，故以輕易而喪其順德焉。輕易與順德自相反，有此則彼喪矣。順德喪，則焚巢號咷固不免矣。上可謂自取災咎者矣。

巽 ䷸ 巽下巽上

巽：小亨。利有攸往。利見大人。

「剛巽乎中正而志行」，九五以陽剛居中正之位，而其志可行，所謂中天下而立定四海之民也。初六順乎九二，六四順乎九五，則「柔皆順乎剛」。用事者爲陽剛君子之類，而陰柔之小人歸於從伏之下而不得行其志，故可以「小亨」。而「利有攸往，利見大人」，其不能「大亨」者何也？凡陽剛之才之作用可以大有爲而致大亨，巽體本陰，而重巽則巽之巽、陰之陰者也，固不能大有爲而致大亨也。治道不能如三代者，僅爲「小康」而已。施爲不法乎三代者，溺於陋習而已，如漢唐之治皆爲「小亨」、「小康」而已，其「利有攸往」亦不出乎雜霸雜夷之作用也，比於三代聖王井田、封建、學校之制，對時育物，舉一世而甄陶之，則如天地之相懸矣。九五以剛陽居尊，有大人之象，見之而得以行其所學，亦君子所願也，此亦巽之大人也，比之與天地合德之大人則有間矣。如漢文帝、唐太宗亦可謂當時之大人矣，然德未至於盛，則治未至於極，效止庶富而禮樂不興，可以當此之「小亨」也。

重巽言「申命」，「隨風」則言「申命行事」。申命皆取重巽、「隨風」之義。申命後必有所事也。申者，丁寧告喻之也。或以己之所行諭民，知之而後行之；或命民以所當行之事，既命之後，即令民行之。上之人視其所行之勤惰而勸懲之，亦「行事」之義也。

初六：當巽之時，以陰居下，過於柔懦而不能振拔者也。事多失之不及，爲或進或退而不能果決之象，利於「武人之貞」焉。武人而非貞，則血氣之强而已矣；惟能貞也，則凡剛毅果斷而振奮有爲者，皆純於義理之正而爲君子所尚矣。初非能此，聖人因其柔之甚而激勵之，使志於治也。古人有以性緩而佩弦者，類此。

九二：「巽在牀下」，過於巽者也。「史巫」之「紛若」，所以達誠意於神明也。「用史巫紛若」，用其誠也。能用其誠，則凡過於巽者皆眞德實意而非足恭之虛貌，則可以得「吉」矣。二有剛中之德，其巽可以合於道，故聖人勉之以用誠焉。非誠則其巽爲象恭行詐之小人，而君子之所羞見者也。

九三：剛正居下之上，巽本可以得正也，然處六四之下，四陰柔，其性務入而近於五，是夤緣鑽刺、得時得志之小人也。三居其下，朶頤於其勢而數巽焉，可羞之甚也。所得者富貴，所喪者名節，廉恥之不修而其志亦窮矣。

六四：以柔居柔，爲得其正。當巽之時，近於五，能巽於五者也。位在一人之下，萬人之上，而能巽於五，庶幾乎夔夔然存敬畏之心者也。如此，則道可行於五，而功被於上下矣，爲「田獲三品」、大有功之象。其過巽之悔，至是可以亡之矣。自九三視六四，則四爲容悦諂諛之小人，所以戒三之遠乎四也。至是，則又以四爲虔恭寅畏之大臣，所以勉四之忠於五也。或抑或揚，取各有所指。

九五：以巽體居尊位，所不足者貞而已，故勉之以能「貞」則可以得「吉」，於柔懦不能自立之「悔」可以「亡」之，而所爲「无不利」矣。有悔是「无初」也，以能貞而亡之是「有終」也。然所謂貞者，不過於惇典、庸禮、命德、討罪合於天理，當於人心，而不參以私意於其間，則貞之至也。是道也，毫忽幾微之不察，則流於失而不自知矣，故必丁寧，揆度詳審周密，而戒之至則動无過，舉可以得其當而吉矣。「先庚三日，後庚三日」，即貞之義也。

上九：居巽之極，爲過巽之甚，「巽在牀下」之象也。陽剛本能斷者也，而過於巽焉，則失其剛斷之德，爲「喪其資斧」之象也。其爲害誠不細矣，雖爲所當爲，而以優柔不斷處之，亦必凶，況所不當爲者乎？蓋无適而非凶也。執狐疑之心，持不斷之謀者，上九之謂也。所以來讒慝之口，啓羣枉之門者，皆由於此，故象言其「正乎凶」，君子可以深戒矣。

兌䷹ 兌下兌上

兌：亨。利貞。

兌，一陰見於二陽之上，和柔之氣外見者也，故其德爲「説」。「剛中而柔外」，有致亨之理，有能貞之才。若一於柔外而无剛德以爲之主，處君臣則爲諂媚，處朋友則爲善柔，在父子則或阿意曲從而陷親於不義矣，何以致亨而爲利哉？「利貞」，據卦中所有之才而欲人體之，非以其不足而勉之也。剛中柔外，如臯陶所謂柔而立者也。「説以利貞」，則所説者皆天命人心之正理，故爲「順乎天而應乎人」。以當勞之事而「説以先民」，則「民忘其勞」，所謂「以佚道使民，雖勞不怨」是也；以可犯之難而説以犯之，則「民忘其死」，所謂「以生道殺民，雖死不怨殺者」也。説道之大而「民勸矣哉」！

説道之大，不外乎正而已矣。「説」之義，或説其道而學之，或説其事而爲之，或説其人而與之，此皆「説」之用也，而有邪正焉。如陳相之説許行，説之可謂深矣，然流於邪妄而非正也，爲身心家國天下之害甚大也，何以致亨乎？説又有能亨而不得爲正者，亦有得正而不能以致亨者。如孔明説先主而事之，則爲正矣，終不能興復漢室；荀彧之事曹操，十分天下而有其八，所爲雖亨而事未得正。然孔明君臣正大光明，事雖不就，而道實亨；苟或不擇所主而自取殺身之禍，其戹而不通亦甚矣。君子於説道之用，貴於窮理而慎守之也。

「麗澤」爲兑，兩澤相麗，互相浸潤，朋友相資，其益甚大。

初九：陽剛得正，處説體，居下而上无應與，君子以道德禮義文其身而不求聞達者也。其德則喜怒哀樂發而中節，和而不至於同，不溺於流者也。凡聖賢處不得志之時而安貧樂道者，可以當之。以道殉身，貞而不諒，卷舒運用，與時偕行，何可疑也？

九二：有剛中之德，上无應與，其志在自信其德而自説者也。萬物皆備於我，反身而誠，則樂莫大焉，富貴利達視若浮雲，亦何與於心哉？其必由强恕求仁而至此乎？故有「悔」而可以「亡」之，以居陰故也。二之資質不如初，善反之則天地之性存焉而无歉矣，故亦足以自説焉。

六三：以陰居陽，不中不正，欲以其術説五而五不應，故來二陽而求其與己相説焉。二陽者，一則剛正，一則剛中，雖上无應與而自有其説，獨行之君子也。六三居下之上，頗得時任，又兑爲口舌，見二君子不爲世用，乃肆其邪説以蠱惑之，欲二陽捨其正而從己之邪，此則无恥之甚，凶之道也。三非能説於二陽，欲變二陽而使之説己也。若爲説二陽之道，則逃其邪而歸於正，力善自反者也。在二陽則歸，斯受之而已，不可言凶也。

九四：上承九五，則剛而得中之君也；下比六三，則柔而不正之邪也。四則商其所説，而未能有定焉。懿德固人所同好，而邪術亦足以惑衆，况四知之未眞而守之未固，宜其至於此也。蓋其以剛陽居柔，失其介然之操而不自知矣。若能堅持其介，知三爲可疾而疾之，則必知五爲可説而説之。道行於君，而澤被生民，何喜如之？四非卓然自立者也，聖人以其剛德尚在，故勉而進之也。

九五：孚于上六，剥己之陰柔，則「有厲」矣。五切近上六，上六居説之極，是欲售其邪術以説五，而竊取富貴者也。如蘇秦、張儀馳騁口辯，而一時諸侯靡然從之，邪正不容並立，信此讒邪則任賢不專，終於君子盡去，小人獨存，邦家之覆可以立待，危之甚也！聖人之戒，可謂嚴且切矣。

上六：引九五使之説己者也。引之而使説己，即非君子自重之道矣。自九五視上六，則爲剥己之柔邪而宜遠之；自上六言之，履九五之上而无位，則人君以賓禮遇之，而不以臣道畜之者也。身之去留，亦視其尊己而信之者何如耳，合則行，不合則止，此進退之大節而不可苟者也。若枉己求合，曲爲牽引，使之説己而求以行其志，豈聖賢光明之心哉？聖人示人以出處之有義，而枉己者不可以正人。以上六之「引兑」謂君子或亦有是失，而直不欲以小人待之也。

渙 ䷺ 坎下巽上

渙：亨，王假有廟。利涉大川。利貞。

渙之時，自有收合混一之理，可以得「亨」。九自三來而居二，爲「剛來而不窮」；居三則過剛，過剛則濟渙，易至於窮。來而居二，則剛而得中，自能相時與幾，隨其先後緩急之勢而措其經畧之具，操縱施爲之機在我而可不窮矣。六四以柔得位於外而同於五，輔五以濟一世之渙也。五爲濟渙之主，六四運籌幃幄，九二則經營四方，何渙之不能濟？故有得「亨」之理。「王假有廟」，王者至於祖廟，盡其誠敬以聚祖考已散之精神而享之，亦處渙之一事也。坎水在下，巽木在上，有舟楫之象，如卦之才以涉大川，亦足以爲利矣。大抵時之渙，非中人之識見才力所能察而濟之也。周公東征，雖父老之敬事者皆以爲難而憚於行；唐憲宗之討淮西，惟裴度力主之，而卒以成功。識見作用之過於尋常者，雖當險阻艱難之際，若未可以措手者，而彼則灼知其爲事之不可已，而功之必可成也；若樂因循而憚危難，適足以自亡而已矣。光武昆陽之役，獨當敵營之堅，卒能摧破王尋，以成大功，亦一驗也。

又必利於正，當天下渙散之時而所爲不正，則失人心而不足以有爲矣。如劉先主言「操以詐，吾以誠；操以暴，吾以仁」，則事乃可成，不欲以小利而失信義於天下，此其濟渙之正也。渙卦亦有利見大人之象，九五、九二各以陽剛之德而當君臣之位，五推誠以任乎二，二効力以忠於五，則時渙可濟。如鄧禹仗策於軍門、先主三顧於草廬，不如是，不足以有爲也。聖人不繫以此辭者，能涉川利貞，則濟渙之規模根本已畧具矣。

「風行水上」，渙之象也。享帝立廟，先王盡仁孝之誠而已。事則爲合其渙。

初六：用之以拯渙者，有壯馬也。當天下離披解散之時，英雄豪傑孰不欲樹尺寸以益世乎？初六以陰居下，非有濟渙之才，其志不自已也，位近於九二，故藉二之才德而與之有爲。初之所謂「壯馬」者，二也。二可爲有千里駿驥之足矣。初能順之，則初亦可謂能量己而量人者矣。如是，則二之才亦初之才，二之功亦初之功也。渙之時，可相與以措其經世之畧矣，故得「吉」。

九二：當渙之時，自三變而來居於二，爲奔其机緣，所謂剛來而不窮是也。機爲人所安身之具，「奔其機」則得所願矣。居三則過剛不中，亦非可以有爲之責任。奔於二，則陽剛得中，而又爲五所信任，才以奔而爲有爲之才，位以奔而爲可爲之位，以陽居陰之悔可亡矣。士之經歷變故，熟仁堅志，而可當大任者，類此。

六三：陰柔不中正，居下之上。當天下渙散之時，有一身之私而无四方之志者也。志在金帛，争用威力以取朝夕之快而已。如此，則不足以拯時之渙而悔及之矣。若「渙其躬」而以天下爲心，則亦忘私秉公，捨小而就大矣，何有於悔？漢高帝入咸陽，欲居秦宫室，以張良諫而還軍霸上，「渙其躬」也。

六四：上承九五，當濟渙之任者也。居得其正，下无應與，爲「渙其羣」之象。大臣膺爵位之隆，委任之專，心知有君而不立朋黨，家相之才德也，善孰大焉？故「元吉」。四以「渙其羣」而爲所處之高，而見超於一世焉，「渙有丘，匪夷所思」之義也。丘取高義，六四所處之高似之。

九五：爲濟渙之主，當天下渙散之時，必有大號令以收合人心，又散其居積以周窮乏，此皆濟渙之大用也。周之大誥、多士、多方諸篇皆所以合天下之渙也。散鹿臺之財，發鉅橋之粟，「渙王居」也。徒有大號而不渙王居，則口惠而實不至，何以得天下之心乎？凡山林川澤之利，分土授民之制，有以處之，而使民樂其樂而利其利，亦「渙王居」之義也。號令惟君所當佈，居積惟君所當有，皆非人臣之事，人臣則贊助之而已，故〔象〕〔二〕曰：「『王居无咎』，正位也。」五獨取此者，巽爲風，有號令之象。「渙王居」，則號令之後不可已也。

上九：當渙之時，履乎人位之外，獨无濟渙之責耳。天下之渙，亦不及於己焉。凡一時投機會、趨功名以拯渙者，已皆不屑，知有全身遠害而已。傷害憂惕，判不相加，隱跡逃名，僅可自保，故「无咎」。沮溺、荷蓧之流似之。

節䷻ 兌下坎上

節：亨。苦節，不可貞。

能節則可以致亨，失其節而得亨者未之有也。雖求无不遂而滿其所欲，然道塞而不足以言亨矣。剛柔分而剛得中，「說以行險，當位以節，中正以通」，皆卦之所有，能節而致亨者也。「苦節不可貞」，則又因以戒之焉。三陰三陽，剛柔平分，二五之剛，皆得其中，无過與不及，則中節而得亨矣。若至於苦，則過於義理之當而爲人情所難堪，不可守以爲常矣，惡能亨哉？「說以行險」，則其節至於死生之際而不可奪，道固无不亨矣。九五以節當尊位，能以中正之道而通變宜時焉，則節之大而亨不足道矣。「天地節而四時成」，天地非有心於節也，一氣流行以成化育之功，判而爲寒暑，分而爲四時，詳而爲二十四氣，極而爲七十二候，皆聖人順其理而裁成之耳。「節以制度」，則度爲中正，不至於「傷財」、「害民」焉。財者，民之所資以生者也，傷財則至於害民矣；民者，國之所賴以立者也，害民則自伐其國矣。制度无節，則徇人慾滅天理，无所不至，豈恤民保國之道哉？先王之制度也，所以養乎民；後世之制度也，適以戕乎民，公私之間而已矣。

「澤上有水」，亦節之象也。「制數度」，則儀文品級順性命之理，達時措之宜，而別親踈貴賤之等；「議德行」，則不至

〔二〕「象」，據象辭及行文體例補。

於過與不及，皆節之用也。

初九：當節之時，以陽居下，上應六四，爲陰柔陷險之爻。小人近君，竊其權柄，以進退天下之士，稍不如意，則誅殺隨之，唐之李林甫是也。草茅之士懷才抱德，於斯時而欲行其志，難矣哉！此許謹禮之徒所以甘心逸民而與鳥獸同羣也。初九之「不出户庭」，可謂善節出處之道者，而象許其爲「知通塞也」。

九二：與九五雖皆陽剛而處相應之位，五之當位以節、中正以通者，自可以用二焉。二以陽居陰，而處之未得其當，徒以其非所當應而不爲所用焉，有「不出門庭」之象。失時可謂極矣，故有「凶」。段干木踰垣而避之，泄柳閉門而不納，此爻似之。

六三：陰柔不中不正，又爲説體，外示和説，中藏巧詐，處己待人皆不以誠，而戾於節矣，是「不節若」矣。人不我與，事不可成，則又「嗟若」焉。身敗名毁，皆己所招，又誰咎也？聖人以无所歸咎而警之，欲人之謹於初而已矣。

六四：以陰居陰，柔得其正。上承九五，以陽剛中正節天下，君道君德皆无不備。四能承其道而廣之於下，書所謂「保受王威命明德」者也，是自然有節而得亨矣。若四者上宜於君，下宜於民，身與名俱顯矣。不言「吉」者，臣道也，成功則歸之於五，漢之張安世庶幾焉。所謂以道事君，不可則止之義，四則猶有所不足焉耳。同一四也，自其應初九而言，則爲陰險之小人；自其承九五而言，則爲安順之君子。易之尚變而取象不同如此。

九五：以陽剛中正居尊位，是能以中正變通而節天下者也。隨事因時，順應不窮，故謂之「甘節」而可以得「吉」焉。「甘節」之吉與「苦節」之窮正相戾也，苦節不可守以爲常，甘節則達之天下，施之後世，而无不宜矣，故「往有尚」。

上六：處節之極，節至於窮極而不可行，則變而通之可矣。上以陰居陰，非有剛明達權之才識，有見於近而无見於遠，知有守常而不知通變，謂之「苦節」焉。苦節不可貞，以爲貞而守之，則「凶」。恭世子不忍明驪姬之讒譖，伋、壽殺身而陷父於惡，與此相類。雖過於自信，而於中道未合，其心自以爲安矣，故「悔亡」。比於父子兄弟之相賊者，則何如？悲夫！

中孚 ䷼ 兌下巽上

中孚：豚魚，吉。利涉大川，利貞。

中孚，信之由於中者也。信由於中，則爲至信。至信所及，雖豚魚亦可以感動，故「吉」而「利涉大川」。至信可以感豚魚，而況於人乎？感人而人心悦服，則何險之不可涉，何難之不可濟乎？然必利於正，所信不正，則邪妄之小術而已，非聖人大中至正之道也。以一卦之體言，則柔在内而中虚，中虚則无物；以二卦之體言，則剛得中而中實，中實則理得，皆所以爲信也。「説而巽」，亦由中之誠也。至誠之道，誠可以化邦國矣。古之人所以「惟動丕應徯志，至於四方風動」者，无他焉，一誠之感有餘用矣。物類之有知覺，而人不可昧，見天機之運充滿而无間也。人心之信，固可及於豚魚焉。卦有「乘木舟虚」之象，涉川之用也。取義之深，固不在此，聖人發以示人，乃德政不可偏廢之義也。「中孚以利貞」，道始合於天矣。人道必本於天道，天道之外无所謂人道也。「率性之謂道」，而性則命於天，天人合一之理也。人固有信之極於篤而不得爲正者矣，如尾生之信其信，白公之信其直，楊子自信其爲我，墨子自信其兼愛，以至堅白同異之説，牢不可破，其自信非不深也，由其察理不精則流於異端小術而不自知矣。天之道至正而已，「中孚以利貞」，則所以嚴其事天者至矣。「議獄」，欲得其情；「緩死」，則恐明不足而誤殺无辜。已死者不可復生矣，非至誠在中，安得如此？古之人所以得其情而哀矜者，亦存乎誠而已。

初九：陽剛得正，居中孚之初，其心純一而未變者也，故勉以度其當信而信之，則「吉」。或人所當親，或道所當學。信其所當親，則終身資之以爲宗；信其所當學，則終身用之而不窮。反是，則非自安之道也。所謂自安，非但安身，亦安其心而已矣。初之所當信者，四也。四以柔得其正，求剛正之賢以助己，乃四之心，故初九所當信者，捨六四未見其可也。

九二：乃人臣有賢善之德，而爲君所當親信者也。二之所自信者，在正君德以善民俗者也。五之所自信者，在誠心任賢以盡事天之道者也，故二得諫行言聽而膏澤下於民焉。二能信乎道，則五自信於二焉。二非曲學阿世以求之也，知道之所當守，而誠心以守之也；五非徒信於二，知道之所當重，而誠心以重之也。君子欲行道濟世，亦勉於自重而已矣。六三所應者，上九也。上九巽體，居信之極，不知擇六三之可否，而與之相應。

六三：以陰柔不中正，而居説之極，其信上九，則「或鼓」焉，「或罷」焉，「或泣」焉，「或歌」焉，相信相與而失其常性者也。説極則至於樂焉，樂極反悲焉。无道義爲之主，而徇情忘反，則流之甚矣。此爻形容小人相信之情狀，可謂盡之矣。

六四：居陰得正，位近於五，其心之所信者知有五爲在己所當忠而已矣。五之德未成，而政未善，乃其夙夜孜孜思所以教誨保護者也，其爲國爲民之德可謂盛矣。以其陰居陰，故取「月幾望」之象，既望則滿[一]矣。六四巽體，固不自滿，雖做出周召功業，其心亦歉然而不自滿足也。初九以居下而應四，爲馬匹之象，四乃絶之而上信於五，爲「馬匹亡」也。大臣之心，知有君而不知有私交之黨類，「无咎」之道也。

九五：以剛中正居尊位，下應九二陽剛得中之仁賢，五知其爲可信任，則信任之專而小人不得以間之，爲「有孚攣如」之象。蓋一話一言在於二而不能忘也，五何以能此？蓋其天德與天位相稱，則自知天位之爲艱而不敢以易處之，知以一人治天下爲可憂，而不知以天下奉一人爲可樂。五可謂憂勤惕厲而慎乃在位者矣，故「无咎」。

上九：居信之極，信極而至於窮，可以變矣。以其陽剛自信之過，知上而不知下，知進而不知退者也，爲「翰音登于天」之象。翰音非能登天而欲登天，凡犯非其分，於力之所不能，時之所難濟而欲僥倖以成事，類此。守此道以爲常而不變，則「凶」矣，故〔象〕[二]曰：「何可長也？」

[一] 「既望則滿」，雪齋案：「月幾望」之「幾」，漢帛書周易正作「既」。斛山所釋，與爻辭「馬匹亡」亦相合。

[二] 「象」，據象辭及行文體例補。

小過 ䷽ 艮下震上

小過：亨。利貞。可小事，不可大事。飛鳥遺之音，不宜上，宜下。大吉。

卦體陰多於陽，小者過也。小人得時行志，事可亨通，然其惡未出，害未及，人猶可以爲善，故戒其利於正。正乃小過之時所當行之道也；不正則非道，而斷乎其不可行矣。聖人變惡爲善，轉移世道之心，於此可見。卦之二、五皆以「柔」而「得中」，柔有得爲之位而无能爲之才，故「可小事」，使柔未得中，則小事亦不可爲矣。三、四以「剛失位而不中」，剛有可爲之才而无得爲之位，況剛之不中，又非純以義理用事者也，故「不可大事」。聖人既曉君子以「可小事」而「不可大事」矣，以卦體内實外虚，有飛鳥之象，故又因以飛鳥之遺音驗之。「飛鳥遺之音，不宜上，宜下」，音之上則逆，而下則順，則小事順而大事逆可知矣。小事順所以可也，大事逆所以不可也。量其才力，酌其時勢而處之，則「大吉」。

「山上有雷」，亦小過之象也。事之可小過者，惟恭、哀、儉三者而已。三者可以小過，而不可以甚過，小過之猶不失爲善，若他事小過之則爲惡矣。卦之體有飛鳥之象。〔一〕

初六：以陰居下，上應九四，如鳥之飛上而不下。「以凶」者，以如此所爲而致凶也。小人而膺以責任，榮以祿秩，已爲過而非宜矣，乃欲驟登顯要，躐取權柄，排善類而使下之，則過之甚矣，國與民之禍可勝言哉？豈小人一身之凶而已乎？聖人所以深戒之，故〔象〕〔二〕曰「不可如何也」。

六二：柔順中正，越九四之陽而應六五之陰，是「過其祖」而「遇其妣」矣。六五以柔而得上之中，六二以柔而得下之

〔一〕雪齋案：「卦之體有飛鳥之象」句，疑衍。

〔二〕「象」，據象辭及行文體例補。

中；　六五以震體而能動，六二以艮體知有止而已。二之才比於五，固有所不及矣。臣之才過於君，則輔君以所不能致之功業；　臣之才不及君，則奔走贊相其所爲而已。二之於五，亦鞠躬盡瘁、奔走贊相而已，固不能過有所爲也。安常處順，保境息民，功業之大以俟能者，可謂不失其職而得臣之分矣，故爲「不及其君，遇其臣」之象。量其才能，不至犯非分以取凶害，「无咎」之道也。小過之時，小人過多得志之時也，小人不能容君子，而恒欲戕之，乃其心也。

九三：　剛而得正，居下之上，亦有時事之責任者也。處羣小人之中，雖過於防閑，猶恐禍出不測而身不能保。三乃自恃其剛，任意裁處，畧无假借委曲之意，況過剛不中，又不能无可議之失，則從此而或有戕之者矣。「或」者，莫知其所自來，言「戕之」者衆也。三之過防當何如？惟立己之嚴，處事之正，密其機，盡其誠，憂之於幾微，慮之以長遠，或可以免於戕矣。若事或阻撓，則奉身而退，又高處乎過防者也。

九四：　位近於六五，六五柔中之君，若以剛近之，則有偪逼之嫌而爲咎矣；　四以陽居陰，爲能以柔濟其剛而處之善者也，故「无咎」。在他卦，以剛居柔，則或爲過。在小過之九四，則所處不爲過而適合乎事理之宜，是「弗過遇之」矣。若用剛以往而有所爲，必欲輔六五，以盡去一時之小人爲大事矣。五以柔而得中，「可小事」；　四以剛失位而不中，「不可大事」。往則小人未必可去，而國或隨之以亡，有厲而當戒也。

六五：　柔暗非有剛明之德。四若用「永貞」之道而動以直遂，則陰暗之質動有所疑，而猜忌之心生，小人亦得以乘其隙而敗之矣，故戒以「勿用永貞」，言當委曲以行其正，而不可過於直遂也。「密雲不雨」，以「自我西郊」也。西郊，陰方也。雲密，可雨矣，而不雨焉，以「自我西郊」，則陰唱而陽不和也。六五居上，有公之象，求六二之陰以助己，是「公弋取彼在穴」之陰物也。二者皆取其純陰而无陽剛以輔之之義也。君柔於上，臣柔於下，因循委靡，不能自强於政治而期於有爲焉，則削弱以趨於亡而已矣。

上六：　處陰過之極，匪徒不合乎正理而已。其過於正理則已遠矣，是「弗遇過之」也。初與上皆取飛鳥之象，初則飛鳥之在下而欲上者也，故言以凶；　上則飛鳥已過高而離之甚遠者也，故直言「凶」，又戒之曰「是謂災眚」。小人而得非分之榮遇，自以爲福慶，而不知其爲災眚；自以爲可樂，而不知其可憂之甚也。聖人之戒深矣。

既濟 ䷾ 離下坎上

既濟：亨小。利貞。初吉終亂。〔一〕

離火在下，坎水在上，水火相交，各得其用，既濟之象也。「亨小」，本義作「小亨」，蓋既濟之世，可以小亨而不可大亨也。凡立法更制，大其因革，順乎風氣之宜，盡於人文之極，以成大亨通之治化者，恒在於方濟之始。若既濟之時，其習尚趨向之已定，耳目心志之相安，固不能大有所更張，但隨時補綴，僅保其小康而已。卦之六爻之位各得其正，固有「利貞」之象。聖人繫辭不專於卦之法，象而有取於既濟之義焉。大抵正之一言，雖死生存亡之際，皆不可以須臾離。然既濟之世，人主多溺晏安，以快意肆情之事娛樂其耳目，惑亂其心志，而多不能以正自克，甚至於保養奸回過於骨肉，殘害忠良有如寇讎，此皆不正之大者也。有一於此，則國之亂亡可以立待。唐、虞、三代之世，治化隆盛，可謂極矣，然君臣上下交相警戒，「如臨深淵，如履薄冰」者，亦勉勉於正而已，故「利貞」之繫於既濟者尤爲警切。既濟矣，故「初吉」。「柔得中」而當下卦之中，德與時遇，亦一義也。終止則其道窮矣，故至於亂。不自止則道不窮，道不窮可以保其治於有終矣。惟其因循苟且，般樂怠傲，自止而不能自强，則儵焉以至於亂而已。「止」之一言義深遠矣。

「水在火上」，爲既濟，「思患」「預防」，所以保此既濟於有終也，與「終止」相反矣。思患預防，不可以一端言。大抵田里、學校，以固結人心而使外侮无可乘之隙，此其大端也。若夫城郭險隘之慎守，兵戎儲蓄之有備，以防患之不可缺者也。

〔一〕雪齋案：「亨小」，據下文「『亨小』，本義作『小亨』」，可作此點讀。實際上，該句除這兩種表述形式外，還可作「亨。小利貞。初吉終亂」，可參見清朱駿聲六十四卦經解卷八等。

車所以行者，輪也。曳其車之輪，則車不前進。狐之涉水，稍濡其尾則必不濟，亦取其不輕進之義也。初九以陽剛居下而得其正，又爲離體，有明德者也。上應六四陰柔之險爻也，初則致其謹而不輕進，其所以察於時幾之會者精矣。若初可謂有學有守之君子，而得出處之宜者矣，何咎之有？

六二：有文明中正之德，本可以益世者也。九五居既濟之時，知有崇高富貴之尊而不能下賢，以行六二之道，故二有可行之道而不爲時所用，有「婦喪其茀」之象。茀，婦車之蔽。喪其茀，則婦不能行矣。離爲中女，而二又爲離之主，故取婦象。中正之道終不可廢，久則行矣，故又有「勿逐，七日得」之象。卦有六爻，至於七則始而終矣。

九三：與上六爲應。上六陰爻險體，居既濟之極，是裔夷小邦恃其險阻而不來王之象也。九三剛正明體，與之爲應，明則察其叛服不常，係國安危，而不可不以時定；剛則奮其義理之勇，而必欲伐之。又離爲甲兵，有「伐之」之象。鬼方，无王者則先叛，有王者則後服，以高宗之剛明而伐之，正與此爻相類。然必三年而後可克。既濟之時，兵革罕用，卒然有事而後動，爲力亦不易也。又以見師老、財費所損甚多，兵非聖人之得已而不可以輕用焉，象所謂「憊」者是也。用師必得君子長者，則以平定安戢爲事，而得遠近之應服。小人之屠城掠地，肆其殘虐以失人心者，當深戒之而勿用也。

六四：當既濟之時，位近九五，居柔得正，有遺大投艱之責，有委曲詳審之心。是能思患而預防之者也，故「繻有衣袽」；是能小心畏懼而不敢縱逸偷安者也，故「終日戒」。四之才若不足以有爲者，而心能如此，則人將輕千里而來告之以善矣，何既濟之難保乎？

九五：當既濟之時，不能任賢修政，以保全盛之基業，人心天命至此而皆歸於六二矣。五縱慾念亂，圖存而復自强，爲力亦不易矣。二則不待勞力而可得之。蓋天之所佑者，德也；人之所歸者，亦德也。二爲克堪用德，而五則爲自棄其德之甚者也。天下，勢而已。勢輕勢重，當於其幾而圖之。九五欲反二極重之勢，而使爲己有，難矣哉！後世人主亦可鑒矣。

上六：居既濟之極，將爲未濟矣。上六陰柔，既无見幾之明，又无圖幾之才，事理昭著而不知悟，禍亂及身而不知畏。

人之涉水而至於「濡其首」，則身没矣，以喻沈溺之深也。自以爲可久可大之富貴，可以保之於无虞，而不知土崩之勢在於旦暮焉，其危甚矣！昔人言「燕雀處堂而棟宇焚，母子嘻嘻而不知懼」，其上六之謂乎！故〔象〕〔二〕曰：「『濡其首厲』，何可久也？」

未濟 ䷿ 坎下離上

未濟：亨。小狐汔濟，濡其尾，无攸利。

「未濟」與「既濟」義反。水火不交，不相爲用，則爲未濟。未濟之時，亦有可亨之理。事有大變，則時有大宜，雖當未濟，豈无其幾？乘之以有爲則可以亨通矣。六五以柔得中，爲離之主，則能詳審委曲而燭於幾微，亦亨之一義也。但言「柔得中」而不言「剛應之」者何也？火之性炎上，水之性潤下，六五上而不下，九二下而不上，性相戾而不相爲用，與他卦陰陽相應者不同。若以柔中之君而得剛中之臣以輔之，則可以大有爲以致大亨通，而无未濟之可言矣。天下未濟，君子以義理濟之，則圖幾應變，不失其正，而功可就小。夫淺慮急迫，輕動而欲求濟之，安能有成？是「小狐汔濟，濡其尾，无攸利」之義也。汔，勇敢之意。勇敢求濟，則以血氣用事，而不本於義理，故未能出中。蓋一於義理，則慎之於前，要之於後，可以有終；尚血氣，則進鋭退速，而智力窮矣，安能「續終」乎？如卦之才，剛柔雖不當位，而於非所當居之位亦相應焉，處之而盡其道則得人相與，可以致亨而不至於濡尾，无攸利矣。忠信相與，則胡越可以共事；猜忌乖離，則赤子亦爲仇讎。前言「柔得中」而不言「剛應」，戒人君不可自用小而失其臣，此言「雖不當位」而「剛柔應」，示君子以善於處己處人而事可濟。辭之抑揚，各有其意。

〔二〕「象」，據象辭及行文體例補。

「慎辨物居方」，如君子在位，小人在野。大德大賢則居大位，小德小賢則居小位，亦處未濟之時而求以濟之之道也。

初六：以陰柔居未濟之始，事固不易濟。而初六亦非有能濟之才，才與時正相反者也。以居不得正而輕欲濟之，如狐之涉水而「濡其尾」，則不能濟矣。无益於事而取窮極，「吝」之道也。凡非其力之所能堪而鋭意爲之，動即顛覆而事遂至於不可爲者，類此。未濟之時，至於二則有可濟之幾。

九二：陽剛得中，又有能濟之才，特以六五離性，上而不下，不能推誠心以求賢能而相與共濟焉，故九二「曳其輪」而不自進，非不欲進也，懼有枉己之失而不輕進焉。天下溺，援之以道。二可謂以道自重而審於出處之正者矣。坎有輪象，故言曳輪。

六三：陰柔不中不正，當未濟之時，以是而行則凶矣。安有用其不中正之才以濟時之艱而能免於凶乎？「利涉大川」，非其誠意感人而得人心則不能同舟共濟，則仇讎一心者以誠相合也，故聖人於六三不明言其不中不正，不可不改，而但欲其利涉大川焉。三居坎之上，出乎險之外，有涉川之象。未濟至此，則時又可濟，而三之才不足以濟之，故勉之以積誠動人而可以涉險之事，則其不中不正之疾可以潛消而頓革矣。既懼之以爲惡之凶，復歆之以爲善之效，其轉移六三之機微矣哉！非聖人化工之筆，不能至此。

九四：以陽居陰，是所處不正，而其心有悔者也。然陽剛之才，固可以勵之而使爲善也，故勉之以能正，則可以得吉而悔亡。己既變而爲正，則能以己之正而正人之不正。初六以陰居險體之下，坎水之性下而不上，於所當應者而不之應，是未濟之時之鬼方梗化而爲治道之害者也。四以陽居陰，易於失其剛者，乃勉以震奮用師以伐之，則「三年」可以成功而「有賞于大國」焉。大國謂五也。四居其下，當未濟之時，能以得正用師之道而事之，則可以受寵賚矣。必得正而後可以伐鬼方者，亦「小人勿用」之意也。

六五：有文明之德，當未濟之時而居尊位，然以陰處陽，所不足者正也。若能修君德以盡君道，而巨細微顯一出於正，則有吉而无悔矣。至是則有君子道德之光，充盛宣著而不可掩矣；至是則由致曲之功，而至於「有孚」之誠矣。書曰：「惟我文考，若日月之照臨，光於四方，顯于西土。」則「君子之光」之謂也。又曰：「亶聰明，作元后。」則「有孚」之謂也。居尊而德與位稱，何未濟之可言乎？吉而又吉者也。

上九：以剛明當未濟之極。未濟之極，有可濟之理，而上九又有能濟之才，聖人以其體離，慮其或至於過察而躁動，故言但當自信其才與時合，事必可濟，安以待之，而不至於過動可也，此「有孚」「飲酒」「无咎」之義也。不過於有爲者，固不失之煩擾；而安於无爲者，則又至於廢弛。故又言若安以待之而至於「濡其首」，則過於沈溺而或失其可乘之機會，則向之所謂「有孚」者反爲自失而非宜矣。以其易至於過爲也而戒之，復慮其不爲也而勉之，酬酢斯世之道中爲已矣。

楊忠介集

楊忠介集卷一

奏議

固邦本疏[一]

題爲彌災變，安黎庶，以固邦本事。

臣于嘉靖八年十月内承制往湖廣公幹，即今事完回還。臣知陛下哀憫斯民之心，懸于閭閻之下，凡四民利病，民間休戚，必欲聞之，故今謹述所過地方災傷，生民可痛之狀，爲陛下言之。南、北直隸，河南、山西、陝西等處地方，當禾苗成熟之日，蝗蝻盛生，彌空蔽日，積于地者，至三四寸厚，将禾根食之皆盡，居民往往率婦子将蝗蝻所食禾苗痛哭收割，以爲草芻之用。其他蝗蝻稍少之地，禾苗食有未盡者，頗有秋成之望矣。未及成熟，嚴霜大降，一時盡皆枯槁。遭此災變，民失依倚，去年冬月，民所資以爲食者，皆其先時所捕曬之蝗蝻與木葉木皮等物。當此之時，民之形色顛悴雖甚可哀，而死于道路者尚未多見。比及今春，臣復經此地，每見餓死屍骸積于道路者不可勝數，又見行者往往割死者之肉即道傍烹食之。又聞有父子相食者，井陘縣一日而縣官獲殺人食者三人。

[一] 文津閣本，「固邦本疏」作「請彌災變以安黎庶奏」，並無題記。

臣聞之，拊膺大痛，食不下咽，自謂有司必能具奏，聖明在上，聞有是事，必至流涕。比臣到京，聞廟堂之上，救民之死非其所急，而所議者郊社之禮耳。微臣憂國愛君之心切於中，而不能不有所言也。昔者漢文帝之時，家給人足，海內富庶，賈誼上書猶曰「可爲痛哭」，謂「抱火厝之積薪之下，而寢其上不可謂安」，況於今日時勢當何如耶？古賢王之治天下也，生養遂而後教化行，教化行而後禮樂興。方今災傷之地，生民死亡十有六七，存者起而爲盜賊，雖稍有積蓄之家，亦難保於自食，其勢渙散，不可收拾。朝廷之上，捨此不之憂，而議合祀、分祀之禮，是所謂不能三年之喪而緦小功之察，放飯流歠而問無齒决也。夫「民惟邦本，本固邦寧」，民心離散，邦本不固，土崩之勢，可以立待，縱使周公所制禮文盡行於今日，亦何補于天下之亂乎？深念及此，可爲寒心，不知陛下宵旰之際亦嘗慮及於此乎？左右謀國之臣亦嘗言及於此乎？且南北分祀，以復先王之禮，非不可也，但今日救民死亡之日，而非興禮樂之時也。

自古國家衰亂，未有不由民窮盜起，而爲上者不知憂恤，遂至人心離叛，而天命亦去，宗社不可復保矣。故臣之所憂者，不在府庫之財不能徧濟天下，而但恐陛下無憂勤斯民之心也。夫憂民即所以憂國，治民即所以治國也。陛下日事經筵，雖隆寒盛暑未嘗少怠，臣知陛下鋭志太平而欲爲堯舜之君矣。蓋堯舜之心，急于救民，一民饑，曰「我饑之也」，一民寒，曰「我寒之也」。假使當時餓死之民滿于溝壑有如今日，堯舜之心當何如哉？臣願陛下上畏天心之儆戒，下憫斯民之死亡，不遑他務，專廣仁恩，移此議禮之心區，畫賑濟之策，以長沃民生，則皇恩浩蕩，孰不頌「明明天子深仁廣被，在在戴生我父母」。向之枵腹待哺者，今有飽食之慶矣；向之妻子離散者，今有室家之樂矣。民心已渙而復收，邦本雖摇而轉固，縱值天時之災，鮮不以人力勝之也。海宇蒼生享太平之福，聖子神孫纘萬年之緒者，端在此矣。臣不勝戰慄儆惕恐懼之至。

隆治道疏〔一〕

題爲慰人心，以隆治道事。

臣惟人主一身，萬化本原，履至尊之位，膺艱大之責，用人行政，是非得失，方在幾微而關于民心之向背、天命之去留者，即甚可畏也。是以聖帝明王深察乎此，制治必於未亂，保邦必於未危，事無微而不謹，時無暫而不懼，幾無隱而不飭，爲大於其細，而圖難於其易，然後天人交與而可以延國祚於永久矣。以臣觀之，其危亂之形将成，目前之憂甚大也。方今天下大勢，如人衰病之極，内而腹心，外而百骸，莫不受病，即欲拯之，無措手之地。大抵因仍苟且，兵戎廢弛，奢侈妄費，公私困竭，奔競成俗，賄賂通行，遇災變而不憂，非祥瑞而稱賀，讒諂面諛，公肆欺罔，士風民俗于此大壞，而國之所恃以爲國者掃地盡矣。撥危亂而反之治安，此在陛下所以轉移率勵之者何如耳？況當朝覲大比之期，有司多士，〔二〕濟濟来趨，延頸思化，人人切仰。極重不可反，（幾）〔機〕〔三〕失則難濟，伏願陛下汲汲於此，時留心焉，以爲善後之圖也。

臣以病居林下者八九年，誤蒙聖恩，賜之起用，擢以耳目之官，任以糾劾之責。受命以來，蚤夜耿耿，每思國事日非，而臣於國恩有未報，至於痛心流涕者有之。臣請畧舉目前所見，其大要足以失人心而致危亂、以貽聖心之憂者，爲陛下告，誠不忍默默保位，以上負陛下之洪恩，下負生平之所學也。伏願聖明垂聽焉。

臣竊惟天下之患，莫大于以危爲安，以災爲利，實則可憂而以爲大可樂，法家拂士日益遠，而快意肆情之事無敢有齟齬

〔一〕文津閣本，「隆治道疏」作「請顺人心以隆治道事」，並無題記。關中兩朝文鈔卷八作五事疏。
〔二〕「有司多士」，張氏本「有」作「百」。
〔三〕「（幾）〔機〕失」，張氏本、關中兩朝文鈔卷八「幾」作「機」，據改。

于其間，〔一〕積弊而至于蠱，則不可得而救矣，此實天下之大患也。往年夏末入秋，恒暘不雨，畿輔千里，已無秋禾；既又（立）〔歷〕冬無雪，〔二〕暖氣如春，元旦僅雪即止。民失所望，洶洶無聊，憂旱之切，遠近所同。此正陛下撤樂減膳、率臣下以祈惠寧之時也，而在廷之臣如大學士夏言數人者，乃以爲靈瑞而稱頌之，其欺天罔人〔三〕不亦甚乎！其不幾于安危利災，而以大可憂者爲樂耶！孔子告顔淵爲邦在遠佞人，若是而謂之佞人者非耶？大臣之職，輔君當道，志于仁而先天下以爲憂者也。無忠（君）〔亮〕〔四〕體國之心，而居人臣之極位，所謂小人而乘君子之器也，欲天下之治，安可得耶？又如翊國公郭勛者，中外皆知其爲天下之大惡，朝廷之大蠹也。勛之舉動蹤跡，豈能逃于聖鑒？雖陛下盛德優容，不忍即罪，神謀遠慮，自有所處。臣愚以爲，奸不可近，惡不可長，若止之於微，遏之於漸，則朝廷優禮，人臣之體貌未失而勳戚之餘裔亦得以保全而善終也。或使稔惡肆毒，潛干政柄，則羣狡趨赴，善類退處，其爲天下國家之禍日益深矣。治道去其太甚者，此其爲害治之（人）〔大〕〔五〕之甚，所當急去而不可緩也。凡此任用匪人，足以失人心而致危亂者，一也。

天生斯民，立之司牧，君人者奉天以安民，而使之各得其所也。民不得所，則其心不能無怨，民心怨則天意可知矣。古者民勤于食則百作廢，今民勤食不可得而至於離散，離散無所歸而至于死亡。臣近巡視南城，兩月中，凍餒死者八十人，此特南城〔六〕一廓耳。共計五城，未知有幾，目所不及見而在于千萬里之遠者，又未知其有幾，孰非陛下之赤子也？而顛連無告，委命溝壑，蓋望一豆羹蔬食以延須臾之生而不可得也。此正陛下愛民惜財，與天下休息之時也，而土木之（功）〔工〕十

〔一〕「齟齬于其間」，張氏本，「間」下有「者」。

〔二〕「（立）〔歷〕冬無雪」，張氏本、關中兩朝文鈔卷八，「立」作「歷」，據改。

〔三〕「欺天罔人」，張氏本，「欺天罔人」作「欺罔用人」。

〔四〕「忠（君）〔亮〕體國」，張氏本、關中兩朝文鈔卷八，「君」作「亮」，據改。

〔五〕「害治之（人）〔大〕」，張氏本、關中兩朝文鈔卷八，「人」作「大」，據改。

〔六〕「此特南城」，張氏本、關中兩朝文鈔卷八，「特」作「一」。

年于此矣，[二]而尚未止。工部屬官添設者至數十員，又差部官遠修雷壇，以一方士之故浚民膏血而不知恤，則民何以得其所哉？「民惟邦本，本固邦寧」，窮民之力，盡民之財，是自蹶其本根也，而國何以爲國乎？昔漢文帝惜百金之費，不營一臺，故海内富庶。隋氏以盛修宫室，而至于亡國。願陛下以爲鑒戒，則宇内生靈之慶也。況今（倭寇）〔北虜〕[三]跳梁，内寇竊發，警報日聞，加以頻年災沴，上下一空，百計取之，愈爲不足，而興作未已，以結怨于天下。此其足以失人心而致危亂者，二也。

唐、虞、三代之世，君臣每以勤敬之道交相警戒，其見于經傳者，如堯舜「兢兢業業，無怠無荒」，禹惜寸陰，湯坐以待旦，文王日不暇食，武王以敬而勝怠，故能壽躋耋期，治隆熙泰。是數聖人所以崇（年）〔德〕[三]益壽，善政和民之道，不外乎敬與勤而已矣。周公、召公之相成王也，周公則以逸而戒之，召公則以敬而勉之，蓋敬、逸之間，身之修否、政之理亂所由分，此固周、召忠君懇惻之心也。陛下即位之初，勵精有爲，不遑寧處，嘗以敬一箴通示天下，[四]其于堯、舜、三王之道，蓋已心得之矣。近年以来，[五]因聖體違和，朝儀間闕，經筵未講，大小臣庶朝參辭謝，未得一覩聖容，敷奏復逆，未得一聆天語，[六]若是者今已久矣。夫天位者，艱難之器，非逸樂之具也。陛下一身，天地百神賴以享，六軍萬民賴以安，一日二日有萬幾之繁。近聞聖躬調頤，大獲福履，中外臣民罔不歡慶。況此春氣漸和，人思新化，庶官入覲，雝雝肅肅，來自萬里之遠者，孰不欲鞠躬垂委，北面舞蹈，望龍顏以慰快覩之心乎？易曰：「聖人作，而萬物覩。」正今日之事也。若未得瞻於咫

〔二〕「土木之（功）〔工〕」，關中兩朝文鈔卷八「功」作「工」，據改。

〔三〕「（倭寇）〔北虜〕跳梁」，張氏本、關中兩朝文鈔卷八「倭寇」分别作〔北虜〕、「北寇」，據張氏本改。

〔三〕「崇（年）〔德〕益壽」，張氏本、關中兩朝文鈔卷八「年」作「德」，據改。

〔四〕「通示天下」，張氏本「通」作「頒」。

〔五〕「近年以来」，張氏本「近」作「數」。

〔六〕「一聆天語」，張氏本「一」作「以」。

尺，天顔之下，以伸有孚顒若之敬，臣恐人心日益怠惰，中外日益涣散，非隆古君臣同寅協恭以臻太平之氣象也。此其足以失人心而致危亂者，三也。

執左道以惑衆，聖（世）〔王〕所必誅〔一〕而不宥者也。今（巧言令色）〔異言異服〕，〔二〕列於庭苑，金紫赤紱，賞及于方外之士，臣不意陛下睿哲先物，明見萬里，而所爲乃至〔三〕于此。夫保傅之職，坐而論道，古人謂「官不必備，惟其人」，故非道隆德盛，極天下之選者，不足以任此責。今舉而畀諸迂怪之徒，輕之若流品之末，則名器之濫，至此極矣。且陛下以天縱之聖資，爲上天之元子，若遠宗帝王之道，近守祖宗之法，細旃廣厦之下，與公卿賢士講論治道，則心正身修，與天地合其德，與日月合其明，和氣致祥，罔有天災，而山川鬼神莫不寧矣。安用假此妖誕邪妄之術，列諸法禁之地，而藉之以爲聖躬之福耶？甚非聖天子所以崇正遠邪，平平蕩蕩，奉三無私以化天下之（之）〔四〕道也。臣恐風聲所及，人起異議，豪傑之士聞而解體，貽四方之笑，取百世之譏，于聖德國政所損不細。此其足以失人心而致危亂者，四也。

古人有言：「君聖則臣直。」陛下臨御之初，延訪忠謀，虚懷納諫，其于狂直敢言之士往往矜宥，故一時臣工恃陛下之能容，敢以直言冒（于）〔干〕〔五〕天聽，言過激切而獲罪亦多有之。自此以来，臣下懷危慮禍，未聞敢有犯顔直諫而爲匡救逆心之論者。昔人論求言之益，以爲勉強以聽，不若悦而從之；悦而從之，不若道之使言。蓋人臣持禄保位者多，而忘身以徇國者少，雖識見有明暗，言論有得失，在陛下明目達聰，鑒别取捨，于黜陟賞罰付之公論則可矣。若震之以天威，加之以

〔一〕「聖（世）〔王〕所必誅」，張氏本「世」作「王」，據改；張氏本「必」作「以」。

〔二〕「（巧言令色）〔異言異服〕」，張氏本、關中兩朝文鈔卷八「巧言令色」作「異言異服」，據改。

〔三〕「所爲乃至」，張氏本、關中兩朝文鈔卷八「乃」作「一」。

〔四〕「以化天下之（之）道也」，文淵閣本衍一「之」，據張氏本、文津閣本、續藏書卷二十三忠節名臣楊公、關中兩朝文鈔卷八删。

〔五〕「直言冒（于）〔干〕」，張氏本、文津閣本、關中兩朝文鈔卷八「于」作「干」，據改。「冒干」，續藏書卷二十三忠節名臣楊公作「干冒」，亦通。

危禍，如往年太僕[一]卿楊最者，言出而身即死，近日翰林院左贊善兼修撰羅洪先等皆以言罷斥，此於國體治道所損甚多，伏願聖明少致思焉。成湯，大聖人也，仲虺稱其改過不吝，從諫弗咈；高宗，有商之令主也，傅説告以木從繩則正，后從諫則聖。此二君作聖之功，爲萬世人主之龜鑑也。臣非區區爲一楊最等惜也，但歷觀古今以來有天下國家者，未有不以任諫而興，以拒諫而亡者也。今而後，雖有素懷忠義之心者，非灰心仕進、甘退丘園，亦必深自晦藏爲保身計矣，孰敢發口以論天下之事哉？臣恐忠藎杜口，則讒諛交進，上德不能下達，下情不能上通，安危休戚，無由以見，而堂陛之近，即遠於萬里矣。此其足以失人心而致危亂者，五也。

凡此數者，關於天下之治亂，國勢之安危，貽聖心之憂，誠未已也。伏望皇上念祖宗創業之艱難，思今日守成爲不易，察臣忠悃，覽臣所陳，賜之施行，戒飭夏言，務篤忠貞之道，以報國家眷顧禮遇之恩；於郭勛則豫[二]有以裁抑而保全之；止土木之(功)〔工〕，[三]開諫諍之路，屏邪妄之術。陛下仍以慎獨養天德，以天德達王道，以慰人心，以祈天祐，則莊敬日強而彌壽，[四]永于千億，虛靈照物，而忠邪莫可遁逃，其爲宗廟社稷萬萬年無疆之福，聖子神孫萬萬年無疆之規者，端在此矣。臣不勝戰慄懇切之至。

[一]「往年太僕卿」，續藏書卷二十三忠節名臣楊公，「太僕」作「太僕寺」。

[二]「豫有以裁抑」，張氏本，「豫」作「預」。

[三]「土木之(功)〔工〕」，關中兩朝文鈔卷八，「功」作「工」，據改。

[四]「彌壽」，張氏本、關中兩朝文鈔卷八，「彌」作「眉」，義似長。

獄中諫書[一]

臣聞明王之治天下也，上畏昊天之鑒臨，下畏臣民之瞻仰，雖德盛功高，而其惟日不足之心未嘗不求賢納諫，以盡事天撫民之誠，而制治于未亂，保邦于未危焉。忠臣之事君也，雖當道化熙洽之時，猶不忘訓誥保惠之勤，而防微杜漸之惟謹，惟恐一念一事之差謬而貽生民無窮之害也。

古今稱舜者，孰不以爲天下之大聖乎？其聰明睿智出于天性，若無賴於臣下之匡輔取善以自益矣。然舜命禹曰：「予違汝弼，汝無面從，退有後言。」又曰：「臣作朕股肱耳目，不以己德爲已至，而從事于諮諏察納之無遺。」蓋知一念之趨向，則聖狂治亂所由分，而不可以不慎焉，是聖人不自滿足，終日乾乾之心也。禹戒舜曰：「毋若丹朱傲，惟慢遊是好，傲虐是作。」益戒舜曰：「罔違道以干百姓之譽，罔咈百姓以從己之欲。」夫舜豈至違道干譽、咈民從己者哉？又豈至好慢遊、[二]作傲虐如丹朱者哉？禹益不以其君道隆德盛而忘儆戒之，勤懇如此，是人臣保治無窮之心而爲尊君敬君之至也。虞廷君臣都俞吁咈之相與，如手足腹心之一體，而成文明熙皥之治，後有作者弗能及也。伊尹告太甲曰：「有言逆于汝心，必求諸道；有言遜於汝志，必求諸非道。」召公告武王曰：「志以道寧，言以道接。」周公訓成王亦曰：「小人怨汝詈汝，則皇自敬德厥愆，曰：『朕之愆允，若時不啻，不敢含怒。』」古聖哲之臣，所以輔養君德而成功業之盛者，孰不切切焉欲其君以聽言納諫爲心乎？漢武帝之臣有汲黯者，自言有狗馬之忠，願出入禁闥以補過拾遺，又曰：「天子置公卿輔弼之臣，寧令阿譽順從以陷主上於不義乎？且已在其位，縱不言奈辱朝廷何？」魏徵疏唐太宗漸不克終十事，以諫諍爲己

[一] 張氏本並有「稿具而未上」五字。

[二] 「至好慢遊」，張氏本「至」作「自」。

任。君不及堯舜，其心未肯以自已也，故汲黯、魏徵號稱古之遺直，而太宗貞觀之治幾于三代者，有由然也。歷代聖賢之君，莫不樂聞規諫，以来天下之善，以防壅蔽之奸。至秦始皇父子惡〔間〕〔聞〕〔一〕過失，忠諫者謂之誹謗，深計者謂之妖言，遂至上下判隔，遠近乖離，匹夫一呼，天下土崩，不二世而國不守矣。〔二〕我朝孝宗皇帝時，主事李夢陽以言事下獄中，鎮撫司本上，孝宗皇帝問左右：「當何如批行？」左右對曰：「此人狂妄，當笞之以示懲戒。」孝宗皇帝特批釋放，因語輔臣曰：「李夢陽本内事干戚畹，朕不得已下之獄。左右欲朕笞之者，朕知左右之意矣。蓋既得旨必密喻，重笞置之死地以快中官之心，而使朕有殺直臣之名。左右之不忠，一至于此。」輔臣對曰：「陛下此心，即堯舜之仁也。」是故遠而虞、夏、商、周之聖君，及漢唐以来之賢主，近而孝宗皇帝，皆陛下所當取以爲法。而秦以「誹謗」二字鉗天下之口以自取覆亡之禍者，又萬世所當深戒也。以任諫而興，以拒諫而亡，臣往年疏中亦嘗爲陛下言之矣，不知聖明亦曾垂覽否乎？

天下猶人之一身焉，人之血氣不周流者必死，天下之勢，上下之情不相通而不亡者，未之有也。諫者使下情得以上通，上情得以下達，而免於覆亡之禍焉。昔人以爲功多於汗馬之勞者，謂能消禍于未萌也。孔子曰：「臣之事上也，進思盡忠，退思補過，將順其美，匡救其惡。」又曰：「天子有諍臣七人，雖無道，不失其天下；諸侯有諍臣五人，雖無道，不失其國；大夫有諍臣三人，雖無道，不失其家。」當不義，則臣不可以弗諍于君，子不可以弗諍于父。孟子曰：「責難於君謂之恭，陳善閉邪謂之敬，吾君不能謂之賊。」其語齊臣曰：「齊人無以仁義與王言者，豈以仁義爲不美也，其心曰『是何足與言仁義也』云爾，則不敬莫大乎是。我非堯舜之道不敢陳於王前，故齊人莫如我敬王也。」大哉，孔孟之言，眞萬世致治

〔一〕「父子惡〔間〕〔聞〕過失」，張氏本「間」作「聞」，據改。

〔二〕關中兩朝文鈔卷八，文字次序有較大差異。「不二世而國不守矣」下接「於垂死之餘猶哀鳴之」，至文末「使朝廷有殺諫臣之名，其心未必不爲忠於陛下者也」止，不過「陛下者也」被易作「朝」。後復接「我朝孝宗皇帝時」，至「其浩蕩無涯之恩德始終于臣者，可謂至矣，此臣」，且「此臣」下有「不忘陛下者也」，然後接續文尾「近東廠復三四人来獄中」云云。

之道也！伏願聖明留心焉。

臣自嘉靖十一年以病居田里者八年餘，量能度分，安身退處，已絶無用世之心矣。朝廷起臣於畎畝之中，而授之職，既又以罪下獄。臣一時所着〔一〕衣服非度，聖明不即誅死，而惟笞以戒之，此猶天地之於萬物一於長養生成而已。栽培傾覆之殊用，天無私喜私怒于其間也，風雨霜露無非上帝之教。笞以戒臣而全臣之生，孰非陛下之仁乎？陛下于臣已廢而復起之，當死而又生之，其浩蕩無涯之恩德始終于臣者，可謂至矣。此臣於垂死之餘猶哀鳴之，而欲陛下納諫容直，以成君德，以廣君道，與唐、虞、三代兼美比隆，欲竊傚古人屍諫之忠，而盡臣犬馬之報於萬一也。伏願聖明留心焉。

臣又尚記東廠使（記）〔給〕〔二〕臣衣服，然其来者二人焉，臣未知其姓氏。自此以後，或一二人，或三四人，更迭往来，未嘗不日在臣之左右。凡爲臣所經遇者，将百人焉，臣心知其爲東廠使以覘臣者，而口未敢言。臣又察其意向，似有記臣言語動作，以傳聞于天聽之下之意焉，不知果有此事否乎？若誠有之，臣不勝惻怛悲感之切至，而願昧死以有言，此非陛下盛德所宜爲也。古人有言「君道貴明，不貴察」，陛下以睿智居尊，中天下而立，定四海之民，當以正大光明之道化成天下，平平蕩蕩，「毋意，毋必，毋固，毋我」，股肱耳目托諸臣佐，生殺予奪付之公論，不宜偏有視聽作爲之私心，而使羣下得以窺聖衷之淺深也。況今邊隅屢警，〔三〕兵政廢弛，工役浩繁，財用匱竭，暑雨祈寒，生民嗷嗷，君子小人，孰爲當進，孰爲當退？朝政敷理，孰爲當廢，孰爲當興？一日二日，有萬幾之繁，孰非陛下所當深察而遠覽者乎？釋此不慮，而注意一狂言獲罪之囚犯，此何心哉？若陛下以此察臣之心，移之於兵政之廢弛，財用之匱竭，生民之嗷嗷，君子小人之當進當退，朝政之敷理，當廢當興，「念兹在兹」，與公卿賢士日講論之，而圖處之心常如此，實爲宗廟社稷之福，萬方生靈之慶也。況臣當日所

〔一〕「一時所着」，張氏本「着」作「著」，後同。

〔二〕「（記）〔給〕臣衣服」，關中兩朝文鈔卷八「記」作「給」，據改。

〔三〕「邊隅屢警」，張氏本、關中兩朝文鈔卷八「邊隅屢警」分别作「夷狄侵侮」、「外患侵侮」。

言，雖出臣愚昧之見，而一時芹曝之誠，亦未必無可採擇而施行者。若聖明留意，而臣言有補于聖政萬一，雖誅死即不朽矣。泰山不讓土壤，故能成其高；河海不擇細流，故能就其深；王者不棄芻蕘，故能極其聖。伏願聖明留心焉。

又，臣初下獄時，鎮撫司官倪民、孫綱以聖怒赫然之下，臣罪深重一時，不令臣自通飲食，惟日給臣以官米，臣又不便所食，又病幾死。後陶某等許臣家人自送淡粥麪湯，日得二飡，今四十五日〔一〕有餘矣。延此一息，尚未死滅，此實陛下好生之德，覆載之恩之所及，而諸臣不欲置臣於死，使朝廷有殺諫臣之名，其心未必不爲忠于陛下者也。近東廠復三四人來獄中，鎮撫司自官吏以至守獄校〔二〕卒皆戰慄儆懼，日夜戒嚴，復絶臣飲食，似有欲臣速死之意。臣今一死，雖無所惜，誠無所難，但臣愚慮謂絶飲食以置臣于死，決非聖心所欲爲，竊恐有譸張爲幻者，過爲訛言，恐動衆心，使至于此，則事未可知。伏望皇上洞開日月之明，照此幽隱之地，若臣罪當誅，即明正典刑，肆諸市朝，以爲人臣事君不忠者之戒；若察臣忠悃，憫臣狂愚，罪從末減，或遠謫邊戍，放歸田里，此又聖主宥罪赦過之洪恩，非臣負罪深重者所敢望也。惟聖明亟賜裁處。臣不勝兢惕懇切之至。〔三〕

〔一〕「四十五日」，張氏本「日」作「月」。
〔二〕「守獄校卒」，張氏本「校」作「小」。
〔三〕關中兩朝文鈔卷八，文末並有「謹具書，昧死叩首叩首獻」字樣。

楊忠介集卷二

序

周易辨録序

予久蒙幽繫，自以負罪深重，憂患警惕之念，即夙夜而恒存也。困病中，日讀周易以自排遣。愚蒙管窺，或有所得，則隨筆之，以備遺忘。歲月既久，六十四卦之説畧具矣，因名曰周易辨録。繫辭曰：「困，德之辨也。」吾以驗吾心之所安，力之所勝何如耳。若以爲實有所見，而求法於古人焉，則吾死罪之餘，萬萬所不敢也。嘉靖二十四年八月日爵謹書。

獄中詩集序

去年春，予以罪下北司獄。既而緒山錢子、白樓趙子皆以負罪同繫於獄，如楚囚之相對也。二子者歎舊業之易荒，不以蒙難爲意，時時讀易。余以圜牆之中而得賞奇析疑之樂，因與二子取六經、三史、諸子百家，[一] 數相論難，情興感觸，發爲

[一] 雪齋案：張氏本「負罪同繫於獄」至「二子取六經、三史」，文字差異較大，具體作「事相繼來繫，既經冬，共慨時光云邁，舊學易荒，咸願以文相會輔，於是錢子讀春秋，趙子讀易，予以困病，弗能自強，亦（閒）〔間〕佔畢於禮經、庸、學、語、孟」。

詩歌。古風、近體，各有所得，歲月既久，總成一帙，録藏巾笥，意不在詩與文，而在無忘今日患難相與之心也。故吾三人每相聚語，未嘗不嘆相遇之奇而幸其相處之益也。古者大聖賢之心，學淵源相與，神交默會，故有「誕先登岸」，不假於困窮鬱抑而後成，然以動心忍性，熟其所存，精其所履，而優入於神化之境者，自上智而下，恒多有之。吾觀錢、趙二子，景希先哲，探討幽秘，亹亹不厭，他日行所學以福斯世，而成可久可大之事業，其與涵養家塾而措諸廊廟者何異耶？顧予庸疎多罪，劣於振拔，幸得竊其影響，補愆省咎，而僅比於折肱知醫之萬一焉。夫以多凶多懼之區，而爲進修之地者，亦在乎心之存不存何如耳。時嘉靖壬寅秋七月既望，爵書於獄中。

雪夜吟集序

余與錢子洪甫同獄中，得其父心漁翁所著有雪夜吟集，而相與序述發揚，顯心漁翁之心與行，而可與傳後者，多海内之名士。余讀之不能不有所感於心也，天賦人以聰明才知，豈可飽食終日、無所用其心哉？〔一〕心漁翁發之於詩，〔二〕其過人〔三〕者亦多矣。詩歌琴曲〔四〕之類，且不過以〔五〕此一種之樂趣，以養其悠然自得之性情，而忠孝大節乃其平生之懷抱，今詩歌中往往見之；而循自然之理以任乾坤之句，幾於樂天知命者矣。夫有大抑鬱，必有大亨通，固理數然也。吾觀心漁翁之子孫，濟濟多英才，而長子洪甫進士方任刑部員外郎，以學行知名於世，天其有以慰心漁翁之心乎！

〔一〕張氏本「聰明才知」至「無所用其心哉」，作「如此之明識，乃復阨之，使弗得以究其用心」。
〔二〕「發之於詩」，張氏本「發之於詩」作「之胷次」。
〔三〕「過人」，張氏本「人」前有「於」。
〔四〕「琴曲」，張氏本「曲」作「簫」。
〔五〕「不過以此」，張氏本「以」作「玩」。

蒲城縣志序

予讀王制，有曰：「凡居民材，必因天地寒煖燥濕，廣谷大川異制。民生其間者異俗，器械異制，衣服異宜。修其教，不易其俗；齊其政，不異其宜。」知天下郡邑之有志，其作蓋繇於此乎？蒲城縣志凡十篇，縣尹姜子、教諭徐子所創編也。歷春秋戰國，迄於國朝，凡二千餘年。一方故跡，亦畧可見矣。志既成，徐子手持以示予，且請序諸首。

夫志之爲言識也。蓋郡縣有沿革，物産有饒乏，人事有得失，識之以備考稽；均貢食，昭鑒戒，述往事以告後之人焉。所謂修教齊政之事，所繇得也。是志所載，天文地理人事皆有焉。予取其人之有關於世教者言之，涖官如張戩，孝子如趙玉，烈婦如姜溢妻，其休聲懿聞，百世之後聞之者可以興起，此志之所以不容已也。夫人之趨向能正，斯所覽而可爲，廸己之地，苟心存不善，雖嘉言美行，日聞於耳，弗能入也。君子而能大其觀，則修己治人之道，亦可于斯志而有得焉，斯固志者之意也。姜子名某，字某。徐子名某，字某。二子，西蜀人也，守官而能以文獻爲心如此，亦異於世俗之見矣。

贈汪兵備兩尊人壽序　公諱尚寧先爲程家立嗣後復姓

嘉靖乙丑年，封君之子廷德與爵同舉進士，官行人司行人，交與日深，廷德不以爵不肖，取爲同年友。壬辰年，爵以御史謝病歸，廷德以年不與科道舉歷部郎，補兖州府知府。庚子歲，爵復承乏前職，廷德入覲京師，復會於燕山客舍中。叩其所造，淵乎未可窺也。次年，辛丑春，爵以罪下獄，踰五年，爲乙巳秋，蒙恩宥，爲編民。廷德以吾陝兵備守潼關，遇於途次。未幾，爵復以罪逮北行，事出不測，遠近震駭，廷德送傳舍，握手以別。丁未冬，爵復蒙恩歸田里，時廷德移守慶陽，致書林下，謂其父母年高，凡吾同好者，當有言以壽之。夫子之善，父母之善也。廷德明識器宇，自其弱冠時已若素定，然歷官所至，仁澤義聲聞於海内，爵實與陜民同在漸被中，孰非封君暨太夫人德善所及乎？爵願祝封君、太夫人曰：公有賢子，行道濟時。惟天眷德，自古若兹。公之夫婦，耄期稱道。公之夫婦，壽考無期。耄期稱道，壽踰百齡。子子孫孫，承於無窮。

賀昝浮巖公八十序

御史龍谿昝子學父浮巖公壽登八十，親友以公賢德享壽，子孫克肖，咸願往賀。予爲先之以言，孔子曰：「仁者壽。」解之者曰：「静而有常，故壽。」浮巖公常侍父病，致憂三年，心不少懈。父殁，值歲歉未克舉葬，衰絰不去身者八年餘。致哀於父，致養於母，兄弟翕好，同飲食者五十年。此其心與行，豈易及哉？蓋崇本篤内，爲闇然以修之賢者也。蚤事詩、書，亹亹不厭，開諭後學，多所成就，即子學爲關、輔名士，可知矣。周人之急，不吝所有；稱人之善，忘其所短；謀人之諮，不踰於道。有司知其賢，俾以冕服與鄉飲酒禮，大抵虚中循理，莊重凝静，固所以致長年。揆公素履，其完復天，則培固眞原而周旋矩度者，率由此道。今其耳目聰明，動履強健，則又壽躋未艾之徵也。詩曰：「如月之恒，如日之昇。如南山之壽，不騫不崩。如松柏之茂，無不爾或承。」請以是爲浮巖公壽。

記

處困記

嘉靖二十年二月初四日，余以河南道監察御史上封事有罪。次日，下錦衣衛鎮撫司。十三日夜，蒙笞。十七日夜，復蒙訊鞫。血肉淋漓，喘息奄奄，而所以困苦之者，則又日夜戒嚴未少疎焉。斯時也，余自謂死在旦暮，且以得速死即爲幸矣。既數月，刑瘡之潰裂者雖少完復，然殘傷毀敗之餘，形狀欒欒，動輒顛躓，亦未敢以萬一獲生之意自望也。

忽一人謂余曰：「子之險難，其將免矣。有一賢者焉，以救子爲事，疏之上已數日矣。」予問爲誰，其人不以姓名告，但曰：「俟一二日，當自知之。」已而户部廣東司主事周公天佐下獄中，余未始識周也，時獄戒甚嚴，又未獲一相面語，惟聞衆驚愕囂囂語，及疾趨往來躑躅聲。周笞之既重，其困苦之者視余之慘則又甚焉。余慮其弗能堪也，呼一人即膝上手畫「困卦」二字，使以潛慰之，乃示以「困：亨。貞大人吉，无咎」之義也。聞周首之，且微有笑容。次日，余詢公之起居於同逮麻知州，時公已逝矣。麻不欲以驚悸告，但紿之曰：「必無事。今日飲食稍能進矣。」其卒爲五月初八日未時也。數日驗出其屍，天震雷。屍既出，雷已。予哭之以詩，有「天上烈星墜，人間草木愁。滿腔都是淚，只向暗中流」之句。周以忠義英烈自振奮，下獄未三日即死，人情慘（怛）〔阻〕，〔一〕聚語洶洶，皆爲余懼。炎氣蟲蟲，獄地蒸濕，徂暑流火之際，余所着者尚爲冬月之（布袍）〔袍布〕，〔二〕重以嚴禁，力弗能堪，惟思古訓格言可益身心，如孔顔問答之類者，潛玩其精藴與其氣象，以自寬自解。覺有得焉，忽不知桎梏在躬，而忘其身世爲囹圄中之一羸憊囚徒也。

繫及冬初，刑部員外郎錢子洪甫以事下獄。錢子，余同志舊友也。相見甚歡，數相語皆崇德切要工夫，〔三〕未嘗以困苦廢忠告，蓋恐爲有道者笑也。居旬餘日，錢子送御史臺擬罪。余願有以爲別。錢子曰：「静中收攝精神，勿使遊放，則心體湛一，高明廣大，可馴致矣。古人作聖之功，其在此乎？」别未久，錢子復以前事來獄中。

時御史浦公鋐自巡按吾陝西處，上疏救余，械繫來京。十二月二十四日，下北司獄中。別處一室，衆皆洶懼，莫敢窺

〔一〕「人情慘（怛）〔阻〕」，張氏本、關中兩朝文鈔卷八「怛」作「阻」，據改。
〔二〕「冬月之（布袍）〔袍布〕」，萬曆本、張氏本、關中兩朝文鈔卷八、關學宗傳卷二十「布袍」作「袍布」，據改。
〔三〕「切要工夫」，張氏本、關中兩朝文鈔卷八「工」作「功」。

伺，惟錢子往候之，爲守浦者遮拒，未獲與言。除日晨旦，浦公蒙笞，移就予室，同加嚴禁。公既傷重，弗能語，惟聞有呻吟聲，衆包之以衾，共以手舉寘之余傍。居移時始甦，余呼以老兄，謂之曰：「老兄固不自愛矣，如時政何？」公毅然應之曰：「今日之舉，吾廵按陝西之責之一事也。於子誠無所與，子勿復言。」既而告余以關中人材風俗之大畧，及所著全陝政要集，繫過華陰有題華山詩，出境上别秦中父老詩，皆能爲余誦之。有以公事來者，遇公甚厚，公感其誠意，口占七言律以謝之。余從容謂公曰：「吾兩人者，地分秦魯，相去數千餘里，絶跡仕進，甘老林下，同一志也。往年詔（用）〔起〕[一]廢官，復御史職者，惟吾兩人而已。未幾，皆以言獲罪。今日同一柙鎖者，則又吾兩人焉。事至於此，豈偶然耶？吾人處世，榮樂則心存於榮樂，患難則心存於患難。於今日之憂困而安順之，亦百年中所作之一事也。」時錢子亦以善處憂患爲吾兩人慰。余既日夜在側，執弟遜[二]禮甚恭，遇守者或失之麤厲。公戒之曰：「内文明而外柔順，處患難之道也。」忽一日，公自覺寒熱交攻，坐卧弗寧，余知其刑毒將潰，凶之徵也，即夜破一磁盞，刺其傷處，血流弗止。公自謂覺少寧息，但神益昏潰，飲食少進，食即嘔出。公既危甚，守者見余情狀迫切，慮自殺，防之甚急。是夜，以（銕）〔鐵〕[三]索縛余臂，聚而守之。已而，公不語矣。余執其手，哭之甚慟。良久，公復少甦，問哭者誰也，左右以余對。公曰：「子無過慟，吾死於此，命也。」語畢卒，時漏下三鼓，爲正月初六日子時也。余枕屍慟哭，徹旦未已。迄今語及，未嘗不流涕也。

錢子以浦、周二子之死也，其死以浦、周二子之事也，謂余之痛似可以少已焉。夫固然矣，古之君子，得志則道可行於天下，不得志或亦有以善一方。德厚者動而爲世道之益，否則，無往而不損焉。今日賢人君子之過，雖非我所敢致，亦由我而有之矣。夫非積未誠，而動未審歟？吾豈怵中懷危，蘇蘇而爲汔若者耶？即憂困中省愆思咎之心誠未已也。故述吾

[一]「詔（用）〔起〕廢官」，張氏本、關中兩朝文鈔卷八，「用」作「起」，據改。
[二]「執弟遜禮」，關中兩朝文鈔卷八，「遜」作「子」。
[三]「（銕）〔鐵〕索」，張氏本、關中兩朝文鈔卷八，「銕」作「鐵」，據改。

獲罪之顛末以自責而自勵焉。時嘉靖二十二年三月十二日，爵書於獄中。〔一〕

續處困記

予下獄蒙笞後，司官絶余供食，日給囚飯。予以事非君命，特過於奉承者，一時不以生道處予，故義不忍食。時繫獄同屋居有張清者，頗尚義氣，予得資與共食焉。既而錢洪甫下獄，得自通飲食。家人附供食物，書予姓氏者不聽進，乃約以再字别之。凡書再某物者，知其爲寄予物也。踰年，洪甫出。工部員外郎劉子煥吾下獄，亦如洪甫爲予處之。又踰年，吏科給事中周子順之下獄，亦絶其飲食。於是予與順之皆依與煥吾同飲食。乙巳年八月十二日，予三人俱蒙恩放歸田里。取道於通州張家灣，同舟南下，至臨清州，予由陸路西去。九月十一日，上密諭東廠，使復拘予三人。是月二十八日，使者至予家時，予抵家甫十日，即刻起程。十月二十四日，至東廠。次日，蒙旨下鎮撫司，照舊監禁，不許怠縱。

始予以罪下獄時，户部主事周公天佐及監察御史浦公鋐相繼救予，皆以重笞死獄中。旗士蘇宣以東廠使具予言動及囚繫狀，積五日一上奏。宣以厚予，爲予遭譖下獄，笞，幾死。予皆别有傳，以載其事。至（足）〔是〕，〔二〕治廠事太監徐府以拘予事係密傳拘至，不宜題本，笞八十，降南京小火者，於是人情悚懼，皆慮禍及於己。既下獄，即絶予飲食。凡予所具氈履以禦寒者，悉奪寘庫中，惟慮困苦予者或未極也。獄中繫逮者百餘人，見予皆遠避，或偶以一言接者，則縮頸斂足，左右顧瞻，如與境外異人相通而恐禍出不測也。章生勺，浙會稽人，壬寅年，以事逮獄，與予同屋，講周易。司官以講讀事不宜外聞於人，乃寘生於别屋，戒不得與予見。予出獄時，過生門，呼以相别，至是生爲予具飲食，使小校者以布裹砂鍋藏衣襟

〔一〕 關中兩朝文鈔卷八，文末有清李元春（時齋）按語，云：「予讀此未終篇，失聲隕涕者再，亦不知何故。」

〔二〕 「至（足）〔是〕」，張氏本、文津閣本「足」作「是」，據改。

下，朝暮供之，獄卒多以患害恐生者，生不爲動，則應之曰：「以此得罪死，不恨。」予密論生勿發危言，當以貞艱晦默相濟處。

初，予繫過孟津縣，謁夷齊祠，度以罪當復縶，非君命而禁予自供食者，當餓死，故題詩壁上，有「願借首陽方丈處，藏吾天地一殘軀」之句。比入獄，嘗盡日不食，司官使告予俟劉、周二子來，處當如舊。十一月初二日，順之至廠。蓋順之得抵家拜其母，次日即行。煥吾未抵家，七十里聞使者先至其家，縶其弟以行，即趨應使者。順之至廠十一日，同下錦衣衛南監，即轉鎮撫司。是日，夜漏將一鼓，予困於杻鎖，見獄户未闔，守者燃燈若有所待，予度必二子將至。須臾，聞步過，外有（鉄）〔鐵〕鐐聲。既又獄卒繫杻木，羣出力叫吼，聲響聞數十步，索（鉄）〔鐵〕鍊以縛二子，呼聲震動。守者一人，坐予傍，訝之曰：「何爲其然，捕得虎來耶？」忽一校者走門内，告予以二子使（間）〔問〕[一]候，予笑曰：「困縛中，不忘致寒温意，可以見二公胸次矣。」煥吾、順之各居一屋，皆在予屋後左旁[二]南向，厠門在予屋前右東向。次日，天明，順之登厠，而予屋[三]户板扇外有栅，向内掩，[四]晝常鎖之。予不得出，乃隔栅與順之相勞苦。予問順之至家得見其母夫人納福，順之惻然悲傷。始予不食囚飯，嘗於暗室中誦孟子一簞食豆羹章以自涵畜。至是，順之亦不食，謂予曰：「囚飯之食，呼蹴之食之類也。乞人尚不屑，而我乃屑之乎？」予笑以爲然，因謂順之曰：「寧以璧碎石上，作羣玉屑，安能甘此侮污，爲全瓦礫耶？」或以順之與予共約不食，蓋所見偶同，實未嘗相約也。煥吾曰：「朝廷既待我以不死，吾豈忍以不食而死乎？」順之曰：「伯夷、伊尹、柳下惠，不同道而同歸於仁。今日之事，各行所志可也。」司官聞予二人不食，許以煥吾名通飲食。[五]

[一]「使（間）〔問〕候予」，張氏本、文津閣本「間」作「問」，據改。
[二]「左旁」，張氏本「旁」作「右」。
[三]「而予屋」，張氏本「而」作「過」。
[四]「向内掩」，張氏本「向」作「尚」。
[五]「名通飲食」，張氏本「名」作「各」。

既數日，復使告，謂：「冬久旱，上祈雪未應，心甚急，恐加怒於予[一]三人，而許通飲食則事屬怠縱，懼以餘罪相累耳。明日，當復阻之。」予應之曰：「必吾三人者餓死，天乃雨雪乎？」一校者繁髯方面，從傍聞之，怒罵曰：「此非人所言，乃食草者之云也。」順之顧謂予曰：「此言皆可紀也。」次日，食果不進。各鎖予三人於冷屋中，戒無一人敢相見，門外饁食往來紛然。予三人四壁寂静，兀然獨坐，勺水粒米，日不及門。章生餽食弗能達，生亦奮然不食，間以乾餱使隔栅潜遞之。百户雷聰居近予，偶得薄粥，食予三人。獄卒赫然罵[二]叱之，即欲以柙鎖困苦聰，聰再四謝罪，始獲免。

時東廠月以六人日來覘視。楊楝國用者，孝子也。其母病，楝嘗割股。見予三人展轉阻阨，嘆曰：「豈可使懷忠義者困迫若此？」乃往見司官，謂：「主上仁聖，於三人者欲其生，不欲其死，恐未可以非道相加，而使饑以死也。」於是司官使許煥吾得自供米物。賴君恩浩蕩，終不加怒，予三人得躬爨餬口，相與痛省愆咎，以答上玉成之至仁，而延此憂患之歲月耳。

自予下獄，身負重譴，凡士大夫以罪繫獄拂上意者，司官必以予例處之，如兵部侍郎張漢，都給事中尹相、林廷壆、張堯年，御史何惟柏、桂榮。一時下獄者，皆絶其食。時煥吾在獄，故諸人皆得托以自致，而忘其爲剥膚災也。及予三人復下獄，始知凶禍切骨，而日所履者皆窮絶之地，至是則有致命遂志而已矣。

予所居屋前，有左右二屋，皆南向。屋中不設柙（闕）（木，往時士大夫下獄者皆居之，未有居深室囚木者，而居之自予始；亦未有絶飲食給囚米者，而絶之亦自予始。竊恐復有觸忤權倖而下獄者，必藉口於予。今日則枵腹待斃者，或有之，

[一]「加怒於予三人」，張氏本「予」作「子」，義似長。

[二]「赫然罵叱」，張氏本、文津閣本「罵」作「詈」。

使」〔二〕豪傑解體，而時事不可救藥，安知其不基於此乎？是予以一時狂妄之罪，而貽國家無窮之禍也。煥吾、順之嘗曰：「己身不足惜，而懼以罪累朝廷耳。」故述此爲憂世之君子告焉。〔三〕嘉靖乙巳年季冬望日書。

碑記

關帝廟碑記　傳此文成而夢帝來謝云〔三〕

大王〔四〕生值衰漢，鼎祚將移，扶眞抑僞，存夏誅夷。振威德於宇内，昭令聲于千古。本其所以至此者，一念忠義〔五〕所致也。夫當危迫之際，秉燭達旦；顛沛之餘，知有不失。〔六〕是心也，與古聖哲致嚴幽隱、之死靡他夫何異焉！是爲記。

〔二〕雪齋案：文淵閣本有闕文，爲「屋中不設柙闕」「時闕」「給囚米者而絶之，亦闕」「而下獄者必藉柙於予闕」，張氏本「屋中不設柙」至「豪傑解體」間文字頗詳盡，兹據增補。文津閣本，無「予所居屋前」至「嘉靖乙巳年季冬望日書」語；亦無後碑記數篇文字。

〔三〕「告焉」，張氏本，無「焉」。

〔三〕張氏本，無原注云云。

〔四〕「大王」，張氏本，「大」作「夫」。

〔五〕「一念忠義」，張氏本，「義」作「貞」。

〔六〕「知有不失」，張氏本，「不失」下有「元德」。

（洪）〔靈〕濟顯聖王廟碑記〔一〕

（闕）〔靈濟顯聖王，眞寧縣之湫泉也。淵水清□□，禱而輒有應。褒崇之典貽，漢歷□□〕〔二〕今號，國朝因之。以官是土者，春秋享祀，〔三〕報祈匪忒。四方祠宇，無慮數百，皆載其泉水一卣，以每年孟夏八日，注舊水于泉，浥新者以歸。遍歷村落，犧牲禋賽，謂之遊水。然以卑微而瀆尊神，非義也。祠之在降村者，歲久材木敝朽，居人趙欽與僧海珠撤而新之，〔四〕費出家資，無與鄉人，乃介徒丹賓以請記于予。予以事不經，舉辭不可，繼聞趙欽者五世同炊，家門禮讓，乃嗟嘆者久之。畧其所昧，而爲之述此。

蒲城姜侯去思碑

上即位之十六年，廣開言路，益隆治化。徵天下有司之有政聲者，會京都，將遴選俊彦以充臺諫之官。而蒲城姜侯與焉。蒲城耆民懷姜侯之德，謀欲樹石以傳不朽，乃趨而言于予曰：「自侯之涖我蒲城也，幹辦勤敏，聽斷明決，撫字懇篤，而我民賴以安且治，此其大端也。而他善之可述者尚有之。今既去矣，我民之思誠無已也。獨不能爲我侯一言以顯其善

〔一〕「（洪）〔靈〕濟顯聖王」，萬曆本、張氏本「洪」作「靈」，據改。

〔二〕文淵閣本有闕文，爲「闕」，「褒崇祀典闕」，張氏本雖有兩處墨丁，但文字頗詳盡，兹據增補。

〔三〕「春秋享祀」，張氏本，無「祀」。

〔四〕「撤而新之」，張氏本，「撤」作「徹」。

乎？」予謂之曰：「來爾耆民，吾語汝。夫人之誠於修善者，固不待譽之而後顯，抑豈毀之而能泯也？果善也，掩之而愈揚也，遏之而愈光也；果不善也，石之樹也，適足與後人嗤笑之具耳，亦何益？吾不識姜侯爲何如人，然其操心飭行在公論，敷理經營在蒲城四境之内，而德澤在汝民與汝子孫之心，擬其才善有所能，或即臺諫而推轂薦揚之在（史）〔吏〕[一]部，寵賚之典恩斯渥斯有加而無已在聖天子，吾與汝民何有哉？汝所謂幹辦勤敏之云云者，乃有司之常事耳，烏用書？今誠無已，宜書汝民不忘姜侯之意，以告後之人。後之人聞姜侯之善其職，亦有感慕而興起者矣。」衆皆曰：「可。」予遂述相與言者記之，俾歸而勒諸石，題曰姜侯去思碑。

韓紫陽墓誌銘[二]

嘉靖（己未）〔丁未〕[三]冬，予得免罪歸田里，道聞紫陽有父喪。時紫陽方病，執予手哭，即喪次相與偶坐，爲予道痛苦，至夜分始罷。今年戊申春，予遣子偲往候焉，時紫陽病已極矣，乃强起寄予書曰：「某不自成立，志餒氣弱，言狂行肆，義未立於鄉黨，信未孚於朋友，情未盡於兄弟，恩不及於妻孥，面折士夫之是非，口規朋類之短長，以此取訕於人，受謗於己。至於順祖孝親，一念眞素，敢自質之鬼神焉。生平輕財重義，嘗謂偶得任偶失，適來從適去。自謂可列於狂士之後焉。今病在彌留，枕上口道，言無倫次，願執事爲我採擇書之，納諸壙兆，以示後人，誠不敢毫末涉於矜譽也。」病中又寄懷予五言詩一律，予讀之，深爲傷悼。苐（第）予患足疾，阨於道遠，不得再會紫陽，相與一面焉。今春三月初四日，訃報紫陽已逝

[一] 「在（史）〔吏〕部」，張氏本「史」作「吏」，據改。

[二] 張氏本，韓紫陽墓誌銘與下篇明故韓安人屈氏墓誌銘則移至卷七誌銘，次於京來壙誌銘之後。

[三] 「（己未）〔丁未〕冬」，張氏本「己未」作「丁未」，據張氏本與年譜改。

矣。其子仲讓持狀問銘。

嗚呼，痛哉！人生於世，與石火奔矢何異也？達人知命，固洞徹始終，[一]然死生之際，豈易言哉？嗚呼！紫陽已矣。予果即[二]紫陽臨終之言，爲誌其墓。

紫陽，姓韓氏，諱邦憲，字(闕明)〔汝明〕。[三]紫陽，其別號也。世居朝邑南陽洪，爲元金牌萬户之後。高祖諱恭。曾祖諱整，字子肅。祖諱英，字世傑，好賓客，喜施與，修宗族之恩，廣鄉閭之義。父諱續宗，字裕慶。母仇氏。慷慨多義士，(闕)文。生紫陽兄弟三人。紫陽，其冢子也。紫陽天性敏悟，少即以英氣自負。十二三學文章，十五六通詩賦(闕)。蓮峯先生大奇之，謂其子苑洛曰：「此子乃吾家芝蘭玉樹，汝輩難兄弟也。」每試輒居前列，一時名士靡不推讓。及累科不得志，卽棄去舉子業，以詩賦自娱樂，胸次超然，於世俗趨向畧不芥蔕。

詩之積者，千百餘首。嘉靖甲午，被洛水災，飄流殆盡，止有紫陽集、樂府遺意行於世焉，所謂存十一於千百者也。居閒一室，上書對曰：「暗室抱無愧之心，鬼神如見；幽居懷自得之樂，花鳥猶知。」生存六十餘年，一言一行之微，未嘗與斯言相背戾也。修身謹行無異古之逸民高士，豈但詩詞文章之工而已哉！此名公鉅卿重其爲人，未嘗以微賤棄也。

天下之事，處常易，處變難，至於易簀之際，神思不亂，尤人所難也。紫陽病，將瞑目，兒女號哭於側，忽然復甦，顧謂其子曰：「死生常事，何以哭爲？」猶口占一律[四]以留別：『關輔鄉邦亦有名，一兒兩婿是豪英。明年得出幽堂口，洒淚西風看有成。』語畢而氣息。嗚呼，痛哉！紫陽病革，所言雖多自責自咎之意，要皆不自滿足之心，爲篤實謙光忠厚君子

[一]「洞徹始終」，張氏本、關中兩朝文鈔卷八「徹」分別作「鑒」、「悉」。

[二]「果即」，張氏本、關中兩朝文鈔卷八「果即」分別作「果紀」、「因憶」。

[三]「字(闕明)〔汝明〕」，張氏本、關中兩朝文鈔卷八「闕明」分別作「汝明」、「紀明」。據張氏本改。

[四]「口占一律」，張氏本、文淵閣本、文津閣本、關中兩朝文鈔卷八同，但疑「律」應作「絕」。

也。〔一〕

配許孺人，先紫陽六年卒。子仲讓，邑學生，娶李氏，庚子舉人友眞之妹。側室劉氏，耆民倉之女也。女二，長適侍御渭野（闕）次子、廩膳生員樊藻，次適余子、生員楊偲。孫男二人：士文，士武，生方三歲。孫女四人：一字生員王應祥，二字閆士吉，〔二〕三、四尚幼。紫陽生於成化癸卯二月初八日，卒於嘉靖（三）〔二〕十七年三月〔三〕初四日，壽年六十有六。仲讓卜以卒年四月初四日，合葬許孺人華原山之塋。銘曰：

紫陽幼志，固嘗有所求矣。求而得之，於紫陽何加？而今於紫陽何損也？

宇宙茫茫，與古今人同歸於幽室焉。

明故韓安人屈氏墓誌銘

韓安人屈氏者，故都憲華陰縣屈公之次女，故山西布政司左參議朝邑縣五泉韓子之配，以韓子官得封「安人」。韓子，諱邦靖，字汝慶，號五泉子。父福建按察司副使，曰蓮峯先生。都憲公爲諸生時，嘗受尚書於蓮峯先生。既舉進士，又嘗與之同官，遂以安人歸於韓氏，配五泉子。

正德間，余遊五泉子仲兄苑洛先生之門，得與五泉子友。時五泉子自工部員外郎奪官家居，余惜其豪傑之才而不爲世用，後起山西左參議。未幾，即早逝。余嘗躬弔墓下，爲之痛哭。

〔一〕「篤實謙光忠厚君子」，關中兩朝文鈔卷八，「厚」作「謹」。

〔二〕「閆士吉」，張氏本、關中兩朝文鈔卷八，「閆」作「閻」。

〔三〕「（三）〔二〕十七年三月」，張氏本、關中兩朝文鈔卷八，「三」作「二」，據張氏本改；「三月」，關中兩朝文鈔卷八作「二月」。

安人生一女，無子。五泉子擇其族子仲譜以爲後。至是，其伯兄太守公使來告，其弟婦安人屈氏殁，且屬墓銘。嗚呼！世固有勇於修身而福履不永於身後，如五泉子者，天道於此竟何如也？五泉子之才之德，夫人孰不以爲修仁而作善者乎？奈之何天之與於若人者僅至斯也。據五泉子外姻河津縣尹樊子恕夫狀，安人秉性貞淑，多穎異。年十餘歲，都憲公以小學、四書教諸子，安人從傍聽之，即能默記，曉其大義。既長，歸於五泉子，能修婦職，以盡婦道。於詩不經意間亦有作，五泉子不欲其以有善聞，〔一〕嘗秘不示人。

嘉靖癸未年，五泉子病革。安人夙夜祈禱，願以身代其死。五泉子竟不起，安人欲自殺以殉。其姑閻恭人與諸妯娌止之，得免。安人母石氏恭人常病傷寒，安人極致其憂，至嚐其污穢以察吉凶。遭都憲公之喪，則哀毁過度，諸兄弟送終以禮，多其畫贊云。其他孝舅姑、順夫子、寧父母、慈卑幼、恤窮乏，平生淑履大致，率可稱述。自五泉子殁，稱未亡人者十有四年。於婦人居常容飭之修，〔二〕一無所事。至是殁，乃嘉靖丙申八月初六日也，距生成化丙午八月二十二日，壽五十有一歲。

女名異元，安人在時，尚未許人。太守公命仲譜於其殁年十月初三日，啓五泉子之兆，合葬於先塋之次。銘曰：

天道遠，人道邇。斯人勿以天道之故，暗於其所履，如五泉子之夫婦，胡不軌以常理？天其或以世俗之所謂福者易之，而成其美也。〔三〕

〔一〕「以有善聞」，關中兩朝文鈔卷八，「善」作「才」，義似長。

〔二〕「容飭之修」，張氏本，「飭」作「飾」。

〔三〕關中兩朝文鈔卷八，文末有清李元春（時齋）按語，云：「屈安人詩才與五泉埒，作雖不多，不減古歌。黄鵠諸篇，前人選多登之者，篇中不極贊此，亦恐掩其德也。」

楊忠介集卷三

傳

周主事傳 原疏附

周主事，名天佐，字字弼，號磧山，福建晉江縣人。登嘉靖乙未進士，授户部廣東司主事。以言得罪，死於獄中。楊爵曰：凡天佐其他行實，爵未能詳知，今不記；姑記其死之歲月日時與其所由以死焉耳。

辛丑年春，爵以監察御史上封事。大畧謂雪雨不可爲祥瑞而頌之，謂權奸不可爲忠信而邇之，謂土木之工不可不止，謂朝講之禮不可不修，謂邪説之妨政害治者不可不斥，謂讜言之益國與民者不可不聽。凡此皆爵一時愚昧之見，狂妄之詞，信有罪矣。二月初四日，干冒宸聰，初五日械繫下獄，十二[一]日夜蒙笞，十七日夜復蒙笞，且備極拷掠，血淋漓，衣前襟盡成赤紫色，桎梏杻鎖，晝夜困苦，間伺驚惕，罔敢疎寛。(至)〔坐〕[二]臥處，血流地上，可手抔之。履襪衾苦之類爲血所沾，若滯於水中。然天威震動之下，人人悚懼，謂爵必死而不可救矣。

延兩月餘，夏四月初九日，九廟災，天子詔百官使言時政闕失。天佐應詔上疏，其畧曰：陛下以宗廟災變，痛自修省。

[一]「十二日夜」，張氏本「二」作「三」。

[二]「(至)〔坐〕臥處」，張氏本「至」作「坐」，據改。

凡政事闕失，許各衙門條陳，且欲務關國體民瘼，不許泛濫彌文，虚應故事，仰見皇上畏天之誠，求言之切，治道更新之會，轉災爲祥之機也。大小臣工孰不感惕，思效其愚？乃今闕政猶有在，而忠言未盡聞，此何故與？實以聖明採察之度（不）〔未〕〔一〕宣，而臣下畏望之心猶存也。蓋示人以言，未若示人以政，求言之切乃示人以言耳，而御史楊爵之獄未釋，是未示人以政也。臣時即欲冒昧上陳，但聞詔書且下，意曠蕩之恩必首及楊爵，今復不蒙恩宥。臣展轉思之，心實未安，況明旨既許條陳，苟有所見，寧忍終默？國家置言官，以言爲職，楊爵所言之事，豈逃睿見？〔二〕惟以過直犯怒，誠可矜察。而爵今在獄中，已經數月，且聖怒之下，一則曰小人，一則曰囚犯，以盡言極諫爲小人，則爲緘默逢迎之君子不難也；以奉職納忠爲囚犯，又孰不能爲容悦寡過之臣哉？言行，君子之所以動天地也。人君一喜一怒，上帝臨之，陛下試一思焉，其所以怒爵而罪之者，果合於天心否耶？昔人謂雷霆之所摧折，萬鈞之所覆壓者，爵既遭矣。身非木石，命且不測，萬一先朝露而殞，是使諍臣飲恨，直士寒心，楊爵一身之利害不足深惜，而所關係聖德之損益不細也。方今陛下恭默思道，畏天勤政，聖心洞然。臣願察爵之疏，原爵之心，特賜釋放，仍乞明示，嘉納不吝，採行旌爵之忠讜，以風天下之直，則聖德如天地之廣，如日月之明，由此而天意不回，未之有也。

疏上，有詔周天佐笞六十，下鎮撫司獄，牢固枷囚。天佐體幹細弱，其手梏微寬，可自脱出，守者以鐵鍊貫梏目中，令不能轉側，絶其飲食，三日，死。

夫當此九重赫然之際，爵實延一息以待旦暮之盡，而人孰不以爵爲戒哉？天佐以未信疏遠之小臣，執以是非好惡之常理，奮（筆）〔爭〕〔三〕於言論之間，而納其區區之忠款焉，宜其言出而身即死也。故法，凡死獄中者，司官必具題死者日時

〔一〕「採察之度（不）〔未〕宣」，張氏本、關中兩朝文鈔卷八，「不」作「未」，據改。
〔二〕「豈逃睿見」，張氏本，「見」作「鑒」。
〔三〕「奮（筆）〔爭〕於言」，張氏本，「筆」作「爭」，據改。

緣故，請監察御史、刑部主事各一員驗其屍，然後出之。蓋慮有不得其死，所以重人命、廣德愛也。天佐笞之甚重，兩臀爛裂，腹上俱青黑色，驗者御史主事立屍傍，吏驗屍訖，高告曰：「遍身上下竝無他故，止因急病身死。」御史主事即據其所言，題請出屍。未驗屍時，天晴日皦。俄而雲靄橫空，震雷微雨。屍既出，雷已。天佐妻某氏候於門外，見屍出，以頭觸地，幾死。柩寘寺，無不悲痛。民有張弼者，祭於柩前而哭之。人曰：「子與舊相識乎？」曰：「否。吾傷公以忠諫而死，是以痛之深也。」

嗚呼，可痛哉，可痛哉！爵與天佐未嘗一相識，亦未嘗以名相通。天佐初下獄，爵不知天佐爲何許人，亦不知其言何許事也。既而知之，思欲以識其面貌，然各閉於幽室中，困以桎鎖，又天佐以救爵故下獄，故獄戒愈甚嚴。凡厠所往來，必問其期，未得一相遇焉。然爵一念，惻惻洒泣，恐天佐不能堪其困苦之甚，而思有以寬解之，呼一人即膝上手作「困卦」二字以潛慰天佐，乃示以「困：亨。貞大人吉，无咎」之義也。聞天佐首之，且微有笑顔。獄中人有以「宜自寬心」語爲天佐慰者，天佐應之曰：「事，吾所自爲，則死，吾所當安，吾心何不寬乎？」五月初六日下獄，初八日未時死。爵亦未得親哭其屍，終不得一見其形容也。

死之次年，福建一士夫來獄中，爵問以天佐事。其人曰：「天佐年甚少，(丰)〔風〕神清秀，(當)〔常〕謂其少年柔順而已，〔二〕不知其心之剛烈，能作如此事！傳聞其無子。死時一女在。既死，遺腹又生一女，未知是否。又聞其父母兄弟俱在，家甚貧，亦未知是否。柩停數月，其妻歸葬於閩中。」

嗚呼！遭際之不易，蓋自古皆然也。士當總丱，藏而修之於家塾焉。承師模，執典訓，必明與心誓，而期以終身之踐履，事親無或有不孝焉，事君無或有不忠焉。及名登仕版，身荷天工，此心所在，君恩所在，固造次顛沛而罔敢易也。顧以脂韋依阿之風勝，而三極大中之矩泯，然於流靡波蕩之洶湧而承以孑然獨立之一身。斯時也，必欲上不負吾君，下不負所

〔二〕「(丰)〔風〕神清秀，(當)〔常〕謂其少年柔順而已」，關中兩朝文鈔卷八，「丰」作「風」；「當」作「常」，據改。

學，其不殺身而成人世之恨者，鮮矣。天佐之死，天地爲之震動，萬人爲之流淚焉。嗚呼！天也，命也，不肖爵之罪也，復何尤？〔一〕

户部廣東清吏司主事臣周天佐奏：

爲奉旨陳言，乞宥諫臣，以光聖德，以回天意事。近該河南道御史党承賜等題爲答天戒，嚴交修，以隆聖治事。奉聖旨，是：「宗廟災變，朕心震驚，所宜痛加修省，以實事天。兩京文武大臣都着自陳時政缺失，着各該衙門條奏，務切民瘼國體，不許虚應故事，汎濫彌文。欽此！」

仰見皇上畏天之誠，求言之切，治道更新之會，轉災爲祥之機也。大小臣工誰不感惕，思效其愚？廼今闕政猶有在，而忠言未盡聞，此何故歟？實以聖明採納之度未宣，臣下畏望之心未免也。蓋求言之道，示人以言，未若示人以政。明旨云「時政闕失，着各該衙門條奏」，此示人以言耳。御史楊爵之獄未釋，是未示人以政也。臣時即欲冒昧上陳，但聞詔書且下，曠蕩之恩必首及楊爵。今復不蒙陛下恩宥，臣展轉思之，甚不能安。況明旨既許條奏，苟有所見，寧忍終默？夫國家置言官，以言爲職，楊爵言之是非，莫逃於睿鑑。惟以過直犯怒，誠可矜察。

古者帝王求諫，至立毁謗之木，毁謗非臣事君之義矣。帝王且不避，以命天下，亦恐言者有不直，居民上不幸不聞過耳。漢至文帝，駸駸治安，賈誼方痛哭流涕，長太息以進言，誼豈好爲是不祥哉？憂治世，危明主，忠愛之不能已也。承平之久，天子之尊，威福之重，所少者不在於唯諾稱頌之滿庭，正在於憂治世、危明主之一士。在廷之臣，不負此義，獨楊爵而逮。獄已經數月，且聖怒之下，一則曰小人，一則曰囚犯。夫以盡言極諫爲小人，則爲緘默逢迎之君子不難也；以奉職納忠爲囚犯，孰不能爲容悦寡過之臣哉？言行，君子之所以動天地也。人君一喜一怒，上帝臨之，

〔一〕關中兩朝文鈔卷八，文末無「户部廣東清吏司主事臣周天佐奏」及以下文字，但有清李元春（時齋）子李來南按語，云：「讀此而不動忠憤之心者，非人也。」

陛下誠一思焉，其所以怒爵而罪之者，果合天心否耶？昔人謂雷霆之所摧折，萬鈞之所覆壓，爵既遭之矣。身非木石，命且不測，萬一先朝露而殞，是使諍臣飲恨，直士寒心，楊爵一身之利害不足深惜，所關係聖德損益不細也。

方今陛下恭默思道，畏災勤政，聖心洞然。臣願察爵之疏，原爵之心，勅下鎮撫司，早賜寬釋，仍乞明旨，加納不吝，採行旌爵忠讜，以來天下之直，則聖德如天地之廣，日月之明，由此而天意不回，未之有也。臣學術短淺，不敢泛濫彌文，旁論瀆聽，區區愚悃，先以釋楊爵之獄爲庶幾求言彌災之義。伏惟皇上垂察，爵幸甚，臣幸甚，天下幸甚！

浦御史傳 原疏附

浦御史，名鋐，字汝器，號竹塘，山東文登縣人。登正德丁丑進士，授山西洪洞縣知縣，擢監察御史，以親老乞終養。服闋，復御史職値。六年，考核京官，鋐以職當與聞其事，有論鋐專擅考核而不與衆共者，於是鋐與監察御史張禄，同考功司郎中俞胤緒皆得冠帶閒住。是時，爵亦病謝御史職家居。嘉靖己亥，上以吏部薦鋐才不可廢，與爵同詔起用，授浙江道監察御史。次年冬，奉命廵按陜西，遍歷州郡，遠涉邊疆，激揚伸理，務爲平易，又集其政務之大，總成一書，以見其施爲緩急之序，名曰全陜政要集。辛丑〔年〕〔一〕春，爵以言得罪，下錦衣獄，濱於死者屢矣。户部主事周公天佐疏救之，死於獄中。鋐自陜復上疏申救，謂：天下之治亂係言路之開閉，言路開則忠言讜論得以上達而化理成，言路閉則奸巧邪佞得以下恣而治道隳。比見河南道監察御史楊爵以言得罪，下獄既久，懲創必深，臣願陛下廣天地之量，開日月之明，將爵特賜釋放，寘諸朝（署）〔著〕〔二〕之列，使布靖共之才，爵必能進思盡忠，退思補過，上不負明時，下不負所學，庶幾廣納諫之門，作敢言

〔一〕「辛丑〔年〕春」，張氏本、關中兩朝文鈔卷八，「丑」後有「年」字，據補。
〔二〕「朝（署）〔著〕之列」，張氏本、關中兩朝文鈔卷八，「署」作「著」，據改。

之氣，言路開而太平之盛治可臻矣。

疏奏，有旨御史浦鋐着錦衣衛差官校械提來京，下鎮撫司，擬以不當救爵之罪，詔笞一百，與爵同枷鎖。七日而死。鋐初在陝被徵，秦民聞之，如失父母。行之日，遠近奔送，扶老携幼，滿其車下，至車不能行。所過州縣，民皆先期相約，候於道左，每止舍處，常萬餘人，皆號哭，祝頌曰：「願使君復到秦地，以活我百姓。」檻車過華陰，鋐登樓望嶽，題詩其上，有「多難來遊懷抱存，晚雲孤鶴散塵襟」之句。出秦境，父老送者，遮道號泣，不忍遽別。鋐以詩慰之，有「滄溟釣石聞相待，收拾絲綸（向）〔坐〕[二]水邊」之句，當時差往官校既歸，皆能道其事。夫當顛沛危迫之際，應語從容不撓，可以想見其胷次矣。蓋鋐爲人磊落光明，與人交，有懷必吐，務盡其誠，施爲闊大，畧無瑣細苛刻之態，故德善所及，民輒感悦。初下獄，與爵別處一室，同垣數步間，未得相見。一校卒事鋐頗慎，爵朝呼之，以問起居，因脱二句[三]以贈校者：「既笞後，始得同處。爵之剛忿粗惡不自斂戢，見守者或不遜，即不能堪。」鋐語之曰：「處此大難中，必學古人，内文明而外柔順，何必與較？」時有間使來獄中以伺鋐起居，其人遇鋐甚謹，且開懷相與，鋐感其誠，口占七言律以贈之。傷瘡甚慘，草苫木板之上，流血成池，見者不忍正視，獄卒輩亦有泣下者，鋐氣象毅然，畧無喔嚅卑下語。嗚呼！可謂難矣。十二月十四日下獄中，三十日蒙笞，踰年正月初六日子時卒。臨歿顧爵，諄諄訣別，雖語氣漸微，猶强呼之，大抵多慷慨慰喻之詞，謂爵展轉困迫之狀皆人不可堪，其死在旦暮，未可知也。何痛我之深也！嗚呼，可痛哉！可痛哉！

死之明年，御史昝子學來獄中，子學嘗爲洪洞縣知縣。言前治洪洞者，惟浦公政事獨優，蓋民到今懷思焉。其庚子歲秋，爵被詔北上，取道於山西榆次。周春坊汝威者，晉陽之豪傑也，爲御史時嘗廵按山東，時謝病家食。爵過謁之，因訪以齊魯人才。汝威首以鋐爲對，且言今已起用矣。比爵至京，鋐至，已奉命監順天府鄉試矣。事畢後，得與同官數月。今則

[二] 「收拾絲綸（向）〔坐〕水邊」，張氏本、關中兩朝文鈔卷八，「向」作「坐」，據改。

[三] 「因脱二句」，張氏本，「句」作「屦」。

親見其死，而哭其屍於獄中焉。嗚呼！鉉既死，而爵之罪愈益重矣。顧爵庸愚不肖，豈足輕重？使烈夫志士相繼而死，今而後雖以刀鋸鼎鑊正爵之罪，然仁賢之禍，世道之損，已無及矣。蓋至此而爵之罪始不可以輕宥矣。

古人有言：「平居無直言敢諫之士，臨難無仗節死義之臣。」又言，求忠臣於孝子之門。蓋爲人子而不能孝，則爲人臣而能以忠自樹者，未之有也。鉉以親老即不仕，言者已死而又敢言，此又可以見其操履之大要矣。危難窘迫之際，處之裕如，百鍊之剛，至死不回，庶幾乎險以說困而不失其所亨者矣。即其志趨才猷，始終節槩，振奮炳朗，蓋卓卓乎爲當世之奇英而不可議者矣。惜其以救爵之故，而即至殺身也。[一]

巡按陝西監察御史臣浦鉉，題爲廣聖恩，宥愚直，以開言路事。

臣謂天下治亂之機，係言路之開閉。言路開，則忠言直諫得以上聞，而治道興；言路閉，則奸巧諂佞[二]得以下恣，而治道壞。此古今不易之常論也。近見邸報刑科都給事中高時上言，劾翊國公郭勛違法事情，陛下將郭勛拿問，高時加俸一級。臣仰見聖明天縱，睿知神授，昭如日月，威若雷霆，不以勛平日眷愛之臣而法少屈也。天下聞之，人心聳然，大奸大詐之徒聞風震疊，潛消屏息，垂首隱伏而不敢作矣。

臣竊思[三]河南道監察御史，今見監楊爵春初所奏，中間一槩舉郭勛之事，陛下不加斥譴，薄示懲責，只下獄監禁者，臣亦仰窺聖心。蓋將爵之言，觀人之行，察之眞而後發之，如時之言也。抑將察爵之心，試言之忠，置之獄，而欲使之悟而後喻也。

蓋楊爵之爲人，臣初不知其何如人也。近出巡歷，過耀州富平縣，一入其境，察其平日儉素之性，忠直之心，外無

[一] 關中兩朝文鈔卷八，無「危難窘迫之際」至「殺身也」及以下語，文末有李來南按語，云：「讀此而不生剛大之氣者，非士也。」
[二] 「奸巧諂佞」，張氏本，「諂」作「謟」。
[三] 「竊思」，張氏本，「竊」作「切」。

狡詐，鄉里服其誠恪，素稱孝友，風俗藉爲觀法。兄亡而棄官養母，母喪而廬墓致思，耕田讀書，足跡不入城市之內。俟時守正，請謁不造府縣之門，其行如此。去年，荷蒙陛下録用，起廢入官。今春，感恩圖報，積思陳諫，乃移事親之孝而爲事君之忠也。古人求忠臣必於孝子之門，有臣如爵，可輕棄之乎？況楊爵與高時建言之事不同，事君之忠則一。在高時既得蒙加俸，在楊爵亦當蒙寬宥。且在獄已踰半年，悔悟亦非一日矣。

伏乞陛下擴天地之量，溥生成之恩，察其愚直，宥其狂妄，將楊爵或從輕釋放，仍留供職，置之朝廷之間，使得展布靖共之才，進思盡忠，退思補過，斷不上負吾君，下負所學也。庶幾闢納諫之門，作敢言之氣，言路大開，臣下孰不效忠思奮，竭力熙載以觀太平之盛歟？臣遠處關陝，干冒天威，下情不勝恐懼戰慄戴罪〔二〕之至。

蘇宣傳〔三〕

蘇宣，字廷詔，大名府南樂縣人。以校尉供東廠辦事役，能以左手書左字，右手書右字，筆跡皆奇特。予初下獄，東廠使人更迭覘伺，日具予言動及囚繫狀，積五日一上奏。四月初一日，宣來時，予晝夜柙鎖，右脛前爲柙木轉磕成瘡。宣自以手起柙上木，以重瓦間合脛處，使相去寸許，瘡自此愈。後宣數來。時緒山錢子繫獄，恐宣以厚予遭譖，數以語予，當令防慮。予以告宣，宣曰：「使公而富於財，則誠如所慮。今公一貧如洗，食且不給，雖有譖者，必不能行。」乙巳年春，果有譖宣者，謂私與予交通。下宣獄，笞五十，奪其辦事役。予聞之，即獄中書片帖，使問宣。宣答書云：「勿以我爲慮，當開廣心胸。」是年秋，予蒙恩歸田里，宣送予至通州，同宿客舍中。次日，各以詩相贈而别。

〔二〕「戰慄戴罪」，張氏本，「戴」作「待」。

〔三〕關中兩朝文鈔卷八，作「蘇宣傳附楊楝」。

夫天威嚴震之下，〔一〕人人恐懼，宣能以厚道相與，可謂難矣。繼之者，楊棟也。棟，字國用，霸州人。其母王氏病，棟割其股肉煑羹食母。予與劉、周二子復繫獄，不能自食。棟以東廠使來覘予，力言於司官，得自供米物。孔子言「十室之邑，必有忠信」，信然哉！若宣與棟，使有學校之養，師保之訓，何善之不可爲？

劉處士傳〔二〕

觀菴劉處士，諱充，字養吾，號觀菴。世居泰和縣之城西，十世祖諱某，宋嘉定間，〔三〕逮今雲津書院，觀菴子即其遺址緝理之。曾祖諱某，祖諱某，皆隱德不仕。父諱某，以鄉舉歷典金華、麗水、績溪教事，陞永福縣尹，轉賓州守，未之任，卒。母蕭宜人生觀菴子兄弟四人。觀菴，其長子也。

據狀，觀菴子多懿行，今不詳述，述其所難能之一事焉。觀菴子母蕭宜人病，觀菴子割其股肉，煑羹以進。母不知其爲何物，食之而病愈。嗚呼！其心可謂至矣，其行亦人所不易及也！觀菴子之事親，可謂病致其憂而篤於孝思者矣。其德善爲邑侯所禮重，諸名公所歌詠，而於風教之助不淺也。

配歐陽氏。二子：師、洋，皆縣學生。女二人，長適生員某，次適某。觀菴子生成化己亥八月十八日，嘉靖癸卯正月十二日卒，壽六十五歲。卒時，其弟工部員外晴川子以諫止工役下獄中，聞訃哭，稱先生曰：「先生素多病，豈非聞吾憂

〔一〕「夫天威嚴震之下」，關中兩朝文鈔卷八，「夫」下有「當」，義似長。
〔二〕張氏本、文淵閣本等有劉處士傳，文津閣本脱。
〔三〕「宋嘉定間」，張氏本「間」下標注「疑有脱誤」。

難，重其憂心而至此耶？」即痛恨不食。時予與吏科給事中太平周子同繫獄，相與吊慰之。

乙巳（闕）年秋，俱以恩溥歸田里，既又復蒙拘至是。晴川子以觀菴子狀示予，即獄中讀之而謹書此。尚冀皇仁浩蕩，當有宥罪赦過之期，晴川子持以歸，而表諸觀菴之墓，亦吾與其弟久同幽難之心也。

楊處士傳

楊處士，没時，其妻王氏年二十四歲，子棟甫四週。王氏撫育，訓之以正，自稱未亡人者二十六年，年四十九以病卒。病時，子棟割股肉煮羹以食之，竟不救。此可以驗王氏盡婦道，棟盡子道，王氏可謂節婦，棟可謂孝子矣。秉彝好德，人心所同，風聲所及，誰不興起？而爲世道之益亦多矣。

贊曰：於維節婦，秉鍾純美。身履大道，死而後已。天實佑之，俾生孝子。竝言休譽，於千萬祀。

葉御史傳

葉御史，名經，字叔明，號東園，浙江上虞縣人。登嘉靖壬辰進士，授（直棣）〔直隸〕常州府推官，擢監察御史。按北關一年，以能持憲體得回道管事。癸卯年夏，奉命巡按山東。是年鄉試，叔明爲監臨官，發策，以邊寇侵侮、禦應失當、中國疲敝、事當安集以試士。其策詞畧曰：「禦虜之道，不可倖彼之不來，而在嚴吾守備之足恃。今兹醜虜厭飽而去，非有挫折，安知懲創？正宜謹復隍之虞，圖苞桑之固，庶幾有備無患，可爲長久之策也。苟偷一時之安而不先爲不可勝之計，萬一黠虜復來，因我無備以大肆其猖獗之勢，則將來之患可爲寒心。」其言財竭民困之故，則曰：「成賦中邦，舳艫飛輓，有兌運之輸；歲辦軍需，用供武庫，有常征之賦；羽檄遐馳，中原騷動，有築堡之役；行伍不實，額外旁搜，有壯丁之選；鄰封策應，老師匱財，有臨洛之行；採木羣方，轉搬直達，有河上之運。王事期程，急於星火；郡縣追呼，雞犬亦爲之驚矣。」又欲停土木之工，緩催科之政，慎爵賞之施，祛冗濫之弊，爲今日救恤之計。故事，凡試録所載文字，謂之程文，或筆削中式，舉人所爲者，亦多主司者自爲之。或言山東試録皆叔明手自更定，亦未知是否。録上，以策問内含譏訕，下禮部議其罪，而又摘其録中議論所及，如言繼體之君德非至盛，作聰明以亂舊章，好自用而不能任人等語，皆」〔二〕指爲謗毀，貼註以聞，械繫下獄，擬以叔明大肆譏謗，無忠敬心，詔於午門外笞八十，發原籍爲民，卒於道。其提調監試考試官十有三人，以不能校正，皆下獄。初，山東試録成，將獻之，考試官有言録中文字論及時事者稍宜删改，否則禍出不測，或未可知。叔明不聽，卒以此得罪死。

先是，辛丑年春，爵以監察御史上封事，詔下錦衣獄，以負罪深重一時，同處者多戒心，惟叔明屢有通問。爵不以得其通問爲可幸，而以叔明敢於通問者爲人所難也。至是，叔明以山東事來獄中，相見甚歡。是時，泰和劉子焕吾，工部員外郎也，太平周子順之，吏科給事中也，皆叔明舊交，而先叔明以言下獄。邂逅間，敍平生以勞苦之狀，而各禁不言得罪事。又，先以事逮獄者章生勺與叔明同里居，爵使以間處，問叔明以山東事，叔明言：「職在監臨，宜自當其辜。」又問胸中如何，若不知有所謂恐懼者。俄有命下，叔明罪當笞。爵與三子者相謂曰：「葉子心志定，笞雖多，不死。」嗚呼！今乃死矣。使叔明聽其考試官所言，於文字議論間稍爲遷就，豈其得罪之深而至於死乎？然叔明不憚殺身之慘禍，而憚爲諛言以欺君上，則叔明平生之所尚，亦可以槩見矣。

人孰不死，同一死也，而有輕於鴻毛者，有重於丘山者。人言叔明非以異事死，而以修辭立誠，直吐所見，不自顧忌而至於死也。嗚呼！其所係亦甚重矣。世之憸夫壬人，習爲乾没媚悦之計，於利害所關則揺首閉目，禁於出一言以相正，甚

〔二〕雪齋案：文淵閣本作「闕」，文津閣本無，此處據張氏本楊忠介公文集卷三校補。實際上，闕文含劉處士傳後半部分、楊處士傳全部、葉御史傳前半部分，目録亦一併改過。

至迂曲隱避，譸張爲幻，以上欺君父，下欺此心者，往往而然。視叔明所爲，則何如？然則叔明雖死，猶不死也。古之人如朱雲折檻，陳禾落裾，完名保身，光昭簡册[二]而不至遺憾。後世者叔明亦得以擬跡矣。

嗚呼！叔明以山東試録之故，即至於死矣。死時，年三十有九歲。

葉烈婦傳

葉烈婦，京師人，許紳妻也。紳家貧，不能自存，往投其故，携葉氏以行，病死於通州城西之道。葉氏，年二十歲，跪於屍傍，晝夜哭不絶，勺飲不入口，四方來觀者以萬計。婦人往者率爲致飲食，羅置左右，葉氏一無所視；百方款喻，以冀其全生，葉氏一無所應。積十四日而死。有司以事上聞，詔表其節。通州人爲具棺斂，與紳合葬，立祠以祀之。

嗚呼，烈哉！嗚呼，烈哉！揚子雲號稱儒者而爲莽大夫，媿於葉氏多矣。他何足道哉？

孤麋傳[三]

去年甲辰秋九月望日，予三人同筮，得剥之初六：「剥床以足，滅貞凶。」十月初一日，守獄卒一校者來，予不能堪其毒，惟忍以待之。十一月初一日，復一人來代校者，甚厚予，每戒其屬曰：「此爲國忠臣，當善遇之，愼勿無禮以

[二]「光昭簡册」，張氏本「昭」作「照」。

[三]張氏本，下有「並序」。

相犯。」予感其厚，贈以詩曰：「剥床曾有應，天道最無私。記此坎中得，一陽出地時。」然此厚予者於他犯處，求或未得，亦往往肆虐。他犯有氣力者，寄語於所司，所司制此厚予者，戒勿復守獄。此輩以守獄求賄爲生理，既爲所阻，即窮迫之甚。惟數寄懇於余，[二]欲念己舊，好爲解之。予難於發言，作孤麋傳寄所司，以達意。乙巳年夏四月廿九日。[三]

大谷中有孤麋，爲獵者所傷，不能遠馳去。遇白額猛者欲食之，孤麋懇以求免，白額未之許。須臾，一黑額猛者至，見孤麋而憐之，謂白額曰：「彼君子麋也。日飲食惟水草，傷又甚。肉殊瘦，未可食。且食君子麋，不祥。子盍捨諸？」白額以爲然，即棄去不食。黑額又恐他白額至而食孤麋，乃久爲之衛，然黑額於他羣麋，亦往往掩而食之，特於孤麋則終哀之，以全其生。他羣麋之畏黑額，亦若孤麋之畏白額也。乃相與訴黑額於社壇公，社壇公放黑額於蕭林中，而制其出。黑額久未食麋，飢餓之甚，惟數懇求於孤麋，欲念己舊德，之社壇公祝而宥其罪。社壇公信他羣麋，謂黑額爲物害甚，而終治之。孤麋不得已，乃喻羣麋曰：「彼君子額也。子盍反其詞，俾遂所欲？」羣麋艴然曰：「子，迂物也。於額類中而求君子，不以難乎？彼遇子孤麋固黑額，而遇羣麋則亦子之白額也。若社壇公肯以一言戒，使遇孤麋固爲黑額，而遇羣麋亦黑額焉，則雖日與之遇，所願也。」於是孤麋謹述羣麋意，以告社壇公，且乞他來者皆孤麋之黑額也。

[二] 「寄懇於余」，張氏本，「余」作「予」。

[三] 此段當爲序。

楊忠介集卷四

書

與司官書

竊惟執事名臣後裔，儒林節行，自理北司事以來，獄中人盛德之贊，青天之謡，走二人得於耳聞者亦久且熟矣。往年曾寺丞子如獄中，具道二執事於爵，其垂念曲全之心甚爲切至。以二人事喻東人云，幹國之臣[一]當爲調解，此皆二執事痛隱時政，懸切國民而爲世道深長之慮之心也，豈特區區爲二人惜哉？在二人未嘗不銘刻肺腑，感激思奮，益自砥礪，而求不負賢人君子之許可焉。屢欲修書啓謝，以罪難中多所不便而止，其敢忘此厚德而忍於自薄也？

十月初，爵以事出窮迫，以死自誓，又不欲苟且泯没，使死無聞焉。思欲具書以獻主上，以盡垂殁忠藎之職，其書始終千餘言，大抵援古証今，剖析於義利邪正之幾，懇切於安危存亡之戒，欲主上納諫容直，以成君德，以廣君道，與唐虞三代兼美比隆。中間有云：「臣以罪處獄中，四十五月有餘矣。延此一息，尚未死滅，此實陛下好生之德，覆載之恩之所及，而陶某等於臣飲食一節，曲爲區處，不欲置臣於死，使朝廷有殺諫臣之名，其心未必不爲忠於陛下者也。」此數語者，實以古人之

[一]「幹國之臣」，關中兩朝文鈔卷八，「幹」作「翰」。

作用，望爲執事之能事焉。諺云：「以所重加於所好。」爵以人臣以道事君者而望二執事，是以天下古今所同重之道而加之矣。其待之可謂至厚，期之可謂至遠矣。時以楮筆不便，未能稿具，君門萬里，亦無由爲九重獻，而徒能以口誦耳。故嘗數語邏者云：「我有心事，願告朝廷。汝爲我達之。」所以爲此言者，以冀主上明賜紙筆，則頃刻可成，稽首以上，雖死不恨。天啓聖衷，萬一感悟，不惟於國家大政有所裨益，而二執事之高義美名亦因得以示天下、傳後世矣。近日，獄中嚴戒之故，走二人亦頗聞其詳矣。顧事至於此，莫非天命，上則朝廷之法，下則人臣之罪，在二人敢不修身以俟而順受之乎？但身居言路，職任諫諍，中奮感激，不無觸犯，而雷霆赫然之下，既以微示戒笞而全此生矣。以一時言語文字之狂妄，而數年坎穽禁錮之凶危，則所犯之罪與所服之法亦足以相稱矣。

今復困以柙鎖，加之以非常之法，而置之於必死之地焉。在二人一時之存亡雖甚微，而關於天下國家者爲甚大，故憂憤感悲，盡戒號呼，而慨吾遭際之不淑，此心此情實不能自已矣。每夜初上鎖腰絡，曰羣綑，曰生根，一人立而唱之，數人縛而爲之，以此治元惡寇盜之峻法，舉而加之於出百死爲宗廟社稷慮之諫官焉，則時至此，眞可爲痛哭流涕者矣。況二人家貧路遠，官淺罪深，窮乏已極，於守獄校卒無毫末德意，推以相及，則舉手之間〔一〕有何情分？非有二執事在上，將誰倚以存此生乎？即今幽室窵杳，門扉晝鎖，漫漫然與長夜無以異，下地冷（水）〔木〕〔二〕之上，肌膚凛烈，一苫一席之藉皆事屬觸法，而皆爲人所徹去，〔三〕坐卧起立，展轉關禁，一飲一啄，率至窮詰，其萬辛萬苦萬窘萬迫之情狀，視獄中諸犯其嚴急之過不啻十倍。聽其言語，察其意向，似欲二人速死以畢事焉耳。

竊以爲凡此毒苦之甚，二執事或未能以盡知焉。若曰知之，則往年仁愛所及，固切切焉欲全此殘生矣。而今復不以生

〔一〕「舉手之間」，張氏本「間」作「際」。
〔二〕「下地冷（水）〔木〕」，張氏本、關中兩朝文鈔卷八「水」作「木」，據改。
〔三〕「皆爲人所徹去」，張氏本、關中兩朝文鈔卷八「皆」作「并」。

處之，豈肯以數年至厚之德轉而爲一日之甚薄乎？故二人直慮，以爲二執事決不知其如此之甚也。或者以一分謹慎分付，而下之人奉承之者過於十分焉，此則事勢至此，容或有之。今日切近災禍，二人已身久罹之，天地鬼神照此衷曲，而志窮慮極亦已甚矣，故不恤冒瀆之罪，敢以迫切悃素仰告而無所匿，欲望此等毒罰仍賜寬恕，但不時預備。若事出不測，則倉卒即可處辦，決不敢以餘罪有累於二執事焉。如此，則情法庶幾兩（盡）〔得〕，〔二〕囚繫顛危之歲月或可以再延矣。雖（來）〔東〕人覘視，〔三〕日在於此，而彼皆二執事屬下舊人，天理之在人心者未嘗亡，而見其知好惡、曉事理者十常八九，更煩以一言款喻，則若輩未有不信從者矣。若二執事不爲顧念，而一（如世人）〔聽下人〕〔三〕之所爲，則寒風凛烈之際，羸瘠弱孱之質，實難克堪，而二人相繼死者有日矣。

天地間無不死之人，無不化之物，誠使二人一旦命先朝露，倏忽殞滅，爲死於諫職之下，求仁得仁，志固未嘗不自慊矣，豈以一死爲惜哉？但念天王聖明，堂堂天下，不能容此致身報主之直臣，使竟死獄中，於二執事數年保全之德愛亦未得終始領之，人臣之禍，朝政之損，主上盛德之累，爲天地間留一無窮之悲恨矣。故昨嘗有詩云：「九天風色夜蕭蕭，此日君門萬里遥。不是諫臣愛一死，殺身恐累聖明朝。」此實二人惻怛悲感，惓惓不已之心也。古人願爲良臣，不願爲忠臣，二人今日之事，其是非得失固不容以自喙矣。但慮天下後世有志士焉，其慷慨殺身而存視死如歸之節者，實有鑒於此焉；天下後世有仁人焉，其見幾而作得明哲保身之宜者，亦實有鑒於此焉。所見不同而好尚斯異，一時心事固爲人之所取，而亦爲人之所戒焉。若二執事身當今日之事，上不使朝廷有殺諫臣之名，下不使忠臣義士吞泣飲恨，鬱抑於（九泉）〔九地〕之

〔一〕「兩（盡）〔得〕」，關中兩朝文鈔卷八，「盡」作「得」，據改。
〔二〕「（來）〔東〕人覘視」，張氏本、關中兩朝文鈔卷八，「來」作「東」，據改。
〔三〕「一（如世人）〔聽下人〕」，文津閣本「如世人」作「同於人」；張氏本、關中兩朝文鈔卷八，「如世人」作「聽下人」，據改。

下，〔二〕則經權迭用，有善處之道存焉耳。有祁大夫，則叔向得以不死；黨錮之禍，非霍諝不能遽解；而郭楫之語范滂，事雖未就，而高名千古不朽也。

二執事有賢者之節介，有能者之作爲，故二人敢以古豪傑之事業望之，而欲其成廟社之遠圖焉。富貴福澤，一日之榮寵；名節道德，萬世之瞻仰。於事變難處之際，而綽有處之〔之〕道，〔三〕非吾二執事之高出俗輩，將誰望焉？〔三〕

謝吳知府書 諱孟祺字陸泉 同年

去歲歸田里，於同州公署中獲睹執事諭屬官語，一念惻切，常在閭里，厚下之心可謂至矣。既抵家，旬日應酬叢冗，未及伸一言以謝累年德愛，而天罰所及，檻車復就道矣。繫過華州，道中遇一人，自言爲府中使，區區瞿然下馬，恭問（啓）〔起〕居，〔四〕且致惓惓慕戀意，其人已達左右矣。

竊念執事以義理胷襟，經濟才畧，典此繁郡，追配先哲，如余、馬輩者必不多讓，等而上之，有雋不疑、第五倫，皆京兆舊尹，功業峻偉，光昭簡策，固已爲明公之能事也。伏願厚自愛以慰遠邇之望。〔五〕

鄙末以殘喘弱質履此艱危，百死一生，旦不保夕，首陽之及固自甘心，東陵之幸不敢復冀，惟信步達去，隨身所到，安於

〔二〕「鬱抑於（九泉）〔九地〕之下」，張氏本、文津閣本、關中兩朝文鈔卷八，「九泉」作「九地」，據改。

〔三〕「綽有處之〔之〕道」，張氏本、關中兩朝文鈔卷八，「處之」下有「之」，據補。

〔三〕關中兩朝文鈔卷八，文末有清李元春（時齋）按語，云：「非懼死求援，恐死於無名，徒使朝廷有殺諫臣之名。篇中皆肝膽語也。此正見聖賢處憂患之道，內文明而外柔順，先生其不愧矣。」

〔四〕「恭問（啓）〔起〕居」，張氏本、文津閣本、關中兩朝文鈔卷八，「啓」作「起」，據改。

〔五〕「遠邇之望」，關中兩朝文鈔卷八，「之」下有「仰」。

僵仆。狐狸螻蛄，一聽其來，但不知彼蒼者天，於冥冥中何如以籌之也？小兒歸家，意必領文赴考，獲一拜候，故謹佈寸衷，遥問道履，荷高明年家之情，骨肉之愛。一時紙筆不能盡述，臨楮無任仰瞻。

上楊知府書　名守約

往時，繫過洛陽，獲接德容，繼蒙厚愛，心切感荷。次日，渡河，遇馮巡檢涇陽人，以鄉里故，設杯酌於舟中以相送，具述執事德政，爲人心所嚮服，且曰：「眞邵父杜母也，眞邵父杜母也。」區區與一二同行者共嘆。馮巡檢知言，且知高明，以君子長者之德敷而爲厚下悦民之道，有體有用，不負素履，眞可嘉尚，將來責任、事業已預可知矣。小兒歸道，由治下謹候道履，并伸謝感。罪難中，有懷耿耿，不能盡言。

與楊督學書

自執事下車後，即聞凡事從厚，有長人之度。去年，區區歸田里，遇士夫相語，皆謂純以德禮化導，中心悦服，稱頌者無間於彼此。既而繫過河南府，蒙令弟先生之愛，以有偕行者，未得叙談。次日，渡孟津，馮巡檢以鄉里故置酒舟中，酌以餞送。彼歷述令弟先生德政，且謂人皆以「邵父杜母」稱之。區區既嘆馮某知言，因思海内士夫兄弟登高科、躋顯宦者往往有之，求如明公兄弟，一時皆以賢聲聞者，蓋鮮矣。世有寬厚君子，百凡敷理優裕闊大，下人有過，開誠訓誨，必不得已而後罪之。片善寸長，愛如己出，故曰「與其殺不辜，寧失不經」。其心休休，其如有容，則身享盛德之令名，而福慶遠延於後世。如吾明公者，其天資學問大率類此，亦有所謂嚴明君子者。如古人言，察見淵中之魚，人之畏懼有餘而悦服不足，此雖未爲不可，然成就終小，非所以語明公也。

伏願益加涵養，[二]不更初志，必以天下爲度，將來大其勳業，爲霖雨以澤潤斯世，是愚昧所以深望於高明者也。小兒將歸，意必給文補考，故謹述寸楮，仰候道履。困難中，身心眩瞀，語言無次，有容君子必能情諒。若累年德愛耿耿在心者，非一時筆楮所能盡也。

與汪周潭撫臺書

兩接丰範，適值窘迫，未得款領教益。十餘載相離，百死暫出，後就危地，邂逅之際，此心當何如哉？小兒歸，過潼關，謹佈謝忱，拜候起居。厚德厚念，誠非一時筆楮所可悉也。明公以義理用事，治化所及，遠近傾慕，他日誕樹勳業，達諸天下，愚昧倘不以狂罪死，則耳濡目染，或有日焉。伏願厚自愛，以爲世道益多凶多懼之地，中心藏之，未能盡言。

與田道充主簿書

自癸未年侍清教於長安書舍中，當是時，愚昧竊兄德範自淑者日多有之，既又倏會倏别，至戊子秋，消息不相聞者將二十年，不圖於縶檻危迫、凶禍不測之際，得一邂逅於他鄉焉。且喜且悲，把袂客舘，傾懷款敘，漏至夜分而各忘其倦，則脱然於形骸爾我之外矣。次日，策馬遠送於數千里之外達子營，藺若中情戀戀，將之以酒殽，重之以贐貺，洒淚流涕，一行一（洒）〔言〕。[三]每念及此，中抱惻切，宛若復一相見也。

[二]「伏願益加涵養」，張氏本、文津閣本「願」作「望」。

[三]「一行一（洒）〔言〕」，文津閣本「洒」作「酒」；關中兩朝文鈔卷八「洒」作「言」，據改。

不才於十月二十四日至京，次日起更時復下獄中。囚困之狀，固一同於往時，但五六年間，顛頓挫抑，血氣漸衰，精神漸減，視初入獄時，凡百摧折，直能以身當之而畧不爲難者，則頗有間矣。誠不能眞有所見而樂天委運，處以寬裕，但勉强排遣。〔二〕於意外之加，一聽其來，或竄身異境以禦魑魅，或填屍溝壑以恣狐狸，皆不才宜有之罪，夫何敢辭？若幸天恩，復歸田里，過閿鄉城外，再圖一會，則千百中之一二也，實不敢望。

小兒歸，謹候起居，且致謝忱，意不盡，申之以辭。曰：「嗟人聚散兮有類浮萍，慨今憶昔兮雙淚沾纓。他鄉邂逅兮有懷盡傾，君之胷次兮塵垢功名。嗚呼！把酒兮送行，難別兮友情，宇内關心兮此身匪輕，臣罪當誅兮天王聖明！」

與原方畦員外書　名宷蒲城人　同年

去秋幸獲一面，不圖復有後來事。數年傾慕，未得盡慰。潼關追餽，亦以窘迫倉忙之際，款陳不便，草率奉復。暨冬十月二十五日夜，復下獄中，囚繫狀一同往年。或死或生，皆古今人世常有之事，不足多道。尚記歸時，途中遇周潭公輔相問勞，即擊節歎賞，謂兄體用該備，學業淵源，更非昔比，想林下數年靜閱幾微，熟仁精義，於宇宙事皆在吞吐中矣。昔者幸菴彭先生，欲出則傚諸葛孔明，退則傚陶淵明，爲二公像，置書屋中，朝夕敬觀以自勵焉。前輩尚友古人，一飯不忘，故事業遠過後人。吾兄今日進修，質之先哲，同一揆也，故耿光昭著，朝野推重。

小兒近日書告，與舍甥禹卿侍教下，區區深自慶慰，小子輩幸遊君子門下，咳唾所及，無非身心之益。但彼資性愚鈍，數年奔走，已成荒廢，恐無受教之地，謹謝眷念。

〔二〕「勉强排遣」，張氏本，「勉」作「免」。

又

拜讀教翰，知起居萬福，困憊中亦切喜慰。西望瞻思，萬里杳杳，强起述此以告，第不知兄之家慮何如，恐不能不勞心也。

春秋，百王不易之大法。扶衰轉危，見諸行事，仲尼作用，盡在此書。兄潛心及此，所志不小，但井渫不食，亦運數使然，事自關於天下，己身通塞不慮也。近日得對山集，讀之，每切感慨。蓋世之才，經濟之畧，眞以罕見其儔。傑人志士積抱負於生平者，孰不欲親見其行，轉斯世於隆古之盛乎？然所願不遂，則亦莫如何矣。

願兄以古人自期待，進則覺一時，退則傳後世。禹卿望教訓，勿聽廢棄。

與胡知府書 名汝輔

自庚子秋幸與教下寵顧，實多凶危中，六七年間，於厚德厚愛未嘗不在懷思。去歲夏六月，會高吏部始知執事，有關中之行。高言郡大政繁，實推擇任之。年來屢聞垂念，心實悲感。僕奄奄殘息，百死之地，朝不慮夕，執事不忘舊好，是以古人自處，而僕不足以當盛愛矣。

伏思前輩如余司馬、柴總制，皆以英哲練達久典此郡，明公碩德遠猷與之竝駕。他日功名事業彪炳宇内，以霖雨蒼生者，今實基於此焉。

僕或罪不即死，尚當有傾聽之時。伏願爲宗社生靈厚自愛，偶便謹此，遥伸謝忱。囚板殘輒之上，不能佈困憊昏惑，筆札欠恭，高明知我，必不深罪。

與楊公書

庚子歲秋，爵北行，厚荷德愛，一時匆促，遂戒裝以去，未能躬拜，心未敢忘。自辛丑春以罪下獄，困苦多端，日夜戒嚴者，三年於此矣。賴有神天鑒佑，朝廷恩德，延此殘喘，尚未死滅。蒙我公祖屢下優恤寒家，不才每一聞之，未嘗不感激思奮而至於流涕也。縣上張父母往年以覲事到京，嘗得數面，既而遘疾，鄙末亦嘗躬候，不數日即入大難，後其終事，過家即棄世矣。言之，可痛！聞我公祖德教深漬，遠邇協化，大選殊遇，其在此矣，尚當爲生民慶。犴狴深幽，久未奉問。囚繫顛危中，謹佈悃赤，少伸謝意。臨筆耿耿，不盡言。

與紀中夫書

紀子中夫，汝在此，小兒輩有所倚，吾無慮矣。言官得禍如此，所關非止一身。士之涉世，處常而不能處變，處榮而不能處辱，皆非丈夫也。易曰：「困：亨。貞大人吉，无咎。」子以爲何如？當有言以復我。教小兒勿得憂慮，〔二〕但用心讀書以待之。

偲，吾以致身報主之故，至於不能保汝曹，豈非命耶？彼此順受，即學問之道，其在此矣。勉之，勉之。

〔二〕「勿得憂慮」，關中兩朝文鈔卷八，「憂慮」作「愛處」。

又

中夫賢契在此，我心甚好。偲尚在教下，讀書否乎？可告我知道。

吾人處世，安樂則心存於安樂，患難則心存于患難，有何不自得而戚戚於心耶？〔一〕於今日之幽囚而安順之，亦吾百年中所作之一事也。恐賢契以我爲苦而憂慮之，故告。

偲子傳來，吾叔母與合家親眷動履何如？聞兒曹進學是否，告我知道。古者忠臣義士，忘身殉國，豈無如我今日者乎？汝宜用以寬解，無煩亂於心，不能處也。

又

中夫，我在内時，讀周易以消歲月，患難不足道，但吾不能以至誠感動君父，朝政之損，士夫之禍，雖非我所致，亦繇我而有，此心此念，不能忘也。〔二〕

與傅鄉丈書

吾兄德意久已聞之，中心銘，弗敢忘也。

久處窮絶必死之地，豈曰患難而已也？賴神天鑒佑，朝廷恩德，延此餘息，尚未死滅，阻絶飲食者一年矣。所給米不

〔一〕「戚戚於心」，張氏本，後一「戚」作「感」。

〔二〕關中兩朝文鈔卷八，文末有清王維戊按語，云：「不惟憤懣非忠，即曠懷亦非忠，順時安命，又復引咎不遑，先生眞聖賢矣。」

可食，但託久禁自炊者得小米粥食之。今其人將出矣，出則無從得食矣。煩吾兄與所知亦能素念區區者，言得免給米，容家人自送小米，再延殘喘，以待天罰所處，何如也？紙筆不便，敢此罪罪。

答張本禮書

賢契在此年餘，今將行，書片楮辭別。我又書片紙以送之，想音容于聲響彷彿間，竟不得一相面覿，實難爲心，實難爲心！

昨蒙教，言凡事皆宜置之度外，不須憂念。〔一〕此語誠是，今此險難繇我自取，身居人臣而死職下，固心所安也，何敢怨尤？安得倏忽殞滅？溘先朝露，做一柩車，歸藏蒿里。當此之際，諒我賢友必多感傷，携「石凍春」一罇，哭而奠之於柩前。我之遊魂炯炯固結不（敢）〔散〕，〔二〕覽此苾芬，盡一享之。斯時也，或有雲物班布，風氣蕭瑟，草木悽悽之景象，是我一段鬱抑不平之氣充塞浩蕩，因足下之感招而徬徨於左右也。

言至於此，狂鄙故態，又可一笑也。令郎讀書，宜期遠大，勿令自畫。途中珍重！吾鄉諸友，因繫中不便候啓，爲我道之。〔三〕

〔一〕「憂念」，關中兩朝文鈔卷八，「憂」作「愛」。

〔二〕「固結不（敢）〔散〕」，張氏本、關中兩朝文鈔卷八、關學宗傳卷二十，「敢」作「散」，據改。另，文津閣本，「固結不敢」作「固不涣散」。

〔三〕關中兩朝文鈔卷八，文末有清王維戊按語，云：「如讀離騷、天問、招魂、哀郢，令人悲其志，又未嘗不垂涕想見其爲人。」

答周給事書

高明志趨，能以義死，而不能以不義生，不才知之久矣。但恐感時懷抱，不大放開，故有前日之瀆。荷蒙手翰，愈益深信來諭，于封緘處寫「恩師」字，不才見之，且笑且慙，焉敢當之？

昔柳子厚博學能文，爲時所稱。或言其可爲人師，子厚言以吾爲人師，此猶蜀之日也。後又有勸韓退之宜爲人師者，退之答書曰：「子厚既目以爲[一]蜀之日，吾子又欲使愈爲越之雪。」蓋蜀地多陰，越地多暖，日與雪皆人所罕見而詫異者也，故柳、韓二公取以爲況。今以庸愚不肖身負重譴，不知倏忽死滅在於何時與何地也。高明以師稱之，此則陸地坑窟之魚鼈，江湖波浪之麋鹿也，豈不尤爲罕見而詫異者乎？唯不以過稱及之爲幸。

又

心事既明，奉身高蹈可也。或復荷國恩，效力邊陲，得展平生，以馬革裹屍而還亦可也。外此則富貴利達，乃人世間污穢之物耳，諒不着一點於高明胷次中也。今宜靜窗讀易，開廣襟懷，預定主張，紛紛眼底，任他有無，正不必纍纍然，如前所云也。

[一]「既目以爲」，張氏本、文津閣本「目」作「自」，義似長。

答趙總兵書

教言到竹塘公事，已得其槩，但以親老終養事，再乞相告。其姪有官中書者，去歲見山東試録，知渠以養疾在家，〔一〕不知今到此否？石疊旬日前有承差在此，但聞餽賜，未見一字相問，想是罪難中人多畏避，與通之書，恐致驚懼。願以鄙意爲賢僧喻之。尊名上用字過于謙下，不才深所未安。據禮，〔二〕十年以長則兄事之。吾三人當時同處險難，分則朋友，情若兄弟，況未有十年相長者，豈可用此字樣？是何道理，是何道理？再次，〔三〕不可，因有此字，遂隱此帖，未與周、劉二公知之，此不才心所未安者，故再三致告浦公終養事。或有或無，數日間再望教示。

又

聞榮陞爲世道慶，邊務想亦勞心。成功，此其所也。繆、劉、何三人來，謹候起居。諒獲福履，今夏解易以消歲月，尚十餘卦未終，感疾，遂已，將復補作。賢郎學業必有進益。〔四〕俚言奉覽，萬惟珍重！愚衷不能盡言。

〔一〕「以養疾在家」，張氏本、文津閣本「養疾在家」分别作「養便在家」「事去任家」。

〔二〕「據禮」，張氏本「禮」作「理」。

〔三〕「再次」，張氏本、文津閣本「次」分别作「決」「此」。

〔四〕「必有進益」，張氏本、文津閣本「有」分别作「多」、「然」。

楊忠介集卷五

家書

一則

休、偲，我今日患難，關世道之升降，天下之安危，不是一身一家小小利害。大丈夫志在天下國家，不以生死存亡爲念，但爾兒女子之情不能自已，然亦徒憂無益。皇天鑒我衷曲，主上必能寬我罪過，決不至死。況此間做官者皆是好人，履道德，講仁義者也，豈肯置我于死，污青史，爲子孫累哉？你告叔祖母與你母，閤門大小并諸親眷，大放寬心。

二則

仕，你今在寺中，想已自知道人事，蚤晚勤力，不肯懶惰。我又與你說，凡勤苦用功，須是自己心上開洒，樂欲如此，方有進益，學問必有辛勤，方能有成，況你資性不如人，比人又當加功。與人相處，須要忠信謙遜爲主，見長者尤當十分恭敬，[一]讀講有疑，當静（坐）[二]思之。在先生朋友前，又當虚己質問，不要以問人爲羞，心有所疑，不問豈能知？世上有一様人，心上不知以問人，又恐人笑，這様人終不能成。凡幼而不能事長，賤而不能事貴，不肖而不能事賢，此三者古人謂之不祥。你深思此三句，不要畧有傲慢人的心。若讀書多記不得，不要貪多，只貪熟。數日，將所作文字寫來我看，遇濟衆便寫手字來。王貢會作文否？此帖你常看，勿棄。

三則

偲，我平安，勿憂。前見你書中有流涕、禱神、卜卦等語，兒何須如此苦也？吉凶禍福，何者而非命乎？語曰：「不知命，無以爲君子也。」吾今日素患難行乎患難，不怨不尤，樂天知命，無入而不自得，此處心處身之道也。其困我之心，衡我之慮，增益我所不能，是吾之吉與福，而非凶禍也。況主上聖明，自有遠見，自有寛處，亦何憂而何慮乎？古之良士，有仁人君子之德，有忠臣義士之心，有英雄豪傑之才，兒當以此自勉勵，自期待，而能立身于天地之間，可也。閉户不出，慎爾身心，密爾功課，每讀古人言語，與吾心所存、吾身所行何如，此便是學問之道也。今而後，或有所作，得便送我觀之，嘗寫家書告我平安，令家中勿憂。凡我書帖，有可以帶去者，示汝休兄知之。

[一]「須要忠信謙遜爲主，見長者」，張氏本、文津閣本分别作「須要忠信謙遜，遇賢者長者」、「須要忠信謙遜，見賢人長者」。

[二]「當静（坐）思之」，張氏本、文津閣本，無「坐」，據删。

四則

我獄中平安，百凡無慮，但叔祖母年過八十，在世光陰有限，恐我不得一見，日夜關心，未忘。今囑咐舜卿向北山中，或托楊鳳兄弟買柏樹一株，預備棺木，可以少安我心，舜卿千萬處之。舍兒今年十二歲矣，我前日問仕，他讀書何如？仕答言將來可成，偲爲用心教他讀書，千萬不要悮了，千萬不要悮了。若悮此兒，不得成一好人，我他日死，無面目見汝伯父于地下也，千萬體我之心！七月初二日家書，八月初九日到內，偲疾病用心調理，不必憂慮。許黨書亦到。光景易失，少壯易老，百年人世，不可不自立也。危困中，以此勉勵。凡吾昔年共處有志之士，各宜警省。李月亦有書，謂我有時復到秦地，蓬頭赤脚歸終南，讀之不覺感傷。嗟夫！月爲此言，胸中亦有識見矣。不知上天鑒我，生還故里，果得蓬頭赤脚以歸終南乎？言至於此，不能不戚戚也。説偲與休，善相處，再無所言。

五則

休、偲，我下獄十有四月矣。飲食如常，身無一日不安，心無一日不寬，時讀易，静中覺有進益。錢郎中自去年九月下獄，嘗與論易、春秋，固甚樂也。家中大小并諸親朋勿憂。休考試如何？當翻然省悟，謝絶人事，專志學問。偲可讀五經白文，又要專心下苦，不如是不能成也。舍兒送五欽處讀書，并張禹卿皆不要悮了。田深無人講論可親近，繇天性，必有進益，甚勿離羣索居，虚玩歲月。石巍恪守規矩，學一謹厚君子，用心讀書，勿憂不進學也。家事如常處之，門户謹慎，夜間不要飲酒，説與你母。前祖母年老，不知安康何如？日加忠敬。第四女子，勿輕易許人，須待稍長。地方收成，未知何如？汝輩隨時節儉，鄉黨老少皆以禮讓相處，慎勿傲惰。學中師長，時進恭敬，不可得罪。縣上非公事不要見謁。千萬！

千萬！

六則

書告休、偲，我逮獄一年餘，神天保佑，日獲平康。在內亦無甚苦楚，但暗中静坐，持養心性，求無愧于屋漏而已矣。汝家中大小及諸親眷，大放寬心，可無一點憂患也。前祖母年老，我心時嘗憂念，家下善事之，説與你母。家事奈心寬處，又恐你兄弟不學好人，動相猜忌，以目前小事忘我大難，貽遠邇士大夫之笑，汝宜深省。我以盡忠修職，爲國爲民，至於如此，心懷囂囂，誠無悔憾。汝輩若以我爲過而怨尤不已，則浦道長、周主政二先生以我之過而至于死，彼何人也？彼何心也？爲人臣子，苟禄苟位，不以君民爲心，則穿窬鄙夫，與草木同腐，天地間無容身之地矣。汝輩宜自安也。

七則

我處此地二十四月矣。心無一日不寬，身無一日不安，皇天保佑，朝廷恩德，飲食多加，筋力强健，倍于往時。惟念我孀母年過八十，暮景已迫，恐我未得一見，不知蒼蒼中何如以定我也？汝輩率諸幼，勤力學問，勉自修飭，爲君子人，以自立于人世，切不可以目前小計，忘汝終身之大謀。若諸幼中有一人能成立者，皆是汝之骨肉，其爲門閭身家之慶，祖宗後輩之光，非小益也。故我諄諄告語，皆爲汝曹深遠之慮，非爲我目前計也。又千萬説與你母親，家中大小俱要以恩愛和睦體悉相處，共安窮分，甚不可猜忌不和，不成一家好人家，以貽遠近之笑。能從我言，我雖死于獄中，亦無恨也。張侗歸，寫此爲閫門之戒，體我心，體我心，體我心！兩次夢見偲作文數篇與我看，甚是佳美，想今已能勉力讀書。汝休兄在此，我凡事甚便，家中無憂。十二月十一日辰時書。今日所寄家信，貼在内室正墻上，宣讀數遍，令家下大小皆知之。千萬！千萬！

八則

你兄弟須要恭敬相處，但知骨肉當厚，勿問其他。詩經棠棣一篇竝註解，熟讀之，必有感悟處。至此不肖，眞下愚也。念汝伯父蚤世，我心痛傷，言及于此，流淚如雨。（闕）偲[一]專心讀書，財利分心，所當戒。[二]囑咐不盡。

九則

（闕）〔你書正月初九午刻到內，所言三件事，在你身上誠是。但我之患難，關係世運，不好與你盡言，此非滔滔流輩所能知，你宜自解，不必深憂，憂之何益？我可無憂，田土禾稼之類，你勿十分勞心，便失了些，亦是微事，但你功名，終身之計，卻要遠大圖之。屑微目前小利，不要入在胷中。叔祖母事如何，不見你言，想是家中不肯用心服事，又往你三姑家去了，若如此，卻是一家忤逆人家了。若我此帖到，你即叫四箇人用一（卓）〔桌〕子抬回到家，你親自領人去抬。到家，你與仕相約，各令你二人妻輪流侍奉，一替十日，此是孝子孝孫貞婦所爲。處定報我，我得寬心。我前者夢門前紙竿滿路，向東行。既覺，傷痛，因自絕葷酒。後過年因獄中濕，偶感腹痛，漸用些酒，葷終不曾用。你如此，皇天保佑你，使你前程遠大。文章待我從容改畢，（稍）〔捎〕回。遇水時，切勿出門。往田野間爭奪，亦勿使人去，任人用之。休要此事計較，千萬依我。

[一]「（闕）偲專心讀書」，文淵閣本作「闕偲」；文津閣本，「闕偲」作「當」。
[二]「所當戒」，文津閣本，「當」下有「切」。

吾家自來無渠，亦不至餓死。你大書「唾面自乾」四字，揭坐傍，使仕亦如此，我可無憂。」〔二〕

十則

偲，你決勿來此，只有舜卿足矣。家中不可離人，我欲你將舍兒叫在你身邊讀書，勿使離你左右，解衣衣之，推食食之，不知你肯依我言乎？如不能，令仕帶蒲城處，你供柴米。你有廩禄，分些供一無依孤弟，亦是士子的立身。他幼小，不要見他不是。如休者，可謂祖宗無窮之辱，子子孫孫萬世之恥也。戒之！戒之！你若不聽我言，苦在後。十月十九日父苦心書。勿使別人來此，徒煩擾。萬萬！

十一則

天道甚可畏！你前日書來，説天何嘗無眼，此言最是有當。其身即見者，有在後世子孫始見者，但有遲速。讀詩、書二經，見古人口口只説天道可畏，違之便有禍。天只在頭上，父在陷中，如此日夜憂心，骨髓都該乾了。今七十二箇月，存一息不死，天豈不炤鑒乎？如今千言萬語，只是恐你家中惹出事來，心深憂慮。縣上遠避避，做秀才不可玷瑕，若使人笑之惡之，禍立至矣。漁石翁，昔年我做秀才時，他與我説他鄉邦做好秀才的常要防禍，稍不防戒，就被人害了。你先要戒飲

〔二〕 雪齋案：文淵閣本作「闕」，共收録家書三十五則，實則三十四則。文津閣本，第九則實爲文淵閣本第三十四則，即「我前有書，令舜卿北山中買柏木，與叔祖母作壽材，不要遲悮，重我不孝不德，以速〔受〕上天之誅」云云。文津閣本，共收録三十三則，無文淵閣本第三十五則。此處據張氏本楊忠介公文集卷五第九則校補。

酒。鄉黨人無正事，不要一面相見，雖有人尋，亦鎖門，不出來相見可也，必須如此，方可免禍。鄉黨人有請酒會者，決勿去，決勿去！我當時是如此，不拘何人，雖親自來請，亦決勿去，萬萬勿去！決要知戒，仕免拜節禮，你若往親戚家飲酒遊樂，我實傷心。父今日遭在何地，你忘我此難，是人形像禽獸心也，天必誅之！買物非十分不得已，不要親上市去，此便是招禍之地。若挾妓飲食，放肆不簡，天必不容！再囑咐你，最是作文字可用心，勤勤作之，心路日開，自然知道謹慎。舜卿雖久在此，待來春我再處。你二人一箇也不要來，若來，我心甚憂；不來，我在內寬心。仕每寫書，如何筆跡無光？我疑之又多草率。舍兒寫書如何，不令他寫？

十二則

我平安如常，只是近日眼疾，文章與你看不得，俟再稍來。昨王子崇歸，具告你以所當盡心的事，然其中有早夜不自安的，最是叔祖母年九十歲，恐旦暮有不諱之事，若終于女家，我爲子姪者，不能與終此事，則視之如路人矣。我縱有生命出獄，有何豬狗面目以見親戚朋友鄉黨鄰里？以我爲何如人？以你母子一家大小爲何如人？切恐上天必降誅殺，使復有異樣的禍事，不在我身，則在你一家。我往時書中無有不與你說此事者，想是你只作我是口頭的說話，亦莫實心，但是要人好聽，則我向日說我即害噎食病死在獄中，你將我此言不曾與家中說，你說我十分忿惱怪罵哩。叔祖母不比舊日，年極高，此書到即依行，勿使我歸來難見人。此事關係天理人心甚大，若不聽說，就與用一口刀殺我一般，便是別人家無主的婦人，我央煩你亦要替我盡心。

十三則

父在死地上，你一家大大小小皆如遭喪事一般纔可。若是縱肆，不知憂慮，飲酒爲樂，此眞禽獸猪狗，天必殺我，天必殺我！使害噎食病于獄中，屍首化灰，不得還鄉！你將我此言徧告家中大小人等，使他悉聽。親戚家有事，不要過往，遭難事的人他亦不怪。家中不要用酒肉待客，自遠方來者，一飯可也。說與仕，遇歲考當時出，退了亦必考去，不要欺天罔人，假以給假，看我只在家中暗藏的。父今未死，人尚將就你，若一旦死了，你纔知事難。偲，你文字看得你肯用心，苦志學，好猛省，立身考慮亦必不在人下。昨日經題結尾，立意不好。再囑咐，不要干與縣上一毫事。舍兒母子不知今何如？舍兒得讀書，說起苦痛。八月三十日父書。

仕，將我書信收帶身上，有人央你說事時，你取出令他看此帖，皆數層封固。八月三十父不斷心又書。

十四則

偲、仕，你二人都不要來京，舜卿在此，我心甚安。你與家下大小說，叔祖母處有一點不盡孝心，使不自安，還到三姑家去，天必殺我！與我一樣噎食病死獄中，屍首不得還家！叔祖母年九十歲，就是日夜用心服事，再有幾年？你將此帖一句句讀與家中大小聽，我流淚寫的話，不是假文飾說話。你決不要給假來此，昨日不可另考，此大差了。你不要與無賴輩飲酒，當各齋戒，修省收心，纔知我言是。

十五則

休、偲知，我平安如常，無可憂慮。叔祖母安康如何？你母多病，與他説無憂。凡事有命。近來士夫下獄多凶，翟尚書、姜郎中相繼死，姜死時，我又親爲著衣。又有科道官五人，幸皆出矣。止我三人同處，可見吉凶禍福皆有定數，不能易也。你等安貧守分，縣上慎勿干謁，如夫役之類，或賜及，亦當辭之。此皆分外之物，身家之災也。此言須聽，不可忽畧，以自損你。仕讀書事，他若心上有一點明處，當寢不安席，如昏昧不省，則休之類也，我言之何益？此處留舜卿足矣，再勿使人來。往時文字慎收之，勿示人，你當深思我在罪難中久，此宜秘藏。天壽伯父、任車等賜盤費，多謝你外祖父并諸親朋，不能一一致書。舍兒母子不知得所乎？兒輩當體我心。縣上學中書二封，月送之鄉黨。隣里好相處，凡事讓人。

十六則

（上闕）〔余嘗〕[一]求放心，勉學問，留心事業，以古人自期，則病自愈矣。若夫宴安浮沉，則筋骸涣散，志氣昏惑，無病亦似有病。「君子莊敬則日强，安肆則日偷」，古人此語，最宜潛玩。我之患難，或吉或凶，自有一定之命，不必憂慮。早求立身，便是安我心處。使我數年前，以病死家中，汝當奈何？況天地間無不死之人，無不化之物，豈獨囚繫中能死人乎？説與汝母，叔祖母處盡心孝敬。前日囑咐舜卿買柏樹，宜早處之，慎勿吝嗇。舍兒勿悮讀書，（夜）〔衣〕[二]服勿令破碎，當

[一]「（上闕）〔余嘗〕求放心」，文淵閣本、張氏本作「上闕」。文津閣本「上闕」作「余嘗」，據補。

[二]「（夜）〔衣〕服勿令破碎」，張氏本、文津閣本「夜」作「衣」，據改。

與喜、康一般看待，此便是存好心，修好行，回天意以消災變之一端也。若懵然不加修省，將來天罰之極，又不知何如也。

十七則　有闕文

（上闕）〔人生〕[一]不立志，雖稟賦（闕）〔淑〕[二]清新，豈是下愚？但因我罪難，奔走流離于道路，以致荒廢，眞可惜也。雖然，自今若能奮勵不息，勉勉循循，數年功夫，可以有成。孔子曰：「君子上達，小人下達。」蓋君子能立志向學，必要做好事，必要習好人，一切流俗所尚皆不屑爲，故心路開發，一日明似一日，一日高似一日，未有不上達者也。小人不肯學好，溺于流俗，不自振拔，故一日卑似一日，一日昏似一日，未有不下達也。你當勉力學好，勿自怠惰。孟子曰：「人皆可以爲堯舜。」此一句最能起發人心志。

十八則

家書到獄中，我讀之，流涕不能已，何爲人事之變至于此也？深你疾病既好，努力學問，無負青年，不必來京。學校中不得方便，又至此亦不得一相見，徒往徒來，使人多增流涕而已。遇便人（常）〔當〕[三]寫手字與我，便是你之心也。與人相處，務崇謙讓，寫周易謙卦一篇貼置坐隅，可以消不平之氣，增和厚之德也。你前與我書未見到，不知何人帶？昨日（闕）

[一]「（上闕）〔人生〕不立志」，文淵閣本、張氏本作「上闕」；文津閣本，「上闕」作「人生」，據補。

[二]「稟賦（闕）〔淑〕清新」，文淵閣本、張氏本作「闕」；文津閣本，「闕」作「淑」，據補。

[三]「遇便人（常）〔當〕寫手字」，張氏本、文津閣本，「常」作「當」，據改。

〔一〕篇，〔二〕言言都是肝膽，都是淚跡，痛心萬萬，不能盡言。李子實書亦到。前程得，今宜閉門自修，〔三〕教子姪輩讀書。鄉里親人酒會不必與，以遠避是非可也。見時以我此言相告，不及另書再告。深甥今宜尋好人同處講論，勿在家中，恐鬱鬱獨處中無所發明，心地安得開廣？王汝欲若教人，當從講之。〔三〕

十九則

再說與偲，三十年前好用功，你當勉之。夜親燈火，勿過飲酒，你終身事業在何處，思念到此，自當警惕。我患難亦勿過于憂思，大抵今日之事，非一身一家之禍，乃關于時政得失、世運升降、天下國家之治忽，乃天運常數，非人力所能與智者可以勘破矣。如葉公者得罪之深淺比于我何如？今山東試録在，你觀之便見，乃倏焉以殞其生矣。禍福吉凶，自有造物者主之，人當力修善道以順受之，他何與焉？禹卿與仕學俱頗進，誼寫字端正，想是文路亦通。仕寫字尤好。禹卿歸，圖考，家中與他盤費，勿令難。若得進學，學中禮物之類，家中亦與處之，亦是我之慶也，不必吝惜。既進後，給假復來，與誼贈言，你當觀之，處身之道亦畧具矣。古人有唾面自乾者，有悞認其車上牛不與計較者，有以麥舟助人喪葬者，這樣意味纔好，纔是大丈夫胸襟，兒當思之。許黨及一時同處者，不能一一致書，宜各自努力，無虛日。困中作浦、周、葉三子傳成，未謄眞，待寫出寄你。又欲作葉烈婦傳。正月二十八日午間書。遇便人，常寫書與我。

〔一〕「昨日（闕）〔一〕篇」，文淵閣本、張氏本作「闕」；文津閣本，「闕」作「一」，據補。
〔二〕「前程得，今宜閉門自修」，文津閣本，「前程得，今宜閉門自修」作「前程得意，宜閉門自修」。
〔三〕「當從講之」，文津閣本，「當」作「宜」；張氏本作墨丁，闕字。

二十則　有闕文

〔上闕〕〔予與〕劉、周二公同飯，〔一〕亦甚便。近日，濟衆亦間送，無有不通者，此等屑小事不必著意。五年間，〔二〕嘗説飲食不通，何嘗有不通乎？〔闕〕〔又〕〔三〕你二人讀書，無人講解，你張師遠近何如，得便否乎？如不便，即告我，我煩榮伯爲你處之。仕昨日所言多是吏人弊，不要過疑，亦不要告家下。〔四〕仰賴神天保佑，你等學問有成，家門無窮之慶也，此等小事付之一笑，何足掛慮？當學古人心胸，瀟然塵表，視天下萬物舉不足以動其中可也。四書講章，自己看得開否？歲考録共文章幾篇？〔五〕二人今讀何書？我前後所言，皆是教你成人之道，你當聽見。你二人文字頗能成篇，將來可進，我心甚喜。其餘小事〔可〕不著意。〔六〕

二十一則

偲兩次書俱到，見你補廩，我心甚喜，是你終身之福，家門之慶也。兒當勉强學問，以期後來光顯，無負大人君子成就

〔一〕「〔上闕〕〔予與〕劉、周二公同飯」，文淵閣本、張氏本作「上闕」；文津閣本，「上闕」作「予與」，據補。

〔二〕「五年間」，文津閣本，「間」作「前」。

〔三〕「〔闕〕〔又〕你二人讀書」，文淵閣本、張氏本作「闕」；文津閣本，「闕」作「又」，據補。

〔四〕「告家下」，文津閣本，「告」作「當」。

〔五〕「共文章幾篇」，文津閣本，「共」作「其」。

〔六〕「小事〔可〕不著意」，文淵閣本、張氏本無；文津閣本，作「可」，據補。

汝之盛心可也。我向日令你所讀諸書，次第及之，經書熟讀熟看，令胸中貫通；史鑑、性理是頒降之書，考試出題。五經可以大開胸次，古文與绳尺論皆不可不看。寫字手腕著力，便寫得方正。顔魯公之書雄秀獨出，其字帖當學。前祖母年老，此事傷心，你盡孝敬，便是學問。舍兒，教他讀書，衣服勿令破爛，即是你體我之心也。喜、康亦可讀書矣，今何如？田野事付舜卿，你勿管，亦勿閒行看他。鄰里間勿以錢物相交，分毫小利看到目中，大事決不能成，是至愚者所爲也，豈秀才之事乎？處人當寬大容忍，犯而不較，以仁禮忠三自反，凡此皆大賢心度，明哲保身之道也。「大丈夫容人而不爲人所容，處人而不爲人所處，制欲而不爲欲所制。」當深味此言。田間水道之類，任人所爲，切不可掛念。舜卿亦要叮嚀，曉之勿與人爭，大抵禍常起于細微，不可不慎。

二十二則

仕，你在此客間，我又〔在〕[一]大難中，生死未知何如，你在外須要和順從容，收斂恭遜，庶幾心地日就開明，動履規矩，則學業可成，將來自有實用，慎勿粗心浮氣，（闕）〔致〕[二]敗德以貽後悔。

二十三則

偲，你不要憂苦。父罪難未了，你動心忍性，强待皇天悔禍，萬一生出獄門，得與復相見。高兒聘事，載裝（奩）〔從〕

〔一〕「又〔在〕大難中」，文淵閣本、張氏本無；文津閣本，「又」下有「在」，據補。

〔二〕「（闕）〔致〕敗德以貽後悔」，文淵閣本、張氏本作「闕」；文津閣本，「闕」作「致」，據補。

薄，〔一〕勿用鼓樂，父居此地，你兄弟姊妹去居喪者不甚遠，再不多囑。我近日身安，目疾愈，閒中與仕解中庸，還未畢，有帶回者，你用心看。你文字比舊頗充盛，再用心。舜卿當篤骨肉之愛，勿以小事介意。你以大事業自期，待人須要存仁人君子之心，勵忠臣義士之節，備英雄豪傑之才，方是男子，方是丈夫。仕宦利祿，匹夫妾婦之所爲，你父素所羞稱，比之爲狗彘也。舍兒，你弗悮他。他讀書伶俐，如他資質，亦少；但失教了，須教他苦讀（闕）〔書〕。〔二〕禹卿，亦教他學好。喜、康等諸幼，勿失學。青道袍與伍天壽。

二十四則

偲，歸到家中，最叔祖母事要緊，須常在咱家中，勿往張家去。壽極高，不比舊年，早（辰）〔晨〕〔三〕不知晚夕，萬一有大事，却如何處？若如今或在張家住，你到家便去請。若叔祖母不肯來，須再三懇陳我意，及再三與你母講，此不是小事，若不依我說，一家都是惡人了，天豈肯保佑？又豈肯使家門有福？後輩必不長俊。此事全在你處，你須切切著意，爲我用心處之。處得停當，我或得生還，家亦好過，此又是你立德行處，你看杜環小傳便知。你多帶些路費到家，存些預備此事。萬一有凶事，全勿靠休。

又，告你，休若得罪你，只可救濟他，骨肉之恩，理當如此。大學言：「其所厚者薄而其所薄者厚，未之有也。」你將我此帖貼在坐間，無事時常看思量。恐你一時粗鹵，言不入心。

〔一〕「載裝（奩）〔從〕薄」，張氏本、文津閣本「奩」作「從」，據改。
〔二〕「教他苦讀（闕）〔書〕」，文淵閣本、張氏本作「闕」；文津閣本「闕」作「書」，據補。
〔三〕「早（辰）〔晨〕不知晚夕」，張氏本、文津閣本「辰」作「晨」，據改。

又，仕前日與人相講，你若見他，只說舍弟年少，不知人事，今再彼此不必計較。如是，則千萬是非口舌一切都散了。聖人以不能懲忿者謂之惑，惑猶今人言「鶻突」也。蓋小小事，一時不會忍，致成大禍，小則破家，大則損身，豈不是鶻突之甚乎？

又，祖宗牌主，將屋拆散，不知置之何處？我前見了，心甚傷痛，不曾與你言。我方欲圖處，又有此禍。今嘗思之，甚難處。我欲你且收到東（坦）〔垣〕北房中，[一]又恐人褻瀆，皆我不孝之罪也，天豈肯悔禍有我？你到家思何如處之？

又，將舍兒，你自教之。如你不耐煩，還從（闕）〔宗〕；賈、罷諸幼，你送到侯宗禮處，[二]便不多會讀書，只習禮貌，將來亦好教，不要失教了。

楊廷臣當街上流涕，與我穿襪，你謝他，又與價。楊忍送網一頂，與他價，就當與送飯。我前者要過幾日稍去，不曾得，你不要謂我瑣屑，蓋事當如此，恐你不知。過潼關見周潭公，便說舍弟不會忍事，[三]（闕）〔煩〕瀆，[四]甚不是。見六泉公，亦然。

又，家中内外男女之分，須當謹慎。外姓孩子不要（常）〔嘗〕[五]在中門内。想你會用心，萬萬。又使喚小女子，勿往田野獨行。與你母說，別人孩子不知人事，你替他體悉保愛，勿使有過差，就是陰德，亦家門可免羞辱。前後墻上可用棘處，默默處之。水利事，千萬勿與人爭。我前日意，要填村西南頭渠，此他日禍端也。仕若粗猛，你只愛他，從容教之，以感化

[一] 「東（坦）〔垣〕北房中」，張氏本、文津閣本「坦」作「垣」，據改。

[二] 「還從（闕）〔宗〕」，張氏本「闕」作「宗」，據補。另，文津閣本「還從闕。賈、罷諸幼，你送到侯宗禮處」作「還從先生罷。諸幼孫，送到侯宗禮處」。

[三] 「不會忍事」，文津閣本「會」作「爲」。

[四] 「（闕）〔煩〕瀆」，張氏本、文淵閣本作「闕」；文津閣本「闕」作「煩」，據補。

[五] 「不要（常）〔嘗〕在中門内」，張氏本、文津閣本「常」作「嘗」，據改。

他。我前日路上亦與你曾説，縱他有千萬不是，你只體我難中，心善處之，人非豚魚，豈不知感悟？你常〔一〕思「象憂亦憂，象喜亦喜」的心，久自愧悔。父勞心萬端，囑咐不盡。

你將此帖常常〔二〕接目，不要棄毁。三月十二日申刻，〔三〕父在暗室中書。

二十五則

凡我告你言，你心或不欲，當勉强行之。古人所謂或安行，或利行，或勉行，大抵我不能躬行，徒以言語叮嚀，宜乎爾等不立身也。休之事，勿以閒語人，人或言之，你可不答，便是一件學好處。律法，弟訐兄不法之事，將弟所告，當作兄自首；兄免罪，弟反坐，以干犯恩義之罪，此是聖人立法，教人厚于倫理處。於如此人，處得善，方是立身。我慮你之心，直是死方已。你若上京，自己備脚力到此，看天心何如安排？若未得了事，你須堅心耐久，至科塲近方歸，你必有好處。仕作筆清新，只是不曾讀書，但他自不立志，我徒説耳。我無德，天不出好人爲家門慶，可嘆，可嘆！

二十六則

我再與仕講，古人云：「能者養之以福，不能者敗以取禍。」此二句最好，且如你兄弟輩，既有我在，百凡無累，若肯專

〔一〕「常思」，張氏本、文津閣本「常」作「嘗」。
〔二〕「常常接目」，文津閣本「常常」作「時常」。
〔三〕「申刻」，文津閣本「申」作「午」。

心學問，修身謹行，毫末不敢苟且，則日進于高明，德立而名成矣，豈非「能者養之以福」乎？若假我以爲惡，驕矜淫縱，無所不至，敗德敗身，小則不保前程，大則不保性命，豈非「不能者敗以取禍」乎？人只是無志，雖有好資質，都自壞了。且如當時，若能立志，何事業幹不成？眞可惜也。嘉祥不能進學，非命也，他前者問安書，我知他學問退了。講過孟子，須熟讀熟看。

二十七則

舉業事，只是多讀書，時嘗作習思慮。日間行事，不同流俗，吐詞立論，自然正大。我年前冬月，與王舉人改文數十篇，改得甚好，但你不得一見，見之自然開啓胸襟。仕文字可憂，若失一秀才，羞辱何可當？你要爲他慮處，就是你的事一般。他若不聽，眞自棄也。經書，想是還不曾熟，我深爲愁考。不得寫字，又不光顯。只此寫字一事，亦甚不可不知。如何他一書到內，我通看不見。若在提學處，寫字如此，前程必保不得。文字既不好，寫字又苟且，黜退無疑。仕若心上有一分開明處，即當食不下咽，寢不安席，可慮，可慮！程子有言：「人苟以善自治，雖昏愚之至，皆可漸磨而進也；惟自暴者拒之以不信，自棄者絶之以不爲，雖聖人與居，不能化而入也。」其實是我千言萬語，不聽我說，再何如？又是家門不幸處。說到此處，便覺痛心。家中幼少輩，想是都失教了。天天，命命，天命，天命，天命！〔二〕可痛，可痛！可傷，可傷！

我前日曾說，任政家孩子來京，今亦決勿來，不用他。只有舜卿，凡事皆可供辦，再不用人。舜卿直須終我此事，活亦同他歸來，死亦同他歸來。天壽有書到內，他忠厚之心，我深知之，但事須安命。我近日爲某事筮，得觀初六與上九變，凡卦占變爻，此眞如伏羲、文王、周公、孔子面警教一般。鬼神可畏，我感激淚下，恐你不知此義。

〔二〕張氏本，無「天天，命命」；文津閣本，「想是都失教了。天天，命命，天命，天命，天命」作「想是都失卻了天理性命，不知天命」。

二十八則

士君子立身天地間，要存好心，行好事，骨肉恩愛終不可薄。大學言：「其所厚者薄而其所薄者厚，未之有也。」你當深味斯言，以盡立身之本。你張師昨告我，如舜之處象，此言最是。汝伯父早逝，以二子託我撫養，我若待之或薄，不如待你，等他日死，見汝伯父，若問休爲人何如，我將何辭以對？況汝祖父母在天之靈，視休與汝兄弟皆孫也，固無一厚一薄。我若厚汝薄彼，汝祖父母必以我爲不孝之子。言及于此，便至淚涕，汝宜深體我心。我豈不知休爲人？要他處此憂愁之地，動心忍性，改過遷善，成一好人，不意他終不能變。向日他在此，我三四日間未嘗不反覆叮嚀告戒一番，但禹卿不知。禹卿曾説以「謹慎」二字戒他等，我便知此言有爲而發，竟不知所爲何惡，便告我何害？我亦不生氣惱，我度他家中或與人有訟事乎？偲不得已，以書告我，果有之。汝宜實告，不必隱諱。再有言，戒他。

二十九則

叔祖母今年八十九歲，過今冬九十歲矣，我日夜屈指數，恐我不得一見。蒼天，蒼天！使我如此！你二人前程要保守。偲月食廩米一石，你思天祿不可苟享受。前日，人出「無若宋人」，然題恐是箴刺，你不知是否，我心爲你憂慮。他人守一增廣，至白首不得糧者甚多，食糧豈是容易事？可畏，可畏！你若與鄰里無知識的飲酒，不讀書，不知惕然警省，李師傅便是樣子。若藉我險難，給假往來，推病不與衆人同考，你丈人便是樣子。一失，雖有苑洛大賢顯官，亦救不得。大抵人心迷惑，深者至死不悟，父守不得你到老，在你自審。偲，我再囑咐你，我見天禍方慇，層層疊疊出來，我恐家下復有異樣的惡事出來，你小心，你小心！我在此地，旦暮死生，未可知。凡水渠田畔之類，一切比我生死輕的事，你都灰心，勿掛念。

又要屈己忍耐，勿與鄉人輕易交接，遇見時便思我言，謙恭禮下，以忠信爲心。若人有横逆欺罵者，一意忍耐，不要使心上火氣起來。鄉隣有事，便閉户避之。

三十則

我平安如常，你勿憂。昨後九月（念）〔廿〕[一]七日感寒，幾成病，第三日得汗，即愈矣。叔祖母或有疾患，我夢寐不安，有事當告我，勿隱。高兒事何如？其家子目疾何如？命至于此，皆我所致，我日夜懸心，恐兒女子不能相安，思至于此，心若刀刺，是天意也！何其不幸，何其不幸！你皆告我，我又以異兆告你。我昨感寒，汗後疾雖愈，脈不好，率一二三十動一停止，兩手脈數日皆如此，我驚異，莫知所以。十月初三，日將落，即睡至更初，我卧傍布帳遮風，夢寐中有懸手過帳，爲我胗脈者，我夢中驚問是官醫士否？亦無應者，但胗脈已，斂手出帳去，未見人。既覺，心甚惻感，自念涼薄不德，是何神明鑒佑？初四早，下榻拜謝，上榻坐定，自胗脈，則復常矣。此等事與「火焚其人詩牌」事相類，天機不可洩。但告你，全家當感天地保佑，切忌勿與一人言之，萬萬慎密！你先年將我續處困記輕易與人，近日一南士將此文分作五十五節，每節以詩一首詠之，細書一本，自萬里外與我稍進，我且感且愧，但南向拜謝畢，即引火焚之。詩話之類，切宜謹密，我今亦不復作詩文矣。你切戒示人。

又，我日夜懸慮，你在家獨處，無人依賴，或有恨之者，不可不慎慮也。但要耐心平氣，謹避是非，勿與人交遊，横逆之來，須要痛忍，與古人唾面自乾者自比自處。我在不測之淵冰中，你忿一生，又有他禍，于我何如，仔細思之。前後垣墻，當用棘處，使舜卿處之。舜卿，你厚愛之，否則自剪伐手足，自處孤危也。前後兩次，俱得謙卦。你玩此帖，勿示人。

〔一〕「九月（念）〔廿〕七日」，張氏本、文津閣本，「念」作「廿」，據改。

三十一則

庭房，義上該與休二人，此是你伯父蓋成的。我心終不安，不是過與，只將此房拆去，勿以他物補。既拆後，只做一空垣，待客在南厦下。你又説與舍兒母，勿惹人打駡，上官告狀，是我羞辱，不如千萬忍耐。今日之事，須千萬自損自抑，小人得志，不利君子，貞則吉，凶禍多歸于君子。困中歲月，亦不易度。我思翟、姜二人，不數月皆以憂憤死。昨五月内，孫公下獄一處，我見其言甚是猖狂，若喪心失惑然。我告某人曰：「此公言動不祥，必有禍。」時我方與仕解中庸動乎四體章，果不久即死。吉人獲吉，凶人獲凶，此天道也。固亦有吉人反凶，凶人幸免禍孽者，此未定之天也。你細觀世人爲惡無禍，曾有幾人？不在其身，則在子孫，斷斷乎不能脱。

三十二則

説與仕，人固有秉賦愚下，蔽塞深錮，牢不可破者，然本性無有不善者，多因無人啟廸，溺于流俗，故不能奮然興起，以古人自期待也。若有人啟廸，却只因循苟且，終日悠悠，終不能脱凡庸一格以入高明者，是自暴自棄、刑戮之徒也。孟子曰待文王而後興者凡民耳，若有文王而不知興起者，豈非禽獸之類乎？你將舍兒帶去蒲，與同處飲食，都你供給，教他不要失悮。你若體我此心，你將來前程遠大。你偲兄處有杜環小傳一本，你取以觀之，看你能感發否乎？你與舍兒同甘苦，他幼不知事，有差錯，只背後教之，不要怒惱，如此則你德性日好，知識日開，天必佑你，使有前程。

三十三則　有闕文

今年六月内，有山西一人到獄中，與我備説去歲山西（闕）賊入境，[一]鄉村良善人家婦女無處躲避者，一時盡皆縊死，聞陝西地方有聲息。我前者兩次書來家，令仕買剛尖刀數十把。今又恐你不著意，愚蒙不悟，令舜卿買尖刀十把，放書箱中帶回到家。你取去人各散與家中婦人女子一把，使他懸帶，晝夜常在身。[二]譬若有急事，即時人人從心上一刀扎死，不要留一箇。使將此言明白與家中大小婦人女子説，使勿（闕）〔畏〕。[三]寧做箇潔浄鬼，決不要做箇污濁人。你二人若隱我此言，鬼神殛之，不令你生。將此貼在家中西房北牆上，仕講與大小婦女，使知之。併我稍來前者葉烈婦傳與馮氏帖俱常講之。你用心讀書作文，學好。仕嘗在蒲城讀書，（闕）〔將〕[四]在家作文章稍來，不要來京，到此使（闕）〔汝〕，[五]父在難中，只要得家中無惡事出來（闕）〔害〕你，[六]一家大小都守規矩禮法，（闕）〔存〕[七]性命。若有惡事，雖在榮華，（闕）〔亦屬難堪〕，[八]況在凶地，如何度日？十月初五日，父痛心書。

[一]「（闕）賊入境」，張氏本、文淵閣本作「闕賊」；文津閣本，「闕賊」作「賊人」。

[二]「晝夜常在身」，張氏本，「常」作「嘗」。

[三]「使勿（闕）〔畏〕」，張氏本、文淵閣本「勿」下作「闕」；文津閣本，「闕」作「畏」，據補。

[四]「（闕）〔將〕在家作文章稍來」，張氏本、文淵閣本作「闕」；文津閣本，「闕」作「將」，據補。

[五]「到此使（闕）〔汝〕」，張氏本、文淵閣本作「闕」；文津閣本，「闕」作「汝」，據補。

[六]「出來（闕）〔害〕你」，張氏本、文淵閣本作「闕」；文津閣本，「闕」作「害」，據補。

[七]「（闕）〔存〕性命」，張氏本、文淵閣本作「闕」；文津閣本，「闕」作「存」，據補。

[八]「（闕）〔亦屬難堪〕」，張氏本、文淵閣本作「闕」；文津閣本，「闕」作「亦屬難堪」，據補。

三十四則

我前有書，令舜卿北山中買柏木，與叔祖母作壽材，不要遲悮，重我不孝不德，以速上天之誅。今日家門凶禍，各宜小心謹慎，以消災變。安貧守分，忍事讓人，凡一切田土大小諸事，必存推遜之心，切不可與人爭競。寧可我怕人，勿令人怕我。力善修德，念念不忘。取法古人，勿傚世俗，庶回天譴以消災難于萬一也。我一日未死，此心不能不爲汝等掛念也。偲疾愈否？我昔年曾患此病，一日取漢書坐墳中柳下讀之，殊覺爽快，疾病脱體。你今病或少可，即宜潛心學業，掩門静處，堅你心志，純你德性。凡百家慮置之度外，勿亂胸懷，斷目前之俗計，思終身之遠圖。經書性理之外，五經白文次第讀之，反身著己，步步法之，時時奉之，積之既久，〔二〕則心地漸漸開明，義理漸漸純熟，〔三〕文字議論日有可觀。如此三年，不入于科第者，未之有也。可惜歲月你都空過了，今宜猛省。大凡人于日用間，此心思于爲善一念萌動，畧知警惕處，即是天地鬼神于默默中啟廸開導之也。於此不知擴充，復以私邪蔽錮，戕滅善端，是自棄此身，自絶于天地鬼神也。你深思之。

三十五則

再叮嚀，與偲説。以汝之資質力量，若能翻然興起，以古人事業爲眞可尚，以流俗所爲爲眞可羞，依我所言，成一大事，

〔二〕 張氏本，「步步法之，時時奉之，積之既久」作「善者法之，惡者戒之，積習既久」；文津閣本，「反身著己，步步法之，時時奉之，積之既久」作「反身修己，善者法之，不善者改之，如此」。

〔三〕 「義理漸漸純熟」，張氏本、文津閣本，「純熟」分别作「接續」、「曉暢」。

數年之間，足見功效。今委靡頹墮，悠悠歲月，空負有爲之時，眞可惜也。古人云：「纔將第一流人不自居，將第一等事讓於人，便是自棄。」古之哲人，行一不義，殺一不辜而得天下，不爲。嘗静思此言，深自愧歉，半生光陰盡空過矣。今日于義理頗曉一二分，然傷殘衰憊之齒，無壁立百仞之剛，却又遲矣。汝當及時努力，縣上切宜遠避，廉恥所係，立身一敗，萬事瓦裂。

楊忠介集卷六

語録

論道[一]

天命謂性，性原于天也。[二]率性謂道，動以天也。修道謂教，求盡其天也。[三]戒懼慎獨，自修之極，[四]至於中與和也。中和，性命本然之則也，能致之則動以天矣。故其效至於天地位、萬物育。

「道不可須臾離，可離非道」，是言當戒懼之意。「莫見乎隱，莫顯乎微」，是言當謹獨之意。應酬是有睹有聞，不睹不聞是無所應酬之際也。如出門使民，是有所應酬，則有睹有聞。或問程子：「未出門使民之時當何如？」曰：「此儼若思時也。」儼若思，即是戒慎恐懼之意。爲功夫尚未説到極至處，故又提「慎獨」二字，使人雖在暗室屋漏之中，一念發動之際，凜然畏懼，不可少怠，不敢少息，則天理常存，私意不萌，純一不已而合乎天矣。

〔一〕文津閣本，「論道」作「中庸論」。

〔二〕「天命謂性，性原于天」，張氏本、關中四先生語要卷四斛山楊先生，「性原于天」作「天人一理」；文津閣本，「性原于天」作「理具于中」。

〔三〕「求盡其天也」，張氏本、關中四先生語要卷四斛山楊先生，「盡其」作「合乎」；文津閣本，「盡其天也」作「其所以改」。

〔四〕「自修之極」，張氏本、文津閣本、關中四先生語要卷四斛山楊先生，「極」作「功」。

中和，心之本體也。未發之中，萬物皆備，故爲天下之大本。已發之和，大經大法所在而不可違，故爲天下之達道。怒與哀中節，皆謂之和。

致中和，止至善之云也。天地之位，我位之也。萬物之育，我育之也。

君子之中庸，中庸，人理之常也；小人反中庸，豈人理哉？時中者，默識其理而妙，宰物之權也。若非禮之禮，非義之義，豈時中之道哉？小人則率意妄爲而已。

天下之道，至中庸而極。理得其會同，義至於入神。非至明不能察其幾，非至健不能致其決，故民鮮能之矣。

董常問文中子：「聖人有憂乎？言天下皆憂，吾何獨不憂？又謂樂天知命，吾何憂？何必如此説？」「聖人固未易及，然常人一念之發，得其本心，則與聖人之心無以異。但聖人純亦不已，衆人則或存或亡而已。憂樂皆人情之常而本於性也，豈聖人獨有樂而無憂乎？若曰樂天知命，吾何憂？不成父母病，聖人亦樂天知命而不憂乎？豈人理也哉！」

漫録

夜初静坐，少檢點日間言行，因司馬温公論盡心行己之要自不妄言始，夫不妄言，所言必皆當理。非心有定主，豈能至此？[一]故輕躁鄙悖，[二]及事務瑣屑、無益身心而信口談論者，皆妄言也。因書以自戒。

作一好事，必要向人稱述，使人知之，此心不定也。不知所作好事，乃吾分所當爲，雖事皆中理，纔能免於過惡耳。豈可自以爲美？纔以爲美便是矜心。禹之不矜不伐，顔淵無伐善，無施勞，此聖賢切己之學也。

[一]「豈能至此」，張氏本「能」作「容」。

[二]「輕躁鄙悖」，關中四先生語要卷四斛山楊先生，「悖」作「背」。

與人論事，辭氣欠平，乃客氣也。所論之事，雖當於理，即此客氣之動，便已流於惡矣。可不戒哉？書以自警。予久處獄中，粗鄙忿戾，畧無貶損。粗鄙忿戾乃剛惡也，負以終身而不能變，眞可哀也。因思横渠「貧賤憂戚，玉汝於成」，乃惕然驚省，嚴然愧耻。今日患難，安知非皇天玉我進修之地乎？不知省愆思咎，而有怨尤之心，是背天也。背天之罪，可不畏哉？

予繫此四十一月矣，邏者日在側覘予動作。有甚厚予，攜壺酌以伸問者，後一人來甚横逆，予卧於舊門板上，阻之以席，其人皆扯毁之，謂予罪人不宜如此。又往往發其厚予者，使人知之曰某日某皆潛獻其處者，蓋令其得罪以見己薄之爲是。有蘇、喬二人皆厚予者，乃忿忿不平，揚罵曰：「是固無傷也，予非私交化外人，雖得罪，亦何憾？」

予與劉子煥吾、周子順之同飯後，因論人才各有所宜。予謂：「二公自度，宜何責任？」劉子曰：「吾爲孟公綽可。」周子曰：「今日府州外任，勉强幾分。」予曰：「滕、薛大夫，聖人固不許。公綽在春秋時，欲盡其職，亦非易事。觀於子産相鄭可見。然則孟公綽亦不可輕看。」

一人因狂病迷謬，入朝，立御座上，捕下法司，擬重獄，成未決。其母詣登聞鼓稱寃。順之在吏科時，直受鼓狀，遇此事，未爲准理。順之因問予：「使公遇此事，當何如處之？」予曰：「當論其狂病誤犯，不可加罪，但罪守門者，失於防禦則可矣。」劉子曰：「當封進鼓狀，使朝廷知其以病迷下法司，從末減可也。」順之曰：「此固皆是，但如此爲之，必得罪。以此小事得罪，吾不欲也。」劉子謂：「論人無罪，不當殺，恐非小事。」予曰：「此皆論利害，未説到義理處。若論義理則當爲即爲，當止即止，豈計得罪？」順之以爲然。

好議論人長短，亦學者之大病也。若眞有爲己之心，便惟日不足，戒懼[一]乎其所不睹，恐懼乎其所不聞，時時刻刻防檢不暇，豈暇論人？學所以成性而已，人有寸長，取爲己有，於其所短，且置勿論。輕肆辨折，而無疑難涵蓄之心，謂之「喪

[一]「戒懼」，張氏本「懼」作「愼」。

德」可也。此予之深患不能自克，可愧，可愧！

道心，人心，只以是與不是求之。一念發動的不是，則爲人心。道心極難體認擴充，戒謹恐懼之功少有間斷，則蔽錮泯滅而存焉者寡矣，故曰「惟微」。人心一動，即在凶險路上行矣，喪德滅身，亡國敗家，由於此，故曰「惟危」。所謂卿士有一於身，家必喪；邦君有一於身，國必亡。内作色荒，外作禽荒，酣酒嗜音，峻宇雕牆，有一於此，未或不亡，則人心之危眞可畏哉！

易謂險以說，困而不失其所亨，其惟君子乎？予久處困難，亦時以此自慰，但罪惡深重，爲世道之損者甚大，仰愧於天，俯怍於人，襟懷滯礙，鬱抑不安之時常多。

心静則能知幾，方寸擾亂則安其危，利其災。禍幾顯著[一]而不能察矣，況於幾乎？幾者，動之微而吉凶之先見者也。所謂先見，亦察吾動是與不是而已。所動者是，吉即關於此矣；[二]所動者不是，凶即萌於此矣。意向少離於道，則步履反戾，「差之毫釐，謬以千里」矣。故學者以慎獨爲貴。

予稟性粗鄙，動輒乖謬。夜間静坐，思此身過惡，眞不自堪，眞難自容，可謂虚負此生矣。年踰五十，血氣漸衰，老景將至，始自知過，則已晚矣。可勝嘆哉！尚幸殘生未泯，欲自克勵，求免於惡終耳。書以自警。

顔、孟二大賢雖氣象不同，而學則未始有異。顔子之學在非禮勿視聽言動，不違仁，不遷怒，不貳過。孟子之集義養氣，擴充四端，求放心，存心養性以事天，則亦顔子克己復禮之學也。

天下萬變，「眞妄」二字可以盡之。偏蔽者妄也，本體則眞也。學所以去偏蔽之妄，全本體之眞。全則道本於性，性純

[一] 「禍幾顯著」，「顯」，明儒學案卷九三原學案忠介楊斛山先生爵、關中四先生語要卷四斛山楊先生、關學宗傳卷二十楊忠介公作「昭」。

[二] 「關於此」，「關」，關中四先生語要卷四斛山楊先生作「萌」。

乎天，立人之道始無愧矣。天地亘古亘今，但有此一箇大道理，則亘古亘今之聖賢，不容更有兩樣學問也。

見獄中或有警擾，呼左右問何事，久而思之，此動心也。身居此地，須要置生死於度外，刀鋸臨之，從容以受，致命遂志可也。此正是爲學用功處，因思劉元城鼾睡是何等胸懷？可謂毅然大丈夫矣。

今日蚤起，朗誦君子之所以異於人者一章，即覺襟懷開洒，心廣體胖，有西銘與物同體之氣象。此心易至昏惰，須常以聖賢格言輔養之，便日有進益。

士之處世，須振拔特立，把持得定，方能有爲。見得義理，必直前爲之，不爲利害所怵，不爲流俗所惑，可也。如子思辭鼎肉，孟子卻齊王之召，剛毅氣象，今可想見，眞可爲獨立不懼者。若曰事姑委曲，我心自別，即自欺也，始或以小善放過且不可爲，小惡放過且可爲之，日漸月磨，墮落俗坑，必至變剛爲柔，刓方爲圓，〔一〕大善或亦不爲，大惡或亦爲之，因循苟且，可賤可恥，將以惡終而不知矣。此由辨之不早，持之不固也。書以自戒。

涇野吕先生過某府，太守侍坐，太守子讀書樓上，聲徹于樓下。太守令止之曰：「當微誦，恐損傷。」既又促左右以時進食，曰：「勿令飢。」又戒之曰：「當爲掖之，恐或蹉跌。」先生謂太守曰：「公之愛子，可謂至矣。願推此心以愛百姓，可也。」遇順德府太守餞于門外，餞所近〔二〕養濟院，先生以饌食一（卓）〔桌〕，令二吏送院中，謂太守曰：「以公佳饌與無告者共之，願公體我此心，以惠恤鰥寡，可也。」訥溪周子述以告余，余爲嘆息者久之。古人以離羣索居爲深戒，子貢問爲仁，孔子告以事其大夫之賢者，友其士之仁者，使志道君子常得與先生相親焉。獲覩德容，聞至論以自警省，不患德之不修而政之不善也。嗚呼！仁人君子之言，其利溥哉！

智者自以爲不足，愚者自以爲有餘。自以爲不足，則以虛受人，進善其無窮矣。自以爲有餘，必無孜孜求進之心，以一

〔一〕「刓方爲圓」，「刓」，關中四先生語要卷四斛山楊先生作「刻」，文津閣本作「倒」。

〔二〕「遇順德府太守餞于門外，餞所近」，張氏本「遇」作「過」；關中四先生語要卷四斛山楊先生「近」下有「府」。

善自滿而他善無可入之隙，終亦必亡而已矣。書之以自勵焉。[一]

平時所爲，[二]得失相半，求欲寡過而不可得。幽囚坑久，繫中頗覺省悟，[三]始有向學之心，然殘損餘息，血氣(衰)〔漸〕減，[四]策勵不前，虛生人世，與草木同腐矣。可愧哉！

蚤起散步圜階，日昇東隅，晴空萬里，鳶鳥交飛，不覺襟懷開灑，萬慮皆空，因思曾晳沂水氣象，亦是如此。癸卯歲季冬十三日書。

古人立已甚嚴，[五]其責人甚恕。今人立已甚恕，其責人甚嚴。孜孜爲己，不求人知，方始是學。

夫子答顔淵爲仁之功，在非禮勿視聽言動。居高位有高位的視聽言動，居下位有下位的視聽言動，處患難有患難的視聽言動，臨死時有臨死時的視聽言動。道無不在。

予與劉、周二公倚圜墻北向坐，一人解於北墻下，相去甚近。二公訝之曰：「何不少避？」予曰：「此鄭瞽人旋於宋朝之意，蓋謂我無所問也。」

因置一甎奠食碗，置之未安之處，此心不已，必欲既安，然後已。將一箇身心不會置之安穩之地，如箇無梢工之舟，漂蕩於風波之上，東風來則西去，西風來則東去，是何道理？則是置此身心，不如置此甎之敬慎也。

六月初八日夜，初寢，夢一男子長身少鬚，鬚間白，呼爵相拜曰：「予，王陽明也。」數談論未嘗自言其所學，語未畢，忽驚寤。予瞿然曰：「是何先聖先賢來此以教我乎？或慷慨殺身於此地如劉忠愍之類者，相與邂逅於夢寐乎？明早當

[一]「書之以自勵」，「書」，張氏本作「録」。

[二]「平時所爲」，「平時」，張氏本作「平生」，文津閣本作「生平」。

[三]「幽囚坑久，繫中頗覺省悟」，「坑」，文津閣本作「日」；「繫」，張氏本作「靜」，文津閣本作「心」。

[四]「血氣(衰)〔漸〕減」，「衰」，張氏本、文津閣本作「漸」，據改。

[五]「古人立己甚嚴」，「立」，關中四先生語要卷四斛山楊先生、關學宗傳卷二十楊忠介公作「律」。下同。

焚香拜謝之。」俄而屋脊墜一小甎塊於卧傍木板上，聲震屋中，守者驚起。初九日早辰記。

初九日夜，夢一廟中塑伏羲像，所服甚古，雜以洪荒草服，一人講易十三卦制器尚象之義。於廟問之，乃程先生也。聽有儒士二人。予入獄中四十一月，夢關義勇、武安王與予遇者三，亦有無言時，亦有數相語時。

連日天雨，獄中木板皆濕。予體弱少食，因思小兒在外，父子五年不能相見，衣食不能相顧，時張道全、伍天壽二生皆在外候。予與小兒同處數日，消息未聞，爲之戚戚，又思素患難行乎患難，事至於此，皆天命也，當安受之。陳少陽、歐陽徹二公未嘗傳贊，爲臣以言語自任而殺其身，況予論思之職，敢不盡臣子一日之心乎？盡此心以求自慊，則或死或生，豈可逆料？予居此四年，邏者候予有言，日必録。予頗聞之，每見未嘗一言相答，有以予不言回報者，必答之；有以其言作予言以回報者，又以不似答之。於是邏者窮矣，多以情相告，求予言以免其咎，且曰事關於忠義者，願得數語。予應之曰：「吾奏章數千言，字字是忠義，句句是忠義，乃以爲非所當言而深罪之。今若以忠義騰口舌於爾輩之前，是吾羞也。」

一邏者求予有言，情甚切至。予應之曰：「語出於無心者，公記去，則予心無愧。若出於有心，是故爲巧語，轉移天聽以苟免罪難也，予實羞焉。況一有此心，是即機變之智巧。舉平生而盡棄之，天必誅絶，使即死于此！」其人慘然曰：「公之心如此，予再不復求公言矣。」

又一邏者告予曰：「今日好言語上之矣。」問之乃太甲篇：「天作孽，猶可違；自作孽，不可活。」又繼之曰：「我乃自作孽者，故罪至于此。」予應之曰：「吾爲言官，天下事皆所當言。往時一疏，上爲朝廷，下爲蒼生，宗廟社稷，萬萬年深長之慮，豈自作孽者？」其人默然。

晴川劉公陞工部，將之任，家宰羅整菴翁家居。劉公辭行，整菴贈之以詩。既劉公下獄，與予誦之，予與蘊山錢子皆依韻和之。後人傳其詩於整菴處。近一士夫來京，整菴公語相告曰：「向日得詩，和答已具，但欠推敲，未可寄去。」予曰：「此非欠推敲也。元老大臣家食，十年未嘗以書簡通權貴，乃以一詩交罪人，可乎？此老可以爲法。」甲辰年六月十二日記。

癸卯年二月内，馬主政拯以事下獄。馬十九歲發解廣東。二十舉進士，任工部主政，器度識見人未易及。告予曰：「聞近士大夫言，自古人主有本事者，惟秦皇、漢武兩君而已。」予應之曰：「否。自古人主有本事者惟堯、舜、文王而已。堯在位百年，萬邦時雍，治極當亂之時，而子丹朱又不肖，堯乃尋一個舜，將天下分付與他，愈至於治。舜在位五十年，四方風動，亦治極當亂之時，其子商均亦不肖，舜乃尋一個禹，將天下分付與他，亦愈至於治。文王深仁厚澤，延周家之基業至八百年。堯、舜、文王以天自處，氣運興衰不在於天而在我。所謂『通其變，使民不倦；神而化之，使民宜之』者，此其本事，何大哉？秦皇剪除六國，焚棄詩、書，掃滅先王之跡，而惟任一己之私，一夫作難而七廟隳，身死人手，爲天下笑。漢武承文、景之富庶，若委任賢俊，取法先王，則禮樂可興，顧以多慾亂政，窮兵黷武，至於海内虛耗，幾致顛覆，非有昭、宣繼之，則漢之天下未可知也。若二君之所爲，適足覆宗絶祀而已，烏在其所謂有本事哉？且使人主不法堯、舜、文王而法秦皇、漢武，是啟其殺伐之心，而欲以亂天下也。其所言謬妄亦甚矣。」馬出獄數月，以病卒。予甚悼之。

閒步垣中井上，日色慘淡，光景寂寥，下視井水湛然清澈，因思「井渫不食，爲我心惻」，爲之戚然。

嘉靖乙巳年九月初五日，朝發濬縣，晚宿林清店。店主醜惡，買麵食，用醋，其人吝。從者曰：「此不過費銅錢一文。」其人應之曰：「雖與十文，吾亦不賣。」又欲買小米，次蚤作粥，其人亦固拒之。予聞矣，呼從者，止之曰：「再勿與語。此數家之隙地，或有賢者無招客屋，而有屋者又非賢。」因思昔人言堯、舜以天下讓，而世之匹夫爭半錢之利，人品相去，何啻九牛毛？易曰：「『初六童觀』，小人道也。」此市井之常度，其識見止此，無足怪也。

大人當治安之時爲危亂，小人以危亂之時爲治安，（皆）此（小闕文）〔大小之別〕也。[二]有大人之向慕，有小人之向慕；有大人之識度，有小人之識度；有大人之作用，有小人之作用，此天地生物之不齊。教化之施固有要，而以宇宙間事爲己責者，不可不慎也。乙巳年九月五日燈下書。

[二]「（皆）此（小闕文）〔大小之別〕也」，「皆此小闕文也」，文淵閣本、張氏本均注有「闕文」；文津閣本作「此大小之別也」，據改。

論文

文章以理爲主，以氣爲輔。所論純是一段義理，是以理爲主；辭氣充盛渾厚，不覺軟弱，是以氣爲輔。須胸中正大，不以偏曲邪小之見亂其心，又廣讀聖賢格言以充養之，如此則舉筆造語皆自胸中流出，其吐辭立論愈出愈新而無窮也，如取之左右逢其源也。其騰匯洩蓄，流轉渾厚，波瀾汪洋，如決江河，沛然莫之能禦也。其光燄發揚，照耀昭灼，如日月中天，深谷窮崖之幽，花石草木之微，青者自青，白者自白，仰之以生輝，觸之而成色也。

馮司空語録附〔二〕

馮先生曰：「吾關中如王端懿之事功，楊斛山之節義，吕涇野之理學，李空同之文章，足稱國朝關中四絶。然事功、節義係於所遇，文章係乎天資，三者俱不可必。所可必者，惟理學耳。吾輩惟從事于理學，則事功、節義、文章隨其所遇，當自有可觀處。不必逐件去學，而後謂之學四先生也。」

先生曰：「事功如端懿，節義如斛山，眞爲國朝第一。然學端懿者不當學事功，學斛山者不當學節義，何也？假如端懿當日上疏後，即觸怒逮獄，遭讒被播如斛山，則端懿當以節義名，不得以事功名矣；如斛山當日上疏後，蒙温旨嘉納，陟華躋膴，則斛山又當以事功名，不得以節義名矣。可見吾輩只當就二公同道、二公易地皆然處學，不當在事功、節義上學。但不知二公同道處何在？易地皆然處何在？願共思之，毋草草看過。」

〔二〕 張氏本，「馮司空語録附」及所附三條文字移至附録卷一「由天性」下。

問：「楊斛山先生大節凜凜一代，不知何修至此？」曰：「先生學問亦從鷄鳴孳孳爲善一念來。觀其詩，有曰：『病潛隱處最難醫，拔去深根思匪夷。舜蹠相懸初未遠，差之千里自毫釐。』又云：『一原萬象皆同有，要把心從此處知。善到公時多少大，須知無我是無私。』觀此，則先生生平大節，蓋有所本云。」

楊忠介集卷七

祭文

祭原方畦先生文

先生蚤棄軒冕，樂道力田，視不義之富貴如浮雲之漠然。惟欲窮討古今之典籍，以擴充其未盡之天。踐履方正，胸次高遠。其超乎塵外也，如鳳凰之高逝，必千仞而翔；其確乎不拔也，如松柏之挺翠，貫四運以獨芳。慨君子之存殁，爲人世之否臧，何皇天之憖遺，俾遠邇其感傷。某忝爲知友，聞訃奔走，心懷永悼，匪言可盡。敬陳薄奠，先生享之。

祭次女文

嘉靖二十二年三月初一日，父在獄中，以書告石氏女子秋之墓曰：

嗚呼，痛哉！女子秋，汝有知乎？其聽父三千里外哭汝之言。去年三月某日，汝偲兄到京，以書告我，言汝疾病。秋九月，汝休兄復告汝病日深，吾見其詞語悽愴，若有隱不盡告之意。今年二月内，仕自家鄉來，吾以書問汝存殁，且言當以實告。休等始言壬寅歲夏四月十五日丑時分，汝以疾終於汝家。是時，偲、仕皆在京師，休與汝母共送輀車，葬汝於盤月村之南。

嗚呼！子秋，汝果死矣！不知是何等病乃即死也。吾數汝死期，在吾下獄一年零二月之後，將無以吾得罪之深、惶懼不寧即成病以死乎？果若此，吾心不能不汝咎也。吾觀古今以來爲人臣者，豈無狂愚妄論時政，身陷罪戾，如我今日者乎？爲其女子者，或有天性仁孝，篤於愛親而不解於心者，豈皆憂戚成病，淹焉莫救，以殞其生乎？

嗚呼，痛哉！子秋，汝何至於斯也，汝何至於斯也？吾尚記汝童稚時，吾教之，使讀孝經、論（論）〔語〕[一]及女訓諸篇，汝又數向予索讀烈女傳，[二]吾見[三]性資聰敏，多能曉悟，但過於剛烈，不能含容忍耐，以成中和之德。此等氣象與汝父絕相類也。汝父罪難，悠悠自分宜死，死而蒙恩，歸葬故里，吾欲汝姊妹兄弟懸棺而窆，封以馬鬣，樹以荆梓，共成一哭，從此朝夕朔望，再勿流涕，豈意汝即蚤死，使我於囚繫顛危中，反哭汝痛汝，弗能已耶！

嗚呼，子秋！犴門深鎖，今已三年。汝父一念，白日青天，忽聞汝死，雙淚漣漣，西望茫茫，未得洒汝墓前。念之窮極，一至斯焉，乃十九年庚子歲秋，予始北行，汝與汝姊送我中庭，視我漸遠，顧瞻徘徊，[四]容顏戚慘，兩淚盈腮。汝父不德，天毒降災，乃汝姊妹，淪胥以推，二三年間，黄土兩堆，我心匪石，胡不痛哀？今我寫此傷悼之情，命汝休兄以家釀一盞，麥飯一盂，歸告汝靈，父若得荷主上再生之恩，歸來有期，念汝長逝，心抱無涯之悲，即於汝姊汝墓次第哭之。

嗚呼！子秋，汝來顧此。

[一]「論（論）〔語〕」，張氏本、文津閣本，後一「論」作「語」，據改。

[二]「烈女傳」，張氏本「烈女傳」作「列女傳」。

[三]雪齋案：張氏本、文淵閣本、文津閣本同，疑「見」下脱一「汝」字。

[四]「顧瞻徘徊」，張氏本「瞻」作「視」。

誌銘

兄安之翁墓碣

嗚呼，痛哉！此吾兄安之之墓也。

吾兄諱靖，字安之，我先君豐山處士長子也。處士君配吾母李夫人，生我兄弟二人。吾兄生于成化丙午十一月二十二日，卒于嘉靖壬辰三月十一日，享年僅四十有七。嗚呼！天其何奪之速耶！意者爵之不德，昊天降災，故使至于此極耶！不然，彼令兄弟，騂騂怡怡，相與而耄期于一門者，世多有之，我何煢煢孑孑，形隻影單，而無以爲倚耶？

嗚呼，痛哉！吾兄生而聰敏，早歲欲以儒術自鳴，不果，遂舉爲縣掾，非其志也。後罷歸，力田養母，暇惟讀書，無他好也。歲嘉靖戊子，爵領鄉薦，將赴試禮闈，行有期，吾兄戒之曰：「弟必舉進士，可出仕，慎勿汲汲也。」越明年，爵舉進士，授行人司行人。嘉靖十年，奉使河南，便道歸省，時吾兄已嬰疾矣。聞爵至，喜甚，自謂疾若脱體，身衣袍布，以帛裹帽，起俟于門内。爵拜見，尚能答拜。吾母哭之曰：「吾兒，汝兄今日復得見汝矣。」於是母子兄弟相與流涕者久之。爵見吾兄疾未瘥，吾母在堂年已七十，即欲事畢後告歸，既抵京，吾兄以書止之曰：「我病全可，慎勿憂慮。」又曰：「弟當盡忠報國，亦不必歸來。」時壬辰年三月十五日也。爵獲書，方以母兄平康爲慶，不知吾兄之卒已五日矣。

嗚呼，痛哉！吾兄平日好讀史，臨殁遺言，以通鑑斂棺中。病之革也，自正衣冠，辭母與叔母，皆四拜。自爲書，屬爵以後事，甚詳。又戒子姪，且勿以凶訃告爵，云：「恐吾弟不堪傷痛。」故諸子遵其命，至是年秋，爵始得聞訃。是時，爵已陞試監察御史，吾兄不及聞矣。

嗚呼，痛哉！如吾兄者，其處人己親疎之間，亦可謂善矣，奈何其不壽也？

嗚呼，痛哉！昔我先君之捐世也，我兄弟同哭之。及吾兄卒，踰年尚未葬，吾母亦以天年棄養。爵哭母，又哭兄，天其何使我遭此凶之極耶？

嗚呼，痛哉！吾兄配王氏生于弘治丁巳八月十八日，卒于嘉靖癸巳正月十一日，得年三十有九。〔一〕是年四月十三日，合葬於先塋之次龍。又有側室劉氏。有子二人，長曰休，王氏所生，學儒；次曰佶，劉氏所生，今尚幼。不知二子者，有能立身揚名，爲吾兄之光否乎？

臨終自書墓誌　銘旌　今存壙中

吾平生所期，欲做天下第一等人，而行不逮；欲幹天下第一等事，而績未成。今臨終書此以誌墓，願吾子孫當吾身後，擇吾善者從之，其不善者改之，此其意也。在人世五十七年，亦不可謂不壽，但懿行不足垂萬世，功業未能裨當時，是謂與草木同腐朽。墓誌

五十餘年，生長人世，未盡聖賢之道；兩受天祿，還形地下，難忘君父之恩。銘旌

京來壙誌銘

京來，御史楊某伯修之第三子也。生八歲，死。

某誌其壙曰：京來，形貌清奇，心性慧朗，兩目炯炯，年五六歲能詠古詩數十篇。吾視之，如麟角鳳毛，以爲他日大吾

〔一〕「年三十有九」，張氏本「九」作「七」。

之門者，必此子也，抑孰知其至于斯乎？故其死也，吾哭之，痛痛不已。哭之以詩曰：「仰視旻天秋夜深，西風（推）〔摧〕却老來心。〔二〕世間唯有子喪父，何我哭兒淚滿襟。」

嗚呼，傷哉！先嘉靖十五年冬，京來患瘡疹，既瘥，咳嗽未已。予謂疹後餘毒，尋常自止。及至次年夏，益甚，百藥不效。至八月十九日黎明時，竟不救以死。是其賦于天者，修短有數，一定而不可易歟？其諸人事感召之未善也，奈之何吾不感于心乎？是年九月六日，以下殤禮葬于先塋之前龍。

嗚呼！死矣，不可復生也。託銘石上，涕泣而納諸土周之所，銘曰：

吾兒有生，何不穀？汝父汝母哭汝兮，痛徹心骨。有樹有封，是兒之先羽。機送汝兒，其歸焉。

雜著

讀易

余既久在罪難中，自念君子存仁，造次顛沛，未嘗少懈。歲月云邁，百年易失，頃刻光陰，未可以若醉若夢而玩處之也。即卧側，障之以蓆，〔三〕盥手焚香，凝神清慮，讀易于其間。

客有謂予者曰：「其名此爲『安樂窩』，可乎？」余應之曰：「不然也。余之罪多矣，奚以安樂爲哉？人之處世，非安樂則困辱二者而已。世之人，或以富貴爲安樂，以患難爲困辱，此固未然。而謂吾之處困爲安樂，亦非也。夫其所爲慊

〔二〕「西風（推）〔摧〕却老來心」，張氏本、文津閣本「推」作「摧」，據改。

〔三〕「障之以蓆」，張氏本「蓆」作「席」。

於心而合乎義理之中正，則雖日在患難，此心未嘗不安樂也。夫其所（謂）〔爲〕〔二〕愧于心而戾乎義理之中正，則雖日處富貴，而此心未嘗不困辱也。吾之所爲，質於古人之作用爲何如，其愧於四聖亦多矣。然則名我所處爲『困辱窩』可也，又奚以安樂爲哉？況易之爲書，廣大悉備，天地萬物之理，具於此。損、益、困、節、中孚、習坎，則切于處憂患之道也。」〔三〕因銘以自警。銘曰：

安樂安樂，由心之作。展轉困辱，惟吾所速。四聖垂訓，炳炳簡編。議之而後動，擬之而後言。或可以觀玩象辭，〔三〕補吾之愆。〔四〕

清明

清明節，人以柳絮一枝贈予，予即謝之以詩，有「知君憐我園中久，故送乾坤生意來」之句。既而觀之，不覺心曠神怡，動静坦夷，鬱抑百結之愁腸，忽變而爲廓然無涯之胸次矣。於是喟然嘆曰：天地生生不已之理，仁者渾然同物之心，即此可以默識而旁通之矣。吾意此時當風景清和，百彙亨通，芳隄曲岸之間，賢人君子攜酒賦詩，相與更唱迭和而賞此柳者，或有之。賢人君子，蓋賞物之得其所也。物之得所，由人之得所也。人物得所，豈易言哉？予乃持以歌之。歌曰：春遲遲兮日融融，飽雨露兮舞東風；感物類兮動吾中，動吾中兮憂卬卬。

〔二〕「其所（謂）〔爲〕愧于心」，張氏本、文津閣本、關中兩朝文鈔卷八，「謂」作「爲」，據改。

〔三〕關中兩朝文鈔卷八，下並有「調習而服行之，欲悦諸心，研諸慮，而忘吾之所謂困辱也」。

〔三〕「可以觀玩象辭」，關中兩朝文鈔卷八，「觀玩象辭」作「觀象玩詞」；張氏本、文津閣本，「觀玩象辭」作「觀象玩辭」。

〔四〕關中兩朝文鈔卷八，文末有清王維戊按語，云：「此方是素患難行乎患難，可知以囹圄爲福堂，非能處患難者之言也。」

七月七日

世傳七月七日，天孫出嫁，人間女子乘時乞巧。唐人柳子厚亦有乞巧文。嗚呼！女子所乞者，刺繡中饋之能耳。丈夫之巧，欲何爲哉？

予今日獄中所乞，則異於是。他人乞巧，予惟求拙。他人乞榮顯，予惟以罪自安於困辱焉。予素所畜者，欲退則躬耕畎畝，以全微軀；進則勞心以利天下，此平生之志，至拙之術也。庚子歲，以愚拙應徵，任職五月，食君之禄，未敢苟安，但知爲宗廟社稷萬萬年深長之慮，而不知爲子孫身家一日計，此非拙之尤甚者乎？當是時，予之拙見，謂天下之事吾當拙爲之，不可爲當以拙退之，不能退當以拙死之，以拙求死不可得，而今當以拙坐監，故展轉凶危，苟延殘息於五年而不自悔，皆拙之驗也。

願天孫鑒臨下土，照我衷曲，即我素所欲而未能自盡者以增益之，使我抱此迂拙，終身不易。生爲拙人，死爲拙鬼，無使我忘身徇國之拙，或變而爲苟生利家之巧焉。乙巳年七月初七日，爵焚香再拜祝。

宋忠簡公像贊

建炎之初，皇綱解紐，二宗北轅，一帝南走。寤寐思賢，宜不敢後，而於公忠猷棄如糞土。事至於此，天實爲之，於人何尤？嗟夫！使公回鑾北征之疏得一舉行，則仗義揚威，經營四方，根本之慮，付之李綱，將相協力，國勢以昌，燕雲以北，我圉我疆，神京可復，鐘簴不改，〔一〕而徽、欽父子可生反於大梁。〔二〕惜其爲羣小阻抑，懷恨而歿，使中原流血，宇内分割，鬼哭神憤，莫可救藥，相緣相習，而多自戕伐，保養奸諛，賊殺忠良，奔播危促，退而渡江，遂至奕世統緒，〔三〕閩海一舫，焚香就溺，以告滅亡，而爲志士仁人所痛傷。然則公一身之存歿，豈特爲宋人國步之隆替？而實萬世名義綱常〔四〕之所係也。

劉秀才字説

泰和劉秀才，名年，字以時。予爲之説，曰：

年統四時，春夏秋冬，不失其序，天之道也。性具四德，仁義禮智，出當其可，人之道也。以人道合天道，惟其時而已。性焉安焉者，謂之聖；復焉執焉者，謂之賢。士希賢，賢希聖，則純乎天矣。吾敢以志此人道而亹亹不怠者，有望於年焉。

香灰解

予復下獄半載，爲丙午年三月初七日，晨旦，東廠使邏者來覘，即予卧側，以殘甎藉囚板上，相與偶坐者久之。獄中穢氣鬱蒸，久在内者習不自知，從外乍進則臭不可堪，乃以棒香一莖插坐前甎縫中焚之。須臾，香盡灰不散，宛如一完香焉。

〔一〕「神京可復，鐘簴不改」，張氏本作「天子之守，可在四夷」，文津閣本作「天子之守，可在四隅」。
〔二〕「反於大梁」，張氏本、文津閣本「大梁」作「漠荒」。
〔三〕「遂至奕世」，張氏本、文津閣本「奕世」作「帝王」。
〔四〕「萬世名義綱常」，張氏本、文津閣本「名義綱常」分別作「華夷天地」、「君道」。

予取而懸諸壁上，至第五日猶未散。因思其故，爲作解以散之。

夫是物也，其將中抱憾積憤，凝滯於此而有不釋然耶？抑焚猶未焚，而托此以爲永久耶？二者雖有間焉，而其精誠感致則一也。遭世乖變，人定勝天，即一物之微而其用之所措，固有幸不幸焉耳。蓋賓筵廣設，幄錦幃羅。庖翟薦德，恪舉殊儀叶五和，切音哦。上肅環冕，下列笙歌。君臣交慶，委佩鳴珂。旅語之際，嘉謀孔多。聞善即聽，若決江河。王猷下降，枯槁滂沱。雍容揖遜，永息干戈。上安下順，宇內沖和。則唐、虞、三代之境界也。燒異薰以昭明德，固已有之。捨彼其處，而來焚吾獄中焉，此何等氣象也！墐櫳掩户，日影不通。塵留負鼠，隙引污風。一息淹淹，百慮忡忡。其與吾環列而偕坐者，不過三五囚徒，東西南北，偶此相逢。或十三四齡，口尚乳臭之豎子；或八九十歲，鬚眉皓然之老翁。身披帶索，首冒飛蓬。額蹙氣喪，肌削腸空。縱蓄百金，一動即窮。荷校滅耳，罪彼不聰。手梏足械，膿白血紅。俯就坎窞，仰叫穹窿。使聞之者皺眉，見之者戚恫。甚至於不能爲心，則閉目掩耳，佯爲瞽聾。

爾來焚此，可謂擇地擇人之未審，忽於所入而謬于所從者矣。久而不化，疑有神明，類彼志士之死不瞑。嗚呼！其劉忠愍耶？抑〔周後山〕〔周磧山〕、[二]浦竹塘耶？不死正寢，死此福堂。名垂不朽，同彼霄壤。與我國家，爲龍爲光。雖然，陵谷有時而變遷，金石亦至於消泐，故凡全氣成質寓形宇內，而爲人爲物者終歸於盡。天地如此，其大也；古今如此，其遠也。其孰不蕩爲灰塵而揚爲飄風乎爾？其欲外消息盈虛之常道，觀反覆無窮之世變，以後天而終乎？是固無此理也。

吾爲爾摩散之，再拜而祝之。曰：

[二]「〔周後山〕〔周磧山〕」，張氏本、關中兩朝文鈔卷八，「周後山」作「周磧山」，並見楊忠介集卷三周主事傳，據改。

匪人焚爾，惟爾自焚。爾不馨香，與物常存。〔二〕煅以烈火，騰爲氤氲。〔三〕上而不下，聚而不分。直衝霄漢，變爲奇雲。餘香不斷，苾苾芬芬。龍逢比干，相與爲羣。爾宜自慊，胡爲云云。理無二致，吾以喻人。事苟可死，何憚殺身？願爾速化，歸彼蒼旻。樂天委運，還爾之眞。拜起悽愴，雙淚盈襟。嗚呼！易化者，一時之形；難化者，萬世之心。形化而心終不化，吾其何時焉與爾乎得一相尋也。〔三〕

〔一〕關中文獻署，此兩句有眉批，云：「河嶽日星，同此浩氣。」
〔二〕「騰爲氤氲」，張氏本、文津閣本，「氤氲」分别作「煙氲」、「絪緼」。
〔三〕關中兩朝文鈔卷八，文末有清李元春（時齋）按語，云：「正氣歌後，不經見之事，不可少之文。」

楊忠介集卷八

賦

夢遊山賦

時和煦以轉泰兮，歲惟丁夫壬寅。予彷彿於夢中兮，夢歸遊於咸秦。歷韓魏之故疆兮，泛柏舟於渭濱。浮颫颯以遠覽兮，暫憩夫山之危岑。乃吳嶽之崔嵬而秀麗兮，古號曰西雍之鎮。峯突兀〔一〕以峻出兮，勢若連乎霄辰。石巉巖以峻嶒兮，〔二〕百壑砑其嶙峋。風習習以清和〔兮〕，〔三〕跡迥脱於世塵。草與木森森而夭喬兮，秀雲邊其苯蓴。鳥與獸蹌蹌而頡頏兮，若解意以相馴。予乃採芝蘭以聊茹兮，氣和煦而苾芬。把清泉以時酌兮，蕩吾夙昔〔四〕之塵襟。忽回顧以寥廓兮，百峯羅翼其共臨。俯仰予長嘯而朗吟兮，〔五〕高胸次以樂眞。山有廟焉迤邐其麓之東南兮，以時妥侑乎嶽神。棟宇苞暈其壯固兮，丹青煥乎其惟新。背巉嶬而面涇渭兮，延廣袤其幽沉。

〔一〕「突兀」，關中兩朝賦鈔卷一，「兀」作「屼」。

〔二〕「峻嶒」，張氏本、關中兩朝賦鈔卷一，「峻」作「崚」，義似長。

〔三〕「風習習以清和〔兮〕」，文津閣本、關中兩朝賦鈔卷一，「清和」下有「兮」，據補。

〔四〕「夙昔」，關中兩朝賦鈔卷一，「夙」作「平」。

〔五〕「予長嘯而朗吟兮」，關中兩朝賦鈔卷一，「予」作「余」。

古取夫萃與渙之大義兮，儼嶽像以獨尊。予乃肅容儀以瞻拜兮，心慄祗其快覩。復長跽而祝之曰：「惟明神其監觀于下土，以大義而降禎祥與妖孽兮，斯固無幽而不燭。夫何世事之紛紛，乃有稽典訓而不類兮，固予中心其眩瞀。予敢筮遊衍而不予隱兮，願得夫予奪之微。故惟予小子之有生兮，何不辰而遭世風波。洒憂時之血忱而貞志於乎先兮，固久罹於窞坷。時省愆而思咎兮，求不忝於屋漏。於歲月之陽春兮，今已兩過。念予總角而志學兮，每矢心以克邁。嚴步履以出户兮，敢斯須而或怠。景先哲以周旋而與歸兮，忽凶害焉其顯祟。固予小子反復思之而莫知其謂也。」語畢，悽慘流淚，潛然傴僂。

伏俯聽神所言，惟神甂爾而有聲兮，[一]復喟然其長嘆曰：「嗚呼！來汝小子，是爾之愆。爾不聞曲其躬而圓其行兮，取封侯以相先。或有貞直方而(末)〔未〕[二]少回兮，死固不免於道邊。當行而吾行之兮，當止而即止。斯先達之明訓而可敬服兮，胡不珍身而量處？道固不能無消息兮，感斯有常而有不苟。[三]相幾而或少戾兮，夫孰與禍災而自取？[四]惟明哲之見高一世兮，動自遠於坎坷。識隱機[五]而尚肥遯兮，泛長江之一舸。乃有迷檢括而允諧兮，[六]拂潛晦以自頤。銜崑山之良璧兮，人共惜夫楚和。履大閑而不苟措兮，固自謂世所尚也。當枘鑿之不類而欲强置兮，孰不指身心以爲訛？嗚呼！小子而今後其尚亹亹焉以克勵，未可以一蹶而遽挫。思福堂之玉汝於成兮，方一念之偏頗。惟古良士之堅志於患難兮，日尚

[一]「神甂爾而有聲兮」，張氏本、文津閣本、關中兩朝賦鈔卷一，「甂」作「鼲」。
[二]「(末)〔未〕少回」，張氏本、文津閣本、關中兩朝賦鈔卷一，「末」作「未」，據改。
[三]「感斯有常而有不苟」，張氏本、關中兩朝賦鈔卷一，「感」作「應」；文津閣本，「感斯有常而有不苟」作「守貞亦有時而齟齬」。
[四]「夫孰與禍災而自取」，張氏本、關中兩朝賦鈔卷一，「與禍」作「非以」；文津閣本，「夫孰與禍」作「天孰降之」。
[五]「識隱機」，張氏本、關中兩朝賦鈔卷一，「識」作「燭」；文津閣本，「識」作「善」。
[六]「迷檢括而允諧」，張氏本、關中兩朝賦鈔卷一，「允」分別作「未」、「寡」；文津閣本，「允」作「詠」。

友以切磋。〔二〕寧雉介之耿於羅網兮，勿狡兔其爰爰；寧松柏挺挺於歲寒兮，勿桃李其灼灼。何所往而非吾可安之地兮，慎無怵中而懷憂。彼皇矣之全賦於有生之初兮，惟反身而是求。聽吾誨爾之諄諄兮，尚不忝於前修。苟迷途其終不悟兮，〔三〕乃脂韋以自羞。〔三〕」

予乃再拜，稽首而起，應嗤嗤〔四〕其未已，將周旋以出户。忽驚謂以覺悟，時東方之既晨，愧絲粟於枕衾。嗚呼！天耶，神耶，教戒懇切，誠可信而可遵。大道坦坦而無曲兮，固不越乎吾之心。

四言古詩

偶作　五章章十句

颸颸西風，悠悠危困。霧掩長空，懷此憂疢。我生尚有，〔五〕我心難忍。告爾君子，不可不慎。天方威降，無滋幽釁。

颸颸西風，悠悠危困。我生不辰，遭此難屯。告爾君子，胡不自盡。拯溺救焚，伊誰之人。〔六〕天方降威，無爲顛震。

〔一〕「日尚友」，關中兩朝賦鈔卷一，「日」作「思」。
〔二〕「終不悟」，文津閣本，「終」作「中」。
〔三〕「乃脂韋以自羞」，關中兩朝賦鈔卷一，「乃」作「將」。
〔四〕「應嗤嗤其未已」，張氏本，「嗤嗤」作「唯唯」。
〔五〕「我生尚有」，張氏本、文津閣本，「有」作「存」。
〔六〕「伊誰之人」，張氏本，「人」作「任」。

颸颸西風，悠悠危困。自昔以來，貽我煩懣。[一]告爾君子，各宜履順。誤國之謀，伐國之刃。天禍方殷，無惜憂瘽。颸颸西風，悠悠危困。我心日憂，我淚日抆。蒼天蒼天，胡降厄運。謀猷乖離，而日以甚。抱此赤心，徒爾諄諄。何以圖之，周道惟近。騏驥惟良，莫耶非鈍。聽無不聰，視無或瞬。各欲事天，豈敢相迿！我爲爾謀，爾無不信。西風，五章，章十句。

五言古風

感懷

志士輕天下，不類世人情。由來守之固，出自見之明。時哉誠可尚，古今不易眞。緬懷千載上，愧此魯連生。存趙片言重，却秦天下驚。脚跟高蹈處，無陂總是平。

次杜少陵韻答人[三]

殘息悠悠在，眞成一儒夫。當年何所爲，心欲見唐虞。世路豈翻覆？人爲自險夷。好生與惡死，此念胸中知。[三]

[一]「貽我煩懣」，文津閣本「煩」作「愁」。

[二]文津閣本「次杜少陵韻答人」作「次韻答人」。

[三]「此念胸中知」，張氏本「知」作「無」，義似長。另，文津閣本「世路豈翻覆？人爲自險夷。好生與惡死，此念胸中知」作「側身千載上，明誼正其趨。古道倏已遠，塊然守真吾。寄言託清風，光陰愛隙駒」。

採葵

山中惜歲月，[一]日暮採園葵。採之何所用？欲以贈相知。相知相去遠，道路多阻蹇。安得藉晨風？萬里寄誠懇。

四丁寧贈錢員外緒山　四首

留心剪枝葉，枝葉更穠鮮。努力勤于耒，共耕方寸田。吉人常默默，浮士好便便。覺彼高騰處，反將眞意捧。昊天但覆幬，四運自周旋。孔聖無言教，眞機向此傳。丁寧一告語，告以聖同天。

結交結君子，茅茹自相連。媚悦增心癖，孰能示我愆？相同即是聖，異處且爲賢。以此求斯道，恐成狹且偏。心能樂取善，善自我心全。捨己從人處，襟懷何大焉！丁寧再告語，無我自天然。

迂儒多曲語，壯士自平夷。千古周行在，胡爲向小（歧）〔岐〕？[二]荆榛不自剪，令我此心迷。洞識虛明體，超然即在兹。性分同一理，此理最淵微。孔聖言仁處，力行不遠而。丁寧三告語，相與憶所之。

尚友希前哲，無勞辨淺深。開言動喋喋，矛戟已森森。祇覺胸懷隘，[三]恐非畜德心。古人各有見，原本自相忱。[四]豈若

[一]「山中惜歲月」，張氏本、文津閣本「山」分別作「幽」「閒」。

[二]「胡爲向小（歧）〔岐〕」，張氏本、文津閣本、關中四先生語要卷四斛山楊先生、關中兩朝詩鈔卷三「歧」作「岐」，據改。

[三]「祇覺胸懷隘」，關中兩朝詩鈔卷三「胸」作「眄」。

[四]「原本自相忱」，文津閣本「忱」作「參」，義似長。

異流者，馳騁多詖淫？何苦但永（矢）〔失〕，[一]宜從得處尋。丁寧四告語，共嚴此心箴。

贈人

先生藏遠趨，微原欲探討。仁風秀羣英，禮化淑懷抱。講堂逍遙處，相與篤皇道。芹宮滋松華，泮池潤瑤草。瑤草日日長，松華歲歲好。君子尚采采，衿佩以爲寶。

哭姜義泉郎中 二首 公諱時和

一

前日哭尚書，今日哭郎中。大夫相繼死，應時命之窮。但擬同出險，豈堪忽告終。將吾一掬淚，頻洒與西風。

二

吾痛翟司馬，又哭姜義泉。人生值變故，與世自相關。義泉死今日，司馬肉未寒。義泉瘞今日，司馬殯未乾。桎梏非自取，幾微隱禍端。悠悠天地裏，展轉屬艱難。

[一]「何苦但永（矢）〔失〕」，張氏本、關中四先生語要卷四斛山楊先生、關中兩朝詩鈔卷三，「矢」作「失」，據改。

中秋懷友　二首

一

寂寞今宵景，還如去歲秋。美人消息遠，令我心悠悠。吴水東流去，秦山不可求。想君談道處，念此日幽囚。〔一〕

二

凝彼清霄月，停空有片雲。懸吾方寸地，文武趙將軍。咫尺燕山側，常如萬里分。艱危知善處，君子自相羣。

五言律詩

雜興　四首

一

鴈羽衝雲去，燕山春意濃。孤踪一路險，衰鬢兩邊蓬。戢步緣新緑，依隈挹暖風。將吾眼底事，都付不言中。

二

地隱春遲到，幽懷更耐看。鴈聲愁遠塞，雲影滯餘寒。斗笠營秦隴，綸絲坐渭竿。而今耕釣手，桔槔亦相安。

〔一〕雪齋案：清朱彝尊輯録明詩綜卷四十一楊爵收中秋懷友一首，文字畧異：「寂寞復寂寞，還如去歲秋。美人消息遠，令我心悠悠。吴水既東去，秦山不可求。思君譚道處，念此日幽憂。」

三

我心誠匪鑒，遺恨在雲壤。豈但身憂切，更餘國慮長。九重終自悟，一飯亦難忘。只恐建炎詔，徒憐陳少陽。

四

身危非所恤，多罪累君王。萬古綱常理，一軀忠義腸。青天掩長霧，白日下繁霜。兒女此時淚，未知爲國傷。

即事 三首

一

百年吾宇宙，萬里此相逢。阨險情猶適，經綸志復同。隙風動颼颼，窗月照彤彤。對榻閒談後，悠然世慮空。

二

衰危親杖屨，[一]步履轉傍徨。地作臨池濕，天從入夜涼。清飈輕燕室，雲影暗幽堂。孤念蕭蕭在，閒同歲月長。

三

結髮交遊好，同舟涉渭濱。壯懷今若此，老淚更堪（瞋）〔頻〕。[二]險地忙爲苦，長天去是眞。知從大夢裏，自了百年身。

[一]「衰危親杖屨」，文津閣本，「衰」作「扶」。

[二]「老淚更堪（瞋）〔頻〕」，張氏本、文津閣本，「瞋」作「頻」，據改。

獄中慰章秀才

萬事總由命，宜須安受之。但求一念是，莫嘆百憂罹。窘迫宜自處，將來做廣居。樂天境界上，得到是男兒。

有報周（蹟）〔磧〕山先生家慮於獄中者痛而作此〔一〕

一朝君即死，七載我猶生。祇墮萬人淚，空留百世名。乾坤藏正氣，日月照精誠。展轉思餘喘，眞如草芥輕。

勉仕男讀書　二首

一

長路頻來往，空將歲月虚。百爲超俗慮，一步到天初。只使心無蠹，何須食有魚。燕山三尺屋，可讀五車書。

二

憂國吾遭難，思親汝復來。〔二〕青天何易蔽，赤霧總難開。萬里豺狼路，〔三〕千尋枳棘臺。要知百死地，不是一身災。

〔一〕「有報周磧山先生家慮於獄中者」，關中兩朝詩鈔卷三：「慮」作「瘐死」，義似長。

〔二〕「思親汝復來」，文津閣本：「汝」作「淚」。

〔三〕「萬里豺狼路」，張氏本：「豺狼」作「燕秦」；文津閣本：「萬里豺狼路」作「萬國曦娥照」。

有感　八首

一

燕語遺窗外，薰風入臥邊。〔一〕眞懷死難易，歲序幾經遷。國步終成蹟，〔二〕雙毛半已顛。〔三〕獨憐憂世念，空自九重懸。〔四〕

二

期親堂上老，遊子淚潸然。假寐驚還起，餘生死復延。脚跟總實地，屋隙是晴天。骨肉心難遏，朝朝百慮牽。〔五〕

三

老去心猶壯，詩成一洒然。襟懷羞縷縷，風景嘆年年。竚立凶危地，出王日夜天。死亡誠旦暮，終不受人憐。

四

憶昔躬耕日，蓬廬夢九州。握珠雖易出，按劍總難投。草芥生猶在，君王尚遠謀。古來殺諫士，誰可免多憂？

〔一〕「薰風入臥邊」，文津閣本「臥」作「座」。
〔二〕「國步終成蹟」，文津閣本「國」作「險」。
〔三〕「雙毛半已顛」，文津閣本「半」作「字」。
〔四〕「空自九重懸」，張氏本「自」作「向」。
〔五〕「骨肉心難遏，朝朝百慮牽」，文津閣本作「骨肉情難捨，百慮日相牽」。

五

好景隨時在，幽人心自如。難將當世事，得免動相於。〔一〕總是更新念，還能展舊書。古人心已逝，誰共嘆離居？〔二〕

六

殘雨急聲住，〔三〕窗風更覺新。獨憐幽景暮，空抱此心真。跬步萬方足，經年百死身。每憂深罪裏，無以答蒼旻。

七

庭院幽沉處，黄鸝聲自和。炎風侵夏木，〔四〕世道轉頹波。夙志逢時健，韶光雙鬢皤。如何人世上，獨我憂心多。

八

有時樂興至，觸目更憂來。時覺寸心鬱，未能盡日開。人謀尚消息，天意自安排。將此百年志，空餘萬慮灰。

聞黄鳥

庭柯鳴歲月，又是一番新。憂世總宜獄，感時却憶秦。早梅乘暮雨，佳木秀溪濱。茅屋遠塵跡，空遺老此身。

〔一〕「得免動相於」，張氏本，「於」作「殊」，義似長；文津閣本，「動」作「遠」。

〔二〕「誰共嘆離居」，張氏本，「離居」作「憂虞」；文津閣本，「嘆離居」作「論清虚」。

〔三〕「殘雨急聲住」，張氏本、文津閣本，「殘」分别作「夜」、「暮」。

〔四〕「炎風侵夏木」，張氏本，「木」作「水」。

送忽百行

忽生遥以慰，五日是歸期。倚劍無歧路，佇雲有舊思。自吾蒙困難，於子始眞知。人世關情處，難爲此別離。

遣仕男歸家

骨肉分離久，殷憂切寸忱。兒無膝下苦，父有坎中深。顧此五年困，皆吾三代心。一陞與一降，物運此相尋。

謝信官[一]

患難人多畏，信郎獨不疑。再從牌上寫，囊在手中提。每日多君厚，經年濟我飢。老夫窮困裏，報汝一聯詩。

懷友 三首

一

圜中春早到，含淚送心知。何處相思切，歸來獨坐時。詩書還有分，患難總無期。俯仰千年事，哲人若在兹。

[一] 「謝信官」，文津閣本，「信官」作「監校」。

二

相逢在縲絏，歲序兩推移。論難思洪古，胸懷各洞披。朝朝同暮暮，切切與偲偲。音容今萬里，西望日嗟諮。

三

憂時同講道，發興共聯詩。而我相逢久，眞爲人世奇。〔二〕窮通忘苦樂，聚散有歡悲。無奈此心切，長歌衍浩思。

送尹商衡都黄門出獄　二首　公諱爲相

一

數月同幽難，一朝慨別離。送行無喜色，居險有憂思。好結詩書伴，不爲貧賤移。山林吾素志，應筮丈夫需商衡獄中筮得損之需。

二

需極乘時起，文明及早開。經猷小自預，功業大期来。氣運機方動，人謀預可回。兩肩剛骨上，（闕）〔擔子是〕三才。〔三〕

〔二〕「眞爲人世奇」，張氏本，「人世」作「世人」。

〔三〕「（闕）〔擔子是〕三才」，張氏本，「闕」作「擔子是」，據補。另，文津閣本，該詩其他字詞亦略有出入，作：「需則乘時起，文明及早來。經書小自勵，節義衆相推。氣運機方動，人謀預可回。兩肩剛骨上，擔荷是三臺。」

哭翟尚書 二首 公諱鑾號聯峯

一

昨夕云長別，今晨餘一丘。身亡及此地，國步爲分憂。一品恩猶在，百年事已休。圜階遥拜下，雙淚不能收。

二

人世誰無死，哭君吾倍傷。大臣屬手足，司馬近簾堂。豈意履危險，錯思銘太常。屍留獄户外，殘藁蔽斜陽。

送人出獄

昨暮動相問，今朝奈子何。别懷增慷慨，回首欲滂沱。一隙蒼天在，百年憂境多。共憐宇宙内，世道類江河。

書聯翁病中屬言後

最可傷心處，身危及犴圜。青天臨潞水，白日照燕山。各有(險夷)〔夷險〕[二]路，誰無生死關？老翁書片紙，流淚不能看。

〔二〕「各有(險夷)〔夷險〕路」，張氏本、文津閣本、關中兩朝詩鈔卷三，「險夷」作「夷險」，據改。

雜咏 二首

悠悠蒙大難，歲月總無涯。憂世多君慮，好音向我懷。浩然揮翰思，儼若定心齋。三接咸亨泰，欣瞻白玉階。[一]

又

鵾鵬離楚水，舒翼到燕臺。世道同文運，金吾久已開。寵從天上降，人是謫仙才。還喜新榮後，恩光次第來。

謝人餽桃

念此幽囚久，相逢獨見眞。論心許忠孝，於義多君臣。良士輕聲譽，哲人重保身。投桃知子厚，報李愧予貧。

贈姜義泉

義泉未病時，自謂將緣事出獄。[二]索詩以贈之，過數日病，二十日即死命也。

[一]「欣瞻白玉階」，張氏本、文津閣本「欣瞻白玉階」作「拜舞近天階」。

[二]「緣事出獄」，張氏本、文津閣本「緣」分別作「終」「務」。

十年交與後，此地復相逢。[一]安土心猶在，匡時志已窮。君當耕蜀下，吾欲死園中。樂道捐軀處，無言跡未同。

哭西村楊御史

夫子今長逝，感懷可若何？蒼天奪善類，人世亦浮波。九陌青驄頌，[二]千山輀柩過。友朋知痛汝，幽地淚偏多。

五言排律

答都憲李石叠

冬月，都憲李石叠來訪，見子弟輩衣服单寒，[三]近午未飯，感嘆不已，作此解之。

吾家生計窄，歲歲慣飢寒。[四]薄午烟方舉，隆冬布不完。三旬九遇食，十載一加冠。[五]堅讀吾由命，[六]長貧汝自安。但看顏氏子，陋巷樂瓢簞。

[一]「此地復相逢」，文津閣本「相逢」作「逢公」。
[二]「九陌青驄頌」，張氏本、文津閣本、關中兩朝詩鈔卷三「九陌青驄頌」作「九衢驄馬頌」。
[三]「衣服单寒」，張氏本「衣服单寒」作「衣单懼寒」。
[四]「歲歲慣飢寒」「吾家生計窄，歲歲慣飢寒」，張氏本「計窄」作「事少」，「歲歲慣」作「幼稚多」。
[五]「十載一加冠」，張氏本「加」作「著」。
[六]「堅讀吾由命」，張氏本「由」作「有」。

五言絶句

懷緒山 五首

一

無限停雲思，悠悠興欲飛。[一]仰看向南鵠，遶樹竟何依。[二]

二

不見緒山子，年光忽四週。隨風秋夜夢，直到越江頭。

三

宇宙相同意，越江萬里深。東方欲曙色，畫角動悲音。

四

江邊尋至樂，回首覺憂思。[三]宇宙皆吾事，心寧不在兹。

五

殘屋食不足，扁舟樂有餘。北風如解意，寄我常相思。

[一]「無限停雲思，悠悠興欲飛」，張氏本，「無限」作「見爾」，「悠悠」作「感懷」。

[二]「仰看向南鵠，遶樹竟何依」，張氏本作「仰天煞有意，秋雁正南□」。

[三]「回首覺憂思」，文津閣本，「覺」作「學」。

病起　三首

一

病起余新興，殘磚藉簡編。不知從此後，再得幾殘年。

二

一片韓山石，[一]千年臥荒草。崚嶙何所前，落日牛羊道。

三

南風乘隙入，吹破幽人悶。簷外鳥聲和，一般成四韻。

有感

乍雨噴聲歇，閒雲落影空。滿懷今日意，都付與東風。

與男詩

知子讀親詩，難禁雙淚垂。君臣與父子，忠孝兩得之。

〔一〕「一片韓山石」，文津閣本「韓山」作「寒山」。

有報周〔蹟〕〔磧〕山卒獄中痛而作此

天上列星墜，人間草木愁。滿腔都是淚，只向暗中流。

過軒轅廟〔一〕

初古混沌裏，開天有至人。衣裳成世道，兵刃蕩妖淫。龍去羣臣泣，功臨下土尊。唐虞享大化，聖聖與神神。

過淮陰祠

落日蒼山道，淮陰祠下過。禍生齊境土，功在漢山河。野鳥啼新樹，殘烟帶薜蘿。英雄千古淚，汾水一添波。

過柏井

柏井蒼崖到，懸懸引旆長。殘烟身未斷，亂石巧相當。松秀春鳥叫，山空野草芳。井陘今又近，先慮馬蹄傷。

〔一〕張氏本注：「以下似補遺。」

竹花同池〔一〕

竹花同池生，何人知有情。花繁滿高枝，灼灼驚人目。竹若虬龍形，蒼顔微帶菉。花常頭上紅，竹常地下仆。顯晦各有時，愛憎若不足。〔二〕鬌發送寒霜，青青惟有竹。〔三〕

送麻太守出獄 三首

喜君歸田里，況是獄中心。田里有眞樂，君宜仔細尋。

喜君歸田里，況是獄中情。田里有眞樂，非君莫以明。〔四〕

喜君歸田里，況是獄中人。安得同君去，〔五〕超然遠世塵。

〔一〕過柏井、竹花同池，文津閣本無。

〔二〕「愛憎若不足」，張氏本，「若」作「苦」，義似長。

〔三〕「青青惟有竹」，張氏本，「青青」作「清清」。

〔四〕「非君莫以明」，張氏本、文津閣本，「明」分別作「行」、「精」。

〔五〕「安得同君去」，文津閣本，「同君」作「拂衣」。

秋雨歌送王生行〔一〕

往時逢君雪霏霏，而今再逢雨瀰瀰。天涯歲月驚迅速，倏忽春雪轉秋雨。秀彼幽隅苞桑枝，我獨樂此之無知。王生幸來同解意，轉看又是相别期。秋雨秋聲寒將至，郊原百卉色凋悴。祇見繁花畏風霜，惟有長松挺挺翠。憶昔豪士此心多，感慨將來爲子歌。告别各懷情缱绻，相逢但記雨滂沱。吁嗟！王生也，吾今奈子欲去何？

寬心歌〔二〕

此間莫怪會寬心，好向先民樂處尋。尋得一分消百慮，男兒何處不寬心？

此間莫怪會寬心，静眼能觀古與今。成雨成雲他自有，男兒何處不寬心？

此間莫怪會寬心，善到居安根自深。一點天眞含萬物，男兒何處不寬心？

此間莫怪會寬心，參透一陽與一陰。要了無窮人世事，男兒何處不寬心？

〔一〕秋雨歌送王生行，文津閣本無。

〔二〕雪齋案：寬心歌及以下高歌、謁孔明廟、送李金陽驛丞、聞鴞鳴、過淮陰祠，文津閣本移至卷十二，且高歌無第三首，過淮陰祠無第二首。

高歌

問予何事日高歌？只恐胸中他慮多。閒事愁人人易老，得高歌處且高歌。
問予何事日高歌？眼底紛紛將奈何。一曲不知天地大，得高歌處且高歌。
問予何事日高歌？困裏光陰恐易過。宇宙和平方寸地，得高歌處且高歌。
問予何事日高歌？聲響悠然即太和。心到忘機是眞樂，得高歌處且高歌。

謁孔明廟　二首

遠結茅廬野水濱，幾翻風雨秀荆榛。敝門晝掩高千古，愧我青巾多路塵。
踈林野鳥數聲鳴，想見當年泌水情。世主肯勤三聘禮，先生有意在蒼生。

送李金陽驛丞

故人別後已三年，萬里音書一念牽。安得生還吾與汝，美原同醉杏花天。

聞鴞鳴

往古來今善可行，人生世上事分明。吉凶由命皆前定，任汝嘵嘵徹夜鳴。

過淮陰祠 二首

遙憶當年拒蒯生，將軍心事自分明。可憐宇宙無窮恨，盡在中宵悲樹聲。

又

酈生終把蒯生□，□□君臣況可憂。分土雖知羞絳灌，抽身何不傚留侯。荒祠空洒英雄淚，青簡還多信史收。百戰功勞千古恨，凄風落葉暮山秋。

楊忠介集卷九

七言古風

題雲津書屋

江南書屋號雲津，千卷萬卷皆非新。讀書誰解書中意？我識劉氏家傳眞。積德先世有賢哲，認得孔顔不是貧。開基不肯買附郭，惟以典籍貽後人。精一肇自唐虞初，此是古人心上書。後來讀者失其要，一生辛勤類蠹魚。人心原是書之本，會尋眞趣便能虚。心書與道相忘處，身居天下之廣居。吾聞陋巷顔氏子，耕莘伊老翁。學發孔聖蘊，德與昊天同。道業千年昭宇宙，孰非昔人讀書功？繼述遠將源流挹，獨立今見水部公。匡時不恤觸危機，振拔眞有古人風。正氣雖由衡嶽降，修爲要自雲津中。秦中鄙人願學步，蔓草安得比長松？嗟我東南有心事，耿耿日夜望蒼穹。國恩〔二〕詔許釋狂罪，扁舟同過呂梁洪。隨君得拜漢高帝，豁然開我此心蒙。〔三〕

〔二〕「國恩」，張氏本「國」作「聖」。

〔三〕「隨君得拜漢高帝，豁然開我此心蒙」文津閣本作「隨君得遂平生志，豁然開我心腹蒙」；張氏本「漢高帝」作「雲津下」。

吊許忠節公

泰華巍峩高且秀，難擬許公忠節横宇宙。河海汪洋浩且深，難擬許公忠節在人心。任人濺我一腔血，惟留忠志照日月。身可斷爲兩截氣渾完，其烈烈，吁嗟乎！許公同天地而始終。

惻惻行送王大尹出獄

惻惻送君幽繫裏，天涯回首如千里。此歸何以佑斯民，直須德化平如水。最憐愚昧與饑寒，古今失所皆由此。受托宜思君父恩，同類孰非吾赤子？君不見蒲鞭一段好生心，天地萬物眞同體。

古柏行送王子言

雨秀金吾古柏叢，老枝猶解起南風。乾坤留眼吾看柏，看時聊與子言同。看柏豈惟憂自崇，看柏還增恨無窮。獨不見去冬飛雪滿長空，宇内應無桃李紅。偶從挺挺寒柏下，與爾送出平定公平定公，子言同鄉。

憶昔行贈李石疊

憶昔相別蘭若裏，而今咫尺如千里。嘆我老作放逐臣，喜君又爲蒼生起。〔一〕我思古人獲我心，憂國憂民結念深。〔二〕未説江湖與廊廟，惻惻盡是此胸襟。何以示之〔有〕周道，〔三〕知君不愧此懷抱。化理從教險地敷，調元應得絲綸早。昔聞闕輔試蕭翁，今見中州借寇老。拜手天庭出帝畿，燕街草色映旌旂。想像郊堤多楊柳，爲君無由折此枝。到處爭迎舊憲使，春雨秋霜遍遠邇。〔四〕吁嗟吾民正倒懸，願君此去愛如子。

山西行〔五〕

吾聞往歲旱魃災，赫赫炎暑毒埏垓。壠上禾苗盡枯槁，茫茫千里赤塵埃。疾威均爲下土虐，山西之民尤可哀。閭里餓莩無所告，昊天又降酷烈來。草茂秋高敵勢張，戎馬南侵混疆場。〔六〕可憐百萬生靈命，盡在邊人刀下亡。太原城外數千里，血流漂杵遍封疆。死者縱横如山積，守臣不敢奏朝堂。殺氣騰空鬼神愁，屍填溝壑水不流。舊時邑落數千室，而今且無二

〔一〕「嘆我老作放逐臣，喜君又爲蒼生起」文津閣本作「嘆我老矣無能爲，安石終爲蒼生起」。

〔二〕「憂國憂民結念深」，文津閣本「結念」作「用意」。

〔三〕「何以示之(有)周道」，文津閣本「之」作「我」；「周道」前脱「有」，據萬曆本補。

〔四〕「春雨秋霜遍遠邇」，文津閣本「遍」作「偏」。

〔五〕文津閣本，無山西行。

〔六〕「草茂秋高敵勢張，戎馬南侵混疆場」，張氏本「敵」作「虜」，「戎」作「胡」。

三留。敵情變譎不可測，〔一〕邊將何不蚤爲籌。廟謨要得良平策，經畧須用韓范儔。朔方〔二〕世爲中國患，古來誰不事先憂。君不見薄伐〔三〕玁狁勵士馬，周王允是中興者。當時文武有尹公，舉斾一麾清郊野。又不見漢帝當年重細柳，亞夫軍前無躑躅。拊髀思賢一飯切，魏尚復作雲中守。天生我皇聖且仁，區區周漢豈作論。〔四〕常慮一物或失所，豈知邊釁瀆蒼旻？〔五〕我願君王目視遠燭沕穆，望見山西境上多白骨。我願君王耳聰聽幾萬里，時聞山西哭聲夜不止。

鬻子行

燕街寡婦淚漣漣，自言夫死未期年。晝勤織紡爲衣食，夜撫孤兒不遑眠。孤兒幸能學步履，我夫有以繼其先。成立時遇清明節，今將麥飯洒埏前。妾身百年歸于室，地下逢夫無媿顔。奈何我生日悍悍，靡依靡怙嘆伶仃。旻天不吊此窮苦，疾威頻將下土傾。往年麥豆皆枯槁，晚禾遭霜又未成。今春父子不相顧，骨肉分離向遠行。眼見舊時多富姿，而今轉作溝中泥。母子困阨何所賴，泣抱孤兒走京師。誰知京師亦蕭條，哀（哉）〔我〕〔六〕艱難無處號。街頭死者無人掩，多是流民向此逃。母寒兒飢日叫哭，無力走去但匍匐。眼中流淚口中乾，〔七〕只得將兒入市鬻。市上紛紛草標待，〔八〕賣者空多買者稀。

〔一〕「敵情變譎不可測」，張氏本「敵情」作「醜虜」。
〔二〕「朔方」，張氏本作「夷狄」。
〔三〕「薄伐」，張氏本「伐」作「代」。
〔四〕「豈作論」，張氏本「論」作「倫」。
〔五〕「豈知邊釁瀆蒼旻」，張氏本「邊釁」作「虜禍」。
〔六〕「哀（哉）〔我〕艱難無處號」，張氏本、文津閣本「哉」作「我」，據改。
〔七〕「眼中流淚口中乾」，關中兩朝詩鈔卷三「中乾」作「吞聲」。
〔八〕「市上紛紛草標待」，張氏本「待」作「持」；關中兩朝詩鈔卷三「草標待」作「早飯時」。

直到日夕纔定約，破錢百文救我飢。思量此錢買黍飯，是食吾兒膚與肌。拉淚收錢敝裳濕，如割心肺痛難支。母解懷抱將兒出，兒將兩手抱母衣。跌脚投地氣欲絶，竟將母子强分離。買主抱兒色悽慘，婦人欲去步難移。兒哭聲，母哭聲，皆哭死者又哭生。兒哭母毒捨我去，母哭蒼天叫不應。

鬻妻行

何處調飢貧少年，將妻匐匍到街前。但道誰人肯買去，免我身向溝中填。婦人雙淚向夫揮，勸君莫作苦辛爲。自從結髮成夫婦，共期偕老日相宜。此日遇不淑，豈肯遽别離？願割妾身肉，充子一朝飢。同我良人死溝壑，不忍又縫他人衣。

送董允恭出獄

我送允恭出獄墻，徘徊别意各悽愴。來逢易水波浪險，〔一〕去見燕山草木黄。子之故人周給捨，同於幽難久備嘗。迪已不肯甘流俗，論治必欲尚先王。明哲保身雖未得，懷此赤心良可傷。子實聰明心好古，聞其論説〔二〕輒徬徨。我抱困病足如皸，睠念時來類〔三〕臥傍。黯然〔四〕别去消息杳，窘迫相與永難忘。三尺禁網脱身去，一片襏襫到長江。有手但執瓦缶物，有

〔一〕「來逢易水波浪險」，張氏本、文津閣本「浪」作「涛」。
〔二〕「聞其論説」，張氏本「論」作「講」。
〔三〕「睠念時來類臥傍」，張氏本「類」作「顧」，義似長；文津閣本「類」作「共」。
〔四〕「黯然别去消息杳」，張氏本、文津閣本「黯然」分别作「從今」、「之子」。

足莫走聲利塲。世間芬麗一染着，能令耳目充無光。丁寧告爾復丁寧，此眞全身全性之周行。吁嗟！允恭既去矣，送子行行復行行。回看世故總茫茫，留予露冷風凉夜漸長。

圜（士）〔土〕送别次巽峯韻[一]

秦山越水各東西，多難相逢慰我思。握手不堪忽别去，還將夙願與君期。我思故人不可見，顛沛終能愼所之。翻覆眼底都忘却，曠然一笑破愁眉。幾微常向静中察，立身難最解眞頤。多歧荆棘妨步履，始知世路有險夷。百死一生淹歳序，焚香日夜對包犧。得君開我心迷謬，感悦還惜邂逅遲。困阨既非人自取，各安天命復何疑。他年如得走閩海，釣臺高處揖岐嶷。

酸酒歌

君家有酒酒頗酸，壺觴不輕設簞莞。昨日偶侍几席側，一罇將來啟大觀。世人往往喜黄流，豈知酸味是仙丹。平生歳月酩酊裏，況此犴狴風雪寒。要向酸中通大道，茹飲屠不以爲難。自笑狂惑乖至理，滿室流作赤血灘。幸此餘生尚未滅，肯把宿昔酸興闌。安得滌腸酌大斗，免我觸眼日常嘆。人飲未能成涓滴，我飲必須瓦缶乾。人飲不覺眉頭皺，我飲胸中天地寬。世上酸苦任他人，方能擴盡此心端。酒中酸味眞能解，勝將周易日空看。君不見滄海茫茫總無涯，納盡人間萬頃湍。

〔一〕「圜（士）〔土〕送别」，張氏本「土」作「士」，據改。

微飲行

一日未到官屋中，恰如十年不相逢。周行未見言提耳，索居孰啟我心朦。問君何所事？古訓日研窮。室內香靄靄，[一]窗外月朣朧。更深人靜後，朗誦徹蒼穹。尚書萬古獄中授，周誥、殷盤已貫通。韋編不知今幾絶，遠慕羲、文、周、孔風。媿我全無亨通意，衰年未見養心功。常將一段鬱抑氣，噓作雲間千丈虹。憂時慨世心獨切，半偏深病未消融。而今願從君子謀，示我脱然登岸頭。藉此福堂尋上去，莫教空負兩年囚。嘆靡靡，思悠悠，君知否，我何求？相與采藴無處所，安得泮渙日遨遊？思量此疾爲心患，世間惟有酒能瘳。昨聞几上罇猶在，半實還是舊黄流。午間准擬來相訪，便須勞君酌大甌。但論濁賢清與聖，[二]何恤瓶罄作罍羞。長歠直到枯腸底，一洗胸中萬古愁。

再進酒歌

再進酒，再進酒，幸我磁罇酒還有。昨日一醉憶蓬萊，而今要與謫仙偶。宿醒猶在枯腸停，更下一甌煙光吼。坐忘天邊歲月長，但覺胸中龍蛇走。酒遞圜墻恨少來，涓滴此間敵數斗。人生百年能幾何，莫將頭上巾空負。

再進酒，再進酒，聽將心事爲君剖。洪鈞賦此男兒身，誰能甘與草木朽？三斗竹葉始朝天，一車麯蘖涎出口。古來飲者多聖賢，吾捨斯人與誰友。莫怪沉酣在憂慮，盛時不樂將皓首。君不見長索難繫落日飛，童顔倏忽成老叟。宇宙浩蕩總

[一]「室內香靄靄」，張氏本、文津閣本，「香靄靄」分別作「燈杳杳」、「日杳杳」。

[二]「濁賢清與聖」，張氏本，「與」作「是」。

無涯，世上紛紛何足數？痛飲本爲破愁懷，屈指反成中心惻。錢君要做羲皇人，趙君能文且赳赳。黼黻折衝間世材，此日誰惜縲絏久。

再進酒，再進酒，孟軻脱身輕萬鍾，孔聖亦類喪家狗。無窮世事休閒思，但慮酒乾誰復取？醉倒玉山隨地眠，何必説桎梏在足更在手。

書白樓詩卷　趙總兵號也

將軍之居近白樓，將軍之才冠帝州。胸中自有兵百萬，曾出將府舒國憂。而今久作圜中客，可憐魏尚同幽囚。〔一〕一到囹圄八九月，手執周易誦不輟。將軍本是儒者流，於此可以觀志節。雲鳥往時成八陣，韋編此地慕三絶。每向憂中尋樂處，魯史周文日講説。談文論武擬虚舟，我識將軍豪興優。身雖凝坐一室間，心在羲皇境上遊。嗟子眞機久未開，〔二〕狂惑速禍自天來。還幸此日成良晤，彷彿樂趣散愁懷。世上紛紛苦幽滯，困亨誰解昔人意。幾時各得歸山林，毋忘爾我自相遇。

七歌

有手，有手，手段拙，弄得人世紛如雪。未宜醒執名利板，但可醉撈秋江月。忽忽百年成甚事，微微一息久將絶。嗚

〔一〕「可憐魏尚同幽囚」，張氏本、文津閣本分別作「邊塞孰爲胡兒愁」、「邊塞孰爲羌兒愁」。

〔二〕「嗟子眞機久未開」，張氏本「子」作「予」。

呼！一歌兮爲爾憐，要撥雲霧轉晴天。

有脚，有脚，脚步錯，錯走當年塵世道。崎嶇多是倒人坑，一蹶反爲魑魅笑。未死還餘憂世夢，有生堪類霜前草。嗚呼！再歌兮歌正壯，蹈入冥海千層浪。

有耳從來亶不聰，人説宜西我却東。萬方愁苦聲堪痛，收入無底雙竅中。迅雷不顧額前震，身禍飄如輪後風。嗚呼！三歌兮歌愈悲，傾聽莫爲利口移。

有目間將一世愁，聚來都放在眉頭。肉眶不見羊腸險，血淚可增江海流。我思哲人瞻萬里，乾坤顧（眄）〔盼〕〔一〕在雙眸。嗚呼！四歌兮歌意頻，要識人間假與眞。

有身形弗七尺長，地維天柱要擔當。幾年餓成空皮骨，扶杖出門欲仆僵。外混塵埃罹羅網，内抱赤心與忠腸。嗚呼！五歌兮歌迫切，酒盡天涯一腔血。

有子有姪未成立，音書問我我惻戚。跋涉往來六七年，千山萬山日灑泣。讀書耕稼總難爲，思量到此喘噓吸。嗚呼！六歌兮歌未闌，父死誰憐汝饑寒。

有甥生年爲我勞，往時見我便長號。汝母今年將半百，骨肉屬我父母毛。兄弟往來無了日，令我憂中思爾曹。嗚呼！七歌兮心未已，收我殘骸歸故里。

〔一〕「乾坤顧（眄）〔盼〕在雙眸」，張氏本、文津閣本「眄」作「盼」，據改。

楊忠介集卷十

七言律詩一

遣懷

韋編自伴倚幽窗，世故年來頗會忘。百代人豪空宇宙，半丘荒草照斜陽。孤懷耿耿幾長夜，蓬鬢瀟瀟一老狂。曳杖庭階徒想像，路迷無處問滄浪。

招友人王泉崗同學尹家村寺〔一〕

門外同人且向東，〔二〕從來錫類古人功。每于蘭院瞻牛斗，且伴芸編馴象龍。花露影清前日異，世情不染此時同。勸君莫負離羣隱，好把瑤琨就石攻。

〔一〕張氏本注：「泉崗及下三處，目録皆『崗泉』，與明本夢崗泉合，未詳孰是。」

〔二〕「門外同人且向東」，張氏本「且」作「旦」。

次羅整菴先生韻

嘉遯胸懷自浩然，高風宇宙久相傳。難兄難弟心同好，時止時行道未偏。明主歲勤優老意，蒼生日望濟時權。正看霖雨蘇天下，無奈丘園一念堅。

題碧泉用杜工部韻

樂饑襟度憶當年，獨玩松溪此潏然。共羨眞源同石髓，誰憐清味遠瓊筵。懸崖不憚千尋險，放海還憑一脈綿。莫道泠泠無與伴，主人日坐碧泉邊。

登華山詩

夢想兹山二十年，今朝散步上其巔。奇峯塵外峻嶒立，怪石雲間顚倒懸。雨過一聲促織響，樹深幾笠牧童眠。大觀到此方爲得，覺我心天高萬千。

元日次晴川韻

已遠昔年鵷鷺班，遥從犴狴仰天顔。形踪眇眇寰幬下，世故忡忡方寸間。患難久憑君德厚，赤誠只自我心閒。平生不洒身家淚，兩眼今爲天下潸。

謝友人王泉崗贈衣〔一〕

平生交結未輕羣，二十年前我與君。膠漆弧蓬諧菽水，風霜蘭若論斯文。解衣情思如何限，折簡憂心徒此殷。明月山中多勝跡，同誰尊酒伴閒雲。

蚤春〔二〕

晴景初開淑氣端，共看臘色已殘漫。天邊轉眼流光易，困裏驚心世路難。自嘆百年懷抱切，還思一日聖恩寬。圜中蚤覺春先到，似恤纍臣五夜寒。

共把愁眉且放開，喜看春臘再相推。城邊煦景新堤柳，墻外香風帶野梅。世運從今轉熙皥，聖恩不久自天來。故園咫尺佳山在，一日定遊三百回。

〔一〕文津閣本，無「王泉崗」。

〔二〕張氏本，下並有「二首」。

送友人

賓薦同登二十年，便思宇宙在剛肩。名從仕版朱行列，心向閭閻赤子懸。雄展應知今世少，清貧不讓古人先。功成準備隨琴鶴，廊廟方收天下賢。

述懷

禁裏東風覺漸和，背陰殘雪果無多。眼前楚楚蜉蝣羽，心上悠悠擊壤歌。道義無窮須共勉，時光有限莫蹉跎。遥將佳趣問良友，鴈過長空興若何。

春興八首次韻

纔見春光轉上林，錦臺微冷尚蕭森。風回薊野有時息，霧隱燕山盡日陰。燕語鶯啼園内景，江湖廊廟老來心。更深還有愁人處，門内柝聲門外砧。

疎窗照日影初斜，可奈囚居此歲華。傳世從來無赤子，通天空憶有浮槎。依依遥見城邊柳，裊裊忽聞塞上笳。詩句漫成還有用，將來幽地賞春花。

共坐圜門向日暉，開襟更覺暖風微。葵生已露根頭品，鴻漸還成天際飛。將此孤懷頻點檢，肯教素步自相違。紛紛無奈爭春物，緑幹紅芳一樣肥。

三載艱危嘆白頭，可堪吾志在春秋。自憐賈誼一腔淚，空作張衡四段愁。適意時看堦下草，奮飛終愧水邊鷗。美人蹤跡今何在？杕杜猶存古雍州。

認得西銘如下棋，茫茫宇内盡堪悲。顧予顛沛眞無似，空惜盈虚自有時。燕羽輕風還翾翻，春暉驚眼又遲遲。艱難惆悵懷千古，采采榛苓是所思。

十年佳趣在青山，瀟洒襟懷出世間。心上一眞原未泯，眼前萬類總相關。緬懷周道今何事，痌瘝哲人多厚顔。歸去再尋千古上，耕莘老叟與同班。

斯文千古是誰功，由彼陶唐立大中。措履敢從浮世好，幾微深愧古人風。衢連柳過圜墻緑，苑隔桃侵屋宇紅。潦倒還思涇渭上，絲綸閒釣有漁翁。

山連薊北見逶迤，小徑通天傍險陂。隱谷長蔓多細草，懸崖短幹少松枝。習浮鷗子隨波逝，憩樹牧兒逐影移。老去登臨無健力，白頭空惜此低垂。

贈泰和劉洗心秀才　二首

洗心兄晴川翁，同予繫獄。洗心自泰和奔來問，賦此以慰之。

諫草傳來自可驚，倉皇策馬上燕京。一腔忠藎君臣義，萬里風霜兄弟情。日邁已能扶世道，月征眞不愧天明。江南韓韓看棠棣，春雨春花已滿庭。

學問須先會洗心，洗心於道最能深。仁義英華成事業，廟堂根脚自山林。祖先原委家傳遠，兄弟芳名世所欽。得志知君存素履，豈同流輩但纓簪？

贈人

困裏逢君一月春，同方不覺自相親。文章早已添聲價，德義猶思與日新。有意動時成性僻，未安心處是吾眞。必須俯仰先知愧，然後能爲無愧人。

雜咏五首

閒步幽堦伴夕陽，塵埃眺望總無疆。風吹古柏棲鴉亂，雪掩寒山狡兔藏。半世生涯眞類夢，幾年毛髮已成霜。憑誰再取新春酒，日放長歌任老狂。

獨倚圜扉對日斜，緬懷松竹已成賒。迷塗豈但千程遠，脚步空留百代嗟。時繫鐵鐐甘罪戾，漫吟風景是生涯。殘磚閣火燒沙釜，也類山村野店家。

有脚陽春到處通，金吾氣色轉寒松。壯心逈出存亡外，殘魄逍遥化理中。寂感胸懷驚歲月，孤危踪跡倚蒼穹。羊裘一片隨朝暮，興與雲山野老同。

濡險悠悠歲月頻，强延一息又逢春。天空斜日鴈留影，地迴煦風草弄新。内聖外王同貫合，身謀國計總相因。憂懷轉作元亨處，此是人心一念眞。

天降窮阨浩無垠，金吾柙鎖伴儒臣。久遭危患心猶泰，運轉亨機思欲頻。要信樂天爲樂土，須知憂世是憂身。[一]有詩

[一] 「憂世是憂身」，關中兩朝詩鈔卷三，「是」作「不」，義長。

吟咏忘顛沛，彷彿羲皇境上人。

與晴川飲用杜工部韻〔一〕

十年遊樂有山溪，堪笑功名一旦迷。身世三春留犴狴，夢魂五夜到秦西。養心幸得逢良友，披卷還須作筌蹄。墻上半罇清酒在，與君同要醉如泥。

幽圜無處訪清溪，幸有高人啟我迷。共坐斂襟還共起，堪東隨步又堪西。百年心事羞輪蓋，一日西風陷馬蹄。〔二〕寄語西臺同志友，老狂依舊醉如泥。

遷榻次韻

十載潛身一草茅，〔三〕興來誰意向芳郊？六經愚腐散塵几，三徑荒凉卧竹稍。垣寂秋深風落果，梁閒春到燕銜巢。衰年至此眞無似，儘把疎狂任世嘲。

〔一〕張氏本，下並有「二首」。
〔二〕「一日西風陷馬蹄」，張氏本，「西風」作「風塵」。
〔三〕「十載潛身一草茅」，張氏本，「十」作「千」。

贈友人

種德羨君能有終，皇天日錫慶無窮。膝前稚子丰神秀，堂上雙親福壽隆。誰共聲通千古上？〔一〕更留惻切萬方中。幾回遇別此何地，惆悵乾坤眼底空。

見童子頭插苦菜花索觀之作二律

穠英彷彿類秋菊，先飽無涯春露滋。隱隱一般神色好，煌煌幾點化工奇。開來可伴囚中眼，採去能療天下飢。聞説牡丹多艷麗，讓他生長洛陽池。

眞顏淡淡淡而濃，坐見百花色自空。惟有仰天傾白日，也堪隨地伴東風。肯因薊野門前黑，不向燕山雨後紅。但慮聖朝寬我去，無人解爾此奇容。

〔一〕「誰共聲通千古上」，張氏本，「誰共」乙倒，作「共誰」。

病起述懷用杜工部韻

春日悠悠病已痊，獄中再得數殘年。天光遠照來檐隙，[一]良友頻憐到卧邊。無似懶將(閒)〔冊〕[二]帙展，有時還是抱愁眠。[三]感懷骨肉應分念，百口懸懸心在燕。

次緒山韻五首

閒楂一旦會消融，驟雨驚風過太空。隱顯從心無上下，險夷信步有西東。感來定擬初張弩，應罷還如未叩鐘。浩浩霄壤多少事，眞機都在卷舒中。

雙鸖飛來圜樹梢，看他春到便銜巢。顯庭常若儼賓際，幽世必須藉白茅。心果合天眞浩浩，狂非作聖但嘐嘐。會教身世全無我，方寸纔能免物交。

莫道幽居心可欺，格思便有鬼神知。還看處處玉吾地，敢不時時愼所爲。要走長途須健步，能除深病是眞醫。誰言岸遠難先到？只在人心一轉移。

眼底紛紛變態多，誰憐世道日頹波。百年事業眞難措，半隙光陰亦易過。川上月臨懸細餌，墻頭雨倒整煙蓑。樂遊卻

[一]「天光遠照來檐隙」，張氏本、文津閣本「檐隙」分別作「幽隙」、「庭際」。

[二]「無似懶將(閒)〔冊〕帙展」，張氏本、文津閣本「閒」作「冊」，據改。

[三]「有時還是抱愁眠」，張氏本、文津閣本「抱」分别作「倦」、「病」。

恐歸豪放，渣滓須先向此磨。

此心常要擬虛舟，虛得能將萬物收。後樂不妨隨地樂，先憂豈但爲身憂。也知步履須藏用，却笑疎狂眞妄投。齟齬方圓成感慨，徒懷擊楫在中流。

和太白山人韻三首

時來門外坐春曛，世事紛游滿眼頻。進退憂思今最切，〔一〕江湖廊廟更何人。循環泰運期三代，展轉凶危此一身。却憶子牙清渭上，釣竿投處有芳隣。

晴暉薄午暖風細，此地獨憐春更幽。五夜露花新柳色，一番鴻鴈動江洲。百年事業懸心切，萬里瘡痍滿眼愁。堪笑襟懷潦倒際，時看鳶鳥半空遊。

夜柝忽驚鄉夢淺，破雲殘月照窗斜。寸衷不是杞人過，四海原爲天子家。雙鬢蓬搔老圄圄，一身寂寞又春華。憂心獨覺孔殷處，世故茫茫未有涯。

聞次女亡

傳吾子秋去年亡，凶訃一聞五内傷。姊妹云何相繼死，父親血淚洒圜墻。往時女訓勤莊誦，今日哭聲滿屋堂。雖我自言不過慟，也應黙黙斷衷腸。

〔一〕「進退憂思今最切」，關中兩朝詩鈔卷三，「思」作「虞」。

初夏二首次韻〔一〕

不教閒慮在胸中，便與長天一樣空。信步踏來皆樂地，開襟滿抱是薰風。庭前柏色拂雲緑，墻角葵心向日紅。更有一般好景象，應時黄鳥囀幽叢。

日上圜墻景寂然，老囚於此尚安眠。好懷還有四時興，世故全無一念牽。〔二〕糯米煑從沙釜裏，〔三〕詩書堆在枕衾邊。何翁若解吾眞樂，〔四〕日食何須破萬錢。

送李明甫

去年車檻過蘆溝，見爾卜居蘆岸頭。山秀堪宜連屋峙，水清恰好繞門流。四時家有瓶中粟，一卷心無意外憂。公事了尋遊憩處，幾叢喬木淡雲浮。

〔一〕「初夏二首次韻」，張氏本「二首次韻」乙倒，作「次韻二首」；文津閣本，「初夏二首次韻」作「初夏（二首）」。

〔二〕「世故全無一念牽」，文津閣本「一念牽」作「一著先」。

〔三〕「糯米煑從沙釜裏」，張氏本、文津閣本「糯」分别作「粟」「糲」。

〔四〕「何翁若解吾眞樂」，文津閣本作「何翁若識其中樂」。

端午節

闤中佳節喜相尋，況有良朋與合簪。蒲酒且同今日樂，負盤因見古人心。[一]憂時未恤身危久，宥罪還思恩詔臨。此日密雲成驟雨，似傷屈子淚淋淋。

遣懷二首用杜工部韻

數片殘磚閣睡牀，顛危知是舊周行。時嚴舜跖兩條路，日誦羲文一炷香。心健自能忘困跡，榻閒猶可擁衾裳。襟懷還有瀟然處，每向南風歌興長。

夢想丘園孰與班，[二]秦中涇沚傍商顏。[三]百年須係閒中罷，一曲長歌日暮還。月朗風清皆自得，鳶飛魚躍在其間。茅齋却笑堪人意，正對南山倚北山。

[一]「負盤因見古人心」，張氏本「負」作「角」，義長。
[二]「夢想丘園孰與班」，關中兩朝詩鈔卷三「丘」作「芳」。
[三]「秦中涇沚傍商顏」，關中兩朝詩鈔卷三「傍」作「滂」。

閒作四首〔一〕

斯道瀰漫貫古今，幽窗正好整囚襟。毫釐乖謬天機遠，一念虛明上帝臨。禮用事時爲復禮，心懲失處見眞心。存亡操捨皆由我，默默須從方寸尋。

參破乾坤古與今，一憂一樂見胸襟。鬼神不爽幾微監，幽室常如師保臨。君子固窮吾未得，哲人自静彼何心。包羲不盡當年意，此地還須細細尋。〔二〕

思古原來爲挽今，國民惻惻此胷襟。致身臣子曰忠藎，爲答天王之智臨。霜剥風摧今日事，〔三〕江湖廊廟往年心。天乎命也難窮極，一息還從眞處尋。

自古遭逢未有今，空茫宇宙見胸襟。狐烏走走聲聲叫，雲雨朝朝暮暮臨。輸已應知郭泰慮，濟時還識范滂心。感來感去眞機在，此理纔知不易尋。〔四〕

〔一〕「閒作四首」，文津閣本作「閒作（四首）」。

〔二〕「此地還須細細尋」，張氏本、文津閣本俱作「還須此地好相尋」。

〔三〕「霜剥風摧今日事」，張氏本、文津閣本，「霜剥風摧」乙倒，作「風摧霜剥」。

〔四〕「此理纔知不易尋」，張氏本、文津閣本，「此理纔知」乙倒，作「纔知此理」。

劉子壽日

初度圜中今四度，白頭萬里杳江鄉。瞻思夙夜九天遠，感惻徬徨一念長。我輩元來多妄動，聖朝未肯殺忠良。壽隆本自君王造，但把赤心儼對揚。

賦詩爲次寮贈

夜將曉，夢過原次寮隱居，賦詩爲次寮贈。得起二語，〔二〕覺而足之。乙巳年六月初十日。

莫道山林無可樂，隻鷄斗酒有餘情。覺來却是圜窗夢，卧聽燕山杜宇鳴。幽纍縛我家何在，世事令人身自輕。一枕黄粱心未了，長天目斷片雲横。〔三〕

和大司馬聯峯先生詩二首用其起句

席地簷前趁晚凉，幽懷相與嘆流光。思危自覺一心折，行遠空餘雙鬢蒼。風景久成人慣習，卷舒堪笑此顛狂。世間翻覆都休道，只可堅吾百鍊剛。

〔二〕「得起二語」，張氏本「起」作「後」。

〔三〕「長天目斷片雲横」，張氏本「目」作「日」。

席地簷前趁晚涼，逍遙不是傲羲皇。蹇修天亦憐吾拙，〔一〕拯溺人堪爲世忙。興着野花呈艷好，情關幽鳥弄笙簧。生涯老去無長物，一卷韋編袖裏藏。

送紀中夫歸秦

與子同心二十年，僧堂香火半爐烟。正防步履三關險，却笑功名一線牽。因繫艱危懷後進，衰殘寤寐仰前賢。歸來共了平生事，就此先期立志堅。

送林張二都黄門謫官出獄

侍臣暫出五雲鄉，總是皇朝恩浩滂。九品官非閒處着，〔二〕千鈞弩在甲中藏。幾年忠疏流封内，萬里懸旌歸帝傍。〔三〕他日賜環承顧問，好將民瘼答君王。〔四〕

〔一〕「蹇修天亦憐吾拙」，張氏本「蹇」作「騫」。
〔二〕「九品官非閒處着」，張氏本「閒處着」作「心上著」。
〔三〕「萬里懸旌歸帝傍」張氏本作「萬里景誠積帝傍」。
〔四〕「他日賜環承顧問，好將民瘼答君王」，張氏本「顧」作「觀」，「答」作「告」。

獄中贈孫都御史

一繫秋梧歲序遷，[一]眼前光景總堪憐。暮雲思望八千里，濟世勳名二十年。天降困窮終有益，到今顯祖始無偏。從兹努力加餐飯，浩浩乾坤在兩肩。

乙巳年八月十二日主上符鸞釋放尋復逮繫有感

忽憶去年今日秋，犴狴同得荷天休。暫歸故里觀三徑，傳播綸音到九州。明主心無偏好惡，小臣罪未了幽囚。有時曠蕩恩還下，稽首遥辭五鳳樓。

詔獄言别

逢君傾倒此衷誠，追憶平生契合情。心爲綱常千古重，言因忠鯁一身輕。同來被逮春光煖，此去垂綸洨水清。千里神交勞夢寐，蒲臺曉月見高明。

[一] 「一繫秋梧歲序遷」，張氏本，「繫」作「葉」。

〔夢入許巢廟有感〕〔一〕

許由、巢父，二人皆唐堯時高士也。與後世身陷縲絏者，相去不啻萬世。〔二〕傳稱棄瓢飲犢事，皆未知有無。昨夜夢入其廟中，見二人像，欣然有感，題詩壁上。未就而覺，乃足成之。甲辰九月二十二日，書於獄中。

遭逢世道是昇平，高尚同將天下輕。樹上瓢捐風響定，耳邊污去水流清。山中不换冕旒色，〔三〕犢口惟餐芝草英。恍惚蕭然祠宇在，塵顔羞見二先生。

哭李石疊

傳來凶訃自中州，此地哭君欲白頭。風雨幾番入夢寐，功名半世屬荒丘。五年離别心猶在，一代英豪事已休。〔四〕空墮兩行憂國淚，柩前一洒意無由。

〔一〕此題據張氏本增補，原本作「許由、巢父，二人皆唐堯時高士也」至「書於獄中」云云。

〔二〕「相去不啻萬世」，張氏本「萬世」作「萬萬世」。

〔三〕「山中不换冕旒色」，文津閣本「中」作「巾」，義似長。

〔四〕「一代英豪」，文津閣本「英豪」作「英雄」。

秋燕

鶬鶬深高罪未終，思量安得此萍踪。殘生久在天邊繫，世故都從眼底空。漸覺秋風千路澀，還看霜月萬山紅。願將國步與民瘼，入我皇王所照中。

重九用杜少陵韻

處處重陽今日節，年年身傍金吾臺。風吹短髮因巾冷，酒破憂時懷抱開。〔一〕世上感多誰應少，眼前暑去又寒來。丈夫一念眞機在，豈傚牛山悲老催？

除夕　二首〔二〕

遙想去年此日新，臘殘復見舊光陰。慨時祇向人偏切，〔三〕抱痛誰知我獨深。一片春暉成慘景，數聲鳴鳥是悲音。眼前踪跡今猶在，淚洒衾裳不自禁。

〔一〕「酒破憂時」，文津閣本，「酒」作「洒」。
〔二〕張氏本，下並有「二首」。
〔三〕「慨時祇向人偏切」，張氏本、文津閣本，「偏」分別作「同」、「俱」。

幽縲屈指兩年餘，還遇更新除舊時。寒去今宵猶有滯，春來明旦總無私。江湖廊廟人人樂，柏酒椒盤處處宜。忽憶山林同守歲，村醅一二老相知。

送人

共處憂虞冬復冬，而今君去我誰宗？風寒谷岸松猶翠，日淡城頭雪未溶。杳杳鄉關幾萬里，茫茫天地一孤蹤。安能將此別離淚，一洒淋漓到九重？

楊忠介集卷十一

七言律詩二

元旦

歲逢元旦覺春還，桎梏年年在此間。白日應須點殘雪，浮雲但此繞燕山。顛危喜見淳風轉，變態纔知世路艱。西望壠埏遥跪拜，三千里路是秦關。

正月二日寄偲兒

秦關消息久無傳，說與兒曹莫涕漣。囹圄暫留今日福，聖明定宥往時愆。舍南舍北一天雨，山後山前百畝田。收拾家中舊鋤耒，待吾歸老伴餘年。

次緒山韻三首

日轉庭簷春色光，西園消息意微茫。想君每動三秋念，笑我常懷一段狂。往哲皆從修性作，世人誰是爲身忙。從今各記年前約，只恐顛危心易荒。

從來克己最爲難，克去超過人鬼關。水自流澌山自止，火何炎熱水何寒？坐看百妄渾消盡，便是一眞由此還。〔二〕正見胸中好景象，天光雲影半空閒。

剗却紛紛俗務捽，襟懷一片自天然。行無非與纔成性，磨而不磷方是堅。霽月想他何氣象，光風忘我到衰年。洋洋滿目無停息，誰向霄壤識秘傳？

春日

誰家煙色鎖樓臺，隱隱桃花將半開。雲際點空鴻鴈去，圜階掃地谷風來。天機消息由人尚，物運盈虛與化推。心目洒然塵世外，誤看囹圄作蓬萊。

和聯翁看花詩 三首〔三〕

紛紛眼底今何時，悶到還看此數枝。欲向花前發浩歎，飄然未入古人思。雨多雨少顔如故，風去風來根不移。安得此花知世事？常開聽我賦新詩。

惹得詩人有所思，爲憐牆下兩三枝。孤忠暗與赤心合，直幹應看白首宜。戲蝶遊蜂閒作伴，朝雲暮雨漫相滋。寄語少

〔二〕「便是一眞由此還」，「由此還」，張氏本，「由」作「向」；關中四先生語要卷四斛山楊先生，「由此還」作「向此邊」。

〔三〕張氏本，下並有「三首」。

年休浪採，要留眞品接東籬。

看花不厭往來頻，花色常從雨後新。赤白總非由造作，[一]卷舒端是露天眞。自羸犴側七門鎖，却少坊間異樣塵。[二]此地看花關世道，後來還有好看人。

謝人送米

十年分袂去燕臺，囹圄今同春酒杯。久難應教愁態老，逢君暫得好懷開。宜時化向秋曹謦，淳古風從海岱回。廊廟一朝思舊績，共看琴鶴覲天來。

有懷

年來奈此遠思何，春暖西臺亦到麽。好景想從幽處少，窮愁偏令我心多。半空晴色將人照，一點閒雲輕自過。幸有吾鄉衆豪傑，激懷日與共消磨。

[一]「赤白總非由造作」，張氏本「造」作「外」。

[二]「自羸犴側七門鎖，却少坊間異樣塵」，張氏本「羸」作「贏」，「異」作「一」。

贈人二首

樂老襟懷孰與同，逍遥遠志鹿裘翁。百年佳趣庭前訓，一曲秋簫眼底空。共惜幽纍何日解，還傷吾道有時窮。犴圜讀罷江湖詠，若在春風和氣中。

共羨君家庭桂榮，豈知世路一難行。倚門鳩杖燕山迥，乘夜孤帆江水清。骨肉轉關心上重，浮雲自覺眼前輕。新詩遠爲賢郎切，多是君臣父子情。

送曹知府入（關中）〔閩中〕〔二〕

十年交道歎浮萍，咫尺而今萬里情。安我幽圜老歲月，喜君閩越活蒼生。旌麾過處山河秀，劒氣衝來牛斗横。暇日要尋千古秘，考亭一脈甚分明。

送春

逢君到此已三年，日見圜扉掩半邊。照我寒衾共幽榻，隔窗白日與晴天。千山秦塞音書杳，一點孤懷空自憐。北徂鴈聲留慰切，憶他曾過首陽巔。

〔二〕張氏本，「關中」作「閩中」，詩文並有「喜君閩越活蒼生」語，據改。

和聯峯喜雨詩二首

共慶連朝好雨頻，昊天臨下顯諸仁。普施原野三農慰，一洒長空萬象新。豐歲坐占八表盛，放勳出自九重勤。從今喜得含生類，沐我皇王蕩蕩春。

雨過幽中生意頻，乾坤萬古此純仁。彌天雲掩千峯暗，著地神施一様新。出險走防歧路滑，歸田耕野老農勤。滌腸莫謂吾無樂，自有家山「石凍春」石凍春，富平酒名也。

寄趙白樓總兵　二首〔一〕

細雨空亭絶塞塵，長才應許舊交人。遥聞煙火山頭熄，且喜禾苗壠上新。天意已嘗憐志士，聖明安肯殺忠臣。情關莫恤幽中苦，儘有詩書伴此身。

學得萬人敵已成，壯猷獨步冠神京。幾年經畧長城固，一日聲輝天下名。莫道萋菲終貝錦，坐看心跡自分明。昊天於此出王際，照見將軍一念誠。

〔一〕張氏本，下並有「二首」。

次緒山懷友韻

二年得與子相親，不意知爲困裏身。心在熟仁狂作聖，事求精義道通神。化成品匯千山雨，消盡寒陰一氣春。白髮從今還努力，肯辜良友教諄諄。

初夏聞雷次韻

東風吹得乾坤解，雷雨作於初夏時。田畯暫停南畝耜，漁翁應罷水邊絲。檢身吾戴囚冠坐，宥罪孰爲天下悲。此日鄉關千萬里，有人勤誦召南詩。

端午用杜工部韻

半室還如天樣寬，詩書聊此與君歡。漢廷可少賈生淚，晉縶應憐楚客冠。舉世從今蒲酒樂，普天懷古汨江寒。千年屈子心如在，角黍將來此地看。

夢陳寮

十載燕京做客鬼，今宵入我夢中歡。孤兒總髻頭角秀，老母痛如心上剜。郊外點香人共送，墓門啓柩衆同看。親朋哭汝靈車罷，各贈青錢紙數竿。

聞緒山出獄

思君不見日三秋，忽聽西圜恩詔優。承志綵衣應有分，倚門白髮可無憂。廟堂事業成虚語，聖學全功蚤自收。待我洒回閩海淚，衡南握手與同遊。

趙白樓有詩見寄次韻答之

音問來從北海上，故人遥向此相憐。難將璞璧投幽室，[一]可把長纓濯下泉。我自福堂安桎梏，君於陋巷誦遺編。死生窮達了無事，不負男兒此百年。

聞趙白樓復總兵贈之以詩

文武俊才今再用，一身萬里此長城。詩書本自儒林重，韜畧復爲麾下驚。采芑妙成猷算壯，揚旗時掃塞塵清。功成待畫麒麟閣，[二]不説燕山山上銘。

[一]「難將璞璧投幽室」，張氏本，「室」作「地」。

[二]「功成待畫麒麟閣」，張氏本、文津閣本分別作「太常記我四夷守」、「太常記我安邊策」。

有感

天涯風景又將秋，想像西周已古丘。萬里鄉關驚旅夢，百年身世歎幽囚。披懷有慮成虛跡，觸眼無窮是隱憂。解得古人行邁意，知吾於此更何求。

送同鄉王大尹出獄

患難相逢此月秋，不堪君去我還留。丹心廊廟千年慮，白首江湖一念憂。窻隙爲增薄裳冷，柝聲偏動旅囚愁。有時聖主洪恩詔，渭水相將理釣鈎。

思故人

憶我西歸過爾家，籬邊秋雨秀黄花。百年涅債從頭補，一日交情未有涯。荷杖未耘秦壠草，回身復泛孟津槎。傷懷更有難堪處，驚出門前問檻車。

寄田道充

二十年前我與君，講求五典共三墳。長安春酒隨豪興，旅館殘燈到夜分。國淚應教知己洒，直言難使後人聞。有時罪了歸田里，醉宿閿鄉境上雲。

贈人二首

未能會面結良晤，但信一心定（盍）〔合〕[一]簪。天罪老夫宜岸獄，[二]人文君子化須南。道兼朋友生來伍，事有當官幹者三。相信相離徒想像，只教今日更難堪。

周道陰濃楊柳風，行行不必歎窮通。思君每有交情厚，愧我全無補衮功。但説天邊一訊別，敢云林下再相逢。千年楚客心何壯，耿耿令人切寸衷。

送曹子儀令平遥

昔日治郡功推最，卓邵遺風世所欽。古謂聖人皆可學，豈於君子讓之深？荒陬疾苦懸思慮，直道斯民貫古今。化此平遙無巧法，存吾一念至誠心。

[一]「但信一心定（盍）〔合〕簪」，張氏本、文津閣本、關中兩朝詩鈔卷三，「盍」俱作「合」，據改。

[二]「天罪老夫宜岸獄」，文津閣本，「岸」作「犴」。

贈洪百户　有小序

守獄官洪百户，以予下獄。次年，來獄中，適事甚洶懼，人皆畏（近）〔避〕，〔一〕未敢一見。洪獨省問，至於流涕，不能仰視。數年間，每思其厚。今年正月，洪復來此，追往慨今，又至泣下。作此贈之，以示不忘。

西風吹得家山杳，沆瀣騰成犴户陰。天上本無神鬼謬，人間難有丈夫心。艱危世事百憂切，浩蕩君恩十載深。此日多君天下淚，幾番爲我濕衣襟。

有感

夜初獨坐擁衾裳，耿耿丹懷空自傷。斜月淡光穿暗户，晚風微冷透晴窗。一心知有君恩厚，九死難回忠義腸。漏下旅囚愁不寐，數聲寒雁送凄涼。

送桂道長出獄和其韻四首　桂名榮

懶乘驄馬泛秋槎，去處適逢陶令花。五斗王臣皆有事，六經作用未爲賒。暫舒廊廟經綸思，且問江湖赤子嗟。試罷牛刀謁帝主，還成禮樂數千家。

〔一〕「人皆畏（近）〔避〕」，張氏本、文津閣本、關中兩朝詩鈔卷三「近」俱作「避」，據改。

送出美人去泛槎，還從幽地賞葵花。每懷衛足猶有在，日抱傾陽誠未賒。數載斑毛羞懦腐，一生阨蹇半愁嗟。念君爲我心何切，天下斯文本一家。

蹇難還逢秋氣森，幽中無奈感時心。世路兩岐夷共險，人情一理古猶今。安危家念關河杳，生死君恩天地深。十載釣儔應待我，烟蓑何日再相尋。

西風薄暮景蕭森，慷慨昔人折寸心。獨念愛身身係國，須知懷古古同今。一千七百日光遠，三十六宫易理深。韋卷平生空皓首，畫前恍惚竟難尋。

夢浦竹塘

去歲茲辰長别我，今宵夢裏再相逢。醒來想像音容杳，雙淚空流老眼中。姓斑青史心猶在，身葬黄泉事已終。雨洒風吹永難盡，總爲人世恨無窮。

送甥張禹卿

數載天涯客舍窮，憂心爲我日忡忡。淚添滹易流千丈，思斷鄉關幾萬重。莫道艱途奔未了，須知多難德堪崇。惓惓望爾立身蚤，在此叮嚀八句中。

秋日遣懷　二首〔一〕

俯仰乾坤此棘垣，憂來倚杖步西園。忘機雲外鳶猶舞，解意牆邊草欲言。危難總皆身外事，修爲但可默中存。感時悄悄心猶切，難向他人開口論。

寸心惻惻風塵迴，千里迢迢世路傾。但比深圜銘上帝，肯教之死負平生。鄉思漂泊天涯杳，音信空聞寒鴈聲。不是君王違諫諍，孤臣未有動天誠。

送錢緒山　二首

痼瘵今猶懷趙子，眼看錢子又將行。同心良友匆匆去，不盡閒愁種種生。桎梏逢時風露冷，圜階送處雪霜清。憂虞二載忽分袂，而我安能已此情。

與君同難兩年分，至道常期日以新。時講盡忠兼盡孝，共成爲子與爲臣。圜中歲月杞人老，天外風塵世路湮。耿耿每懷無限思，明朝有感向誰陳。

〔一〕張氏本，下並有「二首」。

送人出獄

百年身世半塵埃，四海斯文於此偕。淹淹殘息延旦暮，明明宇宙照心懷。險需歎我幽囚客，宏濟知君匡輔才。感别自來情思切，況逢多難在天涯。

寄周給事

顛狂老倦下林泉，宇宙相關一念牽。道在三才終未泯，風來四遠總無邊。誰教洗硯魚呑墨，空憶烹茶鶴避烟。殘息久能隨大運，紛紛人世任流遷。

懷緒山先生

攜手分離不再逢，幽中嘗憶往年冬。馬牛顛沛風塵迴，童冠逍遙江渚溶。人品豈非黄叔度，氣根應似郭林宗。相違歎此圜牆外，更有關山千萬重。

謝人　二首

勞人兩遇北風侵，白日豈堪鐵户深。天下自無神鬼謬，人間誰是丈夫心？顛危每抱忠和義，慷慨常思古與今。寫此新詩傾至意，多君別淚滿衣襟。

自念狂愚速罪深，多君勤爲我懷音。而今指日將分袂，說起當時淚滿襟。暫共苦寒向爐火，難忘炎暑坐西陰。送行縱有詩千首，不盡離愁一點心。

遣偲男歸秦　二首

一簡歸音到獄中，令吾方寸日憂忡。感悲淚滴胸前濕，骨肉情關身上恫。萬里雲山形眇眇，幾年天道鑒懵懵。遭逢至此須安命，總是艱難未有終。

又

聞汝臨歸血淚流，苦情都入我心頭。本爲世道千年慮，適到家門百口憂。幽地北風留父久，遠山寒雨重兒愁。聖朝不易朱雲檻，終許殘生遂首丘。

和紫陽先生韻八首

省愆終未敢尤人，報國焉知己道眞。肯向遭時存外慕，但須臨難致吾身。拙猷未可輕寒士，迂恤曾何間小臣。莫謂幽圜同永夜，天王明鑒說如神。

歲歲年年一罪人，戚懷未得了吾眞。日供糲米堪餬口，夜展羊裘足掩身。塞上風霜寒將士，天涯桎梏老孤臣。總然不計生和死，觸目紛紛也慘神。

思量宜是犴中人，感動君王恐未眞。十載每懷當世事，一軀何惜老來身。恩深願作溝渠骨，罪重難爲草莽臣。此日存心都莫道，好將餘喘聽明神。

艱危還作囚繫人，之死難忘一念眞。長路奔尋吾舊處，滿門哭送此殘身。風高吹冷遼東帽，天遠愁勞杞國臣。却憶范滂千古上，當年不祭獄中神。

遠寄新詩勞故人，爲吾點點見情眞。匡時樂道百年志，燕塞秦關萬里深。緑水青山供逸士，朝雲暮雨伴囚臣。眼前光景眞如夢，一望天涯即損神。

多難悠悠憶美人，美人心興出天眞。早梅白馬山中興，雪夜扁舟物外身。可少感懷抽逸思，空教流淚惜王臣。採苓若到首陽下，俯仰乾坤有鬼神。

十年空擬白頭人，〔一〕淺劣原非見道眞。祇有狂愚爲世指，〔二〕更無明哲以全身。動疎自可遭羅網，夙好徒勞惜諫臣。三木伴中思伐木，幽情轉覺一傷神。

自笑率由異古人，冥冥不解卷舒眞。無勞强(自)〔於〕〔三〕營千慮，有補何妨死一身。用世總難輕涉世，良臣誰願作忠臣？枉教晝旦空憂念，百代虛盈屬鬼神。

〔一〕「十年空擬白頭人」，文津閣本，「頭」作「小」。

〔二〕「祇有狂愚爲世指」，文津閣本，「有」作「恐」；張氏本、文津閣本，「指」分别作「捐」、「損」，作「損」義似長。

〔三〕「無勞强(自)〔於〕營千慮」，張氏本、文津閣本，「自」作「於」，據改。

偶作二首

一念心灰萬事休，無涯歲月此幽囚。九州衰夢從吾息，十載長綸偶自收。遇可樂天須解樂，謂無憂世是深憂。遣懷幸有韋編在，聊向羲皇境上遊。

一念心灰萬事休，今年不似去年愁。亦知天外難懸足，豈但獄中能白頭。胸次廣無人世狹，眼眶明少犴窗幽。脱然放下塵寰夢，且向圜階歌遠遊。

端陽次聯翁韻

幽居幾度遇端陽，萬里關河隔故鄉。龍舟扮出湘江恨，艾草還爲人世芳。幾段角團隨俗好，一尊緑酒帶蒲香。離騷歌罷渾無事，眞箇圜庭是福堂。

冬至

氣轉初陽覺尚微，强吾羸病掩圜扉。寂靜眞源須探取，盈虛妙應自相依。兩年長夜獨悲感，一點丹懷孰與欷？邈想周文幽困裏，先天衍作後天機。

楊忠介集卷十二

七言絶句一

讀微子篇

開卷悠悠憶昔賢，知將人事委蒼天。千年王子憂心在，老淚而今墮簡編。

夜初

半窗月色下長宵，照此無窮客慮遥。最是感悽一段意，北風落木夜蕭蕭。

聞説赤肚仙口號

跳落深坑已數年，纔知半世總狂顛。幾時抛却人間事，去到密雲學浪仙。

謝郭平安惠衣

賜服見君憐我深，范滂感愧故人心。[一]圜中縱有孤臣淚，[二]珍重不教沾素襟。

遣興五首[三]

白日回光迷遠山，風煙薄暮早春寒。幾迴點檢纍臣罪，一疏欲期天下安。
十載幽谿把釣竿，却教桎梏倚門闌。葛藟滅頂皆天降，事到今朝死亦安。
桎梏眞知行路難，況逢九九有餘寒。忠猷總是邦家慮，死亦今朝心自安。
但爲當年恥素餐，反成世事日艱難。而今死事得其所，歸到黄泉心始安。
幽囚罪是吐忠肝，日見邏人向北探。聖主無勞關慮切，微臣不以死爲難。

[一]「范滂感愧故人心」，張氏本、文津閣本，「感愧故人心」分别作「肯負郭公心」「千古見吾心」。
[二]「圜中縱有孤臣淚」，張氏本、文津閣本分别作「從今少灑憂時淚」「相看握手無窮淚」。
[三]「遣興」，張氏本、文津閣本分别作「雜詠」「雜興」。

題扇

適得天邊月半輪，〔一〕將來故作手中珍。但看一陣清風起，掃盡中原萬里塵。

贈蘇廷詔五首

望斷長燕萬里深，思君不見淚沾襟。高情爲我還甘罪，至死難忘今日心。

罪出經年憐我深，要存男子此胸襟。聞言廢食更流淚，是我懷君一念心。

數載幽幽獄户深，相逢更得好胸襟。要將爾我今朝事，説與兒孫記在心。

憶昔相逢幽陷深，各將國淚洒裳襟。我無孟博澄清志，君有西川豪傑心。

悄悄獨憐我罪深，淵思自慰此愁襟。昊天肯弔蒼生命，鑒此人臣日夜心。

人有犯晴川者以此慰之

一片西飛一片東，浮雲終不礙長空。人間變態閒來往，何與無涯胸度中。

〔一〕「適得天邊月半輪」，關中兩朝詩鈔卷三，「適」作「遮」。

六月六日

六月六日殺蠹蟲，無衣可出哭吾窮。聊將囚板堵前曬，一物光輝與世同。

嘉靖乙巳年八月十二日出獄歸九月十一日復逮繫途次有作 五首〔一〕

白衣黑馬出鄉城，飲餞多君揮淚情。世上誰無生死路，不須分袂歎危行。

漂零四海一孤蹤，眼底顛危悲路窮。共説君恩天浩蕩，還期故里再相逢。

涉險猶餘詩興狂，回頭馬上别金陽李驛丞號也。平生胸次他無慮，一念還爲天下傷。

遙向北邙哭范滂，皇綱復爲漢人傷。諸賢不向幽中死，剖柱心無符後殃。

三木如堪及俊良，殺身不必慮深長。投屍近有黄河在，誰肯將來葬首陽。

謁夷齊祠 二首〔二〕

孟津河下謁夷齊，悽愴風霜盈陌衢。願借首陽方丈處，藏吾天地一殘軀。

〔一〕張氏本、文津閣本，下並有「五首」。

〔二〕張氏本、文津閣本，下並有「二首」。文津閣本「祠」作「廟」。

晨朝停馬拜荒祠，想見當年叩諫時。却笑史遷傳謬罔，武王安肯遽兵之。

謁比干祠

人心天意轉岐豳，夫子安能不殺身。一死秖將殷祀絶，空教千古弔三仁。

謁羑里祠

後天剖破見精深，都是周王至德心。拜罷遺容思往事，直教客淚滿裳襟。

澠池道中〔一〕

西風落日滿塵埃，秦趙功名餘草萊。廉弱藺强皆國士，自能羞上會盟臺。

奮身秦館志難移，共羡相如智勇奇。四十萬人同日死，徒藏楚寶欲何爲？

〔一〕張氏本、文津閣本，下並有「二首」。

遣偲男歸秦[一]

汝自燕山歸雍州，臨行不免淚雙流。逢人便寫康寧信，寬我囚中一念憂。
父已六年同楚縶，兒今三試佩吴鈎。吾家不説諂時話，但向平平路上求。

乙巳年十月二十五日夜復入獄詠柏一絶

反身未了他年罪，樂土還逢今日安。慰爾耐寒庭下柏，主人依舊又來看。

葵初出二絶

眞品終難混草萊，幾叢都是去年栽。愁中偏有賞花興，早把赤心爲我開。
天然根幹異蒿萊，[二]每藉春深夜露栽。我去應無人會賞，徒傾一點與誰開？

[一] 張氏本、文津閣本，下並有「二首」。
[二] 「天然根幹異蒿萊」，張氏本、文津閣本，「幹」作「莖」。

拄杖

笻竹由來本性輕，[一]耐寒耐暑始堪成。得君今日爲同伴，特地扶吾暫獨行。[二]直幹元來不尚文，平生羞與鬼薪羣。諫官得爾成相輔，踏破恒山萬里雲。

秋日十咏

露冷風凉秋漸深，塞天猶繫白頭吟。已知憂國非吾事，有感還餘惻惻心。

不堪秋草與秋風，又把流光易此中。萬里君門皇路在，一身罪難幾時終。

年來欲與世相忘，轉覺幽懷百慮長。延頸九重天外遠，難將一念悟君王。

復驚一葉墜庭前，坐惜年華雙鬢顛。多罪殘身忘是我，邇來都付與蒼天。

風落庭柯又是秋，有時樂在有時憂。欲爲萬里朋（遊）〔友〕[三]告，歸鴈還遲塞上留。

忽驚塞鴈報清秋，困裏帛書肯寄不？雲外長風吹六翮，一飛千里到西周。

[一]「笻竹由來本性輕」，張氏本作「風自迴旋雲自輕」。

[二]「得君今日爲同伴，特地扶吾暫獨行」，張氏本，「同伴」作「良友」，「特」作「險」，「獨」作「可」。

[三]「欲爲萬里朋（遊）〔友〕告」，張氏本、文津閣本，「遊」作「友」，據改。

寒蛬蚤已到幽牀，[一]梧葉枝頭幾箇黄？清晝半陰雲忽忽，幾人能解此悽涼。

繞塞西風白露天，萬山黄葉落翩翩。穿窗日影無私照，一隙常來到臥邊。

五十餘年人世事，此間白髮幾經秋。不知淫雨煙波上，誰去乘風泛柏舟？

看開宇宙誰人事，白晝天涯此日頭。鴈過故驚囚榻夢，一聲涼夜送高秋。

秋夜同劉晴川觀月[二]

清光一片露雲端，拱立圜階心未闌。來歲今宵逢此月，恐無良友共相看。

長空初夜靜霏微，轉步却將心事違。共説不妨幽户掩，隔窗點點是清輝。

萬古得天照宇寰，秋林輝色動燕山。疎窗半隙即全體，照到吾心方寸間。

秋燕

辭社還尋高處藏，留予常繫五雲鄉。時來時去天機在，羨爾一雙羽翼長。

[一]「寒蛬蚤已到幽牀」，文津閣本「寒蛬」作「蟋蟀」。

[二] 張氏本、文津閣本，下並有「三首」。

送高大觀年兄出獄用其留別韻

別念關心淚欲流，〔一〕送君出險我還留。要知今日嚬眉意，〔二〕不是尋常生死愁。

丙午秋七月朔夜夢友人王泉岡張東臺

總是髫年夙分投，神遊萬里自相求。不知吾友今宵夢，亦得須臾相遇不？
不斷懸懸故舊情，夢中攜手與同行。覺來展轉增悽愴，門外鈴聲報五更。
暫合還離一旦情，郊原哭送我東行。年來憂患催人老，雙鬢而今已變更。
去年送我出城東，轉隔關山千萬重。幽地此時空念切，〔三〕只教夢裏暫相逢。

答友人忽天章遼東作斷事

困裏風霜幾度侵，多君不替故人心。遼陽極目關河杳，讀罷音書淚滿襟。

〔一〕「別念關心淚欲流」，文津閣本「別念」乙倒，作「念別」。
〔二〕「要知今日嚬眉意」，文津閣本「嚬眉」作「賡歌」。
〔三〕「幽地此時空念切」，張氏本、文津閣本作「此時幽地心常念」。

病中人有以詩喻使寬鄙懷者次其韻答之〔一〕

數月言官恥素餐，殺身今日有何難？包荒自是男兒事，〔二〕肯不同天一樣寬。

日午纔將數粒餐，來之坎坎豈爲難？眼中視此容身處，同彼霄壤無限寬。

春日十二首

乾坤無處不清明，竚立(間)〔閒〕〔三〕看燕羽輕。一念孤懷酬聖主，百年人物此殘生。〔四〕

窗間舒日漸融融，曳杖逍遙百慮空。千古吾心誰樂與，首陽花草自春風。

雨霽春郊秀女蘿，閒雲偏惹落霞多。南鴻一羽銜寒峭，萬里長空晚獨過。

陽和到處總無垠，老幹蒼柯向月新。〔五〕莫到幽囚空歲月，〔六〕東風還有去年心。

〔一〕張氏本，下並有「二首」。

〔二〕「包荒自是男兒事」，張氏本，「自」作「本」。

〔三〕「竚立(間)〔閒〕看燕羽輕」，張氏本、關中兩朝詩鈔卷三，「間」作「閒」，據改。

〔四〕雪齋案：關中兩朝詩鈔卷三，春日十二首選詩，實依次爲文淵閣本春日十二首第一首，獨酌十首第二首至第十首以及春日十二首末二首；後獨酌十首，則依次爲文淵閣本獨酌十首第一首，春日十二首第二首至第十首。疑版本或有差異，具體原因待考。

〔五〕「老幹蒼柯向月新」，張氏本，「月」作「日」。

〔六〕「莫到幽囚空歲月」，張氏本，「囚」作「囹」。

柝聲急處鴈聲高，門掩圜燈夜寂寥。念此天涯歸路杳，誰將一段楚魂招？

雲掩燕山接地陰，霈城新雨細霫霫。即看宇宙均生意，識得乾坤作用心。

遲日幽圜春又深，閒聽燕語散愁襟。自知一息延朝暮，到此還餘憂世心。

四年多罪鎖危垣，驚眼金吾春草蕃。一點孤忠應未死，君王恰有好殊恩。

簷頭對雨雨蕭蕭，牆内葵心牆外桃。日暮東風惆悵處，閒看林鳥各歸巢。

十載憂時一念深，竟成身世此浮沈。斜陽滿目蕭條事，寫作長歌次第吟。

萋萋幽草映圜堦，羨爾逢春早意諧。此日吾生猶未泯，且歌愁句散愁懷。

從此超然脱故吾，天空海濶見洪模。〔二〕無容類是假男子，有忍方爲眞丈夫。

偶興五首

幽中莫歎久無家，犴户難將國夢遮。七載悠悠何所事？赤心白髮是生涯。

欲酌春醅伴此身，榻前一盞轉傷神。年來警戒非因禍，恐致君王殺諫臣。

風滿圜垣月滿樓，吾將風月伴幽囚。人機本自天機出，解到無思意便投。

坐對窗風一隙清，人間萬慮總堪輕。無端幽鳥閒來往，却作愁人深樹鳴。

一片閒雲遶翠松，還成細雨暗千峯。此時骨肉遥相見，多在煢煢客夢中。

〔二〕「天空海濶見洪模」，關中兩朝詩鈔卷三，「洪」作「鴻」。

葵花二首

園葵新發幾枝紅，病裏空懸賞念濃。只恐花疑吾不好，詩成轉寄藉東風。

誰把葵栽幽厠中，祇憑新雨秀新叢。出門欲賞憐多病，爲問今開幾箇紅？

有所思[一]

當年各爲主恩深，生者難忘死者心。將此滿腔憂世血，變成赤淚墮囚襟。

年年燕塞動悲風，應是人心願未終。死去果然難遽滅，九原還得再相逢。

獨酌十首

春來病未放清歌，惹得春風不甚和。偶酌燕山一杯酒，滿懷詩興若江河。

老夫不是愛長歌，恐把流光混裏過。一嘯胷中無限量，古今天地在包羅。

臥醒還酌兩三巵，趕出胷中無限奇。便笑古今忙脚者，撞來撞去總成癡。

[一] 張氏本、文津閣本，下並有「二首」。

一寸修爲一寸天，紛紛誰解此閒年。〔一〕從今莫説癡兒夢，〔二〕因榻安吾日夜眠。

男兒寸寸是剛腸，要把塵腔百慮忘。聊下牆頭一罇酒，不妨獨酌對羲皇。

天地元來只一春，春光到處豈無眞？須判努力將心戒，〔三〕莫作圜中憂世人。

愁來還要酒消愁，到手必須三四甌。醉後吟詩詩罷卧，風流也屬獄中囚。

連年病不似今年，和煖風光我却眠。春到無詩春自去，而今要補幾千篇。

殘春隱隱恰如新，老眼渾看見未眞。更不分天與人異，只疑共是一團春。

陽春幾轉屬艱難，未惜空餘兩鬢斑。若把皇家元氣論，入牢强似入深山。

遣懷四首

故園獨此念殘春，無奈憂危此一身。莫怪片言千百死，從來蹇蹇屬王臣。

自來幽陷幾風霜，憂切空餘兩鬢蒼。故惜殘軀非我意，恐成一死累君王。

春去還留此喘餘，勞心空把百年虚。有時不禁傷懷切，萬里家鄉一片書。

一時感激切憂勞，便欲捐軀報聖朝。此日孤懷徒耿耿，九重不啻九天高。

〔一〕「紛紛誰解此閒年」，文津閣本「此閒」作「世間」；關中兩朝詩鈔卷三「此閒」作「此因」。

〔二〕「莫説癡兒夢」，關中兩朝詩鈔卷三「癡兒」作「鄉關」。

〔三〕「須判努力將心戒」，張氏本、關中兩朝詩鈔卷三「判」作「期」，義似長。

送耿良弼〔一〕

與子交遊不計年，吳山當日杏花天。官貧消息幾年絶，忽喜音書到臥邊。七載幽窗與世忘，故人感激意偏長。聖明未肯殺忠直，早晚吾將歸故鄉。蝴蝶夢中五十年，將身但合老林泉。冥行走入深坑裏，空負良朋意戚然。千里風塵到帝鄉，懸懸念我我心傷。喬陵安得還相遇，共醉桃花流水旁。

偶有感〔二〕

吾狂歲歲繫燕臺，一盞濁醪百慮開。醉後自忘安險處，誤將囚所作蓬萊。吾衰久不念東周，那惜斑毛出鬢頭。海宇昇平天自造，可能一手障狂流。吾心原未解深思，〔三〕宇宙安能獨任之？力薄不堪身萬死，疎愚空使後人嗤。老夫經歲臥幽窗，慨世憂時念益長。白日似憐吾寂寞，故從小隙放餘光。

〔一〕張氏本，下並有「四首」。
〔二〕張氏本、文津閣本，下並有「五首」。
〔三〕「吾心原未」，文津閣本，「吾」作「丹」；張氏本、文津閣本，「未」作「来」。

當年衹抱素餐羞，[二]一日疎狂七載囚。安得此時廊廟上，有人聊爲我皇憂？

遣懷

霧斷長天萬里空，澶迴日暮倚東風。紛如自是人間事，不介悠然胷次中。

雪茶

霧後飛來滿太空，巧將輕片舞條風。六花烹作六安水，瑞氣都留玉盞中。

殘雪 二首[三]

瑤花不但遍燕山，幽地虛池總一般。只恐春風吹得急，徘徊再賞片時間。

同雲知不再淒淒，當午陽暉照故遲。賞汝笑無春脚味，興來但有感懷詩。

[二] 「當年衹抱素餐羞」，文津閣本，「衹抱」作「只把」。

[三] 張氏本，下並有「二首」。

慰章秀才

多難不須日歎嗟，男兒身到即爲家。堦前一片雪融處，饒我春深復種瓜去年章生堦前曾種絲瓜。

送趙大尹出獄

我在關西子在東，百年適得此相逢。從今音問千山隔，〔二〕人世眞如一夢中。

讀蕭處士行狀

紛紛落到靜觀中，一點浮雲散太空。老筆千年心事在，未須身後問窮通。

送人歸秦

春到燕臺策馬還，文旌指日度函關。故人若問圜中興，道與山林總一般。

〔二〕「從今音問千山隔」，張氏本，「千」作「前」。

送緒山出獄[一]

每道別離今果離，是誰歡喜是誰悲？共將心事常相憶，記我丁寧四首詩。
兩共幽圜霜雪寒，而今離别要相歡。願君分袂毅然去，莫向鐵門回首看。
二載相逢一旦離，徘徊孰令我心悲。此時此地眞難得，説與兒孫世講之。

寄偲母

偕老糟糠重德音，圜門無奈兩年深。寄來秦樹三囊棗，見汝憂勤一段心。

送張本禮歸鄉[二]

弱冠交遊三十年，乃今如此共天邊。送行詩自獄中寫，安得不令我惻然？
送君不肯淚漣漣，知爲男兒心志堅。歸去友人來訊問，道吾長夜已三年。
目斷秋雲遠盍簪，側身西望淚沾襟。再將半紙新詩出，寫我留連不盡心。

[一] 張氏本、文津閣本，下並有「三首」。
[二] 張氏本、文津閣本，下並有「三首」。

哭翟尚書

哭罷浦周已二年，[一]悲懷今日復潸然。兩行出自中心淚，一洒尚書柩板前。

補衣口號次晴川公韻[二]

夜補囚衣晝可穿，知君手段自心傳。成周誰是眞男子？千古人誇山甫賢。
會補清霄神慢穿，昔人妙訣已無傳。高高在上眞難措，煉石惟聞媧氏賢。

[一]「二年」，張氏本「二」作「五」。
[二]張氏本、文津閣本，下並有「二首」。

楊忠介集卷十三

七言絶句二

初聞黄鸝

共步圜庭佳樹陰，逍遥因見古人心。囚居莫道無眞樂，也有黄鸝送好音。

獨酌

獨酌燕山春甕香，暫開宇内一愁腸。醉看榻上無長物，惟有孔家活世方。

夜夢四皓

夜夢四老人，俱彷彿百餘歲，衣冠古樸，氣象莊重，皆天然不事矯飾，同坐一木凳。予趨前長揖，四老人俱起答之，淵默無一言。覺猶宛在目中，以詩記之。丁未正月初三日早間書。

知是商山四老翁，〔一〕來吾夢裏一相逢。鳳凰千仞當年事，獨在平生寤寐中。〔二〕

讀詩偶成〔三〕

肥遯高風百世師，衡門愧子獨棲遲。洋洋泌水今猶在，〔四〕還有幾人能樂飢。

黍離篇

眼底興衰忽變遷，每將心事問蒼天。農夫不解行人意，知説離離是有年。

豳風

碩膚一遜德愈光，歎自東人樂繡裳。不有風雲雷雨動，鴟鴞豈易悟周王？

〔一〕「知是商山四老翁」，張氏本、文津閣本「知」分別作「或」「疑」。

〔二〕「鳳凰千仞當年事，獨在平生寤寐中」，文津閣本「事」作「瑞」；張氏本、文津閣本「獨」分別作「固」「常」。

〔三〕張氏本「讀詩偶成」作「讀詩經衡門篇」。文津閣本標「失題」。

〔四〕文津閣本「洋洋泌水」作「汪洋汶水」。

夜懷緒山

獨坐更初有所思，悠悠令我心如飢。誰教咫尺同千里，安得夢中一見之？

送趙白樓出獄 三首[一]

圜内霏霏雪片輕，三人同送一人行。須知令我難堪處，正是鐵門回首情。

與子周旋風雪中，留連送出白樓翁。我曹莫道别離苦，此是聖朝囹圄空。

兩年同難一朝離，世事艱危各自知。良友今宵何處去？憶他揮淚正相思。

哭華州張處士

壽享人間八十年，全歸正寢是升天。可憐一掬囚中淚，不到先生墳土前。

[一] 張氏本、文津閣本，下並有「三首」。

往年一士夫勸勿作詩作此以曉之　八首[一]

罪人豈是好吟詩，詩是罪人撥悶詞。[二]成後朗吟閒自咏，融融滿目見天機。
天機滿目是襟懷，滚滚都從詩上來。付此卷舒同大運，豈容一念自安排？
安排了得見人心，只向天然分上尋。要識此間眞氣象，茫茫宇宙更無垠。
無垠所向在先難，一本從來非二三。百慮根原由此出，天人未可兩般看。
罪人豈是好吟詩，詩是罪人自得時。獨咏一聲心已解，此身此罪正相宜。
此身十載卧松雲，千古眞傳愧未聞。中夜思量年少事，雪窗曾讀北山文。
雪窗若向靜中尋，得見昔人藏用心。舉目霄壤皆可樂，沂源正是此胷襟。
沂源到此幾千年，鄒魯心神在簡編。誰識眞陵數枝草？青青日夜秀窗前。

張公弼

抱痛周君意獨深，柩前一哭淚淋淋。昊天於此昭明處，照見先生一念心。

[一] 張氏本、文津閣本、關中兩朝詩鈔卷三，「曉之」下有「八首」二字。
[二] 「詩是罪人撥悶詞」，張氏本，「詞」作「時」。

和人韻四首

能從定裏息奔馳，即是天人合一時。往哲藩籬吾剖破，動無方所静無私。

病潛隱處最難醫，拔去深根思匪夷。舜蹠相懸初未遠，差之千里自毫釐。

户成人自此間出，闔闢眞機須了之。却笑紛紛禦寇者，徒勞破屋欲何爲？

一原萬象皆同有，要把心從此處知。善到公時多少大，須知無我是無私。

和題扇上漁翁圖二首

滿江秋月照艖明，水國雲鄉老此生。常慮中宵風雨變，孤舟時向岸頭横。

一見風波即放篷，徐徐再訪斗牛宫。將吾心事頻思檢，慚愧烟蓑江上翁。

送人出獄

相逢相别兩經春，分袂情懷見子眞。此後金吾門外過，念予還是困中人。

送人歸蜀

雍山蜀水共封疆，送子教人偏感傷。歸到秦關停馬處，好將多難報吾鄉。

示姪休四首

旅舍空時家又空，秦關燕塞路難通。吾兒莫道饑寒苦，君子原來亦固窮。
門掩隙塵客舍空，寂寥人久在圜中。但願聖明恤狂直，爾曹與我再相逢。
昔年送我古祠中，兒向西行我向東。此日音容如萬里，各將一念叩蒼穹。
縲絏兩年骨肉離，幽圜客舍日相悲。爾曹知命須寬慰，世道艱危古有之。

祝趙總兵

此日降神自東嶽，看來賦與不爲薄。我今祝壽無百壺，但願將軍困而樂。

謝人賜鵝米

還將德惠過圜牆，味帶南風滿屋香。可奈窮囚深恨處，思君高義不能忘。

閒吟[一]

五年夜夜鎖客囚，還餘鄉夢遶林丘。白頭未了乾坤事，一息常爲汝輩憂。
天涯歲月自幽囚，老去無須念首丘。未了平生身上債，不圖今作汝曹憂。

哭浦周二公

二子殺身良可傷，老夫念念不能忘。欲將往歲顛狂事，同到九原笑一場。

禹卿歸秦仕兒留此難於爲别以此慰之

道義眞原宜早尋，況逢蘭若又春深。男兒本是四方客，離别何須苦動心？
良朋萬里此相尋，爲念艱危歲月深。安土敦仁賢哲事，男兒何處不寬心？

[一] 張氏本、文津閣本，下並有「二首」。

贈別

送別圜門各感傷，好將事業繼龔黄。如逢潼上劉君子，道我囚中兩鬢蒼。

送孫寺丞 二首

不信榮華有是非，幽縲終日掩圜扉。世間滿眼愁人事，忽見孫郎能蚤歸。

流連白首歎知機，日見庭柯黄葉飛。安得一朝攜手去，與君共採首陽薇。

九月節

九天風色夜蕭蕭，此日君門萬里遥。不是諫臣難一死，〔一〕殺身恐累聖明朝。

聞申大用告孤松祝予不死作 有小序

白塔寺老僧號孤松，與予素未相識。予辛丑年春下獄，是年秋，燕山申大用以事被逮，告以孤松當予凶危之

〔一〕「不是諫臣難一死」，張氏本、文津閣本，「難」分別作「愛」、「惜」。

際，日常流涕，爲予焚香，誦保安經以祝不死。當時一聞，即以詩紀其事，每擬出獄必求一見。乙巳年秋，暫歸田里，以迫促速行，未遂夙願。今復下獄，踰年聞孤松已謝世矣。因述當日所作，復繼韻悼之，見予未忘孤松也。

普天吾欲振頹風，墮入無涯淵海中。誰誦保安心更切，令人日夜憶孤松。

聞孤松謝世繼韻悼之 四首[一]

楚江漁父惜回風，千古同歸一夢中。歲月不堪人事變，洒吾雙淚痛孤松。

深深塔院鎖薰風，虛想形容入夢中。當日孤松曾念我，而今我復痛孤松。

蕭蕭松影遠紅塵，海宇相關一念眞。悵望幾年空步履，還從此地一沾巾。

幾年欲接上人風，憂世襟懷與我同。看到乾坤終始處，紛紛眼底總成空。

招友人王泉岡同學尹家村寺 泉岡後同鄉舉官縣尹

初昏月隱滿天星，市肆紛紜風打萍。能鑒皇天應有眼，林間鷄犬幾時寧？

[一] 張氏本、文津閣本，下並有「四首」。

贈友人韓雙台二首

一子耕農二子儒，數犁春雨五車書。主人盃盞微醺後，逸士傳中訪友于。

丘園步履迴塵埃，一段超然襟抱開。眼底乾坤都是樂，不從此外更安排。

關中高士韓雙台，獨把功名等草萊。胷次悠然忘物我，聊呼童冠與徘徊。

夜夢紀詩　四首

夜夢一人，戴無翅紗帽，謂諸葛孔明也。予揖而就之，謂予曰：「塵世富貴，何足道哉！」唯唯。既覺，漏四鼓矣。以詩紀其事。丁未夏六月十四日也。〔一〕

夢裏從容揖孔明，回天事業竟難成。出師兩疏心千古，可是巍然三代英。

隆中運策三分定，渭上屯田一念深。星殞營中旋義旆，秪成當日受遺心。

天厭東京久自虹，輿圖分豁竟難同。漢皇值此顛危日，空向南陽起臥龍。

漢賊從來難兩立，蜀川偏據未爲安。只教千有餘年後，五丈原頭秋夜寒。

〔一〕　張氏本、文津閣本，下並有「四首」。

哭姜郎中　二首〔一〕

一世光陰半世終，宜將運數委蒼穹。吾心猶有難堪處，老淚哭君是獄中。

靜裏閒談古與今，超然物外是胷襟。相逢獨有難忘處，夜雨東風一片心。

聯句〔三〕

乙巳年孟夏十九日大司馬聯峯先生初度同難王子言具酒邀予四人爲先生壽坐中聯句得五言古風七言律各一篇

此辰當此地，杯酒喜相從。感極寧辭醉，衰顏肯近紅。聯峯 時逢天地解，雷雨滿長空。晴川 憂國憂民意，宇宙浩無窮。斛山 斯文千古會，聚樂一家同。訥溪 浪跡形骸外，高情俎豆中。晴川 誰憐幽陷裏，各欲反淳風。斛山 他年林下樂，須記此情濃。義泉

〔二〕張氏本、文津閣本，下並有「二首」。

〔三〕文淵閣本、文津閣本等相同。張氏本，下接詞，聯句居卷末。

七言聯句

難中此日逢初度，聯峯 嶽降曾逢生甫申。雷雨經綸占大手，晴川 風雲遭際愧賢紳。伊周事業應無分，聯峯 黄夏淵源却有眞。斛山 願得八荒開壽域，普天稽首誦堯仁。晴川

看花 三首

看花忽爾動遐思，憶昔長安得意時。今日看花雖異地，此花亦與人相宜。聯峯 隨身着處忘升降，信步趫來履險夷。怪得幽中懷抱好，興同賢哲坐東籬。斛山 人心誰謂不如古，造物從來豈有私？晴川 好景縱觀皆樂地，從教無日不相隨。義泉 百年顯晦渾閒事，一笑榮枯便釋疑。〔二〕訥溪 但願此心常共赤，何須殊色與爭奇？聯峯 要知展轉艱危裏，天欲吾曹慎所之。斛山 南北朋簪非易盍，乾坤脚板豈難支？晴川 眞機每向花前得，終不逢人一皺眉。莫道看花淹歲月，恩光指日是歸期。斛山

〔二〕「一笑榮枯便釋疑」，張氏本、文津閣本，「便釋疑」分别作「更勿疑」「醉莫辭」。

又

與君斯邂逅，一葉報新秋。斛山 名姓誰知道，〔一〕斛山，有夢 心情見爾儔。〔二〕林華 耈簪如有像，麗澤復何求？晴川 珍重朋來義，相期到白頭。訥溪

又

每過花前動我思，斛山 雨餘復見長新枝。聯峯 乾坤生意原無盡，晴川 物理乘機默與移。斛山 向日一心終自赤，盈園諸品獨無緇。聯峯 耐寒松柏千年秀，與爾同當天下奇。斛山 粉牆斜倚似含思，〔三〕聯峯 真蕋傾陽正滿枝。雨露時從天上降，斛山 根荄曾向圃中移。聯峯 無邊心事終懷赤，滿眼風塵不受緇。訥溪 雅態自堪供玩賞，何須解語始爲奇？聯峯

誰云仁遠未之思，物邇還憐一兩枝。開落隨時皆自得，晴川 晦明向日更難移。斛山 雖無脂粉容常艷，便出淤泥色不緇。一種天香元自異，姚黄魏紫未爲奇。聯峯

〔一〕「名姓誰知道」，張氏本、文津閣本，「知」作「見」。

〔二〕「心情見爾儔」，文津閣本，「見」作「幸」。

〔三〕「粉牆斜倚似含思」，文津閣本，「粉墻」作「棘墻」，義似長。

酌酒

天涯今日共幽囚，各爲當年天下憂。斛山 消息知宜觀大易，浮沈總付與清秋。巽峯 風雷自是交相助，聲氣何須更別求？晴川 醉裏悠然塵世外，相看眞是泛虛舟。斛山

復酌送巽峯出獄

共傾一盞送君行，不盡幽圜此日情。斛山 塵世偶然開笑口，丈夫寧肯負平生？晴川 豈爲湖海新賓主？當是乾坤老弟兄。巽峯 天際輕陰旋即散，他年還共論誠明。斛山

雜詩 十首[一]

丙午年首夏，患足疾。六月，淫雨大作，獄屋中水深二尺許，因板漂没，六七日始退。重此濕感，不能步履，今一載矣。殊覺衰憊，恐倏殞滅，爲十招魂以自慰，臥起慷慨，援筆立就，詞固不能盡工也。丁未年四月二十五日作。

兩足屈攣，雙目眩暗。身孱罪長，影形相伴。百憂時觸，五内悽慘。耿耿煢煢，夜以達旦。生理幾何？魂將我散。嗚呼！魂兮魂兮，宜莫即散。我皇聰炤，當有渙汗。

[一] 張氏本，上接「哭姜郎中二首」，並題「自招魂」。

愚民參差，成此幽囚。綿綿赤抱，皤皤白頭。過隙野馬，涉世浮漚。狂迂速罪，予復何尤？魂欲我去，飄忽遠遊。嗚呼！魂兮魂兮，爾無板蕩。骨肉萬里，涕泣我望。

我生不辰，長夜轉戚。悠悠蒼天，煒煒白日。沆瀣瀰漫，乾坤穆沕。哭者既死，歎者爲失。旅魂杳杳，十喪六七。嗚呼！魂兮魂兮，衮職爾補。少延須臾，孰無肺腑？

陰風瑟瑟，旅燕唧唧。暮雨朝雲，胡爲我急？身世窮年，天涯一息。寧爲髊骴，羞作鬼蜮。我生爲勞，魂欲放逸。嗚呼！魂兮魂兮，慎爾先發。與我相須，受天之罰。

百感摧剥，寸衷消毁。長守圜扉，滿腔赤淚。有覺殘生，無涯讁祟。發發回風，滔滔逝水。魂如不來，伊誰爲類。嗚呼！魂兮魂兮，孚我以心。人生遭際，往古來今。

半百生涯，一軀殘偃。孤抱憂勞，萍蹤屯蹇。萬死交戚，九天元遠。假寐長思，流光空轉。魂欲幾何？灼灼微燹。嗚呼！魂兮魂兮，何遽捨我？我欲爾盡，散無不可。

人生幾何？吾豈戀戀。成吾一死，反貽國患。歲序屢遷，久甘幽難。使我君王，不殺忠諫。魂何徬徨，去如飛翰。嗚呼！魂兮魂兮，孰非天命。於此永依，安土以聽。

風塵遠邇，薄暮茫茫。此際勞人，孰不永傷。悲萬里天，斷九迴腸。誰乘危機，憂我君王。我魂寥落，便欲長往。嗚呼！魂兮魂兮，努力炯炯。人謀既臧，天步可永。

自我復來，寒暑更度。日月迅速，轉看白首。我思古人，伊誰可友。履義安仁，身類塵土。死也生也，彼亦何有？嗚呼！魂兮魂兮，吾何爾號。恐將一死，輕於鴻毛。

男兒脚步，自有圓方。由我顛躓，之死何妨？履我后土，戴我穹蒼。省我之愆，是我之狂。魂如解此，安我福堂。嗚呼！魂兮魂兮，聊此相將。待我罪終，任爾飄揚。

詞

踏莎行　六首〔有感〕〔一〕

黃葉蕭蕭，西風浩浩，犴中忽訝寒先到。每將心事對晴天，肯因窮老傷懷抱。浮漚古今，雲雨世道，漫把榮辱堪作笑。男兒何事鬱襟懷，自有鳶飛與魚躍。

大道昭明，人心不死，一理綿綿貫終始。消息盈虛總循環，須知萬古皆如此。君父恩德，臣子忠義，存吾之死矢靡已。留取丹懷日浩然，天地無窮永相倚。

百年運數，一旦遭逢，天涯長夜歎夢夢。未惜宇宙託蜉蝣，空餘禾黍慨王風。眼前靡靡，心上忡忡，難免幽圜今固窮。仰視青天與白日，冥冥照我此丹衷。

志扶顛隮，身陷網羅，先憂特爲此心多。氣吞天際長虹勢，手障人間東逝波。樓上秦曲，軍前楚歌，英雄羽客總消磨。惟有忠靈永不散，與君攜手弔湘娥。

孤懷炯炯，天畔茫茫，北風日夜此幽窗。秦館兩行七日淚，燕庭一片五月霜。月臨日照，地久天長，不盡當年烈士傷。遺下霄壤千古恨，總出人臣忠義腸。

霧隱棘牆，露低庭樹，多難悠悠今未已。百年世事總成空，一笑翻復任眼底。地角鄉關，天涯囹圄，回首君門幾萬里。豁然蘆杖步圜堦，西風吹散燕山雨。

〔一〕「有感」，據文津閣本增補乙正。

沁園春

金風轉律，流光暗易，壯士蕭條。存丹天一點，點自陶濯。[一] 一身幽困，兩歲長宵。知作閒事，樂天委運，念頭此外更無勞。靜坐間，把宇宙蹤跡，閒慮一遭。　生平努力相高，都做了灰蕩與塵消。看世事多般，奇奇巧巧，於人何有，也自逍遙。狂風迴亂，浮雲翻轉，莫休莫歇枉分撓。適懷抱，擡頭窗外，[二] 秋雨蕭蕭。

滿江紅

炎暑方闌，忽驚眼，庭前一葉。報新秋，蟬鳴深樹，日暮悲切。歎息人世千年事，空老却英雄豪傑。闕十一字　門掩後，孤燈滅。圜窗照，清夜月。靜思量，教人愁腸結。[三] 幾時恩詔歸田里，絲綸隨處少遮迾。莫道他，渭水子牙翁，胷臆別。

[一] 雪齋案：「存丹天一點，點自陶濯」亦可斷爲「存丹天一點點，自陶濯」，但似不合詞之格律。

[二] 雪齋案：本句似少一字，疑「窗外」前有一「望」字。

[三] 雪齋案：本句似少一字，疑「結」前有一「苦」或「梗」字。

楊忠介集附録卷一

誥命[一]

奉天承運皇帝制曰：臣子志切效忠，危其身而不顧，朝廷恩頒恤死，論其世而不遺，豈徒備乎彝章？實以樹乎風教爾。故原任河南道監察御史楊爵剛貞成性，弘毅爲心，兩疏叩閽，聞者爲之悚懼，而氣不少衰。五年繫獄，見者爲之悲酸，而節廼益勵。被逮則握粟就道，囊無僦舍之金；放還則杜門讀書，室有生塵之甑。胡未及于召用，乃遽至于淪亡，是用悼傷，特加褒恤。兹贈爾奉議大夫、光禄寺少卿，錫之誥命。嗚呼！死而不朽，允惟正氣之長存，久以彌光，所願英風[二]之永賁，服兹寵命，慰爾明靈。隆慶元年二月初二日。[三]

奉天承運皇帝制曰：國家於直言敢諫之臣，常不吝貤贈追封[四]之典，所以磨世[五]且用褒忠爾。原任山東道監察御史贈奉議大夫、光禄寺少卿楊爵志慮堅貞，行操清鯁，爰從廷擢拔寘憲臺。爾能正色陳規，犯顔明諍，激譚危論，偶觸雷霆，勁

[一] 誥命兩則，張氏本，前題「贈光禄寺少卿制」，後題「賜謚忠介制」。

[二] 張氏本、文津閣本，「所願英風」分别作「所藉華編」「所賁恩綸」。

[三] 張氏本，「二月初二日」作「正月初一日」。另，文津閣本，「隆慶元年二月初二日」作「萬曆二十年十月初一日」。

[四] 「貤贈追封」，張氏本，「封」作「揚」。

[五] 文津閣本，「磨世」作「萬世」，義似長。

氣直聲，增光日月。囹圄[一]益明其志，（献）〔畎〕[二]畝不忘乎君。天監純忠，人稱孤介，第副卿渙寵，差足慰此幽貞，而名號靳揚，似尚羈乎輿望。玆特謚爾曰「忠介」，錫之誥命。夫危身奉上，實副乎忠；執一不遷，允符乎介。足稱不朽，眞可以風。祇服命詞，永光來世。萬曆二十年十月十八日。

奏疏

乞宥言官疏

周天佐 號磧山，晉江人，户部廣東司主事。疏載本傳下。

浦鋐 字汝奇，登州人，陝西道巡按。疏載本傳下。

請卹典疏

楊博 字（闕）〔維約〕，[三]蒲州人，歷官太子太保、吏部尚書題爲開讀事。

[一] 張氏本，「囹圄」乙倒，作「圄囹」。

[二] 「（献）〔畎〕畝不忘乎君」，文津閣本，「献」作「畎」，據改。

[三] 張氏本，「闕」作「維約」；文津閣本，「闕」作「惟約」。據張氏本補。

驗封，清吏司案呈：伏睹大行皇帝遺詔，内開建言得罪諸臣，存者召用，殁者卹録，見監者即先釋放復職，欽此。又覩詔書内，開正德十六年四月以後至嘉靖四十五年十二月以前，建言得罪諸臣，遵奉遺詔，存者召用，殁者卹録，吏、禮、兵部作速查開職名，議擬具奏，欽此。臣看得建言得罪諸臣蒙先帝卹録之恩，遺詔開載甚明。際聖主亨嘉之會，新詔申諭更切。雖身先朝露，不幸殞殁，九原有知，均當結草。但其死不同，大畧有三：典刑者，上也，合當復其原職，特贈一官，厚加諭祭，仍廕一子；廷杖而死者，次也，合當復其原職，特贈一官，廕一子；或久繫囹圄，或遠戍邊野，漂没孤魂，不得死于牖下者，又其次也，合當復其原職，特贈一官。内尚書(熊法)〔熊浹〕正言正色，古道古心，諫止仙亭，侃侃得大臣之體，優遊林壑，揚揚有達士之風。御史楊爵敷陳一疏，義胆忠肝，前後奏議，自當稱首，繫獄十年，困心衡慮，始終氣節，原無與雙。以上二臣，又應與杖死者一體卹録，以示優異。通乞聖明，俯賜裁定，勅下遵行。此外如有遺漏，聽兩京科道官并各處撫按官查理明白，各另議奏，緣係節奉開讀事理，臣等未敢擅便開坐，謹題請旨。

請謚典疏

高儀 字子象，錢塘人，歷官翰林院學士，禮部尚書，謚文端

題爲大臣晚節不終，易名，輿論未協，懇乞聖明追回成命，特録遺賢，以光卹典，以勵世風，事祠祭。清吏司案呈，奉本部送准都察院諮，據陝西巡按孫珫呈奉本部勘札，准禮部諮該。本部員外郎于孔謙奏論已故都御史(闕)〔吳時來〕〔一〕晚節不終，乞要追奪謚號，并議先朝御史楊爵補謚等。奉聖旨：「既有疵議，着將謚號追奪；楊爵准補謚。以後大臣有奉命與謚的，你部裡還備查素履，博採公評，詳議可否，請旨裁定，毋得徇私濫給，致亂名實，有累盛典。欽

〔一〕文淵閣本作「闕」，張氏本作「某某」。文津閣本，「闕」作「吳時來」，據補。

此。」合諮：貴院煩爲通行，各該廵按御史一體，欽遵仍行，陝西廵按御史轉行先任山東道御史楊爵原籍官司，備查本官存日鄉評宦跡，有無疵議，逐一採訪的確，作速開報，本部以憑覆，請施行等。因備札前來，依奉轉行陝西布政司行查去後，今據該司呈，據西安府申，據儒學查得：已故鄉官、原任山東道御史楊爵存日鄉行言動不苟，聖賢自期，嘗曰：「人皆可以爲堯舜，粗衣惡食不以爲恥。」周人之急，不吝所有，遇貧生嘗脱衣以濟。人有所與，一介不受，以致窮乏之極，家人告粥無米，而誦讀欣欣，若罔聞知。居親喪，廬墓三年，時玉兔往來廬中，冬月竹笋叢生，人以爲誠孝所感。（憮）〔撫〕諸姪踰于所生，[一]事兄長有若嚴父，教生徒無異己子，足跡不入城市，請謁不至州縣，蓋自儒生以至通顯，安貧樂道，君子謂其不愧屋漏云。筮仕行人，奉使不受餽遺，差回請賑飢民。拜官御史，即上疏陳言，上怒重責，久繫囹圄，誦讀不輟，再釋再繫，忠誠動天，完名全節。獄中辨易，君子謂其傚羑里之爲。放歸以來，却掃塵俗，惟是教授生徒，竝無子孫室家之念。自做秀才以至歿年，一貧如洗，志無所憾，迄今不惟學士大夫稱爲「關西夫子」，即兒童走卒亦皆目爲當代正人。而學識純正，力行無愧古人；忠肝義膽，精誠可貫天日。鄉評久已論定，縣學、府學、正學與列俎豆之間，鄉人竊有私議爲聖，爲賢，爲仙，尚聞未死之謠。即此没世已久，[二]人猶思慕不忘，亦可概其生平，允爲純全無玷。申詳到府，看得本官行誼，既（眞）〔直〕[三]于鄉評而宦情益定于没世，當時獨推其完名高節，至今更仰之若景星慶雲，名節始終無玷，公論翕然共稱，訪採眞確，毫無疵議，相應補謚，以光忠魂。備申到司，爲炤御史楊爵生前，學識純正，動履端方，耿耿精忠，可貫天日，[四]亭亭高節，足師鄉邦，既經府學、縣學查勘有據，相應呈請合無轉達，題請贈謚等，因呈詳到職。看得富平縣已故鄉官、原任山東道御史楊爵

[一]「（憮）〔撫〕諸姪踰于所生」，文津閣本，「憮」作「撫」，據改。
[二]「没世已久」，文津閣本作「没已甚久」。
[三]「（眞）〔直〕于鄉評」，張氏本，「眞」作「直」，據改。
[四]「可貫天日」，「天日」，文津閣本作「日月」。

稜稜大節，耿耿孤忠，有聖賢可學之心，有堯舜吾君之志，立朝之讜言，百折不替，居鄉之德望，歷世彌彰。查無疵議，補諡允宜等，因諮部送司案查。本年二月内，該本部員外郎于孔謙奏論已故都御史（闕）〔吳時來〕[一]晚節不終，乞要追奪諡號，并及先任山東道御史楊爵補諡等，因該本部覆奉欽依，已經移諮都察院轉行本官原籍官司查看去後。今該前因，查呈到部，看得御史楊爵精忠可貫天日，德行不愧古人，鄉評與朝議咸孚易名，當操定擬，巡按御史核實前來，相應題請，伏候

聖裁。

楊御史傳

孫丕揚　字叔孝，富平人，吏部尚書[二]

斛山楊先生，余富平人也。名爵，字伯修。官御史時，以直諫顯，世之人毋論識與不識，咸稱爲「斛山先生」云。

當先生之生，火光起自室中，觀者咸驚異之。長而伉俠自立，不苟爲同異，則嶄然頭角矣。家世清修，先生又穎悟絶倫，以故不具束脯，從授經。每耕之壠上，輒挾册以從，且讀且田，欣然無厭，而其意則謂：「人當以聖賢爲師，取予去就不稟古昔，何所稱宇宙間？」時苑洛韓大司馬方以理學倡明關陝，先生獨師事之。韓觀其貌行樸如也，已而叩其衷，避席（斂框）〔斂袵〕，[三]同時學者皆自以爲不及云。

伯兄靖故以掾中法，無赦。先生徒步百里外爲伸其寃，械繫獄中，吏卒苦之甚。先生從獄中上書。邑令見而奇之，出

[一] 文淵閣本作「闕」。文津閣本「闕」作「吳時來」，據補。
[二] 張氏本「孫丕揚」下並有「字叔孝，富平人，吏部尚書」，據補。
[三] 「避席（斂框）〔斂袵〕」，張氏本「斂框」作「斂袵」，據改。

與語，甚恭。推之食，辭；解之衣被，則又辭。亡何，以弟子員舉省試第三人，明年成進士，授行人司行人。出使藩國，饋遺一無所受，其廉潔不污，蓋天性然。已而授監察御史，時權臣擅柄，義所不可，乃移疾歸。會其母老且病，侍湯藥，不解衣帶。母卒，毁瘠踰禮，廬于墓者三年，有冬笋馴兔之瑞。服闋，復起爲御史，稜稜氣節，諸貴近莫敢干以私者。而所覩時事不勝憤，抗疏言天下大計有五，其要謂方今災沴頻仍，歲惡不稔，輔近侍從之臣爭爲軟語以媚上，勳戚若郭翊侯輩又魚肉小民以取大利，土木之工十年不息，司衡錢歲費不止億萬計，朝儀間闊，大小臣工無有奉顏色聆天語者，緇黄末流至濫充保傅之選。其餘言事諸臣若楊最、羅洪先輩非死即斥去，人人以言爲諱，國家所以隆盛治、答天意者似不宜。此疏入，上大怒，即命鎮撫司窮治其詞，拷訊備至，定死矣，竟不死。

户部主事周天佐、御史浦鋐俱以救先生箠死獄中，而先生身幽囹圄者凡五年，適上以受釐，故放先生歸里，間密旨命司隸踵其後，甫至家，而逮繫者又至。先生無幾微見顏面，即日從容赴北鎮司獄。又三年，而始還。上之聖明，保全諫臣如此。

教授里中，貴人莫得見其面，疏粥敝履，怡然自適。五十七歲而卒，卒之前有大鳥集于庭，公指以語人，此其楊震鳥乎？兆且在我。援筆自誌，又惓惓以作一等事、做一等人教其子孫，無他辭。

蓋先生死若干年，莊皇帝以世廟遺詔贈先生光禄寺少卿，并録其後。生稱大忠，没有遺榮矣。先生爲人硜直，不阿意而内實忠淳，一切所行務合道理，故身履危地，遇每坦途。當先生被逮之日，天乃風，晦冥不辨色，都士人驚相告語，以爲楊御史風。及火災玄壇，聞空中言宜釋先生。上乃憶先生疏，釋之，得歸里。比再逮，出關濱危甚矣。晉義士匾「壽亭」，侯祝先生老牖下。仇（上）〔士〕[二]者負匾持士竟，匾遭回禄而隣屋宛然。夫精誠通天地，而忠信格九重，此與區區口舌，費皂囊中薄蹏者，可同日語乎？

[二]「仇（上）〔士〕者負匾持士竟」，文津閣「上」作「士」，據改。

孫氏曰：自余先大夫與余言，及余所覩楊先生行事之概，其孤忠勁節，爛然耳目，無容論已。方先生繫北司，而所著周易録及中庸解俱的然可傳世，諸所吟詠，無憤惋侘傺語，即漢所稱黄霸，何以遠過，讀獄中疏草，陳壅蔽，勸寬容，雖被萬死，心無悔。余爽然自失矣。

吴時來　字（闕）〔惟修〕，〔一〕仙居人，歷官都察院左都御史

斛山楊先生，諱爵，字伯修，陝之富平人。家故貧，母誕先生於媚家，媚隣以火起，羣赴之，則懸弧室也。長美姿容，身滿七尺。

年二十始發篋讀書，無燈，嘗以薪代。夙夜攻苦，有時之隴上耕，即挾書而讀，意欣欣也。兄靖少參邑掾，與前段令相惡，爲直指使所捕，先生徒步百里外申厥寃，遂并被逮。獄中上書，辭意激烈。後尹見之，曰：「奇士也，胡累至是耶？」立出之，給油薪費，督之學。年二十八，聞朝邑韓先生講性理學，躬輦米，往拜其門。韓先生睇詞氣行，行壯也，欲卻之，父蓮峯老人謂曰：「意若非凡人。」數日，叩其學，詫曰：「幾失之。」既省語言踐履，錚錚多古人節，嘆曰：「畏友也。」

督學使唐公校藝首拔之，嘉靖戊子秋應試長安，就食館中，客有遺金者，先生守之，客至，持館人急，先生詰其實，還其金，客謝弗取，請至其家舍焉。以書經舉第三名。己丑登第，授行人司行人，奉使之肅府、伊府、吉府，贄贈俱讓不受。世宗肅皇帝議禮，多制作，薦紳譏斥者甚衆。先生上疏：臣奉使湖廣地方，眼睹百姓多菜色，挈筐操刀，割莩肉鬻啖道傍。假令周公禮文盡行，抑何補於老羸饑饉之艱？上之司舍待罪，得旨下民部發賑，全活以萬計。壬辰秋，授山東道監察御史，見枋臣弄威福，草（奉）〔奏〕〔二〕將劾之。爲鄉人親昵以有垂白母在，于是浩然請告歸。居母喪，一遵家禮，廬墓三

〔一〕文津閣本「闕」作「惟修」，據補。

〔二〕「草（奉）〔奏〕將劾之」，文津閣本「奉」作「奏」，據改。

年，冬月竹笋生，兔馴繞人，咸以爲純孝所感云。

服闋，堅卧不起，行部使者交章薦之。庚子秋詔起其家，幡然戒行，曰：「曩以母故，不得舒吾志。此一時也，何爲區區策駑鈍爲？」復補河南道監察御史。辛丑春二月初四日，上封事娓娓數千言，大約天下大事，内而腹心，外而百骸，皆受病，足以失人心而致危亂者五：一則輔政者諛，郭翊國虢爲巨蠹；二則凍餒民閔不憂恤，而爲方士修雷壇；三則大小臣工弗覲朝儀，宜慰其望；四則名器濫及，道流出入禁内；五則挫折諫臣。辭具載疏中。上震怒，命錦衣使逮，北鎮撫司推究，考掠備至。先生一無詘，被創杻鎖中，尻肉綻若懸珠，手割之血淋漓下，氣息奄奄，眯惑不自省。守者以爲死矣，被覆之，半夜汗如雨，復甦。東廠日更何言動以上。有蘇校尉宣來，心惻苦楚狀，拾重瓦間合處，尋被笞褫辨事役矣。時有張子者同室，職納槖饘，得緩死。部郎周天佐、侍御浦鋐以申救，箠死獄中。守益嚴。踰年工部郎劉魁，再踰年吏科給事中周怡，咸以抗疏下獄。驩焉降心相與，劘摩修詣，繹四子諸經百家，研精于易，著周易辨録及中庸解若干卷，詩文賡歌，如是者五年。乙巳秋八月十四日，上虔修萬靈明庭之儀，祝釐得仙箕，釋此三人者，遂與周、劉由潞水踰臨清，别而歸。

上雖放此三人者，其時熊太宰以諫仙箕忤旨，終未釋然。復詔逮之，抵家甫十日也。十月二十四日下詔獄，與三人俱繫。復三年，丁未冬十一月五日，先生籌易，與周、劉飲，謂曰：「今須盡此杯，明日出矣。」是夕大高玄殿火，四發，不可嚮邇，火圍中，恍聞呼三人名氏者。次日，釋歸爲民。先生兩繫詔獄，寒暑八易，其初苦楚若不耐，久之而鼎鑊湯火飴如食飲。

抵家以教授生徒爲事，解凍而耕，暴背而耨，與農人同甘苦，雖乏儋石之儲，而瀟然無憂。蓋圜扉中，研心學問，磨礲精光，展拓胸次，眞有渺人寰空宇宙者。而世上儻來富貴，曾足以芥蒂其目睫乎？己酉冬十月九日，猝大鳥集居處，先生不樂曰：「漢楊伯起之鳥至矣，兆在我乎？」十四日午時而歿，年五十有七。

隆慶元年穆宗莊皇帝肇極，復其官，追贈光禄寺少卿，廕其孫恒，官左監丞。

馮從吾〔字〕〔號〕[一]少墟，長安人，歷官工部尚書，謚恭定。〔傳〕見關學編

先生名爵，字伯修，號斛山，富平人。初誕時，室中如火光起，人咸驚異之。長美姿容，身滿七尺。家故貧，年二十始發篋讀書，苦無繼晷資，嘗以薪代，夙夜攻苦，每之隴上耕，即挾册往，意欣欣如也。居恒念：「人當以聖賢爲師，一切不稟古昔，何所稱宇宙間？」

兄靖以掾誤罹法，先生徒步百里外申厥冤，遂泣繫獄。先生從獄中上書，辭意激烈，邑令見而驚之曰：「奇士也，胡累至是耶？」立出之，給油薪費，督之學。年二十八，聞朝邑韓恭簡公講理學，躬輦米，往拜其門。公睇先生貌行，行壯也，欲卻之，父蓮峯老人謂曰：「意若非凡人。」數日，叩其學，訝曰：「縱宿學老儒莫是過，吾幾失人矣。」既省語言踐履，錚錚多古人節，嘆曰：「畏友。」[二]後與楊椒山稱「韓門二楊」云。

年踰三十，督學漁石唐文襄公始首拔爲邑諸生。嘉靖戊子秋，應試長安，就食食館，客有遺金者，先生守之，客至，持館人急，先生詰實，付以金，客謝寡取，先生峻不允，乃敦請家止宿焉。是秋即以書舉三名。[三]明年，成進士，授行人，三使藩國，餽贈俱讓不受。或以爲矯，先生曰：「彼雖禮來，名重天子，使吾獨不自重天子使耶？」聞者嘆服。壬辰，選山東道監察御史，時權臣當國，疏將劾之。[四]疏且具，會鄉人有以垂白在堂止者，[五]乃移疾歸。歸未幾，母歿，毁瘠踰禮，廬墓三年，有冬笋馴兔之瑞。服闋，家居授徒講學者又五年。

[一] 張氏本「字」作「號」，「見」前有「傳」，據改。

[二] 關學編「畏友」下有「也同門學者皆自以爲不及」字句，詳見關學編卷四斛山楊先生，陳俊民、徐興海點校本，北京：中華書局一九八七年版，第五三頁。

[三] 「是秋即以書舉三名」，關學編「舉」下有「第」，詳見關學編卷四斛山楊先生，陳俊民、徐興海點校本，第五三頁。

[四] 「疏將劾之」，關學編「疏」前衍「草」，詳見關學編卷四斛山楊先生，陳俊民、徐興海點校本，第五三頁。

[五] 「以垂白在堂止者」，關學編「堂」下有「勸」，詳見關學編卷四斛山楊先生，陳俊民、徐興海點校本，第五三頁。

庚子秋，以薦起河南道，巡視南城，權貴斂避，而所覩時事不勝扼腕。辛丑春二月初四日，上封事娓娓數千言，大約天下事内而腹心、外而百骸皆受病，足以失人心而致危亂者五：一則輔臣夏言習爲欺罔，翊國公郭勛爲國巨蠹，所當急去；二則凍餒民閔不憂恤，而爲方士修雷壇；三則大小臣工弗覩朝儀，宜慰其望；四則名器濫及，緇黄出入大内，非制；五則言事諸臣若楊最、羅洪先輩非死即斥去，所損國體不小。是時，中外頗以言爲諱，疏入，人皆愕然。上大怒，即逮繫撫司，[一]窮究其詞，拷掠備至，先生無詘。[二]是日，都城風大作，人面不相覿，都人呼爲「楊御史風」，其感動天地如此。先生身晝夜柙鎖中，創甚，血淋漓下，死而復甦。先是，士大夫下獄竝未有柙鎖者，乃自先生始，蓋貴溪翊國意也。户部主事周公天佐，巡按陜西御史浦公鋐相繼申救，俱箠死。獄中守益戒嚴，人益爲先生危，而先生處之自若。

刑部郎錢公德洪、工部郎劉公魁、吏科給事中周公怡，皆先生同志舊友。先後俱以事下獄，相得甚歡，然自學問相勸勉外，各相戒不得言得罪事。錢先釋獄，先生願有以爲别，錢曰：「靜中收攝精神，勿使遊放，則心體湛一，高明廣大，可馴致矣。古人作聖之功，其在此乎！」先生敬識之，而乃日與周、劉切劘修詣不少輟，繹四子諸經百家，研精于易，著周易辨録及中庸解若干卷。諸所著作，畧無憤惋不平語，詩歌唱和，[三]身世頓忘，如是者五年。乙巳秋八月十二日，上以受釐故，放先生及周、劉歸田里，而三人者猶相與取道潞水，講學舟中，踰臨清始别歸。

會熊太宰以諫箕仙忤旨，復逮三人獄。先生抵家甫十日，聞命即日就道，親朋揮淚爲别。先生無幾微見顔面，身幽圜扉者又三年。丁未冬十一月五日，上建醮高玄殿，[四]災，火團中，恍聞呼三人名氏者。次日，釋歸爲民。上之聖明，保全諫

[一]「逮繫撫司」，關學編「繫」下有「鎮」，詳見關學編卷四斛山楊先生，陳俊民、徐興海點校本，第五四頁。

[二]「先生無詘」，關學編「生」下有「一」，詳見關學編卷四斛山楊先生，陳俊民、徐興海點校本，第五四頁。

[三]「詩歌唱和」，關學編「歌」作「文」，詳見關學編卷四斛山楊先生，陳俊民、徐興海點校本，第五四頁。

[四]「高玄殿」，關學編「玄」作「元」，詳見關學編卷四斛山楊先生，陳俊民、徐興海點校本，第五五頁。

臣如此。

既歸，教授里中，貴人莫得見其面，疏粥敝履，怡然自適。己酉冬，有大鳥集舍，先生曰：「兆在我矣。」十月十四日，[一]果卒于家，年五十七。病革時，援筆自誌，又惓惓以「作第一等事，做第一等人」教其子孫，無他辭。

蓋先生爲人硜直不阿，而内實忠淳。自少至老，孳孳學問，以韓苑雒〔洛〕、馬谿田爲師，以楊椒山、周訥溪、劉晴川、錢緒山、蔡汶濱諸君子爲友。險夷如一，初終不貳，磨礲精光，展拓胸次，其所涵養者誠深，以故鼎鑊湯火，百折不回，完名全節，鏗鍧一代不偶也。彼世之淺裏寡蓄，[二]耽耽以氣節自多者，視先生當媿死矣。

先生没若干年，莊皇帝以世廟遺詔贈光禄少卿，録其後。今上用禮官議，謚「忠介」。

由天性　字〔闕〕〔純夫〕，[三]富平人，禹城縣知縣，公門人也

先生姓楊氏，諱爵，字伯修，號斛山，富平縣党林里獨户村人也。世居萬斛山之陽，因號曰斛山云。生而美姿，身長七尺，穎異剛介，取與不苟，言笑不妄。年二十始奮志讀書，終夜不寢。家貧，苦無繼晷之資，恒以薪代之。

兄靖任縣掾，御史案繫獄，擬重罪。先生徒步數百里，愬救甚力，被遞械監候在獄，讀書未嘗輟也。一縣丞因繫辱之，楊大尹至，見其文，驚曰：「奇郎也！何得至是？」即令在外讀書，時給以油薪資助焉。年幾乎自立之時，尚未入黌，聞朝邑苑洛韓先生講明性理之學，負笈從之。韓叩其學，稱之不已。督學漁石唐公歲試，連置首列，薦之，按院慶其得人焉。嘉靖戊子秋應試長安，於食館中拾遺金一裹，食畢待之。少頃，遺金者來索之館人，先生詰之，遺金郎以實告，即以原裹付

[一]「十月十四日」，關學編「十四日」作「九日」。詳見關學編卷四斛山楊先生，陳俊民、徐興海點校本，第五五頁。

[二]「彼世之淺裏寡蓄」，關學編「裏」作「衷」。詳見關學編卷四斛山楊先生，陳俊民、徐興海點校本，第五五頁。

[三]張氏本，「闕」作「純夫」，據補。

之。遺金郎分金以謝，不允，請主於其家。是秋，中書試第三名，連登己丑進士，授行人司行人，奉使湖廣吉府、蘭州肅府、河南伊府，餽送堅却不受，曰：「爲士餓死，不食人非禮之食；凍死，不衣人非禮之衣。豈可受此餽耶？」世宗皇帝議追崇禮，被譴者衆。上疏云：臣奉使湖廣，眼見百姓飢餓，挈筐執刀，即割死者之肉烹食道傍，縱使周公禮文盡行於今日，亦何補於飢餓之民者？疏上待罪，蒙旨該部看了來説，隨即户部發廩賑救，全活者衆。任行人三載，壬辰秋授山東道監察御史。權奸弄柄，嘆曰：「古人朝拜官而夕上疏，吾寧尸其位耶？」草疏將奏間，衆以母老止之，遂告歸養。抵家，母嬰疾，迎醫調治不愈。癸巳春正月，母棄世，哀毁骨立，廬守墓傍，朝夕號泣，喪祭遵守家禮。在廬教人讀書，弟子來學者衆。

天性亦從門下。先生天文性命之學，無不淹貫。一日講蔡子律吕新書，一二日尚未竟究，[一]謂人曰：「蔡子用半生功夫方造此地，非後學之可及也。今之學者務舉業之外，探理學性命者能幾人哉？」先生所得若此。服闋，堅卧不起，按院薦云：「守己，勵無求之節；論事，持獨見之明。三年廬守墓傍，始終秉禮，一簡不通官府，内外感孚。」

庚子秋應詔起用，寄友人書云：「大丈夫學周孔之道，懷匡濟之術，必懋勲業於一時，垂休光於百世，不虚生而虚死，斯可矣，豈以鄙末之遯避林野，稼穡餬口，與鳥獸同羣者爲見哉？區區欲策此駑劣之材，少樹尺寸之效，報國家養育之恩，期不與草木同腐朽。此心此念，夙夜耿耿，但今弱病不痊未能也。」是年九月，入京復授河南道監察御史，任職五月，巡視南城，不避權貴。

辛丑春二月初四日，上封事數千言，備論時政闕失。上震怒，拏送鎮撫司監候。十三日夜，笞四。十七日，復訊鞫，笞三十，拷掠備至，晝夜柙鎖，昏惑未醒數日，獄卒以爲死矣，即以厚被覆面上，至半夜響一聲，通身汗沾，被已離身矣。先生畧蘇，夢闕聖賢來救云。繫獄半載，户部廣東司主事周公天佐、巡按陜西監察御史浦公鋐上疏申救，皆笞死獄中。繫及五載，乙巳秋八月十二日，上符鸞神，釋放，發原籍爲民。抵家甫十日，九月十一日，上密諭東廠拘拿錦衣二人至門，拜旨畢，

[一]「一二日尚未竟究」，文津閣本「竟究」乙倒，作「究竟」。

即行，親朋哭送之。臨行詩云：「白衣黑馬出鄉城，飲餞多君揮淚情。世上誰無生死路？不須分袂嘆危行。」十月二十四日至京，下東厰獄，隨即轉鎮撫司，照舊監禁。復繫三載，丁未冬十一月初五日，上夜建醮事，宮中火起，上圍火中救出，聞有神言呼及先生之名者，上驚悟，傳旨釋放。次日，詔云：「昨戌刻朕于大高玄壇夕禮，懺文畢，少憩，總法衆值之，四面火起，圍處無逃者三十餘，未及二三刻宴，霄山、妥安山右裏毡屋俱燬，前歲仙鸞着放楊爵等，諫言以爲言我焚修爲當者，今果中之。茲急先釋爵之故，召卿等耳。」先生二次繫獄，共計七年。出獄，人情交慶，以爲君明臣直，盛世所稀覩者也。獄中所著有周易辨録、中庸解，詩文數十卷。

自丁未出獄歸來，以教授生徒爲事，視不義之富貴漠如也。至己酉年十月十四日子時，以疾終于正寢。臨終自著銘旌、墓誌，以表其心焉。

嗚呼！先生爲子盡孝，爲臣盡忠，大倫之篤，舉無愧焉。若夫生平嘉言善行多矣，茲僅於耳目之所見聞者，掇拾其一二以備遺忘，以俟大君子採擇焉。

雒于仁　字（闕）〔少涇〕〔一〕，涇陽人，官評事

楊爵，字伯修，號斛山，陝西富平人。嘉靖八年進士，官御史。謝病歸，家居九年。十九年起用前職。二十年春公上封事，大畧云朝政足以失人心而致危亂者五：一大學士夏言數人者不思久旱，因元旦僅雪，即止稱誦靈瑞，正佞人可遠，勛戚翊國公郭勛大奸不可近；一土木之工，十年不已，以一方士之故，遠修雷壇，結怨天下；一朝儀間闕，經筵不講，逸樂日甚；一左道惑衆，金紫赤紱賞及方外士，而不屏邪妄之術；一遠賢拒諫，如往年太僕卿楊最言出身即死，羅洪先等皆以言罷斥，而不開諫諍之路。令鎮撫杖，下公獄，血肉淋漓，獄戒甚嚴，且絶公飲食，瀕於死。夏四月，九廟災，詔求言，户部

〔一〕「少涇」，據明史本傳補。

主事周天佐上疏言當宥。笞天佐，下獄，絶飲食三日，死。已而巡按陝西御史浦鋐自陝復上疏申救，有旨械鋐來京，下獄，杖一百，與公同枷鎖，七日而鋐又死。公在獄，與工部員外劉煥吾、給事中周子順日相聚語，玩古訓格言，日事吟咏。著作有周易辨録、香灰解等言，忘其身在囹圄桎梏中也。二十四年八月，有旨放三公歸田里。上密諭東厰復拘三人。使者至，抵家甫十日，即刻上檻車就道。至京，仍下獄。前後在獄十餘年而後出，直聲動天下，竟賫志以歿。惜哉！不獲大用也。

品曰：語云「不諫則危君，諫則危身」，故忠臣勵節，寧危身而不危君。每陳忠讜之言，不廢獻替之義。公上封事，前後居囹圄者十餘年，是能爲國家計利害，犯忌諱蹈危身之禍弗恤也。夫有生所甚重者身也，得輕用者忠與義也，公身可獄，志不可奪，舌不可禁，其忠義蓋出自天性云。

〔文大綸曰：「楊公狷介，清苦忠直，性秉絶無干名競進之念。居家時，有旨逮繫官，校以屬按臣，乃故以好過從。適公方飯，有麥飯一盂，蔬一盤，見按臣即與同食。更畢，校人繫之，公即與偕行。諸官謂曰：『盍亦一內別乎？』公曰：『去矣。』勿復顧。官校吐舌云：『楊君慷慨乃爾，其磊落骯髒之致，世罕其匹。』此余得之原按臣者。」出皇明從信録

吳瑞登曰：臣按楊公之忠讜，世廟未嘗不欽恤也。二十四年不繇人言，詔釋于獄，已而因嚴嵩欲宥楊魁復逮之。然天意人心，豈終使之卒于獄哉？宮中火災，急傅肆赦，此必有所驚其心而然者。歸之未幾，而善終正寢，且有大鳥之異，是固人心之願也，而實天意之顯也。〕[一]

是時，中外頗以言爲諱，而公所論皆人所不敢者，故人皆稱其爲「讜」。

公性狷介，清苦自甘，勇于爲義，以忠讜得罪，没齒無怨言。以上俱出兩朝憲章録

〔一〕雪齋案：文津閣本，「其忠義蓋出自天性云」與「是時，中外頗以言爲諱」之間，尚有兩段文字，據補。其中「急傅肆赦」，「傅」疑當作「傳」。

楊忠介集附録卷二

序

遺稿序

曾如春 號守軒，臨川人，官禮部郎中

如春不佞通仕籍，即時時從諸縉紳後。聞世廟時斛山楊公，云楊公關中富平人也，抱志慷昂，雅不急仕進，而嘗慕汲黯、朱雲之爲人，起家御史，便明目張膽上封事，觸忌，兩下獄，幾十年。公以言報國，獲罪，甘之，每歌咏，歷歷天王聖明操焉。時獄禁嚴，中公者頻緝公語上之，公覺，連乎闞，恍乎忘，與乎常。公久困，日視赭衣貫三木者，慘不出聲，無異蚊呻，然方晡柵夫守幽關，寂燈火，邏柝駭聽，公恬弗介意，朝夕讀易，曰：「易基，宓犧氏重之，則此中聖人朝聞道何憾夕死哉！」公玩易愈精，動履愈無咎。

當時，一二臣疏援公，杖斃。公哭之，自分圜内首丘，怵然爲戒者久之，人以此多公鎮定學。久之，諸滑黠窺公者亦垂涕，咸呼忠臣。夫世廟英睿邁古，從諫如流，顧急於性。公論事懇篤，言言經國，讀者飛動，顧格於行，則奚暇誦也？公摘

時政，斥諸大貴人，雖寄公錦衣乎全公〔闕〕〔也〕，[一]已而方士斥，土木罷，謟諛誅，升遐一詔，荒陬忭〔闕〕〔舞〕。[二]公前所上封事謂公爲大遇主，非耶？

公詩文集若干卷，大都紀處獄者，十之六七。侍御陳公一日手兹集，示曰：「此忠臣之所以事其君者。余讀之，未嘗不流涕。盍序而梓之，以風世教？」春受命唯唯。竊謂士君子立身大塊間當爲其在我，不計在人。潛也勒一家言藏名山，見也依日月末光即蒿。目憂時，斥奸蠹，勷理道，危言讜論，伸忠臣烈士之氣，時能螯我哉？不則，侈於述作，洪涊脂韋，覆瓿之誚，謂何爾？

往者賈洛陽陳治安策，幾數萬言，長沙一謫，竟恚憤死。司馬子長號良史才，漢武皇宫之，輒醜詆漢武皇。夫文譚西漢，西漢譚二子，二子爲不遇故爾，以方斛山公，亡異蜩鷽鳩起而飛搶榆枋，覩大鵬盡垂首戢翼控於地已矣。亡論二子，即汲黯、朱雲足多哉？且也陳公執直節爲名，御史於止輦受言之時，獨昧乎斛山公，壹〔闕〕〔斛〕[三]山公不朽，藉之乎？秉彝感人，烈於雷霆。後讀兹集者，孰不駭魄動思，旦暮遇之？不旦暮遇之，非夫也。春以陳公刊斛山集，颺懿夫，昭風夫？

合刻薛文清楊忠介二先生文集序

董光宏 號〔闕〕〔君謨〕[四]，古鄞人

昔人稱文章大業，至列之爲三不朽，謂其維世風、砥士習也。而世恒岐，求之卑者，窮工極變，殫才力于雕繪之間，以爲

[一]「寄公錦衣乎全公〔闕〕〔也〕」，文津閣本「闕」作「也」，據補。

[二]「荒陬忭〔闕〕〔舞〕」，文津閣本「闕」作「舞」，據補。

[三]「壹〔闕〕〔斛〕山公不朽」，張氏本、文津閣本「闕」作「斛」，據補。

[四]「君謨」，據明詩紀事補。

是固吾道然耳； 迺其黠者，又强推而匿諸理，借聖賢之頤頦，以文其回矞僞辨之辭，試覆而印，其人莫肖也。嗟嗟！文以人傳，人以文重。〔二〕凡厥有生靈，心靡晦，余觀古端人烈士片言隻牘，百世而後，即走牧下隸猶能悚然而式之； 其文無行者一時非不傾艷也，試掩卷而思其人，幾欲唾去。噫！是可以徵人心已。

我明文清薛公倡學河津，凜凜篤行，嘗以事左權璫，繫獄中，怡然讀易不輟，所爲讀書録二十卷，平易簡切，皆自體驗中來。而關中斛山楊公當世廟時，上封事忤旨，詔獄，前後七年，日有九死，從幽憂綫息中深悟易理，所集得之犴狴者强半，其言通而詳，巽而正，懇惻而不誹，讀之知爲義烈忠厚君子。夫權璫挾至尊寵靈，所叱咤令天地變容，舉世氣奪，而文清獨守正不搖。當肅皇帝震霆時，鑕前鑊後，七尺如寄，人情固已，萬念蹈冥，而斛山從容爻象，玩理會心，發爲詞章，不忘忠愛，此非養深而識定，脱然于生死之際者，其能然乎？

二公之文，河津則如景星慶雲，世所快覩； 富平則嚴霜凜雪，太華巋然； 又若岷嶓下注之派，百折而愈東。總之，鍾扶輿之正氣，襲箕斗之精英，天所篤生，以爲邦直國紀者也。

二公舊各有專集，歲久漫漶。某君按晉，乃合二集而梓之。余謂二公生異時，産異地，乃其器識德行畧同，其蒙難同，其處困而亨又同，特文清後受知裕陵，駸駸柄用，而斛山卒不振以死，顯晦稍殊。然至今讀兩公之文，皆凜然若有生氣，神馳志悚，願爲執鞭而不可得，此又非可以顯晦論也。噫嘻！文清力追太上，不言躬行，此豈有意于文者？斛山忠憤篤摯，不得已而抒所耿耿，寧忍自附于著作？ 迺秦晉數千里間，文章名位後先蔚起者何限？而某君惟二公之集是梓，又復合而梓之，讀是集者其亦可以思矣，其亦可以思矣。

〔二〕「文以人傳，人以文重」，文津閣本作「人以文傳，文以人重」。

遺稿後序

孫化龍 號闕 ，恒山人，官盧州府同知

斛山遺稿刻成，寅長曾公以示化龍。化龍拜讀再四，爲之竦然，竊深有所感焉。夫世廟英明，逈出前代，矧當勵精圖治之時，庶績咸熙，賢哲登用，寧復有所缺失可言？楊公奮然抗疏，諤諤數千言，犯顔極諫，不少避諱，憂治世而危明主，即古之汲黯、朱雲何多讓焉？公既下獄，前後數載，身困縲絏之中，日窘辱于吏卒，艱苦萬狀，與死爲隣，人多不堪其憂，公獨坦然自得，慷慨從容，賦詩爲文，畧無芥蔕。非所養之素定，何以至此？故讀公之遺集，可以觀事君之忠焉，可以觀處困之貞焉。若公者，眞可謂烈丈夫矣！夫人之立言，凡以關于綱常政治及發揮性靈道體，斯爲可傳，否則雖爭奇競巧，不過雕蟲末技耳。今觀公所上疏，指陳時政，明達剴切，悉關體要，可爲君人龜鑑。其詩文數十首，逢時觸景，直寫性眞，或潛思力探，發明道體，而補衮之忠誠，尤藹然溢于言外，其視浮華無當、聲律爲奇者殆不可同年而語矣。是集先刻于關中，侍御陳公督賦江北，首以是命刊之廬陽，俾忠義文章傳播廣遠，且使天下後世爲人臣者聞風而興起，其有功于風教，豈淺鮮哉？嗟夫！秉彝好德，人之良心。讀是集者，可以深長思矣。

外集序

趙桐 號嶧山，古絳人，富平知縣

或謂嶧山子曰：「汝富平令耶？汝邑有楊斛山者，名則聞之，果何人也？」對曰：「斛山先生，忠義人也。先生之忠義，天下人孰不知？匪直天下知之，我聖天子亦深知之，但以其諫言時事，過于切直，故特困之，如漢文之于賈生，所以

挫其英鋭之氣，而爲之動心忍性，將欲大任於後日也。既而先生所言事事皆驗，而我聖主擢任之意益深切矣。不幸天嗇其年，早殁于家，不惟天下悲之，聖主亦悼惜之也。然先生雖殁而其忠義之氣見于辭章猶有存者，故集而録之，以示人人，俾觀者接于目，感于心，而忠憤義烈之氣勃然以生矣。噫！是氣也，浩然之氣也，乾坤之正氣也！乾坤之正氣多，則國家之元氣盛，斯豈小補也哉？孟軻氏謂古人有聞風而廉頑立懦者，予於先生亦云。」

外集後序

魏學曾　號確菴，（闕）〔涇陽〕〔一〕人，歷官通政司通政

斛山先生，忠節聞天下，然未以詩也。今讀其詩復工，可聞也而顧不聞，斯非掇其巨而遺夫小，爭傳夫赫赫者而瑣細焉畧耶？且詩何爲者？神動斯言，言斯永而以音以律，詩焉生矣。是思形而聲，一眞機也，故觀人莫如詩。陶淵明，隱逸人也，百世下不識其人者，讀詩而知隱逸，以機眞也。先生是集，獨非獄者耶？乃其言誼而不利，道而不功，貞勵而不怨，是故其思也激諸動而機其眞矣，詎不足以見忠節云？夫毛詩，詩也，而類爲經，以其思正也。先生固有周易辨録、中庸講説與他正言格論，人業爭傳之矣，然則是集當與之類傳無疑也。嗚呼！將與類傳斯固不以詩聞，與集有律有歌行諸體。卷一名曰外集，蓋以別簡帙耳，非内外之也。先生殁數年矣，集無刻者，嘉靖甲寅刻諸嶧山趙子。

〔一〕張氏本，「闕」作「涇陽」，據補。

題斛山楊先生集後

聶世潤 號闕　，劍南人，富平知縣

潤自髫年聞長老人道語至先生，即知景慕先生，比萬曆癸卯丙戌間，上試春官，兩因梓潼何冏簿知有先生，上林孫與之語，得詳其行事，遂從其請而誨其子正茂。居無幾，出令紫陽，調富平，躬禮祠下，求遺稿，見有周先生都峯、楊先生椒山植節一時者，其文畧有存焉，欲申校以傳，未遑也。

時則有若鹽臺吳公廵歷蒲城，潤以公謁，蒙訊及先生祠宇書籍語，在前序中因諭以斛山稿，若輩几席間不可少。隨檄下云：「斛山公正氣鍾乾坤之秀，貞風萃河嶽之英，昭代直臣，熙朝名諫，其建坊祠前云。」潤以祠在治爲靜地，請建坊通衢以永此不朽。諭曰：「可。」乃建于今之南闕。

拾遺稿合周、楊諸先生鴻製，竝得恩詔、墓表等篇，彙爲全帙，分爲五卷。别卷周易辨録板在藩司。〔一〕以日久刷，多脱去者，九求家籍，〔二〕得先生手稿。續刻賫補于後，〔三〕題云表揚節義，以勵一方風俗，以培國家元氣，此則觀風者之責，〔四〕亦縣令循良之政，其速之！於乎！敦崇先哲，振起後學如公者，何切至哉！此刊出識者，豈惟見有楊先生而因以見？維時之有周、楊諸先生，諸先生之忠節不泯，因可以脉脉動天下。後世之儋諸先生爵者，公之風教遠哉！是役也，校字則李縣

〔一〕「板在藩司」，文津閣本「藩司」作「蒲州」。

〔二〕「九求家籍」，文津閣本「九」作「乃」。

〔三〕「補于後，題云」，文津閣本「于後，題」作「復檄下」。

〔四〕「此則觀風者之責」，文津閣本「此則」作「是固」。

丞從蘭、陳教諭王道、孫訓導善養，督工則楊主簿遇春、石典史中元，例得竝識云。

讀楊斛山先生文集説

吴楷 號闕　，曹國人，官御史

自昔志士仁人蒙難砥節，吐辭舒憤，伸剛大於摧挫之中，發英華於沉頓之餘，往往與日星爭輝，風霆比烈，越數百載而感人動物不衰也。今夫三尺童子聞龍逄、比干之名，無不蹶然起立改容。屈平之騷，武侯之表，讀之者輒呻吟諮嗟，欷歔若絶，流涕而不能自止，若是者何也？彼其忠義，誠足慕尚，故接其言而惻愴乎人之心。廉頑立懦，風後世而不窮也，其裨于世亦不小矣。

明興以來，直節敢言之士未易具論，論其炳炳者，世廟時稱「二楊」焉。斛山、椒山，竝以言獲重遣下詔獄。椒山分死而死，斛山分死而竟得不死。死、不死勿論，而其勁節英聲凛凛乎百世猶生，則一而已。不佞僅能典謁時，即聞先輩談二先生之名，已慨然有懷想見其槩，迄今而常若形諸寤寐也者。頃以愚昧徼主上恩拔，置西臺。今奉命視鹺河東。斛山，故關中人，富平其里也。竊有意乎履先生之墟原而吊之，既得先生文集于其孫頻原公恒處，盥手展讀，不覺喟然而嘆曰：「吁！向我未讀先生書，意先生骯髒骨鯁，古牽裾折檻之流耳。乃今而知先生其所養有大過人者。夫犯雷霆、抗萬鈞，先生能之，人亦或能之，顧得於感激者易渝，發自意氣者易摧，始未嘗不硉兀而卒苶然也。先生處囹圄者十年，一日而不忘愛君，鈇鉞刀鋸當前而不爲動，震撼危疑九死而卒不少悔，此豈悻悻自負矯焉，以近名者之所可幾及哉？方是時，先生之所憂者在國社之安危，而不在一家之榮瘁；所懼者在主德之隆污，而不在一身之生死。如曰：『平生不灑身家淚，兩眼今爲天下潸。』又曰：『年來儆戒非因禍，恐致君王殺諫臣。』斯可以見先生之心矣。夫自登山之歌，過湘之賦，猶自不免于近傷。先生處君父之間，獨綢繆係戀，婉雅和平，困羸已極而用情愈厚，曾無幾微忿懟之形于詞氣，即所稱『國風之好色，小雅之怨誹』，固不足爲先生喻也。語曰：『造次必於是，顛沛必於是。』先生不其近之哉？嗚呼！士君子處世，得志則立功，不得則立言。功以輔世也，言以覺來也。假先生而得君以展布，則明且有伊吕；假先生而得年以著述，則明且有濂洛，奈之何其卒不然也？」

夫書序傳記不足盡先生之文，然而其道處困者詳也，讀之者識堅志熟仁之定力。風律歌行不足盡先生之詩，然而其屬悟主者多也，使讀之者見仁人孝子之用心。易辨、中解不足盡先生之學，然無一而不切于躬行也，使讀之者知性命問學不離夫人倫日用之實。則先生兹集豈其小補于世也者哉？先是吳君安節代按山西，梓先生集行于世，眞先得我心矣。遂爲之説，以授頻原公，庶有所托以不朽云。

記

忠諫流芳坊記

吳達可　號鬭□，荆谿人，官山西御史

萬曆戊子夏，余奉命按鹺晉東，循例廵歷西安府，屬富平聶令以公事謁予於蒲城，余首詢以邑之先達楊斛山先生大節皎皎，有坊額表揚否？令對以穆廟初年，以䘏典故立坊，今漸圮，請新之。余復訊之有祠祀否？令對以建祠，春秋具祭。遂命之祠前另建一坊，題其額曰「忠諫流芳」云。再踰月，令具言先生祠宇僻閴，往來旌旆所罕經，請於本縣南關孔道處竪坊以聳瞻視。余然之。隨合匠鳩工標以肆石，飾以丹雘，堅固文彩，焕然新矣。聶令因請記於余。余竊惟先生名滿宇宙，芳垂百世，兒童孺子咸知其爲一代直臣，何藉於余之表揚哉？又何藉於招揭通衢而後顯先生之譽哉？

蓋有説矣。夫人心忠義，原自天賦，不假修爲。晚近世，心隨習轉，性以俗移，獨養元氣而不累習俗者，千百人而僅見者也。其次，中人之質每以有所勸而興，以無所激而阻，下愚則勸激之而不能矣。上智下愚，世不常有，天下惟中人爲最多，故揚忠義以勵末俗，夫亦司世教者之責與？此余與聶令建坊意也。乃先生之心，豈以是爲輕重哉？昔唐虞盛時，君臣之間，有都俞吁咈而無忠諫，維時上下志同，精神孚契，士生斯世顧不幸與？此先生志大道之公心也。自都俞吁咈之風邈，而始有忠諫之名，已非先生之本心矣。忠諫不行，而至於禁錮，禁錮不已，而至於械繫，痛楚百端，流離萬狀，即身後有忠諫之芳聲，而當時或見以爲彰君之過，先生之靈不猶有悵悵哉？是「忠諫流芳」固後人所以名先生者，而非先生之自有也。以是質於先生，先生其以余言爲然耶？否耶？遂勒石而爲之記。

祠堂記

雒遵（號闕）〔字道行〕，[一]涇陽人，歷官尚寶司卿、吏科都給事中

楊公諱爵，號斛山，關西富平人。起家進士、行人，授河南道監察御史。世廟時，好直言極諫，瀕危數四，不少挫抑。時則有若太僕楊射洪最，車駕楊容城繼盛，皆以直聲動天下，人號「嘉靖間三楊」云。

隆慶改元，録卹往忠，射洪贈右都御史，謚忠節；容城贈太常寺卿，謚忠愍，各祀於鄉。公贈光禄少卿，崇祀無宇，巡撫董公世彦、巡按劉公光國檄縣相基，鳩工創祀爲堂者三楹，左右廊各三楹，衛以峻垣重門，喚張徭編，[二]門役日供掃除，焚修香火。有司春秋饗祀，布在功令。

[一] 張氏本，「號闕」作「字道行」，據補。
[二] 「喚張徭編」，文津閣本，「喚」作「翼」。

公廕孫詹事主簿恒問記於遵，蓋記祀堂肇修歲時，云祀堂告成事，萬曆六年某月也。往遵總角時，知慕公名高計，走謁門墻，覩其丰采，至今有遐想焉。公忠讜封草，備録石室，直節正氣服在當時，信於後世，談者不偉其難即高其標，豈知公見道分明，學識其大，危言若夷，亢志若抑，分義在我自盡而已，曾少謂奇且難邪？初，公從遊苑洛韓先生邦奇，與容城爲同門友，師友淵源，夙契道眞。且富平習重氣槩，吏部尚書張鶚菴紞以仗節祀公，以勵忠祀。天植其性益多於習，人文世傑不愈靈其地耶？嗚呼！覩羹墻於廟貌，思景行于高山，其足風世也。與西安郡守羅公惟垣雅崇先烈，捐俸伐石勒碑。

祭田記

蔡靉　字（闕）〔天章〕〔一〕，寧晉人，官御史。公同年也

夫宇宙間，孰爲貴且榮？惟忠臣孝子，是爲天地之正氣，躬行之君子也。若夫大孝終身，孤忠自許，垂百代之清風，立臣子之準極者，其惟我斛山先生乎？

先生家世關西之富平，予進士同榜兄也。初受學于苑洛韓先生，靉亦先生門下士，實有同道之雅。嘉靖己丑，同登進士，同銓授行人，後三載，同選授監察御史。任一載餘，斛山謂予曰：「老母不任驅馳，家在三千里外，不能迎養，吾當告歸，以盡烏鳥之情。」予止之，曰：「御史三載，例有勑贈之榮，寧不少待？」斛山曰：「蔬水之歡，天性之愛，古人不以三公位易一日之養，吾志決矣。幸成吾速歸計！」予爲白之宰執部院諸公，無不稱重。别後以養病違限，例不起用。予亦以言事忤旨，黜爲編氓。兩不相聞者七閱寒暑。

己亥秋，以兩京言官之薦，予與斛山及浦竹塘三人同召用。予丁母憂，二公先入京，竹塘以盡言廷杖而卒，斛山亦以罪

〔一〕「天章」，據畿輔人物志補。

下獄。得與斛山相見時，劉晴川正郎亦盡言與斛山同繫。劉舊鈞州守，予曾疏其賢，又相知故人也。在獄同處者二旬餘，予被謫黜獄，二公各有詩相送，予亦有詩言別。予歸後，復被黜，再爲編氓。斛山蒙恩赦得釋，與劉晴川、周都峯欲至文登不果。復被逮，械送入京，仍下獄。又四載，首尾八年。復蒙恩赦得歸，家居數載而卒。

癸亥春，斛山長子偲以應貢赴京，便道來訪，詢其家事及歷履，曰：「家君復被逮械送，時九月終，尚未成衣，一門生解衣衣之。予隨之過趙州石橋，東指曰：『此去寧晉四十里，昔與汝蔡年叔獄中別時，約云過趙州相會，渠豈知今日予過此橋？』家君自居官抵今，三十餘載，遠近饋遺，一無所受，以此家無纖積，予兄弟止仰給儒學月廩。」予曰：「斛山兄介正清操，朝野知之。李石疊曾爲予言，廬墓時客至無茶，饋豆以代茶湯，尚却之，況他人乎？」噫！昔道義相期，出處畧同，斛山已矣，予猶碌碌苟全，恨衰年不能遠出，持生芻一哭墓下。今日無以爲情，聊以務農所積相贈，爲斛山兄置祭田一區，以供時祭。刻石墓下，以表平生道義之情。

嗚呼！先生天性孝友，眞誠直諒。二親之没，六載廬於墓側，哀毁骨立，鄉閭率化。忠信恩義，兼程越境，徒步從師，講明理學，敝裘蔬食，怡然自得，致行峻潔，動以聖賢爲法，躬行實踐。苑洛先生重之，别時爲筮睽、大畜二卦，知將來之必至此。及授使職，蒙特旨勘肅藩事，酌量中正，克當上心，奉使藩封，卻金明義，高風灑然。晉秩西臺，論事建白，同列推仰，元老九卿無不稱重。及五事一疏，忠誠剴切，鳴朝陽之鳳鳥，屹砥柱于中流矣。君子評曰：「學有師承，潛心理窟，眞知實踐，不貴言論。方之横渠張子、藍田吕氏，造道則一，而力行爲多；方之晉陽有道、關西伯起，行義則均，而忠貞愈勵。是乃百代殊絶之人物，明時全德之君子。名竝華嶽，氣作列星，其炳烺于窮蒼乎？」

予二次放逐，林居者已三十年，仕途故舊絶少。所托置祭田者，長安順泉張先生。先生道義大君子也，以名進士釋褐，爲眞定理官，其待鄉士夫不以顯晦有異。每公出，必便道相訪，故予懇托之，以有成焉。謹記。

神道碑記

練國事 號闕 ，永城人，陝西巡撫

嘉靖間有兩楊先生，皆以忠諫名聞四海，一則楊椒山先生，一則今富平楊斛山先生也。

余束髮讀大政紀，〔二〕即嚮慕兩先生爲一代龍逢。及以公車之役，過容城，見道左有明忠臣楊椒山之墓一碑，肅然改容，下馬徘徊，垂吊者久之。今予秉鉞秦中，以征討之役，數往來斛山先生故里，而不凄然感懷者，又豈人情乎？及問先生村落，距城兩舍有奇，茅屋數椽，薄田不足餬口，其後人敝敝，子衿中不辨其爲名裔也。此皆清白常調，無足異。至神道一碑亦缺，然道左斯文未喪，山斗沉淪，荆棘迷向，黄鳥含悲，觀風仰止者與有責焉。干戈既定，禮樂將興，砥柱頹瀾，裂眥慕義，當在後之學者。徘徊垂吊，人有同心。余忝大吏，倫教在握，何惜此寒山一片石乎？

先生精靈不散，嘗騎箕雲霧中，其鑒觀此碑！神泊故里，以啓佑夫來人，勿謂椒山而外皆巾幗女流也。文獻足徵，將三秦豪傑世受其賜。先生生平，別有傳記，不具述。特述其建碑之意若此，不知可作九原知己否？

鄉賢呈 附

富平縣儒學生員許元吉等呈，爲崇祀鄉賢以勵風化事。切照本縣党林里御史楊爵，生有純質，夙好問學，兼程越境，徒步從師，致行峻潔，動以聖賢爲法，不以富貴歆意。其居喪也，廬墓三年未嘗見齒；其守身也，蔬水終身，甘若和羹。事兄

〔二〕「大政紀」，文津閣本作「大學經」。

有若嚴父，撫姪愈於所生。非其道也，一介不以取諸人；如其道也，九死無悔於己。其爲御史也，不欺而犯，有堯舜其君之心；其下詔獄也，重刑是甘，無怨尤其上之意。至若八年幽囚，嗜學宛如黄霸；一時妙契，疾書無異横渠。卒之感天動地，半夜赦出於龍樓；誓死還生，四海咸稱其鳳羽。乃於朝桎暮梏之際，能有剡經注傳之文。今遺稿有獄中雜著、中庸講説、周易辨録，藏於家笥。眞古之鐵漢，今之玉人，生爲後學所宗，殁當祀於膠庠者也！

巡按河東御史尚檄云：「看得該縣御史楊爵，古行古心，得關中之正脉；有學有守，眞當代之名臣。丰采挺著於臺端，魚頭鐵面，聞望素服於月旦，慶雲景星。事業膾炙人口，氣節等配泰礪。本院不得坐明道之春風，頓消塵障；又不獲式干木之高廬，少酧荆識。然神會密於形交，願書劉敞之碑；素衷愈於貌敬，敢掛延陵之劍。爲此牌。仰富平縣着落當該官吏云云，蓋公完名全節，與日月爭光，奚待本院區區之表揚也？但懿德之好，人心攸同，桑梓具瞻，豈云物故所有？未盡，該縣加意繳。」

楊忠介集附録卷三

書

〔致斛山先生書〕[一]

羅洪先 號念菴，吉水人，官右贊善。公同年狀元也。謚文恭

奉别九年，尺書未獻，中心懷慕，何日不然？每飽食閒居，惰氣或至，思兄所處，輒流汗驚心，千古而下，事變不齊，如兄應不數見。古人于動忍即增不能，未知向來亦有動忍否？即今所增不能何在？將亦無可加損、百折不挫者歟？南北間阻，欲奮無翼，不得相從面受益也。

不肖進爲不力，仰負知己，歲年虛擲，齒髮日疎。雖于家難懲創中，不無少見，然此身與所見猶是爲二，縱然鞭策，終涉湊補。回憶辛丑所教慎獨之旨，有媿顔也。數年以來，佩服良勤。竊以曾子謂門人曰「戰戰兢兢，如臨深淵，如履薄冰」，此慎獨旨，而夫子告仲弓「如見大賓，承大祭」，正與相類。古人終身持守，不忽頃刻，何哉？古人事心如天，而今人認己爲心。認己爲心故易足，而事心如天則難窮。書曰：「顧諟天之明命。」天理所在，不入安排，戰戰兢兢，虛以捧持，稍涉

[一] 原本無標題，爲區分文章作者與集主關係，故補之。

動意，即違帝則。顏子克己復禮，大舜捨己從人，孟子捨夷惠願學孔子，濂溪論士賢直欲希天，豈故誘人妄擬哉？不如是，不足以盡心，亦不足以事天，此戰兢所以終身也。況資本豪傑，行乎神明，擅其餘力，日進無疆，其必以諸聖爲師，而不忍少懈矣乎！不肖視向往爲塗轍矣。

馬理二則 號谿田，三原人，官光禄寺卿

頃執事忠誠動天，獲出獄，而歸天下之情，愜矣，愜矣！理約謫與晳子來省問，僕御忽遭國喪，未果。二月十日，此服始闋，當相與叙濶懷也。年來總制曾公經營，驅敵出套，雖未舉行，套兵去年不入我境，近聞北徙，五百里内無營帳矣。忽爾被拿，自此恐敵勢乘隙肆志，又曾所招用番人兵及鑛人，[一]諸（闕）〔難〕[二]御之。此國家安危之機，奈何，奈何？理聞之，不勝憂懼，欲約謫援救此事，如何，如何？不盡。

又

執事自錦衣歸來，吾鄉人知之，天下人知之，皆謂忠誠感動天地鬼神，不俟圖畫麟閣凌煙，而勳名與之等矣。但姪休尚爲當路者所大索，爲休者亦緣窘急，輒出惡言，將與兄弟爲仇，鄉人聞之，不勝戚焉。頃因吾子德盛，當路者遂原情釋休。休得歸，知感叔父之德，亦篤友于之好，此猶玉更磨而瑕去，器在鑄而復完。人生有此，何幸如之，何幸如之！吾鄉人聞之，嘗爲吾子戚者，舉欣欣然矣。嗟乎！休也死而復蘇，令郎公子有玷而無瑕，不亦大快也耶！人情如此，固知吾子之心亦夷矣，夷矣。今而後，盍進休而教之？俾仍衣巾於學校之間，日就月將于賢人君子之列，他日爲安之元，爲改過之處，爲

[一] 「番人兵」，文津閣本「兵」作「回人」。

[二] 「諸（闕）〔難〕御之」，文津閣本「闕」作「難」，據補。

史册之光，有何不可？是在休，是在吾子。不盡，不盡。

鄒守益 號東廓，江西人，歷官祭酒。謚文莊

順之往歲南歸，辱道教之，及嘗兩致小詩，以申瞻跂，竟未得一馳候謝，耿耿在念。客歲侍晴川兄，久聚青原，春暮訪雲津，入梅陂，日相切砥，備聞確志實學，卓然尚友千古，恨無緣撰杖屨以商歸宿也。道駕欲出閩中，可一酬此願否？年來取善四方，時陟名山，探石室，入嶽麓，徘徊荒洞，謁蓮華墓下，始識聖學精微，非想像虛談可望，須從精神命脉内省不疚，自成自道，全生全歸，方不孤負此生。古之人發育萬物，峻極于天，只從「禮儀三百，威儀三千」充拓，不是架空，摭當三千三百，只從戒懼眞體流出，不枝節點檢。枝節點檢是小成，昧極致架空，摭當是虛遠忽實，病何如，何如？靜養深造，計當日粹。而方畦子交想淬勵，幸有以砭箴之像，刻二幅。新刻二本荒洞聚講四條，奉上清覽，相望萬里。惟爲有道自玉，以永肩天休。臨楮神馳。

周怡三則 號訥溪，太平人，官吏科給事。獄中同難講學者，後起復至太常寺卿。謚恭節

涿鹿分歧，依依馳戀，一路不能息念。至于二月初四日抵家，不意老母抱危疾，自十一月十六日卧床，至十二月十六日遂棄諸孤。怡罪逆深重，天所不宥，方倖免國刑，遽遭家難，天壤間，何使我至此極耶？五年憂驚，其母不能安養五日，念此苦情，即欲以死投地，五内崩裂，號籲無方，不復有生圖矣。向在獄中，丙午秋起，夢寐不祥，占亦不吉，恒憂。既而次兒殤逝，意或可贖諸罪，後復夢老母無祥召，占亦可疑，已嘗請命，不謂變速若是，皇天殛我，何奪我老母之速？使不肖痛切苦楚，一家顛連無依，至此極耶！

先生素知我罪，聞是必傷憫，鮮民道遠，無能訃告。西望痛哭，傷神無已日。南歸時，與晴川先生同行至徐州，路已一半，晴翁從舟，謂風水順疾，强怡同舟，怡謂風水順舟，誠疾，或不可必其常順，遂固辭即陸。怡十一月晦日至蕪湖，晴翁次

月初八日至蕪湖，至家得與老母會。十三日，若有所驅而疾也，葬無地，暫殯於所居東偏小房，須己酉春或得從先人塋側，以地繇尊長，不得自專也。夙夜煢煢，出入無恃，魂神落落，羸形日甚，又安能久長耶？

先生德行孚于神人，上下佑護，福履綏之，家慶休和，理所宜也。顧怡信向懇篤，恨不時親，惟望天佑國家，壽斯文，呵護先生，福體與終南、太華竝壽，以慰天下仰瞻。無任祝願之至。

又

歸時，會戚南玄掌科首，問二公切切。謂：「每臨歲時，瞻仰西北，祝天佑國家，早放三人。又祝三人無疾病，早蒙恩眷。」兩番相見皆（闕）□，至情知，故懷思不敢不（闕）□華。書去神去。

又

（闕）〔患難〕[一]中侍斛山先生有年。先生博學篤行，眞積力久，一本萬殊，觸處洞然，其剛風勁氣，得之天者固異，而學問之造尤深且健也。小子受益，非言語可述，蒙恩歸田里，與泰和劉先生暨怡更同舟千餘里，舟中因劉先生論學及慎獨，先生有「慎獨外再無事歟」之詰，怡識之，懼人心之遺棄詩書。及討論世故，事乎先生，亦請根極定，論示則益世不淺淺也。清源別矣，謹書此，爲請證之據。

附：與忠介公子子烈公書[二]

患難中，復有良會，殆不偶然，未可忽也。舍弟孤陋，蒙有以啓迪之，即成己之學也。吾子勉，以爲何如？今子示「循

[一] 「（闕）〔患難〕中侍」，文津閣本「（闕）」作「患難」，據補。
[二] 「與忠介公子子烈公書」，張氏本「子烈」作「子勉」。

循善誘人」三句，請作此題，見教。

劉魁 號晴川，泰和人，官工部員外。獄中同難講學者

仲春曾（闕）〔具書函，託此縣令〕表弟王省齋轉付臨（闕）〔清州，覓〕[一]人便，不知能徹尊覽否？舍弟長吾近正月内以給事抵家，云嘗聞起居清適消息，欣慰無盡。數日前，得訥溪先生九月書，乃堂夫人尚未歸窆，且謂横逆之來，避之不免，不知何事，豈以墳山混界猶未釋然耶？竊以母老孺人，[二]内相孺人，諒俱萬福，子烈、子勉、子學賢昆玉必德業日新，[三]秋試聯捷，不占有孚。方畦先生、孚忠先生必嘗相往來，商量舊學，共尋至樂，第道阻且長，無緣請益，徒切瞻望耳。東廓、念菴二公枉教雲津，士類翕然興起。廓翁明日赴萬安梅陂之約。念菴值令先公忌祭，今日歸矣。二公論及（轍）〔輒〕[四]以何日復得會晤爲快。林孟津改嶺南（闕）〔來〕[五]通，云首陽題壁已奉命洗去矣。雲津承二公用白沙先生韻有作，録上一覽：「七日雲津會，千年樂可尋。津流終到海，雲岫淡何心？共温禹穴業，直振鳳巢音。悟來三字訣，莫靳頂門針。」東廓「至人吾所仰，川上遠追尋。得入蕭蕭徑，如披穆穆心。庭虛當野翠，樹古集禽音。信宿安能去？沉痾待砭針。」[六]「元城天下士，何意此追尋？爲問獄中事，因知嶺外心。一生慙學步，千載幾同音。便作指南計，欲君示我針。」「夫子修恭默，微言

〔一〕「仲春曾（闕）〔具書函，託此縣令〕」，文津閣本「闕」作「具書函託此縣令」，據補。「表弟王省齋轉付臨（闕）〔清州，覓〕人便」，文津閣本「闕」作「清州覓」，據補。

〔二〕「竊以母老孺人」，文津閣本「竊以」作「年叔」，義似長。

〔三〕「子學賢昆玉」，文津閣本「賢」作「諸」。

〔四〕「論及（轍）〔輒〕以何日復得會晤爲快」，文津閣本「轍」作「輒」，據改。

〔五〕「改嶺南（闕）〔來〕通」，文津閣本「闕」作「來」，據補。

〔六〕文津閣本「砭針」下注「其二」。

何處尋？ 被衣長者貌，忘食古人心。 武士憐忠憤，明君感德音。 不知觀繡者，誰與渡金針？」「聖道杳何際，往往費探尋。 一自見君面，能令消鄙心。 金堅從火試，瑟在豈須音？ 已分將頑鈍，求磨似杵針。」念菴

錢德洪 號緒山，餘姚人，官刑部員外郎。獄中同難講學者

來教承舉「無善無惡」與「感物而動」二言之疑，如兄所辨，更復奚辭？ 竊意先賢立言各有所指，於人所不疑之中發其疑端，正欲使人反思而有得耳。 千古聖人立言，人各不同，夫豈不欲相襲成說？ 以一人之聽聞，大抵皆因時設法，自不能以盡同耳。 雖曰因時設法，其此心之體本來如是，亦未嘗有所私意撰說其間，以苟一時之效也。 以兄之高明，少離成說，精研此體于湛寂之地，必有超然獨悟、沛決江河而莫之能禦者矣。 如以辭而已矣，則如兄所舉數條，前人論說既詳，信而無疑矣，又何必爲是殊方之論以起紛紛之辨耶？

人之心體一也，指名曰「善」可也，曰「至善無惡」亦可也，曰「無善無惡」亦可也。〔一〕曰「善」，曰「至善」，人皆信而無疑矣。 又爲「無善無惡」之說者，何哉？ 至善之體，惡固非其所有，善亦不得而有也。 至善之體，虛靈也，猶(日)〔目〕〔二〕之明，耳之聰也。 虛靈之體不可先有乎善，猶明之不可先有乎色，聰之不可先有乎聲也。 目無一色故能盡萬物之色，耳無一聲故能盡萬物之聲，心無一善故能盡天下萬事之善。

今之論「至善」者，乃索之于事事物物之中，先求其所謂定理，以爲應事宰物之則，是〔三〕虛靈之內先有乎善，是耳未聽

〔一〕 雪齋案：文淵閣本「曰『無善無惡』亦可也」，文津閣本無該文字，似爲長，因下文始論「又爲『無善無惡』之說者，何哉？」

〔二〕 雪齋案：「猶(日)〔目〕之明」，文淵閣本「日」疑當作「目」，與「耳之聰」相對，亦與「明之不可先有乎色」、「目無一色故能盡萬物之色」相應，當據改。文津閣本亦從「目」。

〔三〕 雪齋案：錢明編校整理徐愛錢德洪董澐集於復楊斛山書據王門宗旨卷十錢緒山語抄，此處尚有：「虛靈之內先有乎善也。」似爲長。

而先有乎聲，目未視而先有乎色也。塞其聰明之用，而窒其虛靈之體，非「至善」之謂矣。今人乍見孺子入井，皆有怵惕惻隱之心，怵惕惻隱是謂「善」矣。然未見孺子之前，先加講求之功，預有此善以爲之則耶？抑虛靈觸發，其機自不容已耶？〔二〕赤子匍匐將入井，自聖人與塗人并而視之，其所謂怵惕惻隱者，聖人不能加而塗人未嘗減也；但塗人擬議於乍見之後，已漸入于納交要譽之私矣。〔三〕乍見之發，豈非生於不識不知之中，而洊入之心，豈非蔽于擬議之後耶？然則塗人之學聖人也，果爲怵惕惻隱之不足耶？抑去其蔽以還其乍見之初心也？〔四〕

程子曰：「君子之學，莫若廓然而大公，物來而順應。」夫所謂廓然者，不蔽其虛靈之謂也。虛靈之蔽，不必邪思惡念，〔五〕雖至美之念，先横于中，積而不化，已落將迎意必之私，而非時止時行之用矣。〔六〕太虛之中，日月星辰，風雨露雷，曀霾

〔一〕雪齋案：徐愛錢德洪董沄集於復楊斛山書據王門宗旨卷十錢緒山語抄，此處尚有如下文字：「目患不能明，不患有色不能辨；耳患不能聰，不患有聲不能聞；心患不能虛，不患有感不能應。虛則靈，靈則因應無方，萬感萬應，萬應俱寂，是無應非善，而實未嘗有乎善也。其感也無常形，其應也無定跡，來無所迎，去無所將，不識不知，一順帝則者，虛靈之極也。」

〔二〕雪齋案：徐愛錢德洪董沄集於復楊斛山書據王門宗旨卷十錢緒山語抄，此處尚有「然則」二字。

〔三〕「果爲怵惕惻隱之不足」，徐愛錢德洪董沄集於復楊斛山書據王門宗旨卷十錢緒山語抄，「爲」作「憂」。

〔四〕雪齋案：徐愛錢德洪董沄集於復楊斛山書據王門宗旨卷十錢緒山語抄，此處尚有：「凡人心之有，皆私也。」

〔五〕「不必邪思惡念」，徐愛錢德洪董沄集於復楊斛山書據王門宗旨卷十錢緒山語抄，「必」作「但」。

〔六〕雪齋案：徐愛錢德洪董沄集於復楊斛山書據王門宗旨卷十錢緒山語抄，此處尚有：「故自惻隱以保四海，自孩提以達天下，自赤子以至大人，實無俟取足於外，而本來眞體，渾然全具。學問之功，雖自人一以至己百，人十以至己千，亦不過反其初焉已矣。眞體之上，固未嘗有所增益也。後之學聖人者，不思反復其初，而但恐吾心之聰明不足以盡聖人之知見，倀倀焉求索於外，假借影響測憶之似，自信以爲吾心之眞得，是矇其目以擬天下之色，塞其耳以憶天下之聲；影響測憶之似，拘執固滯之跡，適足以塞吾虛靈之眞體，礙吾順應之妙用，其去至善也益遠矣。鑒之照物，而天下莫逃以妍媸者，以其至空也。衡之稱物，而天下莫欺以輕重者，以其至平也。衡能一天下之輕重，而不可加以銖兩之積；鑒能別天下之妍媸，而不可留夫一物之形；心能盡天下之善，而不可先存乎一善之跡。」

絪緼，何物不有？而未嘗一物爲太虚之有。人心虚靈之體，亦復如是，〔一〕故曰「天下何思何慮」「天下殊途而同歸，一致而百慮」。夫既曰「百慮」，則所謂「何思何慮」者非絶去思慮之謂也。千思萬慮而一順乎「不識不知」之則，無逆吾明覺自然之體，是千思萬慮雖謂之「何思何慮」亦可也。此心不可先有乎一善，是「至善」之極，雖謂之「無善」亦可也。故先師曰「無善無惡者心之體」，是對後世格物窮理之學爲先有乎善者立言也，〔二〕因時設法，〔三〕不得已之辭焉耳。然「至善」本體本來如是，固亦未嘗有所私意撰説其間也。〔四〕

「感物而動」之「動」即「動于欲」之「動」，非「動靜」之「動」也。「動靜」二字之義，有對舉而言者，亦有偏舉一字而二義備者。周子「主靜」之「靜」是兼「動靜」而言也，其自註曰「無欲故靜」，夫「無欲故靜」，是「有欲即動」也，動即失其至靜之體矣。〔五〕記曰：「人生而靜，天之性也。」即「靜」一言已盡夫性體寂感之理矣。〔六〕感於物而動，是動失其至靜之體，〔七〕涉于欲也，故程子曰：「人生而靜已上不容説，纔説性，便已不是性矣。」謂求其性于既動之後，非性之眞也，故「靜」之一言，實千古聖學之淵微，非精凝湛寂、〔八〕自得于神領獨悟之中者，未易以言説窮也。洪之得於所聞者若是，然先師去我久矣，亦

〔一〕徐愛錢德洪董沄集於復楊斛山書據王門宗旨卷十錢緒山語抄，「人心虚靈之體，亦復如是」作「故曰一闔一闢謂之變，往來不窮謂之通。日往則月來，月往則日來，而明自生；寒往則暑來，暑往則寒來，而歲自成；往者屈也，來者伸也，屈伸相感而利自生」。

〔二〕「先有乎善者」，徐愛錢德洪董沄集於復楊斛山書據王門宗旨卷十錢緒山語抄，無此「有」。

〔三〕「因時設法」，徐愛錢德洪董沄集於復楊斛山書據王門宗旨卷十錢緒山語抄，「因」前有「特」。

〔四〕雪齋案：錢明編校整理徐愛錢德洪董沄集於復楊斛山書據王門宗旨卷十錢緒山語抄，此處尚有：「告子以性爲無善無不善，蓋其認義爲外，認性爲内，守其空寂之虚體，頑制不動，以速一時之效，内外兩截，已失至善之體矣，非先師立言之旨也。」

〔五〕「動即失其至靜之體」，徐愛錢德洪董沄集於復楊斛山書據王門宗旨卷十錢緒山語抄，「即」作「則」。

〔六〕徐愛錢德洪董沄集於復楊斛山書據王門宗旨卷十錢緒山語抄，無此「矣」。

〔七〕「動失其至靜之體」，徐愛錢德洪董沄集於復楊斛山書據王門宗旨卷十錢緒山語抄，「失」前有「則」。

〔八〕「非精凝湛寂」，徐愛錢德洪董沄集於復楊斛山書據王門宗旨卷十錢緒山語抄，「非」前有「然」。

不知昔日所聞者果若是否耶？姑據此心以求正耳。

來諭「達道無五，達德無三，皆即一也」，愚謂一誠而貫三五則可，無三無五則不可。蓋心之誠，譬如水之澄然無雜，三則無雜自明，無雜自純，無雜終始，〔一〕如一五，譬則一樣人來，炤還他一樣形，五樣人來，照還他五樣形，自是無差。故曰：五本于三，三只是一，一只是此心無雜，人心只爲私意所雜，所以失卻至一之體耳。失卻此體，所以不明不純而有息，故發之應感，隨處皆差。故曰：天下之達道五，所以行之者三；天下之達德三，所以行之者一。正指道與德之端，欲人得其體也。得其體，名言俱忘矣。〔二〕

此錢先生復書也，出先生會語集中。先生繫獄數年，與先公同講學圜中，處困記稱其爲同志舊友，則夫未入獄、既入獄與夫既出獄，其往來論訂，亦非一二言明矣。而槩同佚闕，可勝愾歟！紹武識

楊守謙 號闕　人，歷官延綏廵撫。謚恪愍。同年也

守謙叨附榜末，得瞻道範，已欣服高誼，嗣是東西參商，不獲一通音問，忽忽十餘年于兹矣。關中山川雄博，風氣厖厚，士生其間，質實沉毅，資稟近道。高陵、富平間尤多純行古道之徒，皆薰染涇野翁及我老年兄之化。守謙承乏提學，方樂與諸生相長助。未幾，有三晉之役，從此間闕戎馬，於身心無益也。榆林地艱用絀，譾劣益艱，展效有道君子，何以穀之？令郎偲、仕純良可教，趨庭後，益長進。令姪休，守謙初欲與以衣巾，令有改過之地，近聞乃益不悛。守謙愚慮爲令兄老先生猶當委曲保全，雖百分過厚不爲過也。昔周公誅管、蔡，元世祖其弟三叛竟全其生，夫事之有疑于心者，雖聖人不敢以爲

〔一〕「無雜終始」，徐愛錢德洪董沄集於復楊斛山書據王門宗旨卷十錢緒山語抄，「終始」前有「始終」。

〔二〕雪齋案：徐愛錢德洪董沄集於復楊斛山書據王門宗旨卷十錢緒山語抄，「來諭」至「忘矣」，錢緒山語抄未載。另，此處尚有「幸賜裁教，不吝往復，至愛至荷」數語，當爲書信原貌。

是；事之有當于心者，雖庸人不敢以爲非。門下以爲何如？弟丙午在山西承教，書至今寶藏，時一展誦，恐負尊慈期望。昨姚丞解銀至延，得悉起居。紀生至，復領手書，幸慰無極。生還，先此佈復，余俟專候杖履。無任瞻戀之至。

龔湜 號闕，湖廣崇陽人。〔同年也〕〔一〕

前馬子約來，有小柬奉候，計已到貴鄉。李秀才回，失裁，復罪歉。弟守此心，甚不樂，無足道者。此心，惟天地鬼神與兄知之，雖朋友妻子不知。兄之心，亦如此。近南科道薦兄，其出與處有命，但恐貧乏不能自存，不免爲貧所驅。古君子亦所不免，更在高明，自斟量。弟明年五月考滿，又再相時而動否？則乙巳趙道長深知兄者兹去，便草草奉問。麤葛小詩，達眞情耳。媿無長物可助，百凡不盡。瞻思統在情亮。

顧四科

科竊謂宋儒温公以「至誠」爲教，而一時高第乃若劉元城氏篤信力學，遍歷嶺表之厄，而定靜之守，鐵石不渝，誠之徵也。我公忠誠堅確，卓彼前修，又何讓焉？久漸高風，渴于請益，乃承手教俯及，殊慰素懷，令器試旋。謹附候道履，幸鑒匆率不能致余情也。

喻時曾〔官陜西巡按〕〔二〕

久服風義，無從詣覯，每于楊蒲池年兄道蟻慕之忱，空自悵悵爾。迨祇役附切于泰山，修拘比之問，業已獲郎君教矣，

〔一〕「同年也」，據張氏本補。
〔二〕「官陜西巡按」，據張氏本補。另，文津閣本「巡按」作「巡撫」。

竟爲汗攝，何如？伏念孤節正氣，文思道情，天子優其忠，臣僚希其風，動寢佳勝，帝庥淵弘，遭遇崇替，國祚繫之，爲光柏署，豈曰一世之高已也。寤寐結思，趨走末繇，東還已逼，西望何忍，草草候省于華門，諸惟爲濂洛正脉自愛，此士心之所憑藉于執事者也。意不宣展。

王廷二則　號闕　，長洲人，歷官左都御史、禮部尚書

廷奉違道範，忽已周歲。春間擬謁門屏，竟坐紛冗不果，徒悵悵耳。伏惟起居清勝，想明農課子之暇，研究經義，定有自得者。廷羈絆塵俗，碌碌奔走，雖企仰高明，稍知嚮往，然脚根未定，不能不隨境轉動耳。不知吾丈何以教之？謹耑人奉候，容明春另圖會晤也。餘惟順時保合。不宣。

又

春正擬候門屏，至同州一日，即以石崗公過關，倉皇相迎，至華陰，遂違初念，殊益悵惘。伏惟起居納福爲慰，承手翰，讀之，雖鐵石心腸亦當動念。吾丈以至誠惻怛處朋友，處子姪，而令姪猶復稔惡不悛，不知其心何心？眞下愚之不移也，敢不祗承？但呈子事，李同州止是不行其文移，未曾繳來，今當差人往取，滅其跡耳。近蒲城多盜，以未得人，吾丈居止且近，眞爲可慮。今亦稍稍處分，未知若何，因念往日賀醫閭之事，知彼當遠遁也。古人進德多于拂鬱中，今吾丈遭值大畧相似，亦或上天造就之仁耳。萬望物來順應，以虚舟飄瓦遇之，即無不盡念矣。倘心逐境轉，性以情牽，致妨調攝，甚非吾朋友輩所望于高明者耳。昔人云：「心礙法華，轉心空轉。」法華幸吾丈留意，尚圖請教，諸竢面盡。不宣。

王一貫二則　號闕，泰和人，任丘知縣

一貫鄙劣庸瑣，最出時流之下。仰承我翁不屑之教，亹亹有加，雖未獲奉台顔，竊附於古人私淑之義矣。自道駕西旋，

日切瞻依。去歲在都下，曾肅啓托貴省臬司顧經歷，今年兩肅啓托華州劉同知申候。俱未知得達記室否？昨寓臨清，會貴邑姚石川貳治知我翁台履康和，皋比有嚴，衿佩雲集，橫渠之教復興，孔孟之道益著。昔孟子謂「其君用之則安富尊榮，其子弟從之則孝弟忠信」，今日我翁是已，寧非斯世斯道之幸耶？子勉兄近來學業喜聞騰進，好事伊邇林下之樂也，慶忭何如？家師晴翁家居甚適，鄒東廓、羅念菴、錢緒山諸老日常往來講學，鄉人士翕然信從。近東行吊訥翁，計此時當與浙中同志會講鷰湖。向有候柬二通，俱在劉華州處，馳上。一貫改丘及朞矣，治無善狀，猶夫興化也，實負我翁教愛，愧悚不敢言。寒家舊有讀書處，名「舉林書屋」，結搆爲先曾祖贈御史、公先伯祖方伯、先祖大尹，暨一貫輩賴此忝竊科名，敢乞我翁鼎呂之宣，以垂世訓，後有作者皆我翁之教也。謹積虔拜，使顓候懇瀆。薄儀肅具，別幅并晴翁候柬一通。伏惟台察，西瞻華嶽，不勝惓切之至。

又

海上僻陋，久未奉佳報，日惟傾想，履信思順，自天佑之，矧安土敦仁。又夫子之所以盡性者也，其旋之慶，敢以奉賀。興化之役，推行無本，往往爲上所疑，負教良多，愧罪，愧罪！兹便謹此申候，對冗不盡言。伏惟台亮！

王彙征 號闕，長安人，全椒教諭

不才忝爲同鄉，塊居斗城，相去一舍，未得請教左右，抱歉懷恨，何時得已也？今征叨領椒諭，此邑有掌科戚老先生，四方來講學者會。不肖未嘗不欽慕執事，未嘗不詢訊執事。生以實對，貴邑雖去省城不甚遠，然公在仕途，生在家，生又薄宦，雖久仰道範，未嘗一識眉宇，衆皆笑余，以爲不見至人，鄙陋何甚也？可媿，可媿！

首夏，錢緒山、王龍溪二老先生來椒訪南玄戚老先生。一時南玄往淮安會親，二公不得一面，將返舟南下，吊周都峯老先生。因知小僕回家，與執事寄音頗便，和州（特）〔因〕[二]特遣人送書來椒學，托生轉奉上耳。

先生關中有道人也，孝在家，忠在朝廷，天下後世所欽仰者。而今不惟士大夫仰公慕公，雖下隸僕夫走童室女罔不服公慕公也。小子在卑職中亦學好者，不得走公門，登公室，領公教，瞻公容，眞棄物也，何足道耶，何足道耶？小子未在公納交之下，不敢致柬左右，謹修寸楮，爲二公托機引耳。南玄先生之無書者，以渠在鹽城，尚未回，小僕失長伴，不能久待也。後自有書，通問門下也。

蘇宣 字廷詔，南樂人，東廠旗士。事載本傳

數年來，領教左右，過愛尤深。三翁戒期，束裝載道，去之速而挽之不及也，徒自悵望而已。今朝分手，未知何日重逢？謹用俚言以上之：「別我匆匆出帝城，通州把酒餞君行。明朝又作他鄉客，何日論文會玉京？」

袁述 號闕，泰和人

述微生小童，寡所見聞，賴妻伯晴川翁扶携夾輔，輒有觀法宇宙，仰止上賢之心。欽惟大人貞忠同日月之光，事功竝山嶽之久，聰敏軼于江夏，音律邁乎少陵，文章典雅不落繩于姚姬，經畧博遠允振響於韓范。汲引後進，逸駕前修，眞國家之柱石，儒林之龜蓍也。不肖每讀晴翁之教，必首曰：「斛翁夫子，海内鉅公也。」聆語奮躍，翎翮不前，自憤棄遺，謂必阻絕。雖急欲附承動靜，自謂庸微，僭通問候，祇以取罪，何知下方有幸，得展子衿，小蟲薄技，彤管見收。乃者先嶽墓銘，誤辱譽揚，非惟發潛德之光，眞以敷後人之賁，幽明受惠，千百世不朽者也。邇聞天恩大布，遠近胥慶，咸謂曰：「斛翁夫子，

[二]「和州（特）〔因〕特遣人送書」，文淵閣本「特特」當有衍文；文津閣本「特特」作「因特」，據改。

天啓其機也。上則樹勳業，國家有賴；下則救生靈，小大有慶。」今〔闕士及此闕〕〔果能及此，將〕[一]天之厚望于夫子者至矣。雖然永肩一心，在夫子貞一之不可挽；而仰止景行，在愚生瞻慕之顒望。此自然之情，匪繇外飾也。狂瞽無叙，伏惟矜察，恕而教之。幸甚！

郭學書

書何幸！仰托晴川，與進門下教愛累年。惟書瞻仰之思，中心耿耿，未嘗一日乎少懈也。皇天后土，實鑒予衷，不敢縷縷。及道駕啓行，追送不及，而十年景慕之勤，自達不竟，悵恨如何？向在榻前，匆匆數語，爲老母壽文之請，而明日遂行，未及叮嚀，于今爲歉。短狀隨上，伏惟緑野之暇，留神振藻，以成賤子一念壽親之志，倘得手筆，不惜一揮，書將什襲珍藏，爲子孫傳家之寶。千里祝望，不任惓惓。頃以張廓莊都諫便，敢附一函，書專兹懇矜亮，萬萬！遠祈道體珍嗇，以膺臺召。不具。

桂榮

不肖盡以患難之情徧訴諸公，一時朝士無不動色，豈非人心悦則天意得乎？「脱梏同天」之句，亦若有躍然于衷者。天恩浩蕩，相道從容，論思所入，深信三君子之忠，而示之以不測也。積誠之通交於神明，要之倏忽之化，人力未之先也。公歸矣，不患不能力學，召還有待，當知益培圖報之地則可也。義無所逃，亦起敬起孝之推也。無忘檻車，尤當盡其在我。草亭公愛厚之情，惻然可掬，所致驢私幸亮，非有所爲，欣然取之，可也。在途當踈交遊，覘者或未忘焉。而速於歸，則尤檢身之則也。前承賜佳章，以有山妻之變，曾次成焉，因曾語晴翁，恐不得晤，補寫於後。統希炤原曾學仙人，泛海槎，頂

[一]「今〔闕士及此闕〕〔果能及此，將〕」，文津閣本「今闕士及此闕」作「果能及此將」，據改。

門原來聚三花，再來京國隨班，逐一謫江湖，去路賒衲，子忽驚來，鶴吊長天，空抱（闕）〔碎琴〕，〔一〕嗟如今盡解塵緣縛，〔二〕到處黄冠，可出家。賤意（闕）〔非圖〕〔三〕出家，謝事也，蓋無内顧之悲也。公信之否耶？大老有所不可，無一言爲謝，積五年求解之眞，幸天衷屬于一旦，〔四〕蓋有所自來也。萬惟照亮。

張湧 號闕

僕本淮海庸人，承乏大藩，才弗勝任，名無見聞，愧甚愧甚！恭審大人先生策名科第，衣繡持斧，高蹈養素，德重三秦，跡其行實有光人國，有裨於後覺而開廸之，不圖關西伯起，復見於今日也。是宜欲登龍門而仰止高山者，屨滿于户外矣。如僕者以俗吏羈縻，動則掣肘，望明河而不可親，豈弗令人渴心之生塵哉？即有豚犬弱息，隨宦苟延，時過太晚，誠欲摳趨少分，半席未卜，高明春育海涵，肯留門下否？倘蒙一視，獲聆鐸音，匪徒弱息鏤骨銘肝，僕之闔門亦感戴無涯矣。俯冒威尊，弗勝赧悚。萬惟高明採納而亮之。幸甚！

曹察 號闕，無錫人。同年也

忠孝節義，是兄天性；慷慨論事，乃其緒餘。吾朝二百年來，所得惟兄。孔孟以後數千餘年，上接不傳之緒者，亦維兄耳。敬讀二詩，令人感涕。願兄自愛，無傷天地鬼神監臨呵護之意，餘無所言。

〔一〕「空抱（闕）〔碎琴〕」，張氏本，「闕」作「碎琴」；文津閣本，「闕」作「鼓盆」。據張氏本補。

〔二〕「嗟如今盡」，文津閣本，「盡」作「正」，亦通。

〔三〕「賤意（闕）〔非圖〕出家」，張氏本，「闕」作「非圖」；文津閣本，「闕」作「擬欲」。據張氏本補。

〔四〕「幸天衷屬」，張氏本，「屬」作「成」。

楊忠介集附録卷四

祭文

〔祭斛山先生文〕[一]

羅洪先

嘉靖庚戌四月三日，吉水羅洪先聞斛山楊年兄訃音，爲位而哭，至于失聲。九月辛酉朔，具越葛息香，寄奠靈筵。嗚呼，痛哉！始聞來訃，掩耳欲走。今將爲誄，何忍出口？大河在東，西華巃嵸。以此相招，颯然悲風。嗚嗚，哀哉！

楊繼盛 號椒山，容城人，官兵部員外郎。謚忠愍

嗚呼！惟公之智足以灼事變，惟公之勇足以犯雷霆，惟公之忠足以動人主，惟公之誠足以感鬼神，惟公之節足以歷窘辱困苦生死而不變，惟公之名足以同天地日月明且久而不朽。視彼奸諛隱密與禽獸草木同歸腐者，何啻霄壤？則公之死

[一] 原本無標題，爲區別作者與集主關係，故補之。

也，亦何恨乎？

方公之北上也，我韓師翁嘗以大畜、睽卦教之矣。既而公用大畜，棄睽卦而不用，豈非忠貞剛直之氣積於中而不可忍，故於師訓有所不暇顧耶？始公在獄，人皆以爲必死，乃賴聖明得以生還。及公歸，家人皆以爲天必以壽考報，而公乃竟以憂國成疾死，豈非公之忠愛出於天性，故在囹圄如家居，在田野如朝宁耶？

方師翁歸致，與盛相別也，亦嘗以教公者教之矣。既而亦違背師訓，棄睽卦不用，已至於此，豈韓門之頑徒，乃國家之直臣耶？盛責宰相書内云：「有一時之富貴，有萬世之事功，有目前之榮辱，有身後之褒貶。不惟以義言之，其較然分明；雖以利言之，其輕重亦較然可懼。」盛嘗自以爲平生學問所得力者在此，豈公之所爲所見乃先得我心之同然耶？要亦同得師翁不負天子、不負所學之教，而不敢忘也。

嗚呼！士有曠百世而相感者，每歔欷而不可禁，況與公同韓氏之門，又同此愚直之心？憂懷如海，孰爲知音？安得起公于九原，連牀數日，共肺肝乎？時人有稱「韓門二楊」者，顧淺陋，何敢與公竝稱？

方公立朝，盛尚韋布。及盛在位，公已云亡。既不得共從王事、斬奸佞矣。公之完名高節已不負師翁之教，而盛尚留此僥倖不死之身，若宇宙贅疣，於公深有愧焉。仰天長吁，無可奈何，行將納此再生之身于朝廷，從公於九泉之下，共大笑大哭一場而已。惟公其相之！

周怡

嗚呼！斛山先生遽至於是耶！

先生鍾宇宙海嶽之靈，産終南、太華之間，居鄉建表極於四望，立朝矻砥柱於中流，孝弟通乎神明，忠信貫乎金石。五事之陳，先憂表臣子之寸心；七年之繫，忠誠動聖主之再釋。元氣扶於兩間，聲光播於四海，學士大夫孰不稱「關西之夫子」，兒童婦女罔不識有明之直臣。

怡僻陋鄙人，素仰狷介，承乏畿郡，漸悉冲和。庚子之秋盡，方欣起用；辛丑之春初，俄驚被逮。怡時不揣狂妄，輒草奏章，欲叫帝閽而排閶闔，中危母老而焚狂藁。壬寅，備員諫垣。癸卯，例同詔獄。時有江西劉工部煥吾、君，三人一飯必同，惟予與君之罪爲重。五載萬死不二，惟君與劉之德是依。吉凶同患，生死曷忘？清源之別，慷慨西行，固宜有再聚也。涿鹿之分，痛哭東門，已兆爲永訣乎？

怡罪逆獨深，天所不宥，至家旬餘，老母長逝，泣血三年，時猶有江東渭北之思。夢魂千里，豈期斷閩海秦雲之望？嗟此訃音，胡爲乎來哉？七夕前期，得全椒戚南玄之報，云變在去夏。予則得公七月七日之書，手澤宛然，直訝其非也。又七日，得通州胡倉使之報，云變在十月之十四日，則不能無驚疑矣。人莫不願公壽考無疆，霖雨蒼生，盤石宗社，植立元氣，炳煥斯文，而孰忍無故哭公耶？

嗟嗟我公，今果止於是耶？公有仁人君子之心，有丈夫豪傑之氣，有春風之和，有秋霜之烈，有河海之大，有大華之奇，公今果化乎？當爲雲漢之昭回，當爲日月之照耀，當爲霖雨之霶霈，當爲雷霆之震動，當爲龍見，當爲虎變，當爲鳳德，當爲麟仁，當騎箕尾而正列星，當座紫府而宰司平，是皆有可信乎？精一之學必底純粹，尚有渣滓，不妨澄徹。幽明無間，其尚牖予愚而撤予蔽。吾有斗酒，藏之三年，以待君開。今西望傾酹，神其旨飲，臨風痛哭，此情無盡。嗚呼，痛哉！嗚呼，痛哉！

怡自庚戌春聞訃哭公，是夏晴川翁自泰和來吊，予約明年過泰和，同入閩。予有家難，不果。又明年，壬子春，予始往泰和，至則晴翁先棄予一月矣。蓋正月十二日，[一]其諱辰也。予痛哭不勝，嗟我踽踽，數年之間，山崩川逝，我生何爲？遂往泰和西行。今四月二十五日，始得哭公墓下。又改月爲端午節，憶往歲幽中，泛蒲酌酒，傷今懷古，意殊不樂。今日乃奠公之墓，情復何如？見公之鄉與廬，見其孫子，見其比隣親友，而公獨不可見，痛復如何？公間世之英，河嶽之靈，邦之司

[一]「蓋正月十二日」，張氏本「正」作「四」。

直，學者法程，斯人之亡，天下之屯。遠近之人，咸謂公未死而尚在。公之正直浩然，亘充天地，昭日月，亘百世而獨存。人之爲言，豈其無徵？予兹東歸。沽酒一罌，烹鷄一盂，以爲公别。神其鑒歆！

劉魁

嗚呼！吾兄歸化，又將及期矣。近得令郎子勉書，謂于去歲臘月已歸窆于祖塋之側，臨終自作墓誌，書銘旌，以示無忘國恩之意，更無一語及家事。古人戰兢之學，至啓手足，然後知免，若吾兄清明不亂，感恩不忘，平日篤志力行，至是乃見，蓋棺論定，眞無愧于古人矣。五月間往吊訥溪兄母太孺人于宛陵，相約明春拜于墓下，以謝五六年教愛之私，以致千萬里存殁之感。然人世風燈，不敢期必，兹因舍親朱武功人便，謹具束香薄賻，再申鄙詞，寄付子勉，代爲奠告。

嗚呼！南山崒嵂，渭水悠揚。孰謂先生，竟爾云亡？哀哉！

馬理

嗚呼！惟靈質兮如繩，又童蒙兮養貞。緣貧窶兮傳遠，羌挾册兮薅耕。值縣令兮求胥，爰辭役兮入黌。繼賫糧兮從師，遂時就兮雪螢。乃邁征兮大畜，歛彙進兮顯名。載弹冠兮豸角，却甘節兮蘗冰。思尊主兮堯舜，犯天顔兮用情。忽雷霆兮震怒，分捐身兮捨生。鐵獄深兮孔嚴，夕桎梏兮朝荆。援者戕兮孔多，子慟傷兮屢傾。仍學思兮有常，忘春秋兮數更。在縲絏兮八載，荷天明兮爾瞠。帝浩蕩兮施仁，赦出鷄兮未鳴。子感恩兮圖報，約麗澤兮心劻。胡彼蒼兮弗吊，殞吾良兮葉輕。眺涇川兮疇語，向郃言兮誰聆？瞻斛山兮無人，遺予獨兮焉盟？歲既宴兮臨除，送靈即兮佳城。酹一觴兮祖筵，淚隨墮兮雨零。

姚一元 號闕 人，官御史

河嶽精英，乾坤正氣。素履清修，介操剛毅。抗忠言而砥柱中流，安靖節而浮雲富貴。威震風雷，心存涇渭。皇恩浩蕩，與物同春。優遊暇豫，絶世離塵。方期仰斯人以作範，詎意還造化以歸眞。名垂信史，德載貞珉。予也持節代巡，道經斯地。敬仰休風，有懷高誼。聊陳清庶之儀，用表瞻馳之意。靈如有知，洋洋來賁。

嗚呼！覩北山兮岐嶷，西風日夕兮暮雲迷。暮雲迷兮有時散，此恨悠悠兮無絶期。

王天爵 號闕 人，官陝西御史

嗟嗟先生，華嶽鍾秀，卓犖匪常。黄甲翹楚，節義文章。周孔寤寐，稷契羹墻。行行且止，遠避豺狼。天織雲錦，期補衮裳。躬逢明聖，要見虞唐。一本盈懷，萬卷濟康。其生也有爲，而其出也曷嘗？故炤耀今古，轟烈宇宙，爲生民幟忠孝，爲天地扶綱常。身畎畝而服勤仲素，對皋陶而嘗卧羲皇。其中解易解，發所未發，無愧于「關西夫子」，足以示訓無疆。且其身後春秋，騷人墨客取之，公論竝美「三楊」。先儒所謂一世之短，萬世之長。是當與凌煙大室相爲低昂，非特鄉先生没可祭于社者耳。某生也職忝同道，竊取縹緗。執鞭願切，未得星軺，側侍道傍。幸司觀風，逖眺西方。東望先生鄉井，有淚盈眶。緬惟先生正氣，涇渭湯湯。尚冀斛嶺山靈，呵護後嗣允昌。無計臨風讚誄，凌渡飄揚。今賴私淑未艾，遣人墓祭，庶乎發潛德之幽光。

嗚呼！銘在太常，董狐流芳。象魏五鳳，并州故鄉。柏臺墮淚，萬古甘棠。神遊八表，來格洋洋。

劉光國 號闕 人，陝西御史

嗟嗟先生，其道猶龍。河華耀采，喆人篤生。氣培浩然，光分列星。昔我肅皇，神聖英明。御下凜凜，日月雷霆。公爲柱史，義氣稜層。草奏萬言，顯諫彤庭。萬言伊何？貴戚勳庸。顯諫伊何？方技縱横。帝乃震怒，械繫獄中。衆皆失色，公獨從容。繫更九載，飯糗藜羹。嗚呼艱哉，日益窮經。蒙難正志，遇坎心亨。范滂勁節，比干孤忠。帝曰惜哉，釋之歸農。優遊林麓，鳳舉冥鴻。大用未果，梁木其傾。雖則既傾，正氣愈崇。帝曰嗟哉，恩錫斯隆。羽化郊坰，川原底平。泰山北斗，大節完名。子承上命，巡視西京。爰思哲人，蘇蘇淚零。我牲既潔，我酒亦清。英靈不寐，牖我顓蒙。

胡松 號柏泉，滁洲人，官（闕）〔右參政〕。同年〔也〕〔一〕

嗟嗟先生，蓋可謂明室忠貞之臣，四海豪傑之士，不獨關中一代人物而已。始松讀前史至主聖臣直之説，竊喜當時二子之有遺。其言傳，至今人士往往誦説稱引之，然豈若吾斛山之遭赫焉？光宇宙，塞四海，動天地而感鬼神，若此之烈耶？信非主上之聖，無以明先生之直；而微先生之直，抑何以光揚主上之大聖耶？今其事往矣，先生之神陟降，下上與日星河嶽同流而竝著矣。獨恨松起廢入關，弗克及仁賢之存而事焉，以匡翼不逮而敦年好，則豈非子孟子之所謂命耶？然人如先生，要之未死所望，泠泠然來通精誠，明啓佑，以佑公之鄉人也。翹跂中山，想像拱木。何時展拜？一副瞻馳。嗚呼！鑒哉！

王廷 號闕　　人，官副使

嗚呼！天地正氣，爲道紀綱。物得其正，麟遊鳳翔。人得其正，至大至剛。爲忠爲孝，爲賢爲良。要皆關宇宙之氣運，與元化而翕張。不待生而謂之存，不隨死而謂之亡。惟公天資英邁，志氣激昂。弱冠抱成人之忠，讀書得體認之方。謂學以希聖爲準則，而功以治心爲康莊。言行本由一致，終始念罔弗臧。既而主司以明經膺薦，里閈以廬墓表揚。其入也爲鄉俊乂，其出也爲國禎祥。及其茂登甲科，峩峩廟廊。目擊時事，志切贊相。食芹傚野人之獻，徙薪抗徐福之章，斥兇

〔一〕「右參政」、「也」，據張氏本補。

豺於當道，儆鳴鳳於朝陽。天下聞公之風，恨不能摳衣面炙而請益。予也誦公之文，亦不覺義氣填胸而慨慷。眞足以羞未死之奸諛，激立朝之冠裳。壯國家之元氣，增河嶽之精光。扶聖學之正脉，續折檻之餘芳。跡雖潛於草野，望實重于朝堂。夫何一夕西風，玉樹凋瘁，曰正人亡矣！豈四蛇之盤足，抑二豎之爲殃？何報施之乖舛，慨天道之茫茫。予也始以中國有人爲朝廷賀，繼以斯文早喪爲吾道悲，復以斯人（闕）〔不能究其用〕，〔二〕斯民不獲被其澤而致怨於彼蒼。嗚呼！（闕）〔士君子朝聞道，雖夕死〕可矣，〔三〕苟余行之不迷，雖顛沛其何傷？況乎正論（闕）〔獲伸〕，〔三〕聖德昭宣，公之志得矣。不禄而禄，名滿天下，聲播朝陽，公之志行矣。亡而未亡，有肴在豆，有酒在觴。知我生芻之奠，冀來格之洋洋！

林道楠 號闕　人，官陝西御史

嗚呼！天地正氣，既大且剛。至人涵之，手握倫常。方其現身而偶出，則爲逢比之忠，曾閔之孝，夷齊之廉，九死不悔而百折何妨？及其體受而歸全，則爲説之騎箕，胥之怒濤，弘之碧光。委形可滅，而浩氣非亡。試睥睨乎千古，非我公乎誰當？故其少甘窮約，晚録膠庠。帶耕鋤耒，穿壁借光。束修其心，金玉其相。覺獲虎之易執，慨求忮之非臧。嗣觀光兮上國，漸驟足兮康莊。秉素絲於終始，嚴一介於藩王。迨其進秩柱史，奮筆皂囊。徒爲政母而身未敢許，遂執親喪而廬守墓傍。既應特召而赴闕，即矢初志之終償。盟心補衮，捐軀抗章。精忠貫日，烈氣凌霜。一則以汾陰之鼎，百寢之器，乞碎之於堂下；一則以釆狗之當沽，齊鼠之依社，願得請於上方。

〔二〕「復以斯人（闕）〔不能究其用〕」，張氏本，「闕」作「不能究其用」；文津閣本，「闕」作「不終大其用」。據張氏本補。

〔三〕「（闕）〔士君子朝聞道，雖夕死〕可矣」，張氏本，「闕」作「噫嘻，孔韓有云夕死」；文津閣本，「闕」作「士君子朝聞道，雖夕死」。據文津閣本補。

〔三〕「正論（闕）〔獲伸〕」，張氏本、文津閣本，「闕」作「獲伸」，據補。

讀公之疏者且暗然而痛哭流涕，公身處之者毅然於赴火蹈湯。尊足錐存，剥膚備嘗。圜扉八載，囚服累箱。每釋經而談易，視囹圄如福堂。天啓聖明，箕仙降祥。青鞋布襪，終歸故鄉。隱居教授，泌水洋洋。四海望公以祥麟瑞鳳，何日一呈其儀彩？奈造化厭溷濁之世，不足辱公之翱翔？故收其神明以還大化之無盡，徒留其芳軌以示後人之永望。楠越在南海，仰止不忘。幸列西臺，猥側班行。按接秦中，式公門墻。嘆儀刑之在目，想顔色於屋梁。赤衷耿耿，亦有剛腸。每懷學步，未卜行藏。謹穆卜布，兹拜公祠下，而述此生平之念於彷彿之觴。靈如不昧，來格洋洋。

趙桐 號嶧山，絳州人，富平知縣

惟靈河嶽之精，日月之光。性天純潔，氣節軒昂。妙齡秀發，賢聖行藏。秉筆入官，經世文章。陳謨帝前，震聲廟廊。人曰先生，允忠且剛。權邪竟于散落，善類卒賴以康。惟明哲炳燭于幾先，故是非自爾不爽。青天白日，心事明彰。當宁將大須于柄用，姑晦養以至成其所長。[一]盛德大業，益爲禎祥。人方期待，行將明揚。胡玉樓而驟起，遽屬付于大望？匪直斯民無禄，實爲吾道之喪。是雖不可易者穹蒼之數，而終不可諼者秉彝之良。予也景仰高風，未獲陞堂。叨治貴邑，幸親餘芳。望神堂以肅顒，感莫禁夫存亡。願言永懷，情托椒漿。靈其有知，來格洋洋。

[一]「姑晦養以至成其所長」，文津閣本「至成」作「玉成」。

墓表

〔斛山先生墓表〕

李楨　號闕　人，官尚寶司卿

斛山先生身久而名彌白，寰宇中有知之士莫不仰之如泰山喬嶽，垂首屏息，率望而走也。

先生姓楊氏，諱爵，字伯修，陝之富平縣黨林里獨户村人。世居萬斛山陽，因爲號，故學者稱爲「斛山先生」云。先生家素貧，弘治癸丑冬十月二十四日母氏誕先生媚氏家，媚隣目火光起駭，來視則懸弧室也。長美姿容，身滿七尺，穎脱剛方，慎取與，嚬笑絶不假人，蓋其性然也。年二十始發篋讀書，苦無繼晷資，嘗以薪代燈，夙夜罔或不勤。每之隴上耕，即挾書竝耕而讀，意欣欣也。念人以聖賢爲師，不爲人下，力行孝弟，言行秉之忠誠。

兄靖少參邑掾，惡段令申置重典，至是十越年所直，指使緝捕孔棘。靖逸去。先生徒步百里外申厥寃，被逮，械遞犴狴，署邑事丞繫辱之。先生從獄中上書，辭意激烈，尹見而驚，禮曰：「奇郎也！胡至是耶？」立出之，給油薪費，督之學。年二十八歲，聞朝邑汝節韓先生講性理學，躬輦米，往拜其門。韓先生睇先生貌行，行壯也，欲卻束脩禮，父蓮峯老人謂曰：「意若非凡人。」數日，叩其學，詫曰：「縱宿學老儒莫是過，吾幾失人矣。」既審語言踐履，錚錚多古人節，嘆曰：「畏友也。」同門傳習者皆自以爲不及。

督學使唐虞佐公校藝，連置首列。嘉靖戊子秋，應試長安，就食館中，突一囊金在，候焉。遺金郎至，持館人急，先生詰其實，舉金付之。遺金郎謝，寡取，先生峻不允，敦請家止宿焉。是秋，以書經掇第三名。詰歲己丑，登羅洪先榜第，授行人司行人，職維天子使，將宗伯封祭儀，往宗藩行禮。舊，藩王重天子使，來，豐縟饋送以爲常。先生行役三年，往雍之肅府、中州伊府、楚吉府，且三儀物俱堅讓不受，嘗自語曰：「爲士，餓死不食人非禮之食，凍死，不衣人非禮之衣。彼雖禮來，名重天子，使吾獨不重天子使耶？」

昔世宗肅皇帝議尊親禮，薦紳譴斥者甚衆。先生上疏：「臣奉使湖廣地方，眼睹百姓多菜色，挈筐操刀，割莩肉嚮啖道傍。假令周公禮文盡行，抑何補於老羸饑饉之艱？」上之司舍待罪，獲下民部發廪賑救，一時全活者萬計。壬辰秋，授山東道監察御史，見枋臣弄威福，拊心嘆曰：「古人朝拜官而夕上書，吾寧尸臺端位譽耀榮耶？」草奏，鄉人有闕之者偕親昵來，〔二〕環視莫可措手，閔以恚白母止之，於是浩然請告歸。母嬰疾尫重脆養，醫不可瘳。癸巳正月卒，躃踊號泣，柴毀骨立，喪葬一遵家禮，廬墓傍三年，屩弗躡城市。冬月竹筍生，兔馴繞其徑，人咸詡爲純孝所感云。遠近聞公夙學，牽率就廬野受業，於是讀喪、祭禮，爲諸求教者解惑，奄有終焉之志。服闋，堅卧不起，箇牘不謁公府。

再六年，行部使者交章薦之，剡厥行不可已。庚子秋，詔起其家，幡然戒行，曰：「曩母故不盡言，今何拽戀乎？大丈夫學周孔之道，懷匡濟之術，必想乃勳。區區策此駑鈍，少樹猷，爲報國家尺寸，與此長栖菟裘，孰若耶？」是年九月，任河南道監察御史，巡視南城，權貴斂手以避。

辛丑春二月初四日，上封事，娓娓數千言。大約天下大事，内而腹心，外而百骸，皆受病，足以失人心而致危亂者五：一則今之輔政者諛郭翊國號爲巨蠹；二則凍餒民閔不憂恤，遠爲方士修雷壇，爲媚竈事；三則大小臣工久弗覩朝儀之一，宜乘時慰其望；四則名器濫及，道流出入禁内，非制；五則挫折諫臣，讒諂乘隙競進。辭具載原疏中。見者錯愕失色，莫敢正視。上赫然震電，馮怒命錦衣使執北鎮撫司監候，究竟其説。十三日夜，榜四十。又三日，訊鞫復榜三十。拷掠備至，追交搆者言先生一無詘。是日，都市風大作，人面不相覷，京人呼爲「楊御史風」，其感動天地如此。

〔二〕「偕親昵來」，文津閣本「昵」作「暱」。

先生身晝夜柙鎖中，尻肉綻若懸珠，少焉，手割之血淋漓，滴地成池，氣息奄奄，日眯惑不自省，守者以爲死矣。被覆之，半夜忽然一聲，汗如雨，甦矣。守者乃戒嚴不少弛，右脛柙木轉合成瘡，自分必死圜土，冀速斃爲幸。東廠日更迭伺言動以上。蘇校尉宣來，心惻苦楚，狀不忍耐，拾重瓦間合處，瘡自此尋愈。宵人有譖蘇提督者，笞褫辦事役。莞司者沮供食不進，屢瀕危殆，時有張子者同室，職納橐饘焉，得緩死數月，形體孱纔，動輒仆地。

户部主事周天佐、御史浦鋐相繼申救，俱箠死獄中。守益戒嚴，闔吻而無譁語。踰年工部郎劉魁，再踰年吏科給事中周怡，先後下獄，驩焉降心以相從也。劘摩修詣，繹四子諸經百家，研精于易，著周易辨録及中庸解若干卷，詩文賡歌，身世頓忘，如是者五年。

乙巳秋八月十四日，上祝紫姑仙箕。釋放田里，同坐周劉舫，由潞水踰臨清閘西去，曾不意廠衛之施其後也。抵家甫十日，錦衣將駕帖至，拜手遂行，親朋揮淚送別，不爲動。十月二十四日，下廠獄，旋轉鎮撫司禁，苦楚復初，得章勺力，廠使楊楝言，獲自供米物。繫復三年。丁未冬十一月五日，先日籌易，與周劉飲，謂曰：「今須盡此杯中物，明日吾儕囍滿出矣，恐弗似此時也。」是夕，上建醮，大高玄殿火肆發，不可嚮邇，火圍中恍聞呼先生三人名氏者。次日釋歸爲民，人服其先知云。

先生兩繫詔獄，寒暑八易。既出，人情交慶，主聖臣直，世希覯其所以蕃祉老壽者，當復柱礎楝梁，爲後人楷模。先生曰：「纍臣得歸骨于秦，幸也，敢不拜賜！」自是專教授生徒爲事，解凍而耕，暴背而耨，與農人同甘苦，乏儋石儲，瀟然常樂，無憂諤諤。泠松下風，視變浮雲，倘來之富貴，罔芥蔕目睫矣。

己酉冬十月九日，猝大鳥集居處村北，先生杖藜逍遥其處，不樂，曰：「漢楊震之鳥至矣，兆在我乎？」十四日午時而歿，年五十有七。易簀之日，援筆題旌云：「五十餘年生長人世，未盡聖賢之道，兩受天禄，還形地下，難忘君父之恩。」其自立誌拳拳，子孫從善爲言，無煩辭。

北地李楨氏曰：余歷相州，每至商羑里城，未嘗不展拜文王祠下，登演卦臺，徘徊四顧而去。噫嘻！此大聖人所爲也。讀漢書蕭望之從夏侯勝獄中受書事，又未嘗不賢其人視死不二，利害不怵也。大凡人之身罹大難，慷慨殺身，易若虺蜴其身，觤硊其行，方悲號籲天，乞延斯須假借而惴不可得，獨非具大材力、大涵養，視患難遝來如蝨蝱過耳，烏能坦然由之，與之化而齊哉？先生苦人所不能苦，甘人所不能甘，求仁得仁，無纖芥尤怨，念夔夔齊栗，惟願國底寧謐，而工夫愈久愈邃。韋編數絶，天地人物吉凶得失之理，探討淵微，暢爲辨義一書，與合志友交警身心。比老于家，動履眞確，不媿百年身後之名，豈非日月爭光、川嶽競秀？宜人之仰之，不能終諼也已。

穆宗莊皇帝肇極，[一]復其官，追贈光禄寺少卿，廕其嗣。

先生父攀，母李氏，祖通。整，其曾祖也。上世無考。配張氏，生男子四人。長偲教諭，以嫡孫恒官贈文林郎、上林苑左監丞。次仕，偉，俁，俱庠生。孫男十人，長即上林君恒，偲出，承先生廕。悌、開、泰、慎、愉，仕出。鳳、麟，偉出。效、節，俁出。曾孫十人。玄孫一人。

恒遹追先生事，命楨表竪阡道。揚休烈示來，許用申之辭歌以祀先生焉。其辭曰：

漢季清白太尉公，曜靈炯炯照丹衷。蝌蚪狼籍紛磨礱，手披六藝方庠洪。鸛鱣暮夜燭雙瞳，錯落銀浦羅胸中。睉見欃槍輪翅炵，[二]千秋顥旼摩蒼穹。萬斛威蕤晃曨曈，騎龍寥廓下鴻濛。焻輝伯僑跐雌雄，虬鱗虎背摇青驄。封狐杉鷄竹兔馮，排雲閶闔叫不通。岸室可作蓬萊宫，霹靂神珠走霧雺。文章何處覓頹風，冰壺玉衡緝熙功。脱署縲絏罔自恫，八年厭見赭衣紅。霜重鼓寒蘊氉氈，海翻霆走焰燒空。儵忽赤鏡聞海東，金距唱送襏襫翁。黄帽火耨瀉蘖籠，一日鵩鳥過林叢。石裂天驚逗前蹤，苾芬孝祀歲禋崇。黑衣白馬回關潼，朝陽孤鳳泣梧桐，依然沆瀣吸長虹。

[一] 「穆宗莊皇帝肇極」，文津閣本前有「歿後數年」。

[二] 「睉見欃槍輪翅炵」，文津閣本，「睉」作「唯」。

楊忠介集附録卷五

贈詩

奉贈楊斛山先生

羅欽順　號(闕)〔整菴，泰和〕〔一〕人，歷官吏部尚書

眼看榮利獨超然，家學關西故有傳。直擬重陰當晝泯，肯虞喬木受風偏。雲開月朗誰能卜，義重身輕我自權。老氣爲君增十培，願言加飯更鑽堅。

乙巳清源舟中同劉晴川別楊斛山

周怡　二十三首〔二〕

小小負狂態，嘐嘐古之人。每談古人事，恨不生同辰。關西楊夫子，心貌上古淳。長孺誠往友，仲淹乃前生。孔未見

〔一〕「整菴，泰和」，據明儒學案補。

〔二〕張氏本「三」作「二」，將別斛山晴川二首合爲一首。

此剛，孟復醇乎醇。報主一封疏，幽犴五秋春。顧予蒙恩同，相對慚非倫。蘭薰每荷德，濡毫難具陳。秋風賦歸與，同舟復浹旬。長川東到吳，明月西入秦。獨有盈樽酒，共醉清源濱。投贈解龍泉，精光期日新。

別斛山晴川二首

此日別誠別，把袂心如割。數年生死情，一旦西南隔。停雲望漸遠，飛鴈聲偏惻。蓬室移芝蘭，餘芳猶未歇。孤舟宿新堤，征鞍照初月。仰視縱横星，耿耿不泯没。彼美西方人，何以慰飢渴？

江上阻風有懷斛山

涉川三缺月，鼓檝無長風。一葦縱所如，漂泊蘆花叢。俯觀江水流，仰視雲中鴻。孤鴻飛漸遠，兩鴻遵渚東。相顧飛且鳴，惻然感予衷。彼美西方人，華嶽爭巃嵸。懷哉鬱方結，悠然夕照中。何時濯江漢？一豁此心胸。

獄中同楊斛山劉晴川言志

勿欺幼所學，先憂古何人。可以報明主，敢不致微身。殺身非所惜，報主義未伸。馳驅縱不獲，詭道羞仲嬰。白日甚昭昭，庶幾照此心。吁嗟幽谷蘭，飄風逓餘芬。鬱彼灌木陰，交交黄鳥鳴。

西園晚坐呈楊斛山

席地簷前趁晚涼，幽懷相與嘆流光。思危自覺一念折，行遠空深雙鬢蒼。風景久成人玩習，卷舒堪笑此顛狂。從今世事都休道，只可堅吾百鍊剛。

乙巳釋罪三人共舟至臨清別〔一〕

共喜生還出帝州，潮平月滿正清秋。數年竊領夏黃義，千里歸同李郭舟。楚澤風煙停望眼，秦山雲樹結離憂。君恩友愛心無已，努力還期到白頭。

數載艱危同死生，寬恩更許共舟行。蕭蕭岸柳橫秋色，汩汩江流咽別聲。苦口難忘藥石語，醉心不覺醇醪情。壯懷欲上華峯頂，石涷春應識富平。

浩然之氣日日生，昏後方知平旦清。心苟無忘何有助，知誰能致始爲誠。眼中塵玉俱難着，鏡裏妍媸本自明。莫謂太虛無障礙，青天擾擾亂雲横。

〔一〕張氏本，下並有「三首」。

奉劉晴川楊斛山用牧之九日韻〔一〕

四十光陰似箭飛，因循深愧道心微。年來夜氣虚生息，何日春風共詠歸。掘井未深洙泗水，揮戈莫挽魯陽暉。泰山頂上空翹首，安得乘風一振衣？

風高露下白雲飛，之子流離嘆式微。逆旅天涯終歲滯，扁舟江上幾時歸？孤臣自合投幽谷，慈母誰憐倚落暉。衮職虚期山甫補，斑斕竟負老萊衣。

次斛山韻二首

克己工夫問只今，廓然灑落此胸襟。兢兢朝夕嚴憂惕，戰戰淵冰日履臨。眞妄兩端昭獨見，聖狂一念決危心。本來面目還無隱，忽後瞻前莫浪尋。

直道難容匪自今，賈生痛哭涕霑襟。民碞岌岌方危殆，天視夢夢不監臨。桎梏兩年援溺手，焦勞一疏救焚心。馳驅範我寧無獲，肯枉區區欲直尋。

〔一〕 張氏本，下並有「二首」。

書扇送斛山先生 乙巳臨清分别

患難相逢情不朽，臨别那堪酌杯酒。安能化作隨扇風？長得先生一握手。

斛山巽峯同酌

秦醪酌罷亂鄉愁，愁逐雲飛天際頭。壯志年來還突兀，二毛蕭颯笑悠悠。

中夜惕然呈斛山二首

聖人作易憂患中，氣象和平自不同。萬古斯文昭日月，讀來無處不春融。

天則纔踰便是愆，良知在我自昭然。幾回月夜尋思看，展轉何能貼枕眠？

用韻請益楊劉二公

未發求中發自和，相資麗澤不妨多。詠公引咎惜陰句，深愧無能挽魯戈。

責善楊公直諒心，虛咸夫子豈聲音？古人友道蕭條盡，莫訝迂狂感慨深。

次采石用晴川韻寄斛山二首

秦雲縹緲美人家，此夜銀缸爛放花。更有滄浪高興客，夕陽時引海西霞。

聚散尋常肯浪嗟，艱虞情境别來賒。何時共鼓東吳棹？風雨連床會更嘉。

坐斛山先生家槐下〔一〕

萬斛山前柱史家，貽謀忠孝里生花。庭槐蔽芾諸賢護，青蔭留爲世世遮。

日坐槐陰究此心，清風似聽斛山吟。共期雨露滋新意，更長孫枝數十尋。

斛山先生復同舟浹旬兩有别言用韻奉贈

劉魁 二十七首

秦山千里月，楚水一帆風。幸出艱虞外，同歸畎畝中。聖恩眞浩蕩，天意本穹窿。珍重别時語，眞堪慰轉蓬。

〔一〕 張氏本，下並有「二首」。

次楊斛山錢緒山論學韻二首

萬物備於我，然惟强恕行。水流原不息，鑑照自能明。昏塞非常性，開通盡此生。功夫能致一，本體即澄清。

又

學問無他道，惟求德性尊。豈無枝葉茂？須是本根存。内外合非合，知行分未分。聖狂惟一念，吾亦復相敦。

讀斛山除日懷舊之作其於死生之際念之熟矣次韻紀之

讀公詩句識公心，臺柏空懷幾夕陰。自古友朋情最重，而今生死念尤深。人間莫嘆無長壽，地下懸知有好音。此夕聞來增感慨，西風老淚倍沾襟。

斛山用杜工部韻一首見教和答之

家住雲津月一溪，倚門南望豈終迷？駑駘可出冀之北，鷗鷺還尋江以西。萬死尚留今歲月，一生空歎昔輪蹄。牀頭酒在堪同醉，有德來將肯似泥。

和斛山春日韻

圜居誰謂日如年，也有羲皇到枕邊。禮樂原非身外物，雲雷亦是性中天。風雩沂浴人何在？水曲長歌事可憐。此日此時隨所寓，閒愁莫遣上眉巔。

囚榻再遷用韻呈斛山

捲席爲窩不用茅，非朝非市亦非郊。頗知病骨移囚榻，猶勝飛禽宿樹梢。塵世於人皆寄寓，萍踪隨處即吾巢。德鄰自古眞難買，聊向先生一解嘲。

夏至和斛山韻

八月圜居書滿牀，時來數墨復尋行。陰陽正玩羲文易，風雨俄聞黍稷香。周室豈無新典禮？楚囚原有舊冠裳。窮愁只覺時光短，客夢翻憐夜漏長。

時獄禁加嚴斛山欲絶粒有詩問意次韻

吾儒只養此天眞，飲食原非尺寸身。事若到頭惟有死，終爲宇宙一完人。

又次韻答周訥溪來問偶同斛山

可生可死尋常事，此理還須實見之。自靖固知無此日，〔一〕殺身何忍累明時？

次斛山見答韻

萬心原自一心觀，人己何嘗有兩般？若到必誠還必信，〔二〕果然非易亦非難。

斛山因有感復欲絶粒次韻答之

憂患何堪風雨頻，加飡幸愛百年身。閉關不患無奇術，〔三〕只恐厄臺來笑人。

〔一〕「自靖固知無此日」，文津閣本「無此」作「難見」。
〔二〕「若到必誠還必信」，文津閣本「還必信」作「觀物我」。
〔三〕「閉關不患無奇術」，文津閣本「不患無奇」作「原有神仙」。

過德州次訥溪韻寄斛山

纔過滄州又德州，緑楊堤岸菊花秋。未論秦楚萬餘里，且共風波一葉舟。農圃漁樵俱是學，〔一〕江湖廊廟敢忘憂？獨憐老脚還堪走，擬約同登華嶽頭。〔二〕

斛山訥溪有作見貽次韻奉謝

患難同居俄五載，敢於罪禁憶家鄉。每勞此日傷懷切，愈覺斯文氣味長。萬死難回明主意，一生多負好時光。蘭薰澤麗亦何幸，似此餘齡托上蒼。

斛山先生亦以是月二十四五旬用韻奉祝

萬斛山頭人玉立，關西夫子又同鄉。叢蘭共訝六年久，古柏爭看百尺長。坤道時行成化育，聖衷天啓慶明良。吾儒眞壽原無極，炯炯雙瞳鬢未蒼。

〔一〕「農圃漁樵俱是學」，清朱彝尊編明詩綜卷五十三劉魁，「學」作「侶」。

〔二〕清朱彝尊編明詩綜卷五十三劉魁，「獨憐老脚還堪走，擬約同登華嶽頭」作「獨憐腰脚差還健，有約同登華嶽遊」。

次訥溪懷斛山韻

羣居豈不久，私心正難割。一朝秦楚分，萬里雲山隔。追悔已遲遲，瞻望徒惻惻。丈夫志四方，玆焉誠小歇。至難得者人，無情此歲月。靈光本自然，萬古常不没。倬彼華山高，慰我傾心渴。

和斛山韻

世上誰青眼，人間我白頭。惟尋顔氏樂，不學杜陵愁。哀痛思難報，原貧給尚周。白駒誰氏子，皎皎薄公侯。

斛山於聚講異同頗覺動心即席口占解之〔一〕

先生豁達本天然，近覺音容不似前。口角異同寧有定，眼前風月正無邊。

迂踈老去誠無補，内外年來似頗忘。不問回琴與點瑟，但看雲影共天光。

〔一〕張氏本，下並有「二首」。

和韻答斛山

此身之外任窮通，不問夭桃與澗松。天地盈虚無別道，聖賢學術只求中。千般變態尋常事，萬古幽期志業穹。狐貉羊裘何損益？山林朝市本來同。

答斛山論學二首

每領無言教，殊聞有覺天。觀磨眞受益，默識信非禪。正直剛柔克，危微精一傳。古人維此學，君亦庶幾焉。

又

司馬坐忘論，伊川謂坐馳。多言非所貴，主靜是吾師。四勿眞由己，八條只致知。此關若不守，倀倀欲何之？

次斛山韻別緒山

易道如公已久明，且隨時止復時行。操持常見主翁醒，念慮渾無客感生。君子憂虞隨所寓，明時刑罰自然清。從來不信別離苦，今日方知離別情。

次斛山韻奉蔡洨濱道長

學術平生只一誠，夢中還見友朋情。王臣在我無中外，吾道於人有重輕。月到蒲臺天自曉，洨從洙泗水常清。當年驄馬行春處，此日猶覺景氣明。〔一〕

用斛山韻答白樓

十畝寧無桑柘陰，倉庚時復弄春音。功名已了癡兒事，南北何堪異日心。珍重趨庭詩禮訓，行歌擊壤短長吟。山林事業無拘束，端坐從容一正襟。

追悼周碛山次斛山韻

人生誰不死，而肯爲身謀。但覺君恩重，難將諫草酬。空懷千古恨，未了百年愁。回首生前事，能無老淚流？

〔一〕「此日猶覺景氣明」，文津閣本，「覺」作「看」，「氣」作「象」。

和斛山韻

絃誦餘千載，今猶説武城。古人不可見，至樂本無聲。宇宙吾儒事，舟車盡日行。共憐陳跡遠，誰識此時情？

馬理〈詩一首〉〔一〕

明月山前水帶圍，葉花開盡果花飛。〔二〕山川誰爲争光采？太宰庄東有繡衣。太宰，張鶚菴也

龔湜〈詩二首〉〔三〕

一

不見關西楊伯起，壬辰丁酉六年間。爲問平生心衮闕，如何今日卧商顔？簞瓢陋巷同誰樂？野水孤舟盡日閒。海内生民多困病，應須膏澤下塵寰。

〔一〕原底本無詩名，只標「馬理」。爲避免誤讀，故改如此。

〔二〕「葉花開盡果花飛」，文津閣本，「葉」作「菜」。

〔三〕原底本前詩無詩名，只標「龔湜」，後詩又有詩名。爲避免誤讀，故改如此，加一、二區别予以提示。

二　赴獄門哭贈

我愛關西楊伯起，青天白日照丹心。可憐相慕不相見，翹首天門恩澤深。

謝東山〔詩二首〕　字闕　，高泉人

北寺原知禍，南冠總解醒。燕臺朝閉日，豐劍夜衝星。主聖諳忠直，名高重汗青。手扶慚薄力，腸斷憶空囹。〔一〕

又

驪頷探珠拙，圜扉坐石堅。乾坤三益友，飢凍幾經年。玉汝天機密，金吾地主賢。緇衣人不見，授粲益悽然。

梅守德〔詩二首〕　字闕　，　人，都御史

天下奇男子，關西老鳳翎。孤忠懸日月，直氣犯雷霆。漢獄傳經滿，元城睡夢寧。陽和不擇地，指日到深扃。

又

吾愛關西子，丰采天下奇。峩峩鐵豸冠，詎肯徇狐狸。有言剴以切，有志苦以悲。生平報國心，耿耿方在兹。吁嗟丈夫身，百年苦易馳。生逢堯與舜，肉食將何爲？

〔一〕「手扶慚薄力，腸斷憶空囹」，文津閣本，「薄力」作「力薄」，「囹」作「冥」。

斛山歌

孫繼魯 字(闕)〔道甫，雲南右衛〕[一]人，官副都御史。謚清愍

我聞萬斛之山在富平，凌雲倚漢自崢嶸。俯瞰黄河下底柱，遥瞻華嶽參長庚。出雲觸石幾萬載，千里秦川成陸海。鍾靈毓秀人絶奇，獨立巉巖對眞宰。收拾清風入穴中，阜財解愠裨重瞳。髦頭却顧伊吾北，赤子長懸渤海東。補天不用五色石，浴日全憑一片赤。祇求鎮定棟乾坤，未與浮沉論堅白。淹留天理忽過關，孤高無謝首陽山。薇生太平且莫採，至今永久當賜環。[二]賜環非爲重青紫，滿眼繁華誠敝屣。殿邦直擬太山安，大猷共濟虞周美。虞周濟美竟如何，維嶽降神海不波。象成作樂昭明德，馨香不盡山之阿。

聶豹 字(闕)〔文蔚〕[三]，永豐人，官兵部尚書。謚貞襄

三人五載同幽拘，講易談詩更授書。眚災肆赦自天下，愚忠狂直皆蠲除。鴻冥鳳覽杳然去，我來聲影不知處。關西夫子冰玉姿，風月襟懷返星渚。耕雲釣月有餘閒，醉後元城宜鼾睡。嗟哉主聖未可忘，酒醒鼓腹歌虞唐。

[一] 「道甫，雲南右衛」，據明史補。

[二] 「至今永久當賜環」，文津閣本「至」作「玦」。

[三] 「文蔚」，據明史補。

趙正學 字闕，　人，官廉使

天門日射雙龍闕，雲净春歸萬斛山。千載幾人推伯起，高風隨處可廉頑。

戴經 字闕　，　人，鎮撫

先生希聖只求中，不似禪家認色空。抗疏力能迴化日，廬居心欲變淳風。憲臺驄馬千人避，犴狴芳葵兩度紅。大道豈違憂患處，徐行細數落花叢。

韓二憲二則 字闕　，朝邑人。寄贈，係錦衣獄

聞説天朝釋罪人，迢迢消息恐難眞。只期名照他年史，豈料生全此日身？耿耿丹心惟報國，紛紛白首愧爲臣。故緣聖主多恩澤，益顯高皇有救神。

夢裡分明見故人，云云心事對吾眞。但求無愧非要譽，只欲成仁肯顧身？感悟幾時回聖主，拘囚何日釋忠臣？東牀不寄平安信，極目燕雲益愴神。

趙桐 字嶧山，絳州人，富平知縣

慷慨殺身易，從容就義難。誰知千載後，獨有一斛山。忠義抗疏直，奸諛盡骨寒。聖明恩德厚，委曲放歸還。

趙卿 字闕，　人，官總兵

耿耿孤忠出性成，抗疏朝奏動神京。長孺未得專前美，柱史于今擅後名。補過拾遺臣子分，用賢遠佞聖王明。惟知望主同堯舜，此是先生一念誠。

先是慕公者競爲詩以銘其節而余和之書京邸二首

李應策 字〔蒼門〕〔成可〕，蒲城人，官太常〔卿〕[一]

中流聳峙壁孤超，耿耿寸衷思欲焦。霆觸軒墀來震撼，風生臺閣退炎熇。旌名禁葺朱雲檻，納約勉從薛德橋。九死一生言不諱，千秋正氣碧冲霄。

易學精微按象爻，胸中涇渭幾曾淆。陽城憂國麻從裂，古弼匡時奕任抛。曉色龍螭回聖霽，春光犴狴荷天包。匪躬一代嘉忠鯁，歸去猶崇洗耳巢。

馮守

千古孤忠羨責難，先生丰采動朝端。玉階碎首心曾剖，不愧龍逄與比干。

原宷 〔字〕〔號〕方畦，蒲城人，官刑部員外[二]

抗節七年答聖主，孤風一代屬英豪。三栢桑落乾坤闊，萬斛山頭日月高。去君遠也

〔一〕 張氏本「蒼門」作「成可」，據改；「卿」，亦據補。

〔二〕 張氏本「字」作「號」，據改。

劉質　字闕　，壽張人，蒲城主簿

含淚憂時憶賈生，危言正氣兩相成。只因當道豺狼振，竟奮朝陽彩鳳鳴。補衮天庭匡國重，批鱗龍頷爲身輕。葵心已動君威霽，青史樂傳聖直名。

僧孤松

夫子當朝傑，孤忠振古今。九重收諫草，四海仰規箴。直氣天人護，高風魑魅欽。行看起宣室，日月自光臨。〔一〕

僧無着

憐君當日事，天地晝常陰。萬代昭青史，一時見赤心。

亡名氏　書于陜州鋪中，不知其人

元旦僅雪非瑞祥，輔臣阿譽諂君王。關西夫子眞能諫，不説昌黎佛骨章。

〔一〕「自光臨」，張氏本、文津閣本，「自」作「垂」。

〔輓斛山先生詩〕[一]

周宇 字子大，號槐村，咸寧人

關西此地歸夫子，薄海都知抗疏危。正氣朝綱長不死，完名丘首更何悲？高原多長批風草，直本應無戀劍枝。[二]道上莫横三尺碣，恐防過客走車旗。

周怡 奠墓[三]

關西夫子楊伯修，萬里修途遽蚤休。聖恩蕩蕩竟莫報，後學貿貿將焉求？一代聲光齊華嶽，百年骸骨首山丘。知君英爽應常在，閩海還期神共遊。

壯志嘐嘐欲進修，罪餘衰病意全休。關西大鳥來何迫，白下孤雲杳莫求。絮酒不堪澆宿草，吳鈎空自掛荒丘。兩年奔走傷心地，拄杖從誰話遠遊。

幽居君遇端陽七，幾度蒲觴眉共顰。多懼不知淹節序，先憂早已致殘身。聯詩尚憶花間句，對酌時懷石凍春。富平酒名。此日生芻投墓下，徘徊悽愴倍傷神。

〔一〕原本無標題，爲區別作者與集主的關係，故補之。
〔二〕「直本應無戀劍枝」，文津閣本「本」作「木」。
〔三〕張氏本，下並有「三首」。

馬理二首

石川御史鐵肝腸，萬死不回道直方。曾子學從魯有得，仲由聞過勇非常。一封書奏扶堯舜，八載天隨轉聖皇。詔獄放歸期望遠，德星零落智愚傷。

金粟山前報國臣，精忠直上比干隣。乾坤知多就寓者，得似從容有幾人。

李應策二首　謁墓

不說臺端豸錦榮，英標直節慕生平。文章霄漢垂丹筆，儀度巖廊著白珩。浴日兩疏風烈烈，掀天一臂氣轟轟。絲羅猥結潘楊好，餘韻夕郎冀鳳鳴。〔一〕

當朝鐵漢獨依公，遺趾斛南正鬱葱。那有嚴霜回勁草，依然赤日抱丹楓。十郎宅第燕山近，塋距家咫尺伯起陵園華嶽崇。冰玉世承清白約，濃沾渥露別精忠。時方結婚

謝瑶　字闕，泰和人

駭聞華嶽斛峯頹，失望蒼生血淚哀。墮宿光芒驚烈地，扶天筋力震鳴雷。七年幽禁風中燭，萬古清香雪裏梅。全德死生無愧怍，聖賢相對好顏開。

程九萬　號岳峯，汝南人。有序

〔一〕「餘韻夕郎冀鳳鳴」，文津閣本「夕」作「嗣」。

斛山先生，予未識面。辛丑春，會試禮闈，適公疏言朝政，予聞而重焉。次日有持公全稿見示，見其憫流民之失業，因陳時事之大不韙者五，皆言人所不敢言，當時一且爲公慶，一且爲公悲焉。悲其首忤權奸，卒犯聖怒，繫獄者前後八年；慶則爲有先物之智，有憂時之仁，有愛君之忠。土木方士于（清）〔盛〕〔二〕朝不無少累。其言如燭照，數計無一不驗。不數載，權奸俱以罪死。智而且仁，忠莫大焉。近與公之鄉人税使王子憲談往事，知公正終牖下，二子力學，是天佑其全而歸之也，且有昌後之祉焉。予，汝人也，生雖不同鄉而心同，官雖不同銜而道同。萬亦有憂時之策，愛君之書，又未知得達宸聽否，故于斛山之殁，重有感，而爲詩以弔之。

正氣塞天地，棟隆憶罕存。古今更幾世，把握在敦根。有本斯蕃葉，無松不翠園。寒霜凋萬卉，（闕）〔松〕〔三〕秀後春繁。惟君能善養，窮達無夷險。釋褐猶寒士，鐵冠不知諂。行人改直指，驄馬誰敢犯。日繫窮民苦，封章胡肯掩？元兇爲國柱，跡隱無人論。（闕）〔志皎〕〔三〕冰壺外，疏明肝膽眞。黄冠與土木，時弊是（闕）〔誰陳？侃侃〕〔四〕千餘言，無非愛國仁。天王豈不知？藥石苦難忍。（闕）〔始同〕〔五〕黄霸拘，終爲緑野簪。龍逢固自況，刀鋸何足臨？羑里（闕）〔正蒙難〕，〔六〕再入豈畏深？章綸罹楚毒，國是盡亞卿。黄鞏曾留駕，今皇贈爵榮。聞君已正斃，白鶴兆兩楹。誓死如烈日，褒贈奚關情？忠臣死無愧，孝子又當羨。盧墓在親側，六年未嘗變。平生甘淡薄，咬菜勝粱膳。家國原一道，順寧吾自遣。鄉賢有張公，虚位待君席。後進追先達，富平土再赤。我朝養士久，屈指幾人奕。國史未盡公，芳名萬古赫。

〔二〕「土木方士于（清）〔盛〕朝不無少累」，文津閣本「清」作「盛」，據改。
〔三〕「（闕）〔松〕秀後春繁」，文津閣本「闕」作「松」，據補。
〔三〕「（闕）〔志皎〕冰壺外」，文津閣本「闕」作「志皎」，據補。
〔四〕「時弊是（闕）〔誰陳？侃侃〕千餘言」，文津閣本「闕」作「誰陳侃侃」，據補。
〔五〕「（闕）〔始同〕黄霸拘」，文津閣本「闕」作「始同」，據補。
〔六〕「羑里（闕）〔正蒙難〕」，文津閣本「闕」作「正蒙難」，據補。

薛敷政五首　字闕。有序

嘉靖中有「三楊」，而侍御公爵以直諫忤旨，上震怒，下之獄。户部主政周公天佐爲九廟災，抗章陳救，錮死獄中。楊公爲立傳，并哭以詩。余固聞二公之忠，而會周公孫一騏官胄學，予僚誼。又大父舉乙未榜，公之同年也，因得所刻傳疏，次楊公韻以誌高山景行之懷。嗚呼！士固有心，豈隨時變？公之精誠貫日月，忼愾泣鬼神，況余通家能忘惋惻？因含淚而書之。

漢傳三年慟，湘魂萬古愁。感時俱有淚，未忍向誰流？

又

丈夫非願死，羞作强顔生。國定堪酬念，身捐豈賴名。雙忠他日事，一疏此時誠。莫怨逢辰急，繇來命可輕。

天王收震怒，一死一還生。落落交非厚，悠悠遠共名。清標心（目）〔自〕[一]耿，直節意何誠！但使勛勷濟，榮華寸縷輕。

又

每逢孤亮慨偏深，況是通家激寸心。千里間關蕭寺夜，不知清淚墮誰襟？

國子先生振祖風，惠余編帙讀曾終。長沙莫恨新來謫，珍重清時有路逢。

〔一〕「清標心（目）〔自〕耿」，文津閣本「目」作「自」，據改。

楊雲玖師以先忠介公集見示慨然有作

翁胤春 字克生，永嘉人

每於青史吊忠魂，〔一〕清白傳家古炤存。短疏千章能悟主，遺書一架此詒孫。關西孔子名常在，吳（闕）〔地神〕〔二〕童譽自尊。花滿江城春雨足，應知豐芑緑陰繁。〔三〕

〔一〕「每於青史吊忠魂」，文津閣本，「青」作「忠」。

〔二〕「吳（闕）〔地神〕童譽自尊」，張氏本，「闕」作「地神」；文津閣本，「闕」作「國黄」。據張氏本補。

〔三〕文淵閣本至「應知豐芑緑陰繁」卷終。文津閣本，則有若干識跋類文字，文末並有「詳校官檢討臣何思鈞、總校官進士臣程嘉謨、校對官中書臣沈琨、謄録監生臣沈維堂」字樣。張氏本卷終標「朝邑楊鳳詔信甫勘校」。

附録

附録一

詩文輯佚

踏莎行　獄中有感

霧隱棘牆，露低庭樹，悠悠多難渾閒事。今人空後古英雄，一腔留灑乾坤裏。　滿目風波，誰行誰止？君門回首千千里。豁然蘆杖步圜堦，西風吹散燕山雨。〔一〕

賈曲武安王廟碑

賈曲舊有義勇武安王廟，歲久傾頽，居民梁卿率衆新之。夫王生值衰漢，鼎祚將移，扶真抑僞，存夏誅夷，振威德於宇內，昭令聲於千古。本其所以至此者，一念忠貞所致也。夫當危迫之際，秉燭達旦；顛沛之餘，知有玄德。與古聖哲所以

〔一〕雪齋按：楊忠介集卷十三收詞有感，其中包括踏莎行六首，第六首爲「霧隱棘牆，露低庭樹，多難悠悠今未已。百年世事總成空，一笑翻復任眼底。　地角鄉關，天涯囹圄，回首君門幾萬里。豁然蘆杖步圜堦，西風吹散燕山雨。」兹據詞綜補遺卷四十八楊爵所録踏莎行獄中有感補出，該詞出自蘭皋明詞選，或可見其流變，以作參考。

致嚴幽隱，而之死靡他者，何以異哉！ 是爲記。

（康熙五年木刻本蒲城志卷四藝文下碑記）

處士張公合葬墓誌銘

嘉靖辛卯歲五月二十四日，東郭處士張公卒。其子濟，時爲四川江津縣尹，聞訃哭奔其喪。喪既終，起知山東壽光縣。僅一載，嘉靖乙未八月十五日，處士之配王氏卒，濟又自壽光縣哭奔歸來。踰年，丙申閏十二月二十二日，合葬醴泉縣北一里許吉土，是子濟新卜塋也。濟請銘墓，乃據王生漢狀爲誌之。處士諱敵，字子克，世居醴泉縣東郭中。故里之士大夫重其行誼者，號爲東郭處士。云曾大父諱和甫，大父諱翰。父諱善，仕直隸成安縣縣丞，配曹氏，生處士兄弟六人，處士其季子也。生而岐嶷，嘗讀儒者書，以耆德與鄉飲禮，力田守分、忠信謙抑之行，爲州里所敬慕。王夫人，邑人通之女，僉憲錦之女弟也。秉德淑慎，不尚容飾，勤修婦職，以相夫子。生四子：長子沖，早逝；次子即濟，與予同舉進士；其次曰洪，曰澤。女子一人，適辛正。孫男子今三人，長榜，次楠，次椿，皆濟子。孫女子今七人。濟之始仕也，處士與王皆以仁愛清謹飭其行。屬纊之際，猶以勤儉謙遜屬子孫，則平生所得以守身正家者可見矣。故濟歷宰繁邑，輒能以德教入人之深，孰非處士夫婦之善，而榮贈之秩，可坐待也。處士生成化乙酉二月十九日，壽六十有七。王生是年三月十六日，後處士四年而終，爲七十有一云。銘曰：

九嵕矗矗，涇水湯湯。是鍾靈秀，而爲處士後嗣之昌。是善地脈，而爲處士夫婦之藏。

嘉靖十五年歲在丙申十二月壬子二十二日

（咸陽經典舊志稽注之民國續修醴泉縣志稿）

附録二

相關詩文輯畧

和劉晴川楊斛山春懷

錢德洪

佳人隔水路逶迤，月白沙明千頃陂。惠帳蘭房臨貝闕，〔一〕蜺旌羽蓋照瓊枝。相思欲寄青鸞杳，悵望空嗟白日移。舊約未終生別恨，啣恩延佇涕交垂。

和我來圜中行

錢德洪

我來圜中冬復秋，飄風落日悲西流。圜中猶有先到客，棘門重錮空白頭。頭白不改心中赤，憂時恒世情何極。丹精不返白日照，眼前誰是回天力？漫漫長夜狐鼠咻，白晝無光岡象遊。〔二〕夏臺霜飛六月冷，永巷雲霾慘不收。蘇君〔三〕冥會意何

〔一〕「臨貝闕」，「闕」疑應作「闋」。

〔二〕「岡象遊」，「岡」疑應作「罔」。

〔三〕雪齋案：「蘇君」疑即蘇宣。

窮，高情當在古人中。貨醫誰識□俞苦，爭死當年憶孔融。結交何須問相識，智眼塵埃成物色。人間把袂意氣新，白首論心還下石。蘇君此義與誰論，陰德惟求心上存。埋光默與扶世道，溝地宏開方便門。我來幸識春風面，古人只在今人見。欲與相傳作話名，恨無歐老一行傳。

西臺獄懷晴川斛山 三首

錢德洪

與君別未遠，咫尺殊棘園。與君別未久，再宿違令顏。咫尺今萬里，渺彌絕河關。再宿若三秋，寥寂孤燈殘。三秋豈云久，萬里亦奚艱？但憶同心人，離別胡足歎。

楊子性耿介，劉子氣粹和。所稟各異質，柔剛正相磨。置我二子間，俯教肯不阿。我資雖獨下，所師良亦多。幽居各就正，相忘歲月過。今日忽參商，抱恨當如何。

心同道不二，千載還相求。況與子同時，遠離胡作憂。願各崇令德，毋爲歲月遒。勢趨日從下，所障非末流。聖學久無術，誰爲至道謀？憤激徒自傷，時運還相遇。安知今非昔，此理終不偷。孔顏不改樂，用行捨則休。吾生恐不逮，世趨亦何尤。

聞楊斛山柱史劉晴川正郎周訥溪諫議釋詔獄

聶豹

三人聞復釋，喜極淚沾袍。刺舌思今默，全身念爾勞。艱貞存虎尾，勳譽等鴻毛。歸混漁樵日，風情莫甚高。

用韻致斛山

鄒守益

千金學得升天訣，便把天堂視桁楊。青紫授書還一笑，直從龍馬會羲皇。

傳聞楊伯修出獄還職喜賦四首

王三省

驚喜朝廷上，圜扉宥直臣。逆鱗恩獨異，止輦事方新。日月迴高照，雷霆轉至仁。自玆看道泰，歌舞萬方均。

一劄杞人書，孤臣痛哭餘。飛霜天亦念，虀粉世尤譽。忽報威嚴霽，皆憐桎梏除。堯仁歸主德，浩浩復誰如？

國事竟誰論，鄒陽欲斷魂。谷幽光亦到，天閉氣還溫。一旦迴三褫，千秋闢四門。嘉猷應日至，沛澤可元元。〔二〕

祝祝皁囊封，琅玕達九重。孤忠人共與，直道帝能容。誰料排雲客，能爲失馬翁。牽裾折檻者，青史爾相從。

（清李元春匯選關中兩朝詩鈔卷四王三省傳聞楊伯修出獄還職喜賦四首）

斛山楊先生

張舜典

挺挺楊侍御，直節高今古。人知直節難，不各問學苦。獄中究理學，周錢日揮麈。歲寒節彌堅，不茹亦不吐。之死誓靡他，淵源接鄒魯。嗟彼虚憍人，敢與先生伍？

〔二〕「元元」，後一「元」疑應作「允」。

（明張舜典撰雞山語要明德集關中四先生詠）

頻陽謁忠介斛山楊先生祠 四首

康乃心

其一

聊作頻陽客，夙知伯子名。逢人詢故里，下馬得連城。碑老禾中斷，臺高雨後清。十年勤寤寐，今日拜先生。

其二

嶽嶽丹青色，居然斗氣寒。秉璋疑拜草，危坐似箴言。直道違時易，孤忠見信難。但留風節在，終古夕陽看。

其三

憶得躬耕後，旋當受命初。清操師百世，衰節抱窮廬。六載蒼生淚，一封補闕書。澹園荒雪夜，燈影幾躊躇。

其四

信是稷伊流，寧同管晏儔。數奇非木淺，臣罪亦君憂。刲斷榛苓夢，風餘鼓角愁。九原今已矣，煙雨萬山秋。

（清康乃心撰莘野先生遺書卷上詩）

斛山篇 有序

李楷

斛山、椒山兩先生皆師予里韓恭簡公，斛山忠而精于易，椒山烈而精于樂。今永嘉令式穀爲斛山六世孫，以集見示，得立亭，太宰少墟所爲傳。追爲此作，用志仰懷。

昔在嘉靖中，皇帝崇玄教。貴溪氣横陳，言官無所效。羣然抱葉蟬，海宇淪泥淖。斛山不惜死，天闕犯虎豹。風霜貫索寒，三年如何校？放歸肆金雞，緹騎旋復鬧。先生惟撫心，寧能變顔貌？羑里思周文，卦繫得微効。獄中多格言，屯蒙徹長覺。追溯未膠序，拯兄克友孝。函席苑洛間，大道乃所樂。光禄賁身後，遺文存略鈔。嗚呼忠介節，亭亭不可撓。君子心朝廷，豈曰獨執拗？奸諛蒲函葢，正氣誰胥傚？龍蛇雖有蟄，狐鼠何足較？知君爲明神，震雷時裂爆。

（清李楷撰，李元春選輯河濱詩選卷三）

題辭

讀斛山遺稿

曹于汴

忠臣瀕百死，貞心不少移。幽室絶曙色，斷食甘長飢。逢辰曝囚板，暢懷哦新詩。眞成骨似鐵，寧愁命如絲。聖恩今浩蕩，掖垣何委蛇。雖然斬圜轉，霆威固重施。愧無感格術，停閣亦焉悲。

（明曹于汴撰仰節堂集卷十二五言古詩讀斛山遺稿）

贈兜率菴僧是僧曾隨太平周都峯給舍步訪闗西楊斛山侍御遂遊華山而歸

胡　直

一

高迎泉灑落，深踏石嶕嶢。崖闢支爲戸，松頽卧竹橋。女蘿藏犬吠，仙吹和鶯嬌。静者心能愜，相看嘆鹿蕉。

二

曾逐江東雋，遥尋陝右賢。聯翩登華嶽，迢遞返衡巔。口絶波旬語，心依智顗禪。還應有秘要，知欲爲誰傳。

（明胡直撰衡廬精舍藏稿卷五五言律詩）

柬馮可大僉憲詔獄

鄒元標

日望足下早膺特恩，竟不果。帝恩有在，但恐臣子辜負耳。願足下以日爲年，時時惜寸陰，斯爲不負福堂光景。頃編楊斛山、劉晴川、周都峯三先生集，知三先生當時在獄中切劘可幾古人。今相處有如昔人風味否？學問要著身受用，意興承當，終有消煞，惟實見性者自不容已，自無消歇。若不知學人，便自以爲足，望足下百尺竿頭，更進步也。

（明鄒元標撰願學集卷三書柬馮可大僉憲詔獄）

明三楊論

張　洲

曾子曰：「可以托六尺之孤，可以寄百里之命。臨大節而不可奪也，君子人與？君子人也。」士君子，才節兼備而後可謂全德。有才無節，奚足尚哉？五季馮道多才博學，與物無競。當後唐天成間，遇明宗勵精之主，年谷豐登，兵革罕用，爲陳説民隱，隨時進言，屢蒙嘉納。使其遂死，或不值更姓易代，豈不居然稱賢相哉？老而不死，遇非其時，乃至大節亡敗，爲士林所恥，史氏所非，獨蒙千載惡聲。「三楊」不死建文之難，而臣篡位之成祖，至仁宣、淳熙之世，身居台鼎，從容佐理，黼黻太平，號爲賢相，而論者因並恕其始進之失節。人臣事君，蓋有幸不幸焉。使其值更姓易代，如唐、晉、漢、周之際，其遂能愈于馮道乎哉？以改適之嫠婦，而忽期矢以貞烈，固知其難也。或曰：「豫讓初事中行，衆人自處，後事智伯，殺身報仇。」士固有未可量者，曰如豫讓事，容固有之。要必具剛果之志而後可之死不變。「三楊」與王振同時，目睹權奄肆惡，擅作威福，不能及早除去。一日太后御便殿，召諸大臣，令宣振至，勃然改色，忽欲誅之。爲大臣者正宜贊助其事，以罪奸宦而快人心，反從英宗爲振長跪請命，剛果者固如是乎？阿比取容而欲爲豫讓，能乎？嘉靖時，又有「三楊」者，以直節著，而皆不獲大用，如士奇、榮、溥，可慨也。〔一〕

（清李元春匯選關中兩朝文鈔補卷六張洲明三楊論）

關中四先生詠　斛山楊先生

馮從吾

挺挺楊侍御，直節高今古。人知直節難，不知問學苦。獄中究理學，周錢日揮麈。周訥溪、錢緒山歲寒節彌堅，不茹亦不吐。之死誓靡他，淵源接鄒魯。嗟彼虛憍人，敢與先生伍。訥溪、緒山時俱以事下獄

（明馮從吾撰少墟集卷十七詩關中四先生詠斛山楊先生）

關中四先生（要語）〔語要〕題辭

馮從吾

涇野先生語録故二十七卷，苑洛先生語録故六卷，海内傳誦已久。至谿田先生語録止存數則於嵯峨書院志中，斛山先生語録附刻於遺稿，後人多未及知。余生也晚，不獲摳衣四先生之間，〔二〕而讀其語録，慨然慕之，想其爲人，因彙而録其言

〔一〕李元春按：「予補懿畜篇，不取『三楊』，讀此文者當有同心。」

〔二〕「先生之間」，少墟集卷十六題辭關中四先生要語題辭「間」作「門」。

之尤要者，〔二〕分爲四卷，以便觀省。若謂即此足以盡四先生，非余不佞之所敢也。且余之所録者，四先生言耳。四先生德業節義，炳耀今古，蓋所謂行過其言者。求四先生者又進而求之於行，斯得四先生立言之意。不然，即取四先生全集讀之，亦徒爲口耳贅也，矧（要語）〔語要〕乎哉？傳曰：「君子恥其言而過其行。」吾黨勉矣。長安後學馮從吾。

（明馮從吾輯關中四先生語要卷首，明馮從吾撰少墟集卷十六題辭關中四先生要語題辭）

關中四先生語要　斛山楊先生

天命謂性，天人一理也。率性謂道，動以天也。修道謂教，求合乎天也。戒懼慎獨，自修之功，至於中與和也。中和，性命本然之則也，能致之則動以天矣。故其效至於天地位、萬物育。

「道不可須臾離，可離非道」，是言當戒懼之意。「莫見乎隱，莫顯乎微」，是言當謹獨之意。應酬是有睹有聞，不睹不聞是無所應酬之際也。如出門使民，是有所應酬，則有睹有聞。或問程子：「未出門使民之時當何如？」曰：「此儼若思時也。」儼若思即是戒慎恐懼之意，爲功夫尚未説到極至處，故又提「慎獨」二字，使人雖在暗室屋漏之中，一念發動之際，凜然畏懼，不可少怠，不敢少息，則天理常存，私意不萌，純一不已而合乎天矣。〔三〕

中和，心之本體也。未發之中，萬物皆備，故爲天下之大本。已發之和，大經大法所在而不可違，故爲天下之達道。怒與哀中節，皆謂之和。

致中和，止至善之云也。天地之位，我位之也。萬物之育，我育之也。

〔二〕「言之尤要」，少墟集卷十六題辭關中四先生要語題辭，「言」作「語」。

〔三〕關中四先生語要按語：「四先生皆諄諄于此。」

夜初静坐，少檢點日間言行，因司馬温公論盡心行己之要自不妄言始，夫不妄言，所言必皆當理，非心有定主，豈能至此？故輕躁鄙背，及事務瑣屑、無益身心而信口談論者，皆妄言也。因書以自戒。

作一好事，必要向人稱述，使人知之，此心不定也。不知所作好事，乃吾分所當爲，雖事皆中理，纔能免於過惡耳，豈可自以爲美？才以爲美便是矜心，禹之不矜不伐，顔淵無伐善，無施勞，此聖賢切己之學也。

與人論事，辭氣欠平，乃客氣也。所論之事，雖當於理，即此客氣之動，便已流於惡矣。可不戒哉？書以自警。

好議論人長短，亦學者之大病也。若真有爲己之心，便惟日不足，戒懼乎其所不睹，恐懼乎其所不聞，時時刻刻防檢不暇，豈暇論人？學所以成性而已，人有寸長，取爲己有，於其所短，且置勿論。輕肆辨折，而無疑難涵蓄之心，謂之「喪德」可也。此予之深患不能自克，可愧，可愧！

道心，人心，只以是與不是求之，一念發動的不是，則爲人心。道心極難體認擴充，戒謹恐懼之功少有間斷，則蔽錮泯滅而存焉者寡矣，故曰「惟微」。人心一動，即在凶險路上行矣，喪德滅身，亡國敗家，由於此，故曰「惟危」。所謂卿士有一於身，家必喪；邦君有一於身，國必亡。内作色荒，外作禽荒，酣酒嗜音，峻宇雕牆，有一於此，未或不亡，則人心之危真可畏哉！

心静則能知幾，方寸擾亂則安其危，利其災。禍幾昭著而不能察矣，況於幾乎？幾者，動之微而吉凶之先見者也。所謂先見，亦察吾動是與不是而已。所動者是，吉即萌於此矣；所動者不是，凶即萌於此矣。意向少離於道，則步履反戾，「差之毫釐，謬以千里」矣。故學者以慎獨爲貴。

顔孟二大賢雖氣象不同，而學則未始有異。顔子之學在非禮勿視聽言動，不違仁，不遷怒，不貳過。孟子之集義養氣，擴充四端，求放心，存心養性以事天，則亦顔子克己復禮之學也。

天下萬變，「真妄」二字可以盡之。偏蔽者妄也，本體則真也。學所以去偏蔽之妄，全本體之真。全則道本於性，性純乎天，立人之道始無愧矣。天地亘古亘今，但有此一箇大道理，則亘古亘今之聖賢，不容更有兩樣學問也。

今日早起，朗誦君子之所以異於人者一章，即覺襟懷開灑，心廣體胖，有西銘與物同體之氣象。此心易至昏惰，須常以聖賢格言輔養之，便日有進益。

士之處世，須振拔特立，把持得定，方能有爲。見得義理，必直前爲之，不爲利害所怵，不爲流俗所惑，可也。如子思辭鼎肉，孟子却齊王之召，剛毅氣象，今可想見，真可爲獨立不懼者。若曰事姑委曲，我心自別，即自欺也，始或以小善放過且不可爲，小惡放過且可爲之，日漸月磨，墮落俗坑，必至變剛爲柔，刻方爲圓，大善或亦不爲，大惡或亦爲之，因循苟且，可賤可恥，將以惡終而不知矣。此由辨之不早，持之不固也。書以自戒。

涇野吕先生過某府，太守侍坐，太守子讀書樓上，聲徹于樓下，太守令止之曰：「當微誦，恐損傷。」既又促左右以時進食，曰：「勿令饑。」又戒之曰：「當爲掖之，恐或蹉跌。」先生謂太守曰：「公之愛子，可謂至矣。願推此心以愛百姓，可也。」遇順德府太守餞于門外，餞所近府養濟院，先生以饌食一卓，令二吏送院中，謂太守曰：「以公佳饌與無告者共之，願公體我此心，以惠恤鰥寡，可也。」訥溪周子述以告予，予爲嘆息者久之。古人以離羣索居爲深戒，子貢問爲仁，孔子告以事其大夫之賢者，友其士之仁者，使志道君子常得與先生相親焉。獲覩德容，聞至論以自警省，不患德之不修而政之不善也。嗚呼！仁人君子之言，其利溥哉！

智者自以爲不足，愚者自以爲有餘。自以爲不足，則以虚受人，進善其無窮矣。自以爲有餘，必無孜孜求進之心，以一善自滿而他善無可入之隙，終亦必亡而已矣。書之以自勵焉。

早起散步圜階，日昇東隅，晴空萬里，鳶鳥交飛，不覺襟懷開灑，萬慮皆空，因思曾晳沂水氣象，亦是如此。癸卯歲季冬十三日書。

古人律己甚嚴，其責人甚恕。今人律己甚恕，其責人甚嚴。孜孜爲己，不求人知，方始是學。

夫子答顔淵爲仁之功，在非禮勿視聽言動。居高位有高位者視聽言動，居下位有下位者視聽言動，處患難有患難時視聽言動，臨死時有臨死時視聽言動。道無不在。

因置一甎奠食碗，置之未安之處，此心不已，必欲既安，然後已。一身心不會置之安穩之地，如箇無稍工之舟，漂蕩於風波之上，東風來則西去，西風來則東去，是何道理？則是置此身心，不如置此甎之敬慎也。

精一肇自唐虞初，此是古人心上書。後來讀者失其要，一生辛勤類蠹魚。

留心剪枝葉，枝葉更穠鮮。努力勤于末，共耕方寸田。吉人常默默，浮士好便便。覺彼高騰處，反將真意捧。昊天但覆幬，四運自周旋。孔聖無言教，真機向此傳。丁寧一告語，告以聖同天。

結交結君子，茅茹自相連。媚悦增心癖，孰能示我愆？相同即是聖，異處且爲賢。以此求斯道，恐成狹且偏。心能樂取善，善自我心全。捨己從人處，襟懷何大焉！丁寧再告語，無我自天然。

迂儒多曲語，壯士自平夷。千古周行在，胡爲向小岐？荆榛不自剪，令我此心迷。洞識虚明體，超然即在兹。性分同一理，此理最淵微。孔聖言仁處，力行不遠而。丁寧三告語，相與憶所之。

尚友希前哲，無勞辯淺深。開言動喋喋，矛戟已森森。祇覺胸懷隘，恐非畜德心。古人各有見，原本自相忱。豈若異流者，馳騁多詖淫？何苦但永失，宜從得處尋。丁寧四告語，共嚴此心箴。贈緒山

天機滿目是襟懷，滚滚都從詩上來。付此卷舒同大運，豈容一念自安排？

安排了得見人心，只向天然分上尋。要識此間真氣象，茫茫宇宙更無垠。

能從定裏息奔馳，即是天人合一時。往哲藩籬吾剖破，動無方所静無私。

病潜隱處最難醫，拔去深根思匪夷。舜蹠相懸初未遠，差之千里自毫釐。

户成人自此間出，闔闢真機須了之。却笑紛紛禦寇者，徒勞破屋欲何爲？

一原萬象皆同有，要把心從此處知。善到公時多少大，須知無我是無私。

一片西飛一片東，浮雲終不凝長空。人間變態閒來往，何與無涯胸度中。慰晴川

出獄

每道別離今果離，是誰懽喜是誰悲？共將心事常相憶，記我丁寧四首詩。送緒山
心上一真原未泯，眼前萬類總相關。會教身世全無我，方寸纔能免物交。
道義無窮須共勉，時光有限莫蹉跎。有意動時成癖性，未安心處是吾真。
必須俯仰先知愧，然後能爲無愧人。存亡操捨皆由我，默默須從方寸尋。
從來克己最爲難，克去超過人鬼關。水自流澌山自止，火何炎熱水何寒？
坐看百妄渾消盡，便是一眞向此邊。正見胸中好景象，天光雲影半空閒。次緒山

（明馮從吾輯關中四先生語要卷四斛山楊先生）

楊忠介公集序

吴達可

先生所制□也，〔一〕越廿載爲丙戌歲，余時以劍江令被召西臺，屈指明興先輩典型，薛文清與先生稱最矣。適臺長孫立亭先生語余以上苑楊君者先生嫡孫，余亟拜之。苑君出先生稿以示余，余讀焉，大都皆周師與余陽羨山中所語時事，而發之爲篇詠者也。丁亥歲余奉簡命視鹺晉東，戊子夏觀風關陜。西安之富平，先生故里也，聶令以公事來謁余，余循憲綱事例，首命之修祠建坊，表揚節義，爲秦俗勸。而摭拾先生之遺編，則周師祭稿題詠在焉。余讀先生之文，高先生之義，日追

〔一〕「所制□」，□，手寫漫滅，疑似「義」。

我周師山中箴誨之音容，宛然如在，能無今昔蹉跎之感？與聶令遂合併梓之，謂余不可以無言，聊述往事以識歲月，與同志者共云。若其疏言之慷慨激烈出於忠義，論説之精微玄詣得于師傳，歌詠之沖夷超曠本於性真，則觀者當自得之，余何容贅哉？是爲序。欽差巡按山西等處監察御史荊谿後學吴達可書于晉東之公署中，時萬曆戊子季夏月也。

（明萬曆十六年刊本楊忠介公集卷首）

楊忠介公集序

周應期

予向讀楊忠介公諫草，每㥦慕其人，以不得見公全集爲恨。其風軌良足懷者，蓋嘗論其世矣。肅皇帝之治精明嚴峻，一時臣工相顧惴惴，公以御史臺抗章言事，大聲若□，[一]犯廷怒而不驚，歷霜威而彌勁，何以壯然哉？蓋自公世孫雲玖公令吾永〔嘉〕，[二]得公全集讀之，始有以窺公片言隻字，盎然流於其本，如萬物發榮乎天而主氣原不盡於萬物，如江河之浸溶乎水而水氣原不盡於江河。彌乎其中，羿乎其外，富貴生死不足以奪之，固然爾。而論者或以公言不得大展，至賈禍幾死，爲千古遺憾。予竊以言之至者，用則福天下，不用則禍一身，效不效殊，而其言自存，猶之醫然，強病用峻，弱病用純，主人飲之而起，不飲而廢，而方固不可易也，于公復何憾哉！吾甌治世以來，膏煎髓斷，原煉氣焚。令公甫下車，輒以純心行實政，其於吾民如嬰兒之初生而乳哺之，如尫羸之忽起而飲食之，比歲時和而物豐，將以觀政成之效，蓋盡得公之方而施之。公持之於前，令公布之於後。今日小試之於甌，它日大行於天下。原原本本之學，何可以涯涘測也？余以溝壑餘生，輾轉床蓐中，未獲望見令公眉宇，而諸子姪群廁門牆，側聆緒論，則亦風公流風，澤公遺澤焉，因占勒數語附諸末簡。以余

〔一〕「大聲若□」，□，手寫漫滅，待考。

〔二〕「令吾永〔嘉〕」，光緒癸巳張履誠堂刊本楊忠介公文集卷末李維樾序云「公世孫雲玖公令吾永嘉」，據補。

之椎且病，何敢妄擬摻觚而仰止，有懷復不敢以荒潰辭。嗚呼，捫心泚筆，亦難爲下矣。東嘉後學周應期拜手敬題。

（明萬曆十六年刊本楊忠介公集卷首）

楊斛山先生文集後序[一]

李應策

海内重斛山先生名直孤，忠耶，文耶，而性天之學著明。余少讀易辨、中庸解諸書，見先生鋭宣講明，足維繫道統，繼横渠；以事屬詞，殊不類宋元。得西京意，暨入都會，四方學士率服。世宗朝之有三楊也，方正色犯顔，與射洪、容城二公奮激而出，明謂五事，鐵鎖當前，拘訊折掠，震撼千狀，凜乎善風，恐愈朽愈堅，一時推骨鯁，擬之古隶，稱震痛而猶不及。先生文無字，为忠掩乎辨、解，炳如若陰陽動静，討析真詮。天人性命之理，借先生昭揭，乃以其撰述歌嗟，愛遺編登梓之珍傳，先生詞章可得而聞也。萬曆間屢蒙從祀孔廟，顧猶不及先生，學無又爲文掩乎？蓋先生非用原是，歸仁義中涵養得來。夫子論仁至造次顛沛必於是，自非弘毅不能想到。欲之一言申張，尚未獲，與（剛）〔罰〕下而偏駁之，質紛華之習，其誰知剖别躬行？即偶有觸而合屬，未必融我性真，須的確以仁爲己任，鞠躬盡瘁，死而後已，庶幾先生異願盡乎？浩然之氣謂氣義而生，一有不慊於心，爲襲取，爲餒直，□之勿正勿忘勿動，如丹爐驗乎，時光花無礙，緩適□好，論光大，看充塞两間，所以言高言深，侃侃正對，非堯舜之道不陳，顯著七篇，吐氣揚眉，是何等分矣。先生則具體而凝也。語云省事不如澄心。心澄而躁妄消息，愛國忠君，孝親敬長，報之所向，端誠願愨，無地弗宜。夫有叩木本而百枝不動者哉！余詎先生居皆近，知先生素願更真，果風使倘覆而奏，于當聞侯儀，定血食千載。仵與昭代薛文清公弟子，以别僞立门户，冒钜典而遺淺，將

[一] 此序言蓋草書爲文，多有漫漶，墨蹟難辨，蒙友人高永強先生多方尋訪書法同道，略有辨識；責編馬平先生亦有功焉。然未盡愜人意處尚有，僅聊勝於無，餘皆俟日後完善。

來稱益世教良多，期年之訟以移先生者。時天啟政元正陽之月，進士、中儀大夫、通政使司左通政、前太常寺少卿、奉詔兩紀公直戶刑貳科都給事中、侍統選官□番蒼门李應策。

（明萬曆十六年刊本楊忠介公集卷首）

楊忠介公集敘

王維夔

余蓋聞之前史，襲紫傳色席寵，維舊代有通人矣，而世學無聞焉。即殺青束兔，誇目尚奢，代有文人矣，而世德不屬焉，故張霍之門不如韋鄭之室，而馬班之顯麗不如桓陳之流光也，乃觀於京兆之楊，亦何其□□今古也哉？[一]方世廟時，忠介公以直諫攖逆鱗，雷霆摧擊之下，臨不測者數矣，而鐵石爲肝，彌困彌篤。居恒讀其封事，侃侃數千言，直中人主之隱，不爲少遜，以賈長沙之痛哭，兼之陸敬與之明剴，一再披誦，肅然下拜。而每以不得見其他文辭爲恨。庚寅秋公之世孫雲玖先生固所稱立德文人也，來涖吾甌，甫下車，問民疾苦，與之更始。時則鋌鹿哀鴻，往往見告，先生坐而理之，馴雛雉於中牟，解佩犢於渤海，慈母神君，家祠戶祝。公餘之暇，出其先忠介公集示余，詩文共若干卷，余受而縱觀焉，見夫抉性命之微，皆鹿洞之詮，而灑忠憤之血，悉杜陵之什也。輒復一再披誦，肅然下拜。而或且曰公以直諫著稱，其人已足千古而必文之爲見，毋亦猶是湛辭浮藻爲末而已乎，而不然士君子立人。本朝雖甚熙明，勢不能有謨諧而無吁咈，故叢脞有歌唱，鴟鴞有諷，祈招有詩，皆一時忠藎之詞，而後世傳之，爲文章之的，況夫吐詞爲經，立言不朽，其身心理道之秘，將以揚休先哲而開明來學，其爲垂述又烏可以已哉？彼夫演玉門之易者，諧幽拘之摻，抗懷沙之志者，著離騷之經，此物此志也，雖然有慮焉，兼夫五世之澤之易湮，而百代之猷之難嗣也。房杜之裔，降爲皂隸，甘棠在笏，而罔或聞知，則奈何？而我雲玖先生乃

[一]「何其□□」，□，手寫漫滅，待考。

能纘承先烈，□追來孝，[一]使夫忠義之氣積久而光，清白所貽，俾昌而大，世學世德，其於原原本本，寧有恧焉。史稱伯起，四世載德，爲漢儒宗，善積而餘，令謨不替，以古驗今，其功名亦有不可勝道者哉！余喜夫忠介公之文之久而傳也，能顯世也，遂授子姪，謀所以新之而儹爲之敘。東嘉王維夔拜手題。

（明萬曆十六年刊本楊忠介公集卷首）

忠介公集舊序[二]

李光春

人臣以言事君，幸乎？曰：士崛起田間，先資者言耳，進而弼繩補拾，以迄坐論從容，皆言也。言或梯榮，或賈禍，則視乎其遭。皋、夔何嘗譔昌拜之詞，逢、比豈必擬刳心之句？主聖臣直，能發而不能收，則奉此七尺軀以聽命人主，良臣忠臣急不暇擇矣。御史臺，號言官，每朝罷，鐵冠峩豸，夾陛道相向揖，他曹署不爾也。官是者以蹇諤爲職分。

予天啟甲子廁臺班，景行先朝名御史作模楷，於世廟則屈指斛山公，蓋與椒山稱「嘉靖二楊」者也。[三]封事數千言，侃侃正論，不爲危詞矯激，如後生狂嗥以峻要聲譽，然而得禍實深。八年再詔獄，終里門者，天耳。公歿而椒山先生屬文哭之，其赫赫名亦若，捨椒山無敢埒者。

夫言官之譴，至嘉靖劇矣。然肅皇英主也，非如二正之柄授閹貴，以流毒薦紳煬竈，雖膂臣不旋踵市戮。皂囊白簡奚煩也？公獨窺天子深，謂鋭意禮樂，將必有神仙土木之事，古如秦皇、漢武，毒糜海內，無論祥符稱誼，辟亦復痂芰天書，奔

[一]「□追來孝」，□，手寫漫滅，待考。
[二]萬曆本，題作「楊忠介公集敘」。
[三]「蓋與椒山」，萬曆本，「椒山」下衍「先生」。

走群望。蓋國家當積盛之期，而又挺英偉之器，勢必侈心於此。公朗識如登穹瞭遠，排閶倡論，直發人主之隱，而中其忌諱。今讀五事之奏，遏諛瑞，罷雷壇，斥方士，如保姆慎防幼儲，嚴塞欲開之嗜。公言適左券耳。椒山之擊憝，譬截蛟剸兕，而劍鍔亦爲之缺。公則如楯之護花，梔之支木，葆孕四十年太平之盛於悃愊間，公豈渫血哉？以至公之兩赦，亦即從雷火醮壇中默牖主悟，天人感應之奇如此！若予當日，則適以璫焰遭微譴。自是言臣恒軌耳，敢步公後塵耶？

公系孫雲玖使君以名進士來令予邑，距公百二十年，科第適與符。政暇出公遺稿讎梓。首奏議，次他詩文及諸傳詠，冀附公青雲者，統爲卷十有八，而公言蓋日星河嶽矣。公垂訓曰第一等人作第一等事，令君奉先型，暨新績，只今關西夫子，世濟如漢庭，則是集之傳，詎有艾歟？東嘉後學李光春頓首譔。

（明萬曆十六年刊本楊忠介公集卷首李光春敍；清光緒癸巳張履誠堂刊本楊忠介公文集卷末李光春舊序）

忠介公集又敍

李維樾

楊忠介公當世廟時，抗疏得罪，幾死，以直節之臣，不獲見亮於聖明之主，君子悲之，然而有繇然也。鼎之繫曰：「聖人養賢以及萬民賢之，腹實而舉之者耳虛，若夫貫虛以舉實，非玉鉉不爲功。」世廟時，「二楊」之直節，一見於桂州，一見於介谿。耳革行塞，雉膏不食，誰咎也？竊嘗謂介谿之死，忠滑誠以列其罪狀，暴其姦情，故因而甘心焉。元旦瑞雪之頌，亦近世儀文之常，忠介遽指爲小人乘君子之器，不疑爲過刻乎？而卒不謂然者，天立君，君敬大臣，凡以爲民也。恒暘不雨，千里無禾，至以微雪爲瑞，大臣不能救正，復從而和之，將君志日驕，天心日怒，而民生日促，是故讀公先後二疏，勤勤民事，責成大臣，此誠公所以得罪之繇。君子知其爲仁，而不知其爲刻也。時吾鄉張文忠公以言禮顯重，立萬古之彝，定百王之法，其後起者或從而和之，或從而爭之，不可謂非千載一時，顧薄合祀分祀之議，爲緦小功之察。夫天地者，人之所從生也。人和，而天地之和應之，雨暘以若，物妖不興，老穉無苦。升中告虔，不爲其文。家不能子，而三牲以享親；民不聊生，而亨以享上帝，是謂帝親爲可褻，而已事可無理也。君子琴瑟不斯須去，王者禮樂顧必待百年，雖儒者立論之過，而本末先後，寧謂無其序歟？公爲文忠公門下士，文忠公素不通門人，而公亦不求通於文忠。文忠先禮而公後禮，殆亦「起予哉，商也」。公學以爲己，而仕以爲民，君不急民而神仙土木之事興，大臣不急民而嫉賢固寵之謀起。忠諫誅，乖沴見，閭閻痌，天下事不可爲矣。讀公書，見公心，豈必從火光大鳥影似公哉？公世孫雲玖公令吾永嘉，孳孳以愛民爲第一著，蓋心公之心者。兹哀其先集而重刻之，余謂令公持是心也，可以子孫，可以弟子，可以牧，可以師，可以爲國朝大臣矣。李維樾序。

（光緒癸巳張履誠堂刊本楊忠介公文集卷末李維樾序）

楊忠介集識文〔一〕

楊國輯　楊國棟

楫幼侍先大夫京邸，見先大夫奉持忠介公懿行嘉言，巨細唯謹。歲時指揮兄弟輩，詔之曰：「某事，祖之爲也。某事，祖之意也。」手輯遺書授梓，輒感歎垂涕不自勝，云：「祇今五十餘載，庭訓在耳，壯心灰落。中年蹭蹬，一子先喪，遐矚默念，露晞霜高，惟生平自矢，絲毫不敢苟且，懟怨祖靈，墜棄父教，粥粥於家緒之欲隕而已。今年庚寅適孫紹武服官永嘉，遂呼而告之，俾盡蒐遺文，重訂而廣鋟之。蓋遇與不遇，主之者天也，但令此心不壞，胸中眼中常有一忠孝，祖宗悚愓其前，邪妄自然消退，先人所謂出去幹天下大事，亦只爭此一心耳。夫先人何嘗稱得志哉？持是心，讀是集，亦可以慰先大夫志矣。其敗倫辱德，隱微不堪自問者，先人吐棄久矣。日取而誦之，何益？」曾孫國楫謹識。

記吾父曾云，忠介祖遺集初刻於汝上，繼刻于燕晉間。丙子偶失火，將一箱燬燼，止存什一於千百。逮後赴選入都，先兄三人隨仕。讀書後，乃相繼云亡，遂至無人收藏，其遺失者又不知有幾？吾父至庚寅冬始轉返里，辛卯夏始同古書等收

〔一〕名稱爲點校者所擬。

置一大箱。時久客初歸，家務紛紜，兼以孝廉兄棄世傷感，請告赴京，又出，亦未暇整理。棟於癸巳秋冬間，一取閱睹殘缺之僅存，恐散佚，莫知底止，心切傷之，而幼年亦未知安頓。次年甲午，余方十五歲矣，始另擇出置一箱中以俟考訂，編而集之，期祖訓之永垂，冀來裔之禀仰。至崇禎十三年避亂堡中，余長子與從孫紹武採録成冊。既紹武宦遊東甌，取而翻梓之，眞祖烈重光矣。棟不肖，年餘古稀，弗克舉前烈而光大之，回想六十年來收藏苦心，竟成往事。言之愧恨，謹述始末，是所願望後人之率行。四世曾孫國棟謹識。

（文津閣本楊忠介集附録卷五楊國輯楊國棟識）

楊忠介集志文[一]

楊昱

先公去人間世甫及百年，遺集傳播，屢經剞劂，初鋟汝上，繼之金斗燕山，迨晉秦行而稍存什一。胥王父、廣文公暨嚴考司徒公從顛沛險阻際，衿帶佩之，心口識之，多圜土數載朝桎暮梏中一片心血也。其居平撰著，歷家難，淪亡散佚，卒難蒐致。嗣是古豳有梓，則合椒山先生爲雙忠；江右有梓，則合文清先生爲二賢。諸如此類，尚有耳目未逮者，要皆旁採霏屑，徵學問之一斑耳。夫懿德之好，人心攸同，百世具瞻，豈云物故？最疚懷者藐兹，寒裔箕裘，勿競山斗，伊邇無能，希竹帛之事爲世業光；而日居月諸，僅捃摭前修之殘芬剩馥，晤言一室，而迄無力焉。裒成合璧，黯然魂銷者久之。會從孫紹武聯綴甲第，守官粵甌。甌今雖凋疲，乃形勝雄浙左，儲發多靈奇，其間達官貴人與諸俊秀咸斌斌雍雅，碩人之範而兼茂緇衣之忱，睹先公遺集而中心悅之，遂協力翻刊，增所未備。先公居平撰著，雖無繇普存，是集出而凡廟廷鄉黨畢世歷閲，概

[一] 名稱爲點校者所擬。

逗端倪矣。[二]學問之醇，涵養之素，脈脈留精。記曰：「父没而不忍讀父之書，手澤存焉耳。」吾以爲父没而不忍不讀父之書，亦正以手澤存焉耳。故祖父有書而後人弗能讀，與後人讀書而不識祖父之用心，均不可以爲孝。古繼述之家，栝棬杖履尚爾興感，矧前人簡冊貽謀，心法垂遠，而身爲其後者不能寶此遺澤，祈以尊聞行知君子，亦何樂乎？其人之爲人後也，如吾光禄忠介祖，生平著述，大者列國史，小者載家乘，聲問皎皎，燦若星日。昱向爲兒時，父兄嘗口授先公軼事。逮稍長，就外傅日課之暇，時取封事及處困等篇，三復沈思，歎先公以主德成敗、社稷安危爲計，而一身一家原在所不謀。今春來遊嘉署，從姪式穀復取先公手澤，謀所以彙訂成帙，藏爲世珍。昱乃得盥讀數過，用是惴然懼，慄然思，識先公之所以爲先公者在是，先公之啟佑我後人者不即在是乎？先公上賓已歷百祀，而英風勁節凜凜紙上，明德何穆然深遠也！迄今想其抗觸天庭、訊杖幽繫，處常人難堪之地，而日與周、劉諸公講學注易，無入[三]不得且迪。我曾王父輩每以守禮秉義種種格言，悉教孝教忠之旨，而叔母猶子未嘗已于懷，忠厚愷惻，洋溢於言外已。昔人過墓思哀，入廟起敬，猶然流連思慕，感動不遑。而幸生其後，弗讀先公之書，與弗識先公之心，其自對何如也？於戲，先公往矣！當年之心事，萬世而不往者，以有是書在。吾氏子孫服膺斯編，可無引伸先公之志於不窮乎？若夫先公之學問道德，其在此書，其不盡此書，則讀是書者當自遇之，又豈不肖昱之愚昧敢贅一詞也哉？順治辛卯不肖玄孫昱焚香盥志。

（文津閣本楊忠介集附録卷五楊昱志）

[二] 雪齋案：「概逗端倪」，「逗」當作「睹」。

[三] 雪齋案：「入」疑當作「人」。

楊忠介公文集舊跋

楊紹武

紹武不肖，幸生先公六世後，去先公即世之年，將計百禩。吾高曾祖及吾高曾祖同時，〔二〕其得與吾先公周旋。親見吾先公言行者已寥寥，絕無其人。且先公半生險難，居官不數時，居家亦不數時，其所遺譔著亦絕少，而憂患之餘，遺忘頗多，即至今相傳數卷，概出獄中。自武稍能記憶時，便好從祖父笥中私取而竊覽之，雖其旨歸未能盡識，而至其躬受挫楚及感格神異處，未嘗不神激魄動，擲卷三歎云。考其本，一刊于高祖兩泉公諭固始時，僅兩帙，略甚；一刊于曾祖頻原公綰上苑時，較前雖稍加詳焉，而散落終有遺憾。蓋先公兩下詔獄，旋繫旋釋，與周、劉諸公終始艱貞，備歷其震喝催蕩之苦，故詩文發越大約多憂時悟主之言，而時異世移，半落門人知友之家，隨地散見，原非同名山石室成録可尋也。況高曾祖時，水火播遷，頻經變態，以故摭拾輯定之爲難耳。武自念弗類，當先緒衰息之際，田國非故，滄桑改形，既悲深於風木，復艱措于食指，先人書香縷縷，不絕如線。有書而不能讀，是曰不孝。有書而併不能守，其又何以對先靈？故往往於兵燹，踉蹌身世，浮游之際，而蠹簡螭碣，巷傳里聞，凡出先公遺跡，不厭旁誌而博採之，以期廣先志。時搜得其未録者約一二，而五祖吉泉翁並出其所藏家書及諸公手帖以示武，曰：「此忠介手澤也。吾什襲珍藏者數十年矣。」武視其筆跡多生氣，英英透紙上，而闕佚有間。援編次而手録之，奉爲神明，每俗氛龐雜，精神倦懶，或邪妄橫生，時取誦一過，輒若先人陟降左右，不知其七寶莊嚴聲律身，度作聖賢。想先公之教我後人，章章金鑒，不啻提命矣。

逢歲己丑武復得以先公聯飛期冒名國朝賢書科，侍罪東嘉。維時宦洋颶飆，震爍飄忽，日處踢踏逐走中。計武所處，視先人所處，患難名不同，而實略等也。撫思弓冶，黯然銷落，因取先後遺文，稍一輯正，以備家乘，免忝志。而諸門人王子

〔二〕疑文字有訛誤，前「吾高曾祖」似衍「曾」字。

玉仲、項子小韓、翁子克生、金子元素、王子川子輩遂時爲過從，欣然樂與有成。夫生先人後，貴能讀先人書；且讀先公書，貴識先人所以著是書，與是書所以由傳之，故先公之靈，其猶佑我後人也。紹武謹跋。

（光緒癸巳張履誠堂刊本楊忠介公文集卷末楊紹武舊跋；文津閣本楊忠介集附録卷五楊紹武跋）

忠介公集又跋

王誥

小子誥讀忠介公集而深歎君臣遇合之難也。公少壯登朝，於天下事知無不言，言無不盡，而所遭者又英主也，可謂大有爲之時矣。乃一批逆鱗遽罹嚴譴，身爲累囚者凡七易寒暑，卒不得竟其用，何哉？竊見公之忠，足以感回禄之災，而不見諒於聖明；公之誠，足以致大鳥之異，而不得安於朝列。天人之際，可爲不可爲，此則賢愚之所同惑，而古今之所共慨者也。今公之集具在，侃侃凡十餘萬言，封事上書，有賈生之剴切而無其迂，類宣公之詳盡而去其排。至於詩歌雜著，無不自成一家言，蓋忠義文章萃於一身，可不謂振古之豪傑乎哉？公雖賫志以没，而易名之典光於史冊，著作之美流於天壤，又何恨哉？公六世孫雲玖老師，以南宮高第試宰永嘉，政餘，出公斯集，刻之以傳。是祖是孫，後先相映，關西之楊，未知與東漢何如耳？噫，盛矣！小子誥得附校讎之末，敬綴數語末簡，用誌不朽云。永嘉王誥拜手書。

（光緒癸巳張履誠堂刊本楊忠介公文集卷末王誥又跋）

楊忠介公集重刻序

焦雲龍

自古純臣，幸則爲皋、夔、稷、契，不幸則爲龍逢、比干，要其心一聖賢之心，其學一聖賢之學而已。明富平楊忠介公斛山先生即其人也。然皋陶有謨，而夔與稷、契、〔龍〕逢、比〔干〕無書可讀，世之論者，未嘗不致憾於斯焉。先生有文集若干卷，板久漫漶。吾初攝富掾，欲重刻而未果。壬辰再攝，創建書院於邑之美原鎮，往來先生之鄉，詢其里居。子孫益有意先生之書，偶言于邑紳張君藎臣利用，君慨然曰：「是吾先君志也，敢任斯役？」刻既竣，索序，余曰：「先生非一方一隅之士，亦非一時一世之人。余建書院，擬祀富之先達，如先生及張鷃菴、李石疊、孫立山、李天生諸先生於其中。而君又重刻先生集，余心遂矣，君之心亦慰矣。」然竊願讀先生書者，即以先生之心爲心，以先生之學爲學，而毋以世俗之習汩焉。安在嘉靖間有先生，而世頻山溫水間不又有先生？其人出乎則立德立功，忠義氣節，不獨關中，且爲天下增重。斯是刻爲不虛矣。富之人士其尚興起乎哉！光緒癸巳季春長山焦雲龍序。

（光緒癸巳張履誠堂刊本楊忠介公文集卷首焦雲龍序）

重刻楊忠介公文集序

賀瑞麟

光緒壬辰冬，富平張君藎臣過予清麓，揖予，言曰：「吾邑焦侯欲重刻敝邑忠介楊公斛山先生文集，余以先君夙有是心，遂任剞劂費，即以先君掛名其間，可乎？」余曰：「稱人之善，本其父兄，厚之至也，況子之先君又先有是志乎！子之先君，余雖未識其人，然嘗聞之矣。力行善事，邑之中凡有義舉，無不爲也。矧先生之書，足以扶世教、振綱常乎？余少讀先生語録，有曰：『今日早起，朗誦君子之所以異於人者一章，即覺襟懷開灑，心廣體胖，有西銘與物同體氣象。』又曰：『士之處世，須振拔特立，把持得定方能有爲，見得義理，必直前爲之，不爲利害所怵，不爲流俗所惑，可也。』余至愚不肖，然其立志實自此始。嗚呼！此即先生生平所以存心，所以爲學，故大節炳然宇宙，爲千古偉人。今讀其詩，又有『年來警戒非因禍，恐致君王殺諫臣』之句，爲純儒，故爲純臣。是書具在，學者可深思而得之。子之先君有是心也，即平昔爲人可知矣。子能繼述而歸美於親，是孝也。先生爲忠臣，子爲孝子，天下惟忠孝最足感人，是書之刻又成佳話。然則子之所以善承子之先君也，或不止於是書乎！勉哉！無斁。」至是書年久板字磨滅不可考者，謹用闕如，亦間有移易，以歸一例。

附録繁複，無所發明者，或竟删去。讀者諒焉。蓋臣父名福海，字容川，貢生，五品銜。時光緒癸巳三月既望三原賀瑞麟序。

（光緒癸巳張履誠堂刊本楊忠介公文集卷首賀瑞麟序）

附録三

傳記書目提要

明史　楊爵傳

楊爵，字伯珍，富平人。年二十始讀書。家貧，燃薪代燭。耕隴上，輒挾冊以誦。兄爲吏，忤知縣繫獄。爵投牒直之，並繫。會代者至，爵上書訟冤。代者稱奇士，立釋之，資以膏火。益奮于學，立意爲奇節。從同郡韓邦奇遊，遂以學行名。登嘉靖八年進士，授行人。帝方崇飾禮文，爵因使王府還，上言：「臣奉使湖廣，睹民多菜色，挈筐操刃，割道殍食之。假令周公制作，盡復於今，何補老羸饑寒之眾！」奏入，被俞旨。久之，擢御史，以母老乞歸養。母喪，廬墓，冬月筍生。推車糞田，妻饁于旁，見者不知其御史也。服闋，起故官。

帝經年不視朝。歲頻旱，日夕建齋醮，修雷壇，屢興工作。方士陶仲文加宮保，而太僕卿楊最諫死，翊國公郭勛尚承寵用事。二十年元日，微雪。大學士夏言、尚書嚴嵩等作頌稱賀。爵撫膺太息，中宵不能寐。踰月，乃上書極諫曰：

今天下大勢，如人衰病已極。腹心百骸，莫不受患。即欲拯之，無措手地。方且奔競成俗，賕賂公行，遇災變而不憂，非祥瑞而稱賀，讒諂面諛，流爲欺罔，士風人心，頹壞極矣。諍臣拂士日益遠，而快情恣意之事無敢齟齬於其間，此天下大憂也。去年自夏入秋，恒暘不雨。畿輔千里，已無秋禾。既而一冬無雪，元日微雪即止。民失所望，憂旱之心遠近相同。此正撤樂減膳，憂懼不寧之時，而輔臣言等方以爲符瑞，而稱頌之。欺天欺人，不已甚乎！翊國公勛，中外皆知爲大奸大蠹，陛下寵之，使諗惡肆毒。羣狡趨赴，善類退處。此任用匪人，足以失人心而致危亂者，一也。

臣巡視南城，一月中凍餒死八十人。五城共計，未知有幾。孰非陛下赤子，欲延須臾之生而不能。而土木之功，十年未止。工部屬官增設至數十員，又遣官遠修雷壇。以一方士之故，朘民膏血而不知恤，是豈不可以已乎？況今北寇跳梁，內盜竊發，加以頻年災沴，上下交空，尚可勞民糜費，結怨天下哉？此興作未已，足以失人心而致危亂者，二也。

陛下即位之初，勵精有爲，嘗以敬一箴頒示天下矣。乃數年以來，朝御希簡，經筵曠廢。大小臣庶，朝參辭謝，未得一睹聖容。敷陳覆逆，未得一聆天語。恐人心日益怠媮，中外日益渙散，非隆古君臣都俞吁咈、協恭圖治之氣象也。此朝講不親，足以失人心而致危亂者，三也。

左道惑眾，聖王必誅。今異言異服列于朝苑，金紫赤紱賞及方外。夫保傅之職坐而論道，今舉而畀之奇邪之徒。流品之亂莫以加矣。陛下誠與公卿賢士日論治道，則心正身修，天地鬼神莫不祐享，安用此妖誕邪妄之術，列諸清禁，爲聖躬累耶！臣聞上之所好，下必有甚。近者妖盜繁興，誅之不息。風聲所及，人起異議。貽四方之笑，取百世之譏，非細故也。此信用方術，足以失人心而致危亂者，四也。

陛下臨御之初，延訪忠謀，虛懷納諫。一時臣工言過激切，獲罪多有。自此以來，臣下震於天威，懷危慮禍，未聞復有犯顏直諫以爲沃心助者。往歲，太僕卿楊最言出而身殞，近日贊善羅洪先等皆以言罷斥。國體治道，所損甚多。臣非爲最等惜也。古今有國家者，未有不以任諫而興，拒諫而亡。忠藎杜口，則讒諛交進，安危休戚無由得聞。此阻抑言路，足以失人心而致危亂者，五也。

望陛下念祖宗創業之艱難，思今日守成爲不易，覽臣所奏，賜之施行，宗社幸甚。

先是，七年三月，靈寶縣黃河清，帝遣使祭河神。大學士楊一清、張璁等屢疏請賀，御史鄞人周相抗疏言：「河未清，不足虧陛下德。今好諛喜事之臣張大文飾之，佞風一開，獻媚者將接踵。願罷祭告，止稱賀，詔天下臣民毋奏祥瑞，水旱蝗蝻即時以聞。」帝大怒，下相詔獄拷掠之，復杖於廷，謫韶州經歷。而諸慶典亦止不行。

及帝中年，益惡言者，中外相戒無敢觸忌諱。爵疏詆符瑞，且詞過切直。帝震怒，立下詔獄搒掠，血肉狼籍，關以五木，死一夕復甦。所司請送法司擬罪，帝不許，命嚴錮之。獄卒以帝意不測，屏其家人，不許納飲食。屢瀕於死，處之泰然。既而主事周天佑、御史浦鋐以救爵，先後箠死獄中，自是無敢救者。

逾年，工部員外郎劉魁，再逾年，給事中周怡，皆以言事同繫，歷五年不釋。至二十四年八月，有神降於乩。帝感其言，立出三人獄。未逾月，尚書熊浹疏言乩仙之妄。帝怒曰：「我固知釋爵，諸妄言歸過者紛至矣。」復令東廠追執之。爵抵家甫十日，校尉至。與共麥飯畢，即就道。尉曰：「盍處置家事？」爵立屏前呼婦曰：「朝廷逮我，我去矣。」竟去不顧，左右觀者爲泣下。比三人至，復同繫鎮撫獄，桎梏加嚴，飲食屢絕，適有天幸得不死。二十六年十一月，大高玄殿災，帝禱於露臺。火光中若有呼三人忠臣者，遂傳詔急釋之。

居家二年，一日晨起，大鳥集於舍。爵曰：「伯起之祥至矣。」果三日而卒。隆慶初，復官，贈光祿卿，任一子。萬曆中，賜謚忠介。

爵之初入獄也，帝令東廠伺爵言動，五日一奏。校尉（周宣）〔蘇宣〕[二]稍左右之，受譴。其再至，治廠事太監徐府奏報。帝以密諭不宜宣，亦重得罪。先後繫七年，日與怡、魁切劘講論，忘其困。所著周易辨說、[三]中庸解，則獄中作也。

（明史卷二百九列傳第九十七楊爵）

[二]「校尉（周宣）〔蘇宣〕」，「周宣」應作「蘇宣」，參見楊忠介集卷三蘓宣傳等。

[三]「周易辨說」似應作「周易辨録」，參見明史卷九十六志七十二艺文一。

續藏書　御史楊公〔一〕

楊御史爵，富平人也。嘉靖中，疏請慰人心以隆治道。言：

臣惟人主一身，用人行政，萬化之本原也。是非得失，方在乎幾微而民心之向背、天命之去就關焉，甚可畏也。聖帝明王深察乎此，事無微而不謹，時無暫而不懼，爲大於細，圖難於易，故能天人交與而有以延祚於靈長。今天下大勢極矣，内而腹心，外而百骸，莫不受病。因仍苟且，兵戎廢弛，奢侈妄費，公私困竭，奔競成俗，賄賂公行，遇災變而不憂，非祥瑞而稱賀，讒説面諛，黨同伐異，士風民俗于此大壞。

臣早夜耿耿，至痛心流涕，誠不忍默默保位，以上負洪恩，下負所學也。惟聖明垂聽焉。

夫天下之患，莫大于以危爲安，以災爲利，以可憂爲太平，法家拂士日遠，而快意肆情之事無敢齟齬于其間，此積弊而蠱，所以爲不可救藥之病也。往年夏秋，恒暘不雨，畿輔千里無禾，歷冬無雪，暖氣如春，元旦僅雪即止，民失所望，洶洶無聊，此正陛下撤樂減膳、率羣下祈惠祐之時也，而大學士夏言數人者，方以爲靈瑞而稱頌之，不幾于安危利災，以大可憂者爲樂耶！孔子告顔淵爲邦在遠佞人，如言等所謂佞人非耶？大臣之職，當輔君當道志仁，先天下以爲憂。無忠亮體國之心，而居人臣之極位，是所謂小人乘君子之器者也。夫翊國公郭勛，中外皆知其爲天下之惡，朝廷之蠹也。跡其舉動，亦豈能有逃于聖鑒哉？顧聖德優容，不忍即罪，神謀遠慮，自有所處。臣愚以爲，奸不可近，惡不可長，若止之於微，遏之於漸，則朝廷優禮大臣，體貌未失，而武勳餘裔亦得以善其終。或使稔惡肆毒，潛干政柄，則

〔一〕雪齋案：此傳主要節録隆治道疏，有些許删略，多有文字與語序異同；疏文原貌與流傳，或可藉此以窺一二。萬曆本附録卷一楊御史傳，目録本有李贄。

羣邪趨赴，善類退處，於天下國家之禍必深矣。治道去其太甚，此其失人心而致危亂者一也。

天生斯民，立之司牧，君人者奉天安民，而使之各得其所也。古者民勤于食則百作廢，今民勤食不得而顛連無告，委命溝壑，以至於死亡。臣近巡南城，兩月中，凍餒死者八十一人，此南城一郛耳。其諸五城，尚未知有幾也。千里之遠，耳目之所不及，又不知其有幾也。此皆陛下之赤子，望豆蔬延須臾之生而不得。正陛下憂民惜財，與天下休息之時也，而土木之功累年未止。工部屬官添設至數十員，又以一方士之故差官萬里，遠修雷壇，朘民膏血而不知卹。「民惟邦本，本固邦寧。」窮民之財，盡民之力，其無乃自蹙其根本也乎？昔漢文帝惜百金之費而不營一臺，故海内富庶。隋氏以盛修宫室而至于亡。今北虜跳梁，内寇竊發，加以頻年災異，上下一空，百計取之，愈爲不足，而興作未已，以結怨于天下，此其足以失人心而致危亂者二也。

唐、虞、三代君臣每以勤敬之道交相警戒，如堯兢兢，如舜業業，如禹惜寸陰，如文王日昃不暇食，武王以敬勝怠，故能壽躋耄期，治隆熙泰。陛下即位之初，勵精有爲，不遑寧處，嘗以敬一箴頒天下，于堯、舜、三王之道，蓋已心得而服行之矣。數年以来，朝儀間闕，經筵輟講，大小臣庶朝參辭謝，未嘗得一覩聖容，敷奏未嘗得一聆天語。今庶官入覲，遠自萬里，孰不欲一望天顔，以慰快覩之心？而咫尺闕庭，不得一見，臣恐人心日益怠惰，中外日益玩敝，非隆古君臣同寅協恭以臻太平之氣象也。此其足以失人心而致危亂者三也。

聖王之世，致左道。〔一〕以惑人者必誅而保傅之職，坐而論道，古所謂「官不必備，惟其人」者也。今舉名器之重而畀諸迂怪之徒，異言異服列於廷苑，金紫赤綬延及方外，而名器之濫極於此矣。陛下以天縱聖資，爲上天元后，遠宗帝王之道，近守祖宗之法，細旃廣厦，與公卿賢士講論治道，則心正身修，與天地合德，日月合明，和氣致祥，罔有天災，而山川鬼神亦莫不寧，安用假此妖誕邪妄之術，列諸法禁，而藉之爲聖躬之福耶？甚非天子所以崇正遠邪，平平蕩蕩，

〔一〕「致左道」，「致」，疑應作「執」，待考。

奉三無私以化天下之道也。臣恐風聲所及，人趨異教，貽四方之笑，取百世之譏，于聖德國政所損不細。此其足以失人心而致危亂者四也。

陛下臨御之初，延訪忠諒，虚懷納諫，狂直敢言之士往往矜宥，故一時臣工恃陛下能容，敢以直言干冒天聽，言過激切而不獲罪者亦多有之。比年以来，震之以天威，加之以危禍，如往年太僕寺卿楊最，言出而身立死，近日左贊善羅洪先等皆以言爲罪而斥，故臣下懷危慮禍，無復有犯顔直諫、爲匡救逆耳之言。夫成湯，大聖人也，仲虺稱其改過不吝，從諫弗咈；高宗，商令主也，傅説以木從繩則正、后從諫則聖勖之。古今以來，有天下國家者，未有不以任諫而興，以拒諫而亡者也。臣恐自今而後，雖懷忠義之心者，非灰心仕進、甘退丘園，亦必深自晦藏爲保身之計，孰敢發口論天下之事以取死亡哉？忠藎杜口，則諂諛交進，上德不達，下情不通，堂陛之近，遠於萬里。此其足以失人心而致危亂者五也。

伏願皇上念祖宗創業之艱難，思今日守成爲不易，戒飭夏言，務篤忠貞以報國；於郭勛，預裁抑而保全之，止土木之功，開諫諍之路，屏邪罔之術，一主於慎獨以養天德，達王道，則莊敬日強而眉壽千億，虚明照物，而忠邪莫逃，宗社萬萬年無疆之福，聖子神孫萬萬年無疆之規，端在此矣。

疏上，下詔獄，械繫者數年。雖處憂抑中，端凝正直，雖獄卒咸敬信之，久之得釋。而會尚書浹有陳論，上大恚曰：「我固知釋爵，諸妄言歸過者立至矣。」命即與給事中怡、郎中魁俱就逮。爵時抵家方一日，忽錦衣校至，曰：「若復來乎？」校素敬爵，慰之曰：「吾欲有他往，特一省公。」爵笑曰：「吾知之。」與校同飯。飯糲食，校不能堪，爵啗茹自若也。食已，曰：「行乎？」校曰：「宜一入爲別。」爵立屏前曰：「朝廷有旨見逮，吾行矣。」即攬袂行，復再踰年，乃出。

（明李贄著續藏書卷二十三忠節名臣御史楊公）

西安府志　明楊爵

楊爵明史，字伯修，富平人。家貧，年二十始發篋讀書。兄爲邑掾，以他累連爵。爵從獄中上書，白兄冤。令立出之。舉嘉靖八年進士，授行人，奉使楚藩。還朝時，上方議禮，爵言：「臣至湖廣，見百姓多菜色，假令周公禮文盡行，抑何補於饑饉之艱？」上爲下疏發賑。改御史，乞終養。母卒，廬墓三年。起補御史。疏言大學士夏言欺天罔人、翊國公郭勛巨惡大奸，凡此任用皆足失人心而致危亂。又請止土木之功，開諫諍之路，屏邪妄之術，以慰人心，以祈天祐。上怒，逮繫詔獄，杖幾死。五年，上修玄教，神降於箕，請宥爵。上釋之。未彌月，而上爲箕神造臺，尚書熊浹極言不可。上曰：「吾固知釋爵，諸妄言者立至矣。」復逮還繫獄。爵抵家僅十日也。又三年，内殿火，上於火光中聞神語，呼爵名，請釋之，始釋。歸二年，有大鳥止於舍，爵曰：「楊伯起之鳥至矣，兆其在我乎？」越五日，無疾而卒。隆慶初，贈光禄卿。萬曆中，謚忠介。

（清舒其紳等修，嚴長明等纂西安府志卷三十四人物志明楊爵）

富平縣志稿　楊爵

楊爵，字伯修，號斛山。生時室有火光，長美姿儀，身長七尺。家故貧，日挾書隴上，耕且讀，夜輒然薪雒誦。以白兄冤繫獄，邑令楊滋覽所上書，奇而出之。既從朝邑韓恭簡公學，躬行實踐，以聖賢自期許，與椒山公稱「韓門（三楊）（二楊）」。嘉靖戊子舉鄉試第三人。未試時，於食館拾遺金，俟原主還之。明年，成進士，授行人，三使藩國，卻餽不受。轉山東道御史，將草疏，劾大臣專權狀，會以母老移病歸。未幾，母歿，哀毁廬墓，終三年，有冬筍馴兔之異。服闋，授徒講學。越五年，以薦起河南道御史，巡中城，權貴斂避。旋上封事數千言，指陳五弊，皆切中時事。世廟震怒，逮治拷掠，幾死。是日，都城風霾晝晦，人呼「楊御史風」。比入獄，吏受指加（匣）〔柙〕鎖。沉獄五年，日與周刑曹怡、劉工曹魁相切劘，著述不輟。既上以受釐赦出，甫抵家復逮入獄。三年，高玄殿災，上於火中聞呼公及周、劉名，因釋歸。爲民二年，有大鳥集舍，公曰：「兆在我矣。」遂卒。病革時，惓惓以「作第一等人、做第一等事」飭子孫。隆慶元年，贈光禄少卿。萬曆初，謚忠介。所著有周易辨（解）〔録〕、中庸解、斛山集。易、庸二解在獄時著。明史有傳。

（清樊增祥修，譚麐纂富平縣志稿卷五名臣楊爵）

斛山楊先生

張舜典

先生名爵，字伯修，號斛山，富平人。初誕時，室中如火光起，人咸驚異之。年二十八，聞朝邑韓公簡公講理學，躬輦米往拜其門，後遂與楊椒山稱「韓門二楊」。因上封事疏入，人皆愕然，上大怒，拷掠備至，先生一無所詘。是日都城風大作，人面不相覿，都人呼爲楊御史風，其感動天地如此。先生身晝夜柙鎖中，創甚，血淋漓下，死而復甦。先是，士大夫下獄，並未有柙鎖者，乃自先生始，蓋貴溪翊國公郭勛意也。人皆爲先生危，而先生處之自若。刑部郎錢公德洪、工部郎劉公魁、吏科給事中周公怡，皆先生同志舊友，先後俱以事下獄，相得甚驩。然自學問相勸勉外，各相戒不得言得罪事。錢先釋獄，先生願有以爲別，錢曰：「靜中收攝精神，勿使遊放，則心體湛一，高明廣大，可馴致矣。古人作聖人之功，其在此乎。」先生敬識之，而乃日與周、劉切劘修詣，不少輟繹。四子諸經百家，研精于易，著周易辨録及中庸解若干卷。諸所著作，略無憤惋不平語，詩文俱和，身世頓忘，如是者五年。乙巳秋八月十二日，上以受釐，故放先生及周、劉歸田里。復下獄，又三年。丁未冬十一月五日上建醮，高玄殿災，火圍中恍聞呼三人名氏者，次日釋歸爲民。既歸教授里中，貴人莫得見其面。疏粥敝履，怡然自適。己酉冬十月九日卒于家，年五十有七，病革時援筆自志，又惓惓以作第一等人，做第一等事，教其子孫，更無他辭。

（明張舜典撰雞山語要明德集）

明儒學案　忠介楊斛山先生爵

楊爵，字伯修，號斛山，陝之富平人。幼貧苦，挾册躬耕。爲兄所累，繫獄。上書邑令，辭意激烈，令異之，曰：「此奇士也。」出而加禮。登嘉靖己丑進士第。官行人，考選御史。母憂，廬墓畢，補原官。辛丑上封事，謂今日致危亂者五：一則輔臣夏言習爲欺罔，翊國公郭勛爲國巨蠹，所當急去；二則凍餒之民不憂恤，而爲方士修雷壇；三則大小臣工弗覲朝儀，宜慰其望；四則名器濫及緇黄，出入大内，非制；五則言事諸臣若楊最、羅洪先等非死即斥，所損國體不小。疏入，上大怒，逮繫鎮撫司，拷掠備至，柙鎖晝夜，血肉淋漓，死者數矣。而先生氣定，故得再甦。主事周天佐、御史浦鋐，俱以救先生箠死獄中，於是防守益嚴，上日使人偵先生，一言一動皆籍記。偵者苦於不得言，以情告先生，使多爲善言。先生曰：「有意而言，便是欺也。」部郎錢緒山、劉晴川，給事周訥谿，先後以事下獄，相與講學不輟。緒山先釋，先生願有以爲別，緒山曰：「静中收攝精神，勿使遊放，則心體湛一，高明廣大，可馴致矣。作聖之功，其在此乎！」先生敬識之，與晴川、訥谿讀書賦詩，如是者五年。所著周易辨録、中庸解若干卷。乙巳八月，上用箕神之言，釋先生三人。而三人者猶取道潞水，舟中講學，踰臨清而别。會上造箕臺，太宰熊浹驟諫，上怒，罷浹，復逮三人。時先生抵家甫十日，聞命就道，在獄又三年。丁未十一月，高玄殿災，上恍惚聞火中有呼三人姓名者，次日釋歸。歸二年而卒，己酉十月九日也，年五十七。隆慶初贈光禄寺少卿，謚忠介。

初，韓恭簡講學，先生輩來往拜其門。恭簡異其氣岸，欲勿受。已叩其學，詫曰：「宿學老儒，莫能過也，吾幾失人矣。」剛大之氣，百折不回。人與椒山並稱，謂之「韓門二楊」。

論學

天命謂性，天人一理也。率性謂道，動以天也。修道謂教，求合乎天也。戒懼慎獨，自修之功，至於中與和也。中和，性命本然之則也，能致之則動以天矣，故其效至於天地位，萬物育。

道不可須臾離，可離非道，是言當戒懼之意。莫見乎隱，莫顯乎微，是言當謹獨之意。應酬是有睹有聞，不睹不聞是無所應酬之際也。如出門使民，是有所應酬，則有睹有聞。或問程子：「未出門使民之時，當何如？」曰：「此儼若思時也。」儼若思，即是戒慎恐懼之意，爲功夫尚未說到極至處，故又提「慎獨」二字，使人雖在暗室屋漏之中，一念發動之際，凛然畏懼，不可少息，不敢少息，則天理常存，私意不萌，純一不已，而合乎天矣。

中和，心之本體也。未發之中，萬物皆備，故爲天下之大本；已發之和，大經大法所在而不可違，故爲天下之達道。怒與哀中節，皆謂之和。

致中和，止至善之云也。天地之位，我位之也。萬物之育，我育之也。

君子之中庸。中庸，人理之常也。小人反中庸，豈人理哉？時中者，默識其理而妙宰物之權也。若非禮之禮，非義之義，豈「時中」之道哉？小人則率意妄爲而已。

天下之道，至中庸而極。理得其會同，義至於入神，非至明不能察其幾，非至健不能致其決，故民鮮能之矣。

董常問文中子：「聖人有憂乎？」言：「天下皆憂，吾何獨不憂？」又謂：「樂天知命，吾何憂！」何必如此說！聖人固未易及，然常人一念之發，得其本心，則與聖人之心無以異。但聖人純一不已，衆人則或存或亡而已。憂樂皆人情之常而本於性也，豈聖人獨有樂而無憂乎？若曰「樂天知命吾何憂」，不成父母病，聖人亦樂天知命而不憂乎？豈人理也哉！

漫録

夜初静坐，少檢點日間言行，因司馬温公論盡心行己之要，自「不妄言」始。夫不妄言，所言必皆當理，非心有定主，豈能至此？故輕躁鄙背，及事務瑣屑，無益身心而信口談論者，皆妄言也。因書以自戒。

作一好事，必要向人稱述，使人知之，此心不定也。不知所作好事，乃吾分所當爲，雖事皆中理，纔能免於過惡耳，豈可自以爲美？纔以爲美，便是矜心。禹之不矜不伐，顔淵無伐善、無施勞，此聖賢切己之學也。

與人論事，辭氣欠平，乃客氣也。所論之事，雖當於理，即此客氣之動，便已流於惡矣，可不戒哉！書以自警。

予久處獄中，粗鄙忿戾，略無貶損。粗鄙忿戾，乃剛惡也，負以終身而不能變，真可哀也。因思横渠「貧賤憂戚，玉汝於成」，乃惕然警省，赧然愧耻。〔二〕今日患難，安知非皇天玉我進修之地乎？不知省愆思咎，而有怨尤之心，是背天也。背天之罪，可不畏哉！

予繫此四十一月矣，邏者日在側覘予動作。有甚厚予，攜壺酌以伸問者。後一人來，甚横逆。予卧於舊門板上，障之以席，其人皆扯毁之，謂予罪人，不宜如此。又往往發其厚予者，使人知之，曰某日某皆潛獻其處者，〔三〕蓋令其得罪，以見己薄之爲是。有蘇、喬二人，皆厚予者，乃忿忿不平，揚罵曰：「是固無傷也。予非私交化外人，雖得罪亦何憾！」

予與劉子焕吾、周子順之同飯後，因論人才各有所宜。予謂：「二公自度宜何責任？」劉子曰：「吾爲孟公綽可。」周子曰：「今日府州外任，勉强幾分。」予曰：「滕、薛大夫，聖人固不許，公綽在春秋時，欲盡其職，亦非易事，觀於子産相鄭可見，然則孟公綽亦不可輕看。」

〔二〕「赧然愧耻」，文淵閣本「赧」作「儼」。

〔三〕「潛獻其處」，文淵閣本「其」作「某」。

一人因狂病迷謬，入朝立御座上。[一]捕下法司擬重辟，[二]獄成未決，其母擊登聞鼓稱冤。[三]順之在吏科時，直受鼓狀，遇此事未爲准理。順之因問予：「使公遇此事，當何如處之？」予曰：「當論其狂病誤犯，不可加罪。但罪守門者失於防禦則可矣。」劉子曰：「當封進鼓狀，使朝廷知其以病迷，下法司從末減可也。」[四]順之曰：「此固皆是，但如此爲之，必得罪。以此小事得罪，吾不欲也。」劉子謂：「論人無罪，不當殺，恐非小事。」予曰：「此皆論利害，未説到義理處。若論義理，則當爲即爲，當止即止，豈計得罪！」順之以爲然。

好議論人長短，亦學者之大病也。若真有爲己之心，便惟日不足，戒慎乎其所不睹，恐懼乎其所不聞，時時刻刻防檢不暇，豈暇論人？學所以成性而已，人有寸長，取爲己有，於其所短且置勿論，輕肆辯折而無疑難涵蓄之心，謂之「喪德」可也。此予之深患不能自克，可愧可愧。

道心、人心，只以是與不是求之。一念發動的不是，則爲人心。道心極難體認，擴充戒謹恐懼之功少有間斷，則蔽錮泯滅而存焉者寡矣，故曰「惟微」。人心一動，即在凶險路上行矣，喪德滅身、亡國敗家由於此，故曰「惟危」。所謂「卿士有一於身，家必喪；邦君有一於身，國必亡」，「内作色荒，外作禽荒，酣酒嗜音，[五]峻宇雕墻，有一於此，未或不亡」，則人心之危，真可畏哉！

易謂：「險以説，困而不失其所亨，其惟君子乎！」予久處困難，亦時以此自慰。但罪惡深重，爲世道之損者甚大，仰愧於天，俯怍於人，襟懷滯礙，鬱抑不安之時常多。

〔一〕雪齋案：文淵閣本「狂病迷謬，入朝立御座上」，點校本作「病狂，迷謬忽入朝，立於御座上」。下文「當論其狂病」可作旁證，故從。

〔二〕「擬重辟」，文淵閣本「重辟」，點校本作「重」。

〔三〕「擊登聞鼓」，文淵閣本「擊」，點校本作「詣」。

〔四〕點校本「當」前有「此」字。

〔五〕「酣酒嗜音」，文淵閣本「酣」，點校本作「甘」。

心静則能知幾，方寸擾亂，則安其危、利其災，禍幾昭著而不能察矣，況於幾乎！幾者，動之微而吉凶之先見者也。所謂先見，亦察吾動之是與不是而已。所動者是，吉即萌於此矣；所動者不是，凶即萌於此矣。意向少離於道，則步履反戾，「差之毫釐，謬以千里」矣。[一]故學者以「慎獨」爲貴。

予禀賦粗鄙，動輒乖謬。夜間静坐，思此身過惡，真不自堪，真難自容，可謂虚負此生矣。年踰五十，血氣漸衰，老景將至，始自知過，則已晚矣。可勝歎哉！尚幸殘生未泯，欲自克勵，求免於惡終耳。書以自警。

顔、孟二大賢，雖氣象不同，而學則未始有異。顔子之學，在非禮勿視、聽、言、動，不違仁，不遷怒，不貳過。孟子之集義養氣，擴充四端，求放心，存心養性以事天，則亦顔子克己復禮之學也。

天下萬變，「真妄」二字可以盡之。偏蔽者妄也，本體則真也，學所以去偏蔽之妄，全本體之真。全則道本性，[二]性純乎天，立人之道始無愧矣。天地亘古亘今，但有此一箇大道理，則亘古亘今之聖賢，不容更有兩樣學問也。

見獄中或有警擾，呼左右問何事。久而思之，此動心也。身居此地，須要置生死於度外，刀鋸臨之，從容以受，致命遂志可也。此正是爲學用功處。因思劉元城鼾睡是何等胸懷，可謂毅然大丈夫矣。

今日早起，朗誦君子之所以異於人者一章，即覺襟懷開洒，心廣體胖，有西銘與物同體之氣象。此心易至昏惰，須常以聖賢格言輔養之，便日有進益。

士之處世，須振拔特立，把持得定，方能有爲。見得義理，必直前爲之，不爲利害所怵，不爲流俗所惑可也。如子思辭鼎肉，孟子却齊王之召，剛毅氣象，今可想見，真可爲獨立不懼者。若曰「事姑委曲，我心自别」，即自欺也。始或以小善放過且不可爲，小惡放過且可爲之，日漸月磨，墮落俗坑，必至變剛爲柔，刻方爲圓，大善或亦不爲，大惡或亦爲之，因循苟且，

[一] 雪齋案：文淵閣本「意向少離於道，則步履反戾，『差之毫釐，謬以千里』矣」，點校本無。

[二] 點校本作「本」下有一「乎」字，似長。

可賤可恥，卒以惡終而不知矣。此由辨之不早，持之不固也。書以自戒。

涇野呂先生過某府，太守侍坐。太守子讀書樓上，聲徹於樓下。太守令止之，曰：「當微誦，恐損傷。」既又促左右以時進食，曰：「勿令飢。」又戒之，曰：「當爲掖之，恐或蹉跌。」先生謂太守曰：「公之愛子，可謂至矣，願推此心以愛百姓可也。」遇順德府，[一]太守餞於門外，餞所近府養濟院。先生以饌食一桌，令二吏送院中，謂太守曰：「以公佳饌與無告者共之，願公體我此心，以惠恤鰥寡可也。」訥溪周子述以告予，予爲歎息者久之。古人以離羣索居爲深戒，子貢問爲仁，孔子告以事其大夫之賢者，友其士之仁者。使志道君子常得與先生相親焉，獲覩德容，聞至論以自警省，不患德之不修而政之不善也。嗚呼！仁人君子之言，其利溥哉！

智者自以爲不足，愚者自以爲有餘。自以爲不足，則以虛受人，進善其無窮矣。自以爲有餘，必無孜孜求進之心，以一善自滿而他善無可入之隙，終亦必亡而已矣。書之以自勵焉。

平生所爲，得失相半，求欲寡過而不可得。幽囚坑久，[二]靜中頗覺省悟，始有向學之心。然殘損餘息，血氣漸減，策勵不前，虛生人世，與草木同腐矣。可愧哉！

早起散步圜階，日昇東隅，晴空萬里，鳶鳥交飛，不覺襟懷開灑，萬慮皆空，因思曾皙沂水氣象亦是如此。癸卯歲季冬十三日書。

古人立己甚嚴，其責人甚恕。今人立己甚恕，其責人甚嚴。孜孜爲己，不求人知，方始是學。

夫子答顏淵爲仁之功，在非禮勿視聽言動。居高位有高位的視聽言動，居下位有下位的視聽言動，處患難有患難的視聽言動，臨死時有臨死的視聽言動。道無不在。

[一] 「遇順德府」，文淵閣本「遇」，點校本作「過」，似長。

[二] 「幽囚坑久」，文淵閣本「坑」，點校本作「既」，似長。

予與劉、周二公倚圜墻北向坐，一人解於北墻下，相去甚近。二公訝之，曰：「何不少避？」予曰：「此鄭瞽人旋於宋朝之意，蓋謂我無所聞也。」

因置一甎奠食碗，置之未安之處，此心不已，必欲已安然後已。〔一〕將一個身心不會置之安穩之地，如個無梢工之舟，〔二〕漂蕩於風波之上，東風來則西去，西風來則東去，是何道理？則是置此身心，不如置此甎之敬慎也。

六月初八日夜，初寢，夢一男子長身少鬚，鬚間白，呼爵相拜，曰：「予王陽明也。」數談論，未嘗自言其所學。語未畢，忽警寤。予矍然曰：「是何先聖先賢來此以教我乎？或慷慨殺身於此地，如劉忠愍之類者，相與邂遘〔三〕於夢寐乎？明早當焚香拜謝之。」俄而屋脊墜一小甎塊於卧傍木板上，聲震屋中，守者驚起。初九日早晨記。

初九日，夜夢一廟中塑伏羲像，所服甚古，雜以洪荒草服。一人講易十三卦制器尚象之義於廟，問之，乃程先生也。聽有儒士二人。〔四〕予入獄中四十一月，夢關義勇武王〔五〕與予遇者三，亦有無言時，亦有數相語時。

連日天雨，獄中木板皆濕。予體弱少食，因思小兒在外，父子五年不能相見，〔六〕衣食不能相顧。時張道全、伍天儔二生皆在外候予，與小兒同處，數日消息未聞，爲之戚戚。又思素患難，行乎患難，事至於此，皆天命也，當安受之。陳少陽、歐陽徹二公未嘗傳贄爲臣，以言語自任而殺其身，況予論思之職，敢不盡臣子一日之心乎？盡此心以求自慊，則或死或生，豈可逆料？予居此四年，邏者候予，有言日必録，予頗聞之。每見未嘗一言相答，有以予不言回報者，必答之。有以其言

〔一〕「欲已安然」，文淵閣本「已」，點校本作「既」，似長。
〔二〕「梢工之舟」，文淵閣本「梢」，點校本作「艄」。
〔三〕「相與邂遘」，文淵閣本「遘」，點校本作「逅」。
〔四〕「聽有儒士」，點校本「聽」下有「者」字。
〔五〕「關義勇武王」，點校本「武王」作「武安王」。
〔六〕「不能相見」，文淵閣本「能」，點校本作「得」。

作予言以回報者，又以不似答之。於是邏者窮矣，多以情相告，求予言以免其咎。且曰：「事關於忠義者，願得數語。」予應之曰：「吾奏章數千言，字字是忠義，句句是忠義，乃以爲非所當言而深罪之。今若以忠義騰口舌於爾輩之前，是吾羞也。」一邏者求予有言，情甚切至，予應之曰：「予出於無心者，〔一〕公記去，則予心無愧。若出於有心，是故爲巧語，轉移天聽，以苟免罪難也，予實羞爲。況一有此心，是即機變之智巧，舉平生而盡棄之，天必誅絶，使即死於此。」其人慘然曰：「公之心如此，予再不復求公言矣。」〔二〕

又一邏者告予曰：「今日好言語上之矣。」問之，乃太甲篇「天作孽，猶可違；自作孽，不可活」，又繼之曰「我乃自作孽者，故罪至於此」。予應之曰：「吾爲言官，天下事皆所當言。往時一疏，上爲朝廷，下爲蒼生，宗廟社稷萬萬年深長之慮，豈自作孽者？」其人默然。

晴川劉公陞工部，將之任，冢宰羅整菴翁家居，劉公辭行，整菴贈之以詩。既劉公下獄，與予誦之。予與緒山錢子皆依韻和之。後人傳其詩於整菴處。近一士夫來京，整菴公語相告曰：「向日得詩，和答以具，但欠推敲，未可寄去。」予曰：「此非欠推敲也。元老大臣，家食十年，未嘗以書簡通權貴，乃以一詩交罪人，可乎？」此老可以爲法。甲辰年六月十二日記。

癸卯年二月，内馬主政拯以事下獄。馬十九歲發解廣東，二十舉進士，任工部主政，器度識見，人未易及。告予曰：「聞近士夫言，自古人主有本事者，惟秦皇、漢武兩君而已。」予應之曰：「否。自古人主有本事者，惟堯、舜、文王而已。堯在位百年，萬邦時雍，治極當亂之時，而子丹朱又不肖，堯乃尋一個舜，將天下分付與他，愈至於治。舜在位五十年，四方風動，亦治極當亂之時，其子商均亦不肖，舜乃尋一個禹，將天下分付與他，亦愈至於治。文王深仁厚澤，延周家之基業至

〔一〕「予出於無心者」，文淵閣本「予」，點校本作「語」。
〔二〕「不復求公言」，文淵閣本「復」，點校本作「敢」。

八百年。堯、舜、文王以天自處，氣運興衰，不在於天而在我，所謂『通其變，使民不倦。神而化之，使民宜之』者也，其本事何大哉！秦皇翦除六國，焚棄詩書，掃滅先王之跡，而惟任一己之私，一夫作難而七廟隳，身死人手，爲天下笑。漢武承文、景之富庶，若委任賢俊，取法先王，則禮樂可興，顧以多欲亂政，〔一〕窮兵黷武，至於海内虚耗，幾致顛覆，非有昭、宣繼之，則漢之天下未可知也。若二君之所爲，適足覆宗絶祀而已，烏在其所謂有本事哉！且使人主不法堯、舜、文王，而法秦皇、漢武，是啟其殺伐之心，而欲以亂天下也。其所言謬妄亦甚矣。」馬出獄數月，以病卒，予甚悼之。

閒步垣中井上，〔二〕日色慘淡，光景寂寥，下視井水湛然清澈，因思「井渫不食，爲我心惻」，爲之戚然。

嘉靖乙巳年九月初五日，朝發濬縣，晚宿林清店。店主醜惡，買麵食，用醋，其人吝。從者曰：「此不過費銅錢一文。」其人應之曰：「雖與十文，吾亦不賣。」又欲買小米，次早作粥，其人亦固拒之。予聞，笑呼從者，止之曰：「再勿與語。此數家之隙地，或有賢者無招客屋，而有屋者又非賢。」因思昔人言堯、舜以天下讓，而世之匹夫爭半錢之利，人品相去，何啻九牛毛？易曰：「『初六童觀』，小人道也。」〔三〕此市井之常度，其識見止此，無足怪也。〔四〕

大人以治安之時爲危亂，小人以危亂之時爲治安，皆此人也。有大人之向慕，有小人之向慕；有大人之識度，有小人之識度；有大人之作用，有小人之作用，此天地生物之不齊。教化之施固有要，而以宇宙間事爲己責者，不可不慎也。乙巳年九月五日燈下書

〔一〕「顧以多欲」，文淵閣本「顧」，點校本作「乃」。

〔二〕「垣中井上」，文淵閣本「垣」，點校本作「圜」，似長。

〔三〕雪齋案：此爲易觀卦初六象辭。

〔四〕此段文字，文淵閣本無，點校本有。此據點校本補，亦與楊忠介集卷六文字略有差異。

論文

文章以理爲主，以氣爲輔。所論純是一段義理，是以理爲主；辭氣充盛渾厚，不覺較弱，〔二〕是以氣爲輔。須胸中正大，不以偏曲邪小之見亂其心，又廣讀聖賢格言以充養之，如此則舉筆造語，皆是胸中流出，其吐辭立論愈出愈新而無窮也，如取之左右逢其源也。其騰匯洩蓄，流轉渾厚，波瀾汪洋，如決江河，沛然莫之能禦也。其光燄發揚，照耀昭灼，如日月中天，深谷窮崖之幽，花石草木之微，青者自青，白者自白，仰之以生輝，觸之而成色也。〔三〕

（清黄宗羲撰明儒學案卷九三原學案忠介楊斛山先生爵）

明儒言行録　楊爵斛山先生忠介公

（楊爵斛山先生忠介公），字伯修，富平人。幼貧苦，挾册躬耕。爲兄所累，繫獄。上書邑令，辭意激烈，令異之，曰：「此奇士也。」出而加禮。身長七尺，美姿容。年二十始發篋讀書，師事韓恭簡公，講性命之學，言動不苟。恭簡嘆爲「畏友」。登嘉靖己丑進士，官行人，考選御史。母憂，廬墓畢，補原官。辛丑上封事，謂今日致危亂者五：一則輔臣夏言習爲欺國，翊國公郭勛爲國巨蠹，所當急去；二則凍餒之民不憂恤，而爲方士修雷壇；三則大小臣工勿覩朝儀，宜慰其望；四則名器濫及緇黄，出入大内，非制；五則言事諸臣若楊最、羅洪先等，非死即斥，所損國體不小。疏入，上大怒，逮繫鎮

〔二〕「不覺較弱」，文淵閣本「較」，點校本作「軟」，似長。

〔三〕雪齋案：三原學案中獨斛山一案篇幅悠長，其次爲端毅王石渠先生恕，信乎斛山學術亦不讓與他人。

撫司，拷掠備至，柙鎖晝夜，血肉淋漓，死者數矣。而先生氣定，故得再甦。主事周天佐、御史浦鋐，俱以救先生箠死獄中，於是防守益嚴，上日使人偵先生，一言一動皆籍記。偵者苦於不得言，以情告先生，使勿爲善言。[一]先生曰：「有意而言，便是欺也。」部郎錢緒山德洪、劉晴川魁，給事周訥谿怡，先後以事下獄，相與講學不輟。緒山先釋，先生願有以爲别，緒山曰：「静中收攝精神，勿使遊放，則心體湛一，高明廣大，可馴致矣。作聖之功，其在此乎！」先生敬識之，與晴川、訥谿讀書賦詩，如是者五年。所著周易辨録、中庸解若干卷。乙巳八月，上用箕神之言，釋先生三人。而三人者猶取道潞水，舟中講學，踰臨清而别。會上造觀臺，太宰熊浹驟諫，上怒，罷浹，復逮三人。時先生抵家甫十日，忽校至，先生曰：「若復来乎。」校謬爲慰曰：「吾他往，一省公耳。」先生曰：「吾知之矣。」與校同食。食已，曰：「行乎？」校曰：「盍一入爲别？」先生立屏前，曰：「朝廷有旨見逮，吾行矣。」即攬袂行。又繫獄，三年始得還。卒之前一夕，有大鳥集於庭，先生嘆曰：「楊伯起之鳥至矣，兆在我乎！」援筆自誌，惓惓以「作第一等事、做第一等人」教其子孫，無他辭。隆慶初贈光禄寺少卿，謚忠介。

斛山論學

天命謂性，天人一理也。率性謂道，動以天也。修道謂教，求合乎天也。戒懼慎獨，自修之功，至於中與和也。中和，性命本然之則也。能致之，則動以天矣，故其效至於天地位，萬物育。

夜初静坐，少檢點日間言行，因司馬温公論盡心行己之要，自「不妄言」始。夫不妄言，所言必皆當理，非心有定主，豈能至此？故輕躁鄙倍，及事務瑣屑，無益身心而信口談論者，皆妄言也。因書以自戒。

作一好事，必要向人稱述，使人知之，此心不定也。不知所作好事，乃吾分所當爲，雖事皆中理，纔能免於過惡耳，豈可

[一] 雪齋案：「勿爲善言」，「勿」疑應作「多」。

自以爲美？纔以爲美，便是矜心，禹之不矜不伐，顏淵無伐善、無施勞，此聖賢切己之學也。

與人論事，辭氣欠平，乃客氣也。所論之事，雖當於理，即此客氣之動，便已流於惡矣，可不戒哉！

好議論人長短，亦學者之大病也。若真有爲己之心，便惟日不足，戒慎乎其所不睹，恐懼乎其所不聞，時時刻刻防檢不暇，豈暇論人？學所以成性而已，人有寸長，取爲己有，於其所短，且置勿論，輕肆辨折而無疑難涵蓄之心，謂之「喪德」可也。此予之深患不能自克，可愧可愧。

天下萬變，「真妄」二字可以盡之。偏蔽者妄也，本體則真矣，學所以去偏蔽之妄，全本體之真。全則道本性，性統乎天，立人之道始無愧矣。天地亘古亘今，但有此一個大道理，則亘古亘今之聖賢，不容更有兩樣學問也。

此心易至昏惰，須常以聖賢格言輔養之，便日有進益。士之處世，須振拔特立，把持得定，方能有爲。見得義理，必直前爲之，不爲利害所怵，不爲流俗所惑可也。如子思辭鼎肉，孟子却齊王之召，剛毅氣象，今可想見，真可爲獨立不懼者。

古人立己甚嚴，其責人甚恕。今人立己甚恕，其責人甚嚴。孜孜爲己，不求人知，方始是學。

平生所爲，得失相半，求欲寡過而不可得，幽囚坑坎，静中頗覺自悟，始有向學之心。然殘損餘息，血氣漸減，策勵不前，虚生人世，與草木同腐矣。可愧哉！

早起散步圜階，日昇東隅，晴空萬里，鳶鳥交飛，不覺襟懷開灑，萬慮皆空，因思曾晳沂水氣象亦是如此。

又一邏者告予曰：「今日好言語上之矣。」問之，乃太甲篇「天作孽」語，又繼之曰「我乃自作孽者，故罪至於此」，予應之曰：「吾爲言官，天下事皆所當言。往時一疏，上爲朝廷，下爲蒼生，宗廟社稷萬萬年深長之慮，豈自作孽者？」其人默然。[一]

[一] 沈佳按：「先生氣節高天下，皆從學問涵養中来，所以能瀕死不回，久而愈厲。苟徒恃其血氣之勇，其不爲百鍊剛而化繞指柔者幾希。」

大人以治安之時爲危亂，小人以危亂之時爲治安，皆此人也。有大人之向慕；有小人之向慕，有大人之識度；有小人之識度，有大人之作用，有小人之作用，此天地生物之不齊。教化之施固有要，而以宇宙間事爲己責者，不可不慎也。

文章以理爲主，以氣爲輔。所論純是一段義理，是以理爲主；辭氣充盛渾厚，不覺軟弱，是以氣爲輔。須胸中正大，不以偏曲邪小之見亂其心，又廣讀聖賢格言以充養之，如此則舉筆造語，皆是胸中流出，其吐辭立論愈出愈新而無窮也，如取之左右逢其源也。其騰滙洩蓄，流轉渾厚，波瀾汪洋，如決江河，沛然莫之能禦也。其光焰發揚，照耀昭灼，如日月中天，深谷窮崖之幽，花石草木之微，青者自青，白者自白，仰之以生輝，觸之而成色也。論文

（清沈佳撰明儒言行録卷四楊爵斛山先生忠介公）

池北偶談　楊斛山先生

富平忠介斛山楊公，清節冠一時。其以建言罷，出都，夫人乘一驢，公自步從。三原馬谿田光禄生日，聲妓滿堂，聞公至，急揮去，設虀鹽相對而已。關中士大夫至今能言之。公裔孫紹武，順治己丑進士，與予友，嘗遺公文集。

（清王士禎撰池北偶談卷七談獻三楊斛山先生）

關中文獻略　楊爵

〔楊〕爵，字伯修，富平人，嘉靖己丑進士。年二十始讀書，師事韓恭簡公，恭簡歎爲畏友。爲御史時，畿輔不雨，千里無禾，疏請慰人心以隆治道，言甚切直，下詔獄，拷掠幾死。械繫五年，得釋。會熊太宰忤旨，上怒言者，復逮繫。時抵家方十日，校至，即行。又繫三年，始得釋。還未幾，卒。前一夕大鳥集於庭，爵歎曰：「伯起鳥至矣，兆在我乎？」自作誌，惓

惓以「作第一等人」教子弟。在獄中著周易辨録、中(府)〔庸〕解，〔二〕文集五卷。

（清任溫編次、嚴熾重校關中文獻略之楊爵）

靜志居詩話　楊爵

楊爵，字伯修，富平人。嘉靖己丑進士，除行人，擢河南道監察御史。上書劾夏言、郭勛，因極言朝政，廷杖繫獄者再，久而得釋。卒，追謚忠介。有斛山集。

斛山手觸逆鱗，甘以其身顯棄。封事大畧謂：「目前之憂甚大。大抵因仍苟且，兵戎廢(馳)〔弛〕，公私困竭，奔競成俗，賄賂通行。遇災變而不憂，非祥瑞而稱賀，(讒)〔諂〕面諛，士風民俗，於此大壞。而國之所恃以爲國者，埽地盡矣。」又云：「天下之患，莫大乎以危爲安，以災爲利，實則可憂，而以爲可樂。法家拂士日益遠，而快意肆情之事，無敢有齟齬於其間。積弊而至於蠱，則不可得而救矣。」永陵見之震怒，下鎮撫司，重笞下獄。于時晉江周主事天佐救之而死，文登浦御史鋐再救之，而又死。繫獄五稔始得釋。纔旋里，永陵復諭東廠拘之。斛山之在獄也，校尉蘇宣、喬某、楊棟，獄官洪百戶咸哀焉。及再被逮，緹騎亦憐之，不相促迫。斛山飯已即行，立門屏前，傳語家人曰：「有旨見逮，吾行矣。」觀者流涕。獄中撰周易辨録。其論文云：「文以理爲主，以氣爲輔，不以偏邪之見亂其心，本諸聖賢之言，以充養之。如此，則造語皆自胸中流出，其吐詞立論，愈出愈新而無窮。如日月在天，窮居深谷，花石草木之微，青者自青，白者自白，仰之以生輝，觸之而成色矣。」旨哉言乎！詩則信口而作，不求工也。

（清朱彝尊撰靜志居詩話卷十二楊爵）

〔二〕雪齋案：「府」當作「庸」。

關學宗傳　楊忠介公　門人由純夫附

公諱爵，字伯修，號斛山，富平人。美姿容，身長七尺，家故貧。年二十始發篋讀書，夙夜攻苦，躬耕時亦以書冊自隨。無繼晷資，以薪代，意欣然也。爲兄靖事，累繫獄。上書邑令，詞意激烈，異之，曰：「此奇士也。」出而加禮焉。年二十八，聞朝邑韓恭簡公講理學，躬輦米往拜其門，恭簡見其狀貌行行，欲卻之。叩其學，詫曰：「宿學老儒莫是過，吾幾失人矣。」既省其語言踐履，錚錚多古人節，又歎曰：「吾畏友也。」公剛大之氣，百折不回，人與楊椒山並稱，謂之「韓門二楊」云。年踰三十，爲諸生。嘉靖戊子應試長安，就食客舍，舍有遺金者，公守而還之，不受報。是秋，即以書舉第三名。明年，第進士，授行人。三使藩國，餽贈一無所受。或病其矯，公曰：「彼重天子使，吾獨不自重天子使耶？」壬辰考選御史。丁母憂，廬墓三年，有冬筍馴兔之（端）〔瑞〕。〔一〕服闋，家居授徒者又三年。庚子秋薦復原官。辛丑，上封事，謂：今日致危亂者五：一則輔臣夏言習爲欺國，翊國公郭勛爲國巨蠹，所當急去；二則凍餒之民不憂恤，而爲方士修雷壇；三則大小臣工弗親朝儀，宜慰其望；四則名器濫及緇黃，出入大內，非制；五則言事諸臣若楊最、羅洪先等，非死即斥，所損國體不小。疏入，上大怒，逮繫鎮撫司，拷掠備至，血肉淋漓，死而復甦者屢。是日，京城大風，人面不相覿，都人呼爲「楊御史風」，其感動天地如此。舊制，士夫下獄，並無柙鎖，柙鎖晝夜，實自公始，蓋輔臣、翊國意也。主事周天佐、御史浦鋐，俱以救公箠死獄中，於是防守益嚴，人爲公危，而公夷然自若。部郎錢緒山、劉晴川，給事周訥谿，先後以事下獄。公相與講學不輟，惟相戒不得言得罪事。緒山先釋，公願以一言爲別，緒山曰：「靜中收攝精神，勿使遊放，則心體湛一，高明廣大，可馴致矣。作聖之功，其在此乎！」公敬識之。日與晴川、訥谿讀書賦詩，如是者又五年。著周易辨録、中庸解若干卷。乙

〔一〕「冬筍馴兔之（端）〔瑞〕」，「端」當作「瑞」，據改。

巳八月，上用箕神之言，釋公等三人。而公等猶相約取道潞水，舟中講學，踰臨清而別。會太宰熊浹諫造箕台，忤旨罷官，復逮公等三人。時公抵家甫十日耳，聞命就道，在獄又三年。丁未十一月高玄殿災，上恍惚聞火光中呼三人姓名。次日，釋歸。歸二年，卒於家，年五十有七。病革時，援筆自著銘旌墓誌，又惓惓以「作第一等事、做第一等人」教子孫，不及他語。隆慶初，贈光祿寺少卿，謚忠介。門人由先生，諱天性，字純夫，官鄢城縣知縣。紀先生，諱中夫。張先生，諱本禮。均富平人。

文録

周易辨録序畧云：因病中，日讀周易以自排遣，愚蒙管窺，或有所得，則隨筆之以備遺忘。歲月既久，六十四卦之説畧具矣，因名之曰周易辨録。繫辭曰：「困，德之辨也。」吾以驗吾心之所安，力之所勝何如耳。若以爲實有所見而求法於古人焉，則吾死罪之餘，萬萬所不敢也。

處困記畧云：炎氣蟲蟲，獄地蒸濕，徂暑流火之際，余所著者尚爲冬月之袍布，重以嚴禁，力弗能堪，惟思古訓格言可益身心，如孔顏問答之類者，潛玩其精蘊與其氣象，以自寬自解。覺有得焉，忽不知梐（梧）〔梏〕〔一〕在躬，而忘其身世爲囹圄中之一羸憊囚徒也。

與紀中夫書畧云：紀子中夫賢契在此，我心甚好。偲（當）〔尚〕在教下，讀書否乎？可告我知道。吾人處世，安樂則心存於安樂，患難則心存于患難，有何不自得而戚戚於心耶？於今日之幽囚而安順之，亦吾百年中所作之〔第〕一事也。

答張（仲）〔本〕禮書畧云：昨蒙教，言凡事皆宜置之度外，不須憂念。此語誠是，今此險難由我自取，身居人臣而死職下，固心所安也，何敢怨尤？安得倏忽殞滅？溘先朝露，做一柩車，歸藏蒿里。當此之際，諒我賢契必多感傷，携石涷

〔一〕「梐（梧）〔梏〕在躬」，「梧」當作「梏」，據改。

春一鐏，哭而奠之於柩前。我之游魂炯炯固結不散，覽此苾芬，盡一享之。斯時也，或有雲物班布，風氣蕭瑟，草木悽悽之景象，是我一段（抑鬱）〔鬱抑〕不平之氣充塞浩蕩，因足下之感招而（傍）〔徬〕徨於左右也。言至於此，狂鄙故態，又可一笑也。

家書第三則畧云：偲，我平安，勿憂。前見你書中有流涕、禱神、卜卦等語，兒何須如此苦也？吉凶禍福，何者而非命乎？語曰：「不知命，無以爲君子也。」吾今日素患難，行乎患難，不怨不尤，樂天知命，無入而不自得，此處心處身之道也。其困我之心，衡我之慮，增益我所不能，是吾之吉與福，而非凶禍也。況主上聖明，自有遠見，自有寬處，亦何憂而何慮乎？

臨終自書墓誌，畧曰：吾平生所期，欲做天下第一等人，而行不逮；欲幹天下第一等事，而績未成。今臨終書此以誌墓，願吾子孫當吾身後，擇（其）〔吾〕善者從之，其不善者改之，此其意也。在人世五十七年，亦不可謂不壽，但懿行不足垂萬世，功業未能裨當時，是謂與草木同腐朽。

又自書銘旌，畧云：五十餘年，生長人世，未盡聖賢之道；兩受天禄，還形地下，難忘君父之恩。

讀易銘曰：安樂安樂，由心之作。展轉困辱，惟吾所速。四聖垂訓，炳炳簡編。議之而後動，擬之而後言。或可以觀象玩辭（而）補吾之愆。

語録

天命謂性，天人一理也。率性謂道，動以天也。修道謂教，求合乎天也。戒懼慎獨，自修之功，至於中與和也。中和，性命本然之則也。能致之，則動以天矣，故其效至於天地位，萬物育。

「道不可須臾離，可離非道」，是言當戒懼之意。「莫見乎隱，莫顯乎微」，是言當謹獨之意。應酬是有睹有聞，不睹不聞是無所應酬之際也。如出門使民，是有所應酬，則有睹有聞。或問程子：「未出門使民之時當何如？」曰：「此儼若思時也。」儼若思即是戒慎恐懼之意，爲（工）〔功〕夫尚未説到極至處，故又提「慎獨」二字，使人雖在暗室屋漏之中，一念發動之際，凜然畏懼，不可〔少怠，不敢〕少息，則天理常存，私意不萌，純一不已而合乎天矣。中和，心之本體也。未發之中，萬物皆備，故爲天下之大本。已發之和，大經大法所在而不可違，故爲天下之達道。怒與哀中節，皆謂之和。

致中和，止至善之云也。天地之位，我位之也。萬物之育，我育之也。

天下之道，至中庸而極，理得其會同，義至於入神，非至明不能察其幾，非至健不能致其決，故民鮮能之矣。

夜初静坐，少檢點日間言行，因司馬温公論盡心行己之要，自「不妄（語）〔言〕」始。夫不妄言，所言必皆當理，非心有定主，豈能至此？故輕躁鄙（背）〔倍〕，及事務瑣屑，無益身心而信口談論者，皆妄言也。因書以自戒。

作一好事，必要向人稱述，使人知之，此心不定也。不知所作好事，乃吾分所當爲，雖事皆中理，纔能免於過惡耳，豈可自以爲美？纔以爲美，便是矜心，禹之不矜不伐，顔淵無伐善、無施勞，此聖賢切己之學也。

好議論人長短，亦學者之大病也。若真有爲己之心，便惟日不足，戒懼乎其所不睹，恐懼乎其所不聞，時時刻刻防檢不暇，豈暇論人？學所以成性而已，人有寸長，取爲己有，於其所短，且置勿論。輕肆辨折，而無疑難涵蓄之心，謂之「喪德」可也。此予之深患不能自克，可愧，可愧！

道心，人心，只以是與不是求之，一念發動的不是，則爲人心。道心極難體認擴充，戒謹恐懼之功少有間斷，則蔽錮泯滅而存焉者寡矣，故曰「惟微」。人心一動，即在凶險路上行矣，喪德滅身，亡國敗家，由於此，故曰「惟危」。所謂卿士有一於身，家必喪；邦君有一於身，國必亡。内作色荒，外作禽荒，酣酒嗜音，峻宇雕牆，有一於此，未或不亡，則人心之危真可畏哉！

心静則能知幾，方寸擾亂則安其危，利其災。禍幾（昭）〔顯〕著而不能察矣，況於幾乎？幾者，動之微而吉凶之先見者也。所謂先見，亦察吾動是與不是而已。所動者是，吉即闢於此矣；所動者不是，凶即萌於此矣。〔意向少離於道，則步履反戾，「差之毫釐，謬以千里」矣。〕故學者以慎獨爲貴。

（余）〔予〕稟性粗鄙，動輒乖謬。夜間静坐，思此身過惡，真不（可）〔自〕堪，真難自容，可謂虚負此生矣。年踰五十，血氣漸衰，老景將至，始自知過，則已晚矣。可勝嘆哉！尚幸殘生未泯，欲自克勵，求免於惡終耳。書以自警。

顔、孟二大賢雖氣象不同，而學則未始有異。顔子之學在非禮勿視聽言動，不違仁，不遷怒，不貳過。孟子之集義養氣，擴充四端，求放心，存心養性以事天，則亦顔子克己復禮之學也。

天下萬變，「真妄」二字可以盡之。偏蔽者妄也，本體則真（也）〔矣〕，學所以去偏蔽之妄，全本體之真。全則道本（乎）性，性（純）〔統〕乎天，立人之道始無愧矣。天地亘古亘今，但有此一箇大道理，則亘古亘今之聖賢，不容更有兩樣學問也。

今日早起，朗誦君子之所以異於人者一章，即覺襟懷開灑，心廣體胖，有西銘與物同體之氣象。此心易至昏惰，須常以聖賢格言輔養之，便日有進益。

智者自以爲不足，愚者自以爲有餘。自以爲不足，則以虚受人，進善其無窮矣。自以爲有餘，必無孜孜求進之心，以一善自滿而他善無可入之隙，終亦必亡而已矣。書之以自勵焉。

早起散步圜階，日昇東隅，晴空萬里，鳶鳥交飛，不覺襟懷開灑，萬慮皆空，因思曾晳沂水氣象，亦是如此。

古人（律）〔立〕己甚嚴，其責人甚恕。今人（律）〔立〕己甚恕，其責人甚嚴。孜孜爲己，不求人知，方始是學。

因置一甎莫食碗，置之未安之處，此心不已，必欲既安，然後已。將一箇身心不會置之安穩之地，如箇無（艄）〔稍〕工之舟，漂蕩於風波之上，東風來則西去，西風來則東去，是何道理？則是置此身心，不如置此甎之（謹）〔敬〕慎也。

附録

馮恭定公語録云：吾關中如王端毅之事功，楊斛山之節義，吕涇野之理學，李空同之文章，足稱國朝「關中四絶」。然事功、節義係於所遇，文章係乎天資，三者俱不可必。所可必者，惟理學耳。吾輩惟從事于理學，則事功、節義、文章隨其所遇，當自有可觀處。不必逐件去學，而後謂〔之〕學四先生也。

人問恭定：「楊斛山先生大節凜凜一代，不知何修至此？」曰：「先生學問亦從鷄鳴孳孳爲善一念來。觀其詩，有曰：『病潛隱處最難醫，拔去深根思匪夷。舜蹠相懸（殊）〔初〕未遠，差之千里自毫釐。』又（曰）〔云〕：『一原萬象皆同有，要把心從此處知。善到公時多少大，須知無我是無私。』觀此，則先生生平大節，蓋有所本云。」

羅文恭公洪先覆公書，畧云：數年以來，佩服良勤。竊以曾子謂門人曰「戰戰兢兢，如臨深淵，如履薄冰」，此慎獨旨，而夫子告仲弓「如見大賓，承大祭」，正與相類。古人終身持守，不忽頃刻，何哉？古人事心如天，而今人認己爲心，認己爲心故易足，而事心如天則難窮。書曰：「顧諟天之明命。」天理所在，不入安排，戰戰兢兢，虛以捧持，稍涉動意，即違帝則。顔子克己復（理）〔禮〕，大舜捨己從人，孟子捨夷惠願學孔子，濂溪論士賢直欲希天，豈故誘人妄擬哉？不如是，不足以盡心，亦不足以事天，此戰兢所以終身也。（兄）〔況〕資本豪傑，行乎神明，擅其餘力，日進無疆，其必以諸聖爲師，而不忍少懈矣乎！不肖視向往爲塗轍矣。

楊忠愍公繼盛祭公文，畧曰：盛責宰相書内云：「有一時之富貴，有萬世之事功，有目前之榮辱，有身後之褒貶。不惟以義言之，其較然分明；雖以利言之，其輕重亦較然可懼。」盛嘗自以爲平生學問所得力者在此，豈公之所爲所見乃先得我心之同然耶？要亦同得師翁，不負天子，不負所學之教，而不敢忘也。嗚呼！士有曠百世而相感者，每（欷歔）〔歔欷〕而不可禁，況與公同韓氏之門，又同此愚直之心？憂懷如海，孰爲知音？安得起公于九原，連牀數日，共（吐）肺肝（平）〔乎〕？時人有稱「韓門二楊」〔者〕，顧淺陋，何敢與公竝稱？方公立朝，盛尚韋布。及盛在位，公已云亡。既不得共從王事、斬奸佞矣。公之完名高節已不負師翁之教，而盛尚留〔此〕僥倖不死之身，若宇宙贅疣，於公深有愧焉。

（近代張驥編關學宗傳卷二十楊忠介公（門人由純夫附））

經義考　楊氏爵周易辨録

楊氏爵周易辨録

四卷。

存。

爵自序曰：「予久蒙幽繫，自以負罪深重，憂患驚惕之念，即夙夜而恒存也。困病中，日讀周易以自遣，或有所得，筆之以備遺忘。歲月既久，六十四卦之説畧具矣，因名曰周易辨録。繫曰：『困，德之辨也。』吾以驗吾心之所安，力之所勝何如耳。若以爲實有所見而求法於古人焉，則吾死罪之餘，萬萬所不敢也。時嘉靖二十四年乙巳九月。」

姓譜：「爵，字伯修，富平人。嘉靖己丑進士，歷御史，直言，下獄，釋爲民。隆慶元年，贈大理丞。」

（經義考卷五十四易五十三楊氏爵周易辨録）

文淵閣四庫全書　周易辨録提要

周易辨録，四卷，明楊爵撰。爵，字伯修，富平人。嘉靖己丑進士，官至山東道監察御史。以上疏極論符瑞下詔獄，繫七年始得釋，事跡具明史本傳。其書前有自序，題嘉靖二十四年乙巳，蓋即其與周怡、劉魁等在獄中講論所作，故取繫辭「困，德之辨」一語爲名。明史本傳作周易辨説，其名小異，然藝文志仍作周易辨録，蓋刊本字誤也。所釋惟六十四卦，每卦惟載上下經卦辭，然其訓解則六爻及彖傳、象傳皆兼及之，特不列其文耳。其説多以人事爲主，頗剴切著明，蓋以正直之操處杌棿之會，幽居遠念，寄托良深，有未可以經生常義律之者。然自始至終無一字之臣怨，尤其所以爲純臣歟？乾隆四十四年八月恭校上。

（文淵閣四庫全書經部一易類周易辨録）

文津閣四庫全書　周易辨録提要

周易辨録，四卷，明楊爵撰。爵，字伯修，富平人。嘉靖己丑進士，歷官山東道監察御史。以上疏極論齋醮下詔獄，長繫七年始得釋，事跡具明史本傳。前有小序，題嘉靖二十四年乙巳，蓋即其建言下獄，與周怡、劉魁切劘講論時所作，故取繫辭「困，德之辨」一語以名其書。[一]本傳作周易辨說，其名與此小異。書中所釋惟六十四卦，每卦惟載上下經卦辭，然其訓解則六爻及彖傳、大小象皆兼及之，特不列其文耳。篇中所論多以人事爲主，深切著明，蓋以正直之操處杌棿之會，幽居深念，寄托深遠，有未可以經生常義律之者，書以人重，此之謂矣。乾隆四十九年三月恭校上。

（文津閣四庫全書經部一易類周易辨録）

欽定四庫全書總目　周易辨録

周易辨録，四卷。山東巡撫採進本

明楊爵撰。爵，字伯修，富平人。嘉靖己丑進士，官至山東道監察御史。以上疏極論符瑞下詔獄，繫七年始得釋，事跡具明史本傳。其書前有自序，題嘉靖二十四年乙巳，蓋即其與周怡、劉魁等在獄中講論所作，故取繫辭「困，德之辨」一語

[一]「德之辨」、「辨」原誤作「辯」，兹據改。

爲名。明史本傳作周易辨說，其名小異，然藝文志仍作周易辨録，蓋刊本字誤也。所釋惟六十四卦，每卦惟載上下經卦辭，然其訓解則六爻及彖傳、象傳皆兼及之，特不列其文耳。其說多以人事爲主，頗剴切著明，蓋以正直之操處杌棿之會，幽居遠念，寄托良深，有未可以經生常義律之者。然自始至終無一字之怨，尤其所以爲純臣歟？

（欽定四庫全書總目卷五經部五易類五周易辨録）

文淵閣四庫全書　楊忠介集提要

楊忠介集，十三卷，明楊爵撰。爵有周易辨録，已著録。是編，第一卷爲奏議，二卷爲序碑記，三卷爲傳，四卷爲書，五卷爲家書，六卷爲語録，七卷爲祭文誌銘雜著，八卷至十三卷爲詩，附録五卷則後人所編緝也。世宗時，齋醮方興，士大夫率以青詞取媚，而爵獨據理直諫。如所陳時雪之不可以爲瑞，左道之不可以惑衆，詞極剴切，下獄以後，猶疏諫以冀一悟，其忠愛悱惻，至今如見。家書二十五則，諄諄以忠孝勗其子孫，未嘗一言及私。語録不爲高論，而篤實明白，皆粹然儒者之言。按：爵與羅洪先、錢德洪諸人遊，以講學相勗，然德洪等源出姚江，務闡良知之説；爵則以躬行實踐爲先，關西道學之傳，爵實開之跡，其生平可謂不負所學者。所作詩文，大都直抒胸臆，雖似傷平易，然有本之言不由雕繪，其可傳者正不在詞采間矣。乾隆四十六年閏五月恭校上。

（文淵閣四庫全書集部六别集類五明楊忠介集）

文津閣四庫全書　楊忠介集提要

楊忠介集，十三卷，明楊爵撰。爵有周易辨録，已著録。是編，第一卷爲奏議，二卷爲序碑記，三卷爲傳，四卷爲書，五卷爲家書，六卷爲語録，七卷爲祭文誌銘雜著，八卷至十三卷爲詩，附録五卷則後人所編輯也。世宗時，齋醮方興，士大夫率以青詞取媚，而爵獨據理直諫。如所陳時雪之不可以爲瑞，左道之不可以惑衆，詞極剴切，下獄以後，猶疏諫以冀一悟，其忠愛悱惻，至今如見。家書二十五則，諄諄以忠孝勗其子孫，未嘗一言及私；語録不爲高論，而篤實明白，皆粹然儒者之言。按：爵與羅洪先、錢德洪諸人遊，以講學相勗，然德洪等源出姚江，務闡良知之説；爵則以躬行實踐爲先，關西道學之傳，爵實開之跡，其生平可謂不負所學者。所作詩文，大都直抒胸臆，雖似傷平易，然有本之言不由雕繪，其可傳者正不在詞采間矣。乾隆四十九年十月恭校上。

（文津閣四庫全書集部六別集類五明楊忠介集）

欽定四庫全書總目　楊忠介集

楊忠介集，十三卷，附録三卷。陝西巡撫採進本

明楊爵撰。爵有周易辨録，已著録。是編第一卷爲奏議，二卷爲序碑記，三卷爲傳，四卷爲書，五卷爲家書，六卷爲語録，七卷爲祭文誌銘雜著，八卷至十二卷則皆詩。世宗時，齋醮方興，士大夫率以青詞取媚，而爵獨據理直諫。如所陳時雪之不可以爲瑞，左道之不可以惑衆，詞極剴切，下獄以後，猶疏諫以冀一悟，其忠愛悱惻，至今如見。家書二十五則，諄諄以忠孝勗其子孫，未嘗一言及私。語録皆不爲高論，而篤實明白，眞粹然儒者之言。按：爵與羅洪先、錢德洪諸人遊，以講學相勗，然德洪等源出姚江，務闡良知之説；爵則以躬行實踐爲先，關西道學之傳，爵實開之跡，其生平可謂不負所學者。所作詩文大抵直抒胸臆，雖似傷平易，然有本之言不由雕繪，其可傳者正不在詞采間矣。

（欽定四庫全書總目卷一百七十二集部二十五別集類二十五）

附録四

楊爵年譜[一]

楊爵（一四九三至一五四九），字伯修，號斛山，陝西富平人。兹編年譜，並略備作品系年，所據作品卷次則依從文淵閣四庫全書本楊忠介集，兼參考關學編、明儒學案等。

弘治六年　癸丑（一四九三）　一歲

弘治七年　甲寅（一四九四）　二歲

弘治八年　乙卯（一四九五）　三歲

弘治九年　丙辰（一四九六）　四歲

弘治十年　丁巳（一四九七）　五歲

弘治十一年　戊午（一四九八）　六歲

弘治十二年　己未（一四九九）　七歲

弘治十三年　庚申（一五〇〇）　八歲

弘治十四年　辛酉（一五〇一）　九歲

[一]　亦可參見李鋒撰楊爵年譜，西北大學碩士學位論文，二〇〇九年。

弘治十五年　壬戌（一五〇二）　十歲
弘治十六年　癸亥（一五〇三）　十一歲
弘治十七年　甲子（一五〇四）　十二歲
弘治十八年　乙丑（一五〇五）　十三歲
正德元年　丙寅（一五〇六）　十四歲
正德二年　丁卯（一五〇七）　十五歲
正德三年　戊辰（一五〇八）　十六歲
正德四年　己巳（一五〇九）　十七歲
正德五年　庚午（一五一〇）　十八歲
正德六年　辛未（一五一一）　十九歲
正德七年　壬申（一五一二）　二十歲

始發篋讀書，夙夜罔或不勤。（楊忠介集附録卷三墓表；關學編卷四）

正德八年　癸酉（一五一三）　二十一歲
正德九年　甲戌（一五一四）　二十二歲
正德十年　乙亥（一五一五）　二十三歲
正德十一年　丙子（一五一六）　二十四歲
正德十二年　丁丑（一五一七）　二十五歲
正德十三年　戊寅（一五一八）　二十六歲
正德十四年　己卯（一五一九）　二十七歲

正德十五年　庚辰（一五二〇）　二十八歲

從朝邑韓邦奇遊，與楊繼盛並稱「韓門二楊」。（楊忠介集附録卷三墓表；關學編卷四）

正德十六年　辛巳（一五二一）　二十九歲

嘉靖元年　壬午（一五二二）　三十歲

以兄靖事申訴被逮，後獲釋于富平縣獄。（楊忠介集附録卷三墓表；富平縣志稿卷七）

嘉靖二年　癸未（一五二三）　三十一歲

嘉靖三年　甲申（一五二四）　三十二歲

嘉靖四年　乙酉（一五二五）　三十三歲

嘉靖五年　丙戌（一五二六）　三十四歲

嘉靖六年　丁亥（一五二七）　三十五歲

嘉靖七年　戊子（一五二八）　三十六歲

秋，中鄉試，書經科第三名。（楊忠介集附録卷三墓表）

嘉靖八年　己丑（一五二九）　三十七歲

中進士，授行人司行人，出使藩楚。（明儒學案卷九；關學編卷四；陝西通志卷六十）

嘉靖九年　庚寅（一五三〇）　三十八歲

上請彌災變以安黎庶奏。（楊忠介集卷一；明會要卷三十九）

嘉靖十年　辛卯（一五三一）　三十九歲

出使河南道。（楊忠介集卷七兄安之翁墓碣）

嘉靖十一年　壬辰（一五三二）　四十歲

五月任山東道試監察御史，未幾以母病歸養。（關學編卷四；明世宗實録卷一百三十八）

嘉靖十二年　癸巳（一五三三）　四十一歲

正月母李氏卒，廬墓守制。（楊忠介集卷七兄安之翁墓碣，附録卷三墓表）

嘉靖十三年　甲午（一五三四）　四十二歲

嘉靖十四年　乙未（一五三五）　四十三歲

嘉靖十五年　丙申（一五三六）　四十四歲

作故韓安人屈氏墓誌銘。（楊忠介集卷二）

十二月二十二日，作處士張公合葬墓誌銘。（咸陽經典舊志稽注之民國續修醴泉縣志稿）

嘉靖十六年　丁酉（一五三七）　四十五歲

作京來壙志銘。（楊忠介集卷七）

作蒲城姜侯去思碑。（楊忠介集卷二）

嘉靖十七年　戊戌（一五三八）　四十六歲

嘉靖十八年　己亥（一五三九）　四十七歲

十二月，蒙明世宗頒詔起用。（明世宗實録卷二百三十二）

嘉靖十九年　庚子（一五四〇）　四十八歲

十月授河南道監察御史，巡視南城。（楊忠介集附録卷一楊御史傳；明世宗實録卷二百四十二；關學編卷四）

嘉靖二十年　辛丑（一五四一）　四十九歲

二月四日上請順人心以隆治道疏，劾夏言、郭勛。初五日下北鎮撫司獄。（楊忠介集附録卷一楊御史傳；楊忠介集卷一隆治道疏；楊忠介集卷二處困記）

作聞申大用告孤松祝予不死作（楊忠介集卷十三）、有報周蹟山卒獄中痛而作此（楊忠介集卷八）、雪夜吟集序（楊忠介集卷二）、獄中諫書（楊忠介集卷一）等。

嘉靖二十一年　壬寅（一五四二）　五十歲

七月既望，作獄中詩集序。（楊忠介集卷二）

夢遊山賦。（楊忠介集卷八）

嘉靖二十二年　癸卯（一五四三）　五十一歲

三月十二日，作處困記。（楊忠介集卷二）

季冬十三日，因「日昇東隅，晴空萬里，鳶鳥交飛」思曾晳沂水氣象。（楊忠介集卷六）

作祭次女文（楊忠介集卷七）、聞次女亡（楊忠介集卷十）、送張本禮歸鄉（楊忠介集卷十二）、與楊公書（楊忠介集卷四）。

嘉靖二十三年　甲辰（一五四四）　五十二歲

六月初八日夜夢陽明先生。（楊忠介集卷六）

六月十二日，論羅整菴「元老大臣家食」等語。（楊忠介集卷六）

九月二十二日，夢入許由巢父廟題詩未就。（楊忠介集卷十一）

作除夕。（楊忠介集卷十一）

嘉靖二十四年　乙巳（一五四五）　五十三歲

四月作孤麋傳。（楊忠介集卷三）

六月初十日，夜將曉，夢過原次寮隱居，賦詩爲次寮贈。（楊忠介集卷十）

七月初七日，作七月七日。（楊忠介集卷七）

八月周易辨録成，作周易辨録序。（楊忠介集卷二，周易辨録）

八月十二日放釋。（楊忠介集卷二）

九月，復逮。

九月五日，論「大人當治安之時爲危亂，小人以危亂之時爲治安」。（楊忠介集卷六）

作乙巳年八月十二日主上符鸞釋放尋復逮繫有感。（楊忠介集卷十）

作乙巳年八月十二日出獄歸九月十一日復逮繫途次有作，共五首。（楊忠介集卷十二）

十月二十四日至京，下東廠，二十五日下鎮撫司獄。（楊忠介集卷二）

十二月作續處困記。（楊忠介集卷二）

是年作與司官書、與田道充主簿書、與原方畦員外書（楊忠介集卷四），閑吟（楊忠介集卷十三），乙巳年十月二十五日夜復入獄詠柏一絕、嘉靖乙巳年八月十二日出獄歸九月十一日復逮繫途次有作（五首）、謁夷齊祠、謁比干祠（楊忠介集卷十二），夜將曉過原次寮隱居（楊忠介集卷十）等。

嘉靖二十五年　丙午（一五四六）　　五十四歲

作與楊督學書、謝吳知府書、上楊知府書、與胡知府書（楊忠介集卷四），聞孤松謝世繼韻悼之（四首）（楊忠介集卷十三），丙午秋七月朔夜夢友人王泉崗張東台（楊忠介集卷十二），乙巳年八月十二日主上符鸞釋放尋復逮繫有感（楊忠介集卷十），香灰解（楊忠介集卷七）。

嘉靖二十六年　丁未（一五四七）　　五十五歲

正月初三日夜夢四老人，作「知是商山四老翁」詩。（楊忠介集卷十三）

四月二十五日作招魂十首。（楊忠介集卷十三雜詩）

六月十四日夜夢諸葛孔明，作七絶四首。（楊忠介集卷十三七言絶句二）

十一月六日獲釋。（關學編卷四）

冬作贈汪兵備兩尊人壽序。（楊忠介集卷二）

嘉靖二十七年　戊申（一五四八）　五十六歲

作韓紫陽墓誌銘。（楊忠介集卷二）

嘉靖二十八年　己酉（一五四九）　五十七歲

冬十月十四日午時卒於家，年五十有七，曾自撰墓誌銘，葬于富平獨戸村。（楊忠介集附録卷三墓表；楊忠介集附録卷一楊御史傳）

附：

隆慶元年　丁卯（一五六七）正月遵遺詔録建言諸臣死者贈恤。二月，贈楊爵光禄寺少卿。蔭爵孫恒上林苑左監丞。（楊忠介集附録卷三墓表；楊忠介集附録卷一楊御史傳）

萬曆二十年　壬辰（一五九二），二月補楊爵謚「忠介」（明神宗實録卷二百四十五），十月頒詔賜楊爵謚「忠介」（楊忠介集附録卷一）。

陝甘資政録：墓在縣東北七十里篤祜村，乾隆乙未年修。（西安府志卷六十五古跡志下陵墓）

主要參考文獻

周易辨録，文淵閣四庫全書經部一易類，上海：上海古籍出版社，一九八七年影印。後同。
周易辨録，文津閣四庫全書經部一易類，北京：商務印書館，二〇〇六年影印。後同。
楊忠介集，文淵閣四庫全書集部六別集類五明
楊忠介集，文津閣四庫全書集部六別集類五明
楊忠介公集十三卷，附録五卷，明萬曆十六年（一五八八年）刊本
楊忠介公文集，光緒癸巳（十九年）張履誠堂刊本（十三卷，卷首、卷末各一卷，附録五卷）
明馮從吾撰，關學編，陳俊民、徐興海點校，北京：中華書局，一九八七年九月版
明李贄著，藏書（附續藏書），北京：中華書局，一九五九年五月版
清黄宗羲著，明儒學案（修訂本），沈芝盈點校，北京：中華書局，一九八五年十月第一版，二〇〇八年一月第二版
清朱彝尊撰，姚祖恩編，静志居詩話，黄君坦校點，北京：人民文學出版社，一九九〇年十月版
清朱彝尊編，明詩綜，北京：中華書局，二〇〇七年版
清陳田輯，明詩紀事，清貴陽陳氏聽詩齋刻本
清孫承澤撰，畿輔人物志，清初刻本
清王士禛撰，池北偶談，靳斯仁點校，北京：中華書局，一九八二年一月版
林葆恒輯，詞綜補遺，張璋整理，上海：上海古籍出版社，二〇〇五年七月版
清沈佳撰，明儒言行録，文淵閣四庫全書本

清張廷玉撰，明史，北京： 中華書局，一九七四年四月版

清朱彝尊撰，經義考（附清翁方綱撰經義考補正、羅振玉撰經義考校記），北京： 中國書店，二〇〇九年一月影印

清朱彝尊原著，點校補正經義考，臺北： 中研院文哲所籌備處，一九九七年六月版

清永瑢等撰，四庫全書總目，北京： 中華書局，一九六五年六月版

明王守仁撰，吳光、錢明、董平、姚延福編校，王陽明全集，上海： 上海古籍出版社，一九九二年十二月版

明馮從吾撰少墟集，文淵閣四庫全書本

明曹于汴撰仰節堂集，文淵閣四庫全書本

明鄒元標撰願學集，文淵閣四庫全書本

明張舜典撰雞山語要，關中叢書本

清康乃心撰莘野先生遺書，關中叢書本

清李楷撰，李元春選輯河濱詩選，清嘉慶十六年木刻本

錢明編校整理，徐愛錢德洪董沄集，南京： 鳳凰出版社，二〇〇七年三月版

吳可爲編校整理，聶豹集，南京： 鳳凰出版社，二〇〇七年三月版

董平編校整理，鄒守益集，南京： 鳳凰出版社，二〇〇七年三月版

徐儒宗編校整理，羅洪先集，南京： 鳳凰出版社，二〇〇七年三月版

陳永革編校整理，歐陽德集，南京： 鳳凰出版社，二〇〇七年三月版

蒲城志（四卷），康熙五年（一六六六年），木刻本

清李元春匯選關中兩朝詩文集（四十六卷）（含關中兩朝文鈔、關中兩朝賦鈔、關中兩朝文鈔補、關中兩朝詩鈔、關中兩朝詩鈔補、關中兩朝詩鈔又補等），道光十六年，守樸堂刊本

清任濕編次、嚴熾重校關中文獻略，道光五年（乙酉）年，魁臨書屋刊本
清李元春合輯關中道脈四種書（一十七卷）（含關學編、張子釋要、關中四先生語要（呂柟、馬理、韓邦奇、楊爵）、關中三先生語要（馮從吾、王建常、李顒）），道光庚寅（十年）刊本
近代張驥編關學宗傳（五十六卷），陝西教育圖書社刊印
清舒其紳等修，嚴長明等纂西安府志，乾隆四十四年刊本，見中國方志叢書（華北地方），第三一三號，成文出版社有限公司一九六九年影印
清樊增祥修，譚麐纂富平縣志稿，光緒十七年刊本，見中國方志叢書（華北地方），第二三九號，成文出版社有限公司一九六九年影印
清黄虞稷撰，瞿鳳起、潘景鄭整理千頃堂書目（附索引），上海：上海古籍出版社，二〇〇一年七月版
崔建英輯訂，賈衛民、李曉亞參訂明別集版本志，北京：中華書局，二〇〇六年七月版
李志凡撰陝西館藏關學文獻考察，載關學、南冥學與東亞文明，北京：社會科學文獻出版社，二〇〇七年十月版，第一一二至一一三七頁
咸陽經典舊志稽注編纂委員會編，民國續修醴泉縣志稿，咸陽經典舊志稽注，陝西出版集團三秦出版社，二〇一〇年十二月版

跋

楊斛山先生爵，品節皎晫，光風霽月，言行相照，持道不回，自不待後人贅語。所感者惟先生之境遇，乃古今一悲唱，乾坤一龜鑒耳。

先生苦人所不能苦，甘人所不能甘，推闡經義，吟詠歌律，舞蹈於囹圄之樊籬，困頓乎圜丘之瓦礫，惟以天下國家大義爲念。家書殷殷，親情綿綿，貧窶而不忘慈孝，斯可慨嘆。諫疏一章，論駁五則，繫獄兩番，前後八載，鮮血淋漉，雨水漂板，獨守大畜之道，幸逃脫羅網。雖然，力駁緇黄，但兩番出獄，實惟仙箕神識。吁嗟！此悲乎，喜乎？

先生歸田家居，培植士風，標幟道義，沾溉學林。繼橫渠之遺教，揚伊洛之餘波，敦陽明之發萌，實學實行。夫「關西夫子」，豈虛譽哉？

辛卯年冬末學藍田陳戰峰校點後謹識於長安澡雪齋

圖書在版編目(CIP)數據

楊爵集/［明］楊爵著；陳戰峰點校整理．—西安：西北大學出版社，2014.10
（關學文庫/劉學智，方光華主編）
ISBN 978-7-5604-3510-7

Ⅰ.①楊…　Ⅱ.①楊…②陳…　Ⅲ.①楊爵（1493～1549）—關學—文集　Ⅳ.①B248.99－53

中國版本圖書館 CIP 數據核字(2014)第 241840 號

出品人　徐　曄　馬　來
篆　刻　路毓賢
出版統籌　張　萍　何惠昂

楊爵集　［明］楊爵 著　陳戰峰 點校整理

審定專家　劍　犁　　責任編輯　馬　平
裝幀設計　澤　海　　版式統籌　劉　爭
出版發行　西北大學出版社
地　址　西安市太白北路 229 號　　郵　編　710069
網　址　http://nwupress.nwu.edu.cn　　E－mail　xdpress@nwu.edu.cn
電　話　029-88303593　88302590
經　銷　全國新華書店
印　裝　陝西博文印務有限責任公司
開　本　720 毫米×1020 毫米　1/16
印　張　32.75
字　數　500 千字
版　次　2015 年 1 月第 1 版　2015 年 1 月第 1 次印刷
書　號　ISBN 978-7-5604-3510-7
定　價　115.00 圓